08

世界で一番やさしい
建築材料

第2版

area045『建築材料』編纂チーム＝著

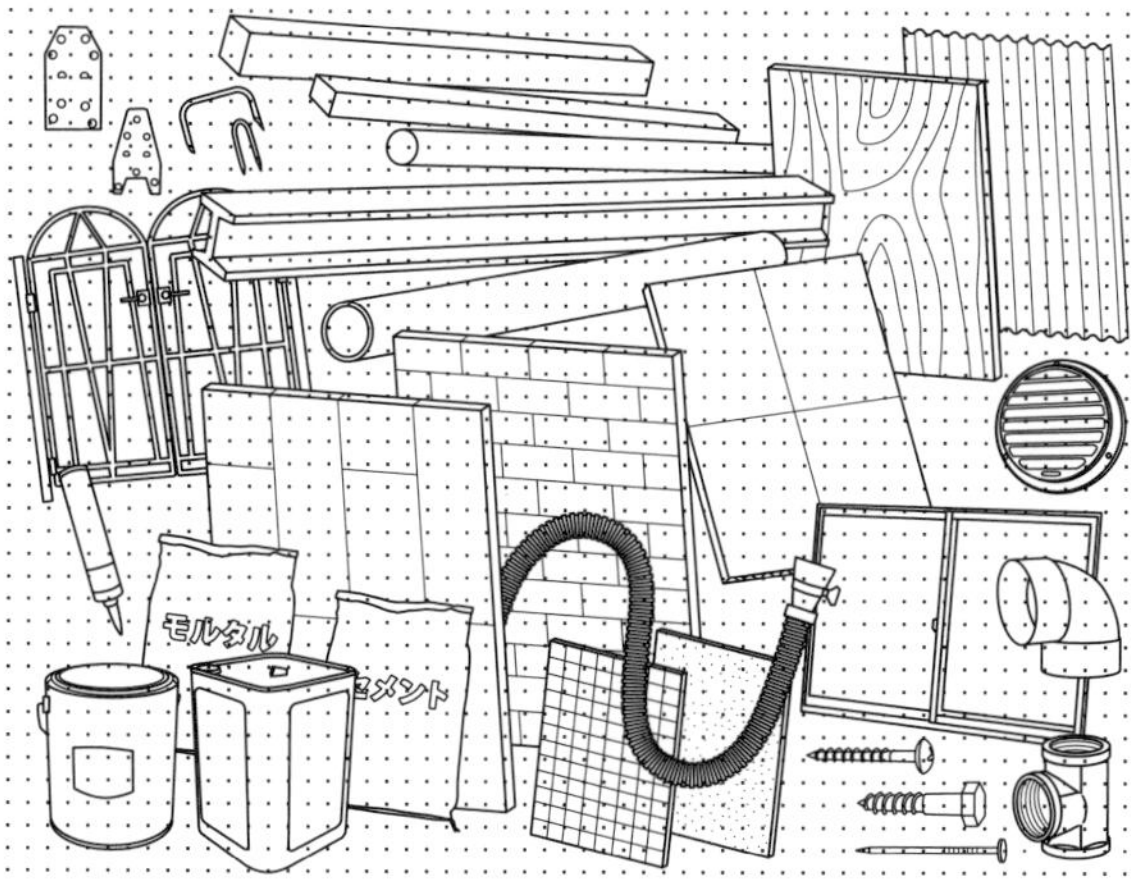

目次

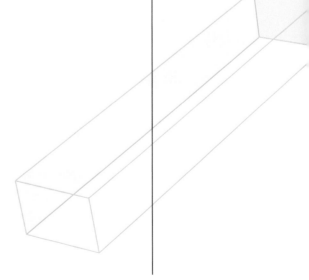

第1章 地盤・基礎・仮設工事

第2章 躯体工事

第3章 屋根・サッシ・外装工事

第4章 内装・内部造作工事

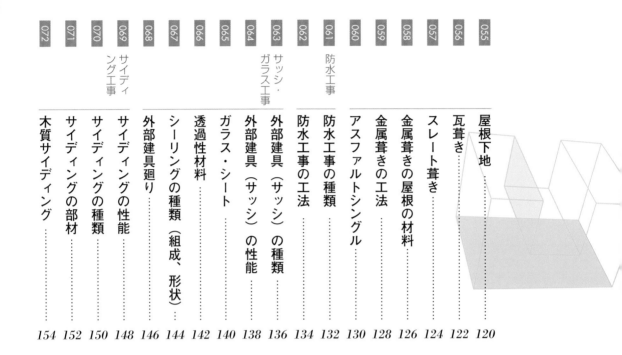

第5章 設備・外構工事

DTP……竹下隆雄（TKクリエイト）
印刷……大日本印刷

本書は2020年8月に弊社より刊行された『世界で一番やさしい建築材料 最新改訂版』を改訂したものです

第1章

地盤・基礎・仮設工事

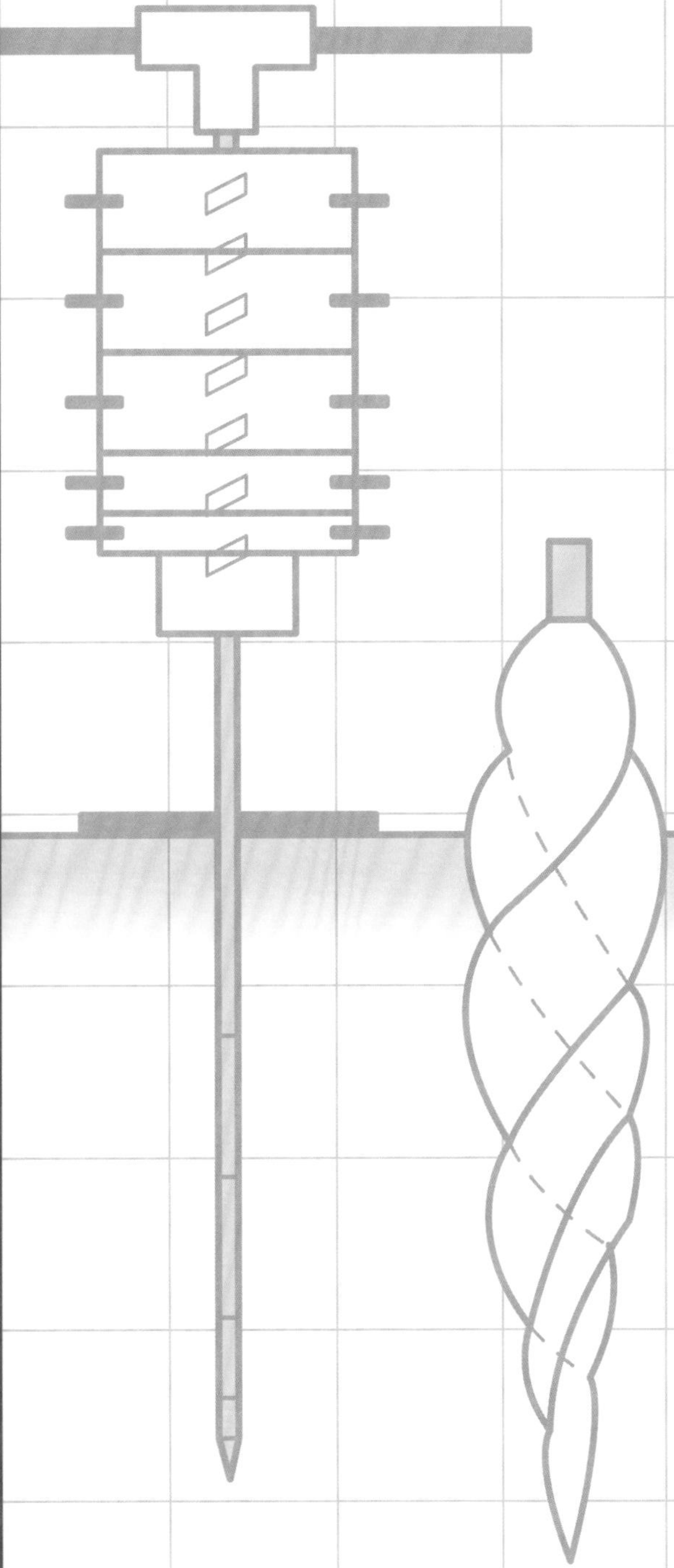

地盤調査

Point 建物の構造耐力を担保するうえでも、地盤の特性を正確に把握することが重要

建物の構造耐力を設計するには、地耐力を確定することが必要となる。地盤調査はそのための、データを得る目的で行うものである。

地耐力と許容応力度

地盤が、上部の構造物を支える力を地耐力といい、許容応力度（地盤の支持力）と、地盤の変形や沈下量の許容値から決まる。地耐力に応じた適切な基礎の種類は告示［※1］に明示されており、基礎を計画するには、許容応力度のデータが必要となる。許容応力度は地盤調査の結果から算出するか、地盤の種類によって導き出される長期許容応力度から算定することと、建築基準法施行令で定められている。

また、日本住宅保証検査機構（JIO）の住宅瑕疵担保責任保険の施工基準にも、敷地内の4カ所以上（原則として建築物の4隅）で地盤調査を行い、許容応力度を判断するよう記載されるなど、制度上も地盤調査を重視する傾向が強まっている。

地盤調査の種類

地盤調査の種類と方法は、告示［※2］に具体的に示されている。

スクリューウェイト貫入試験［※3］は、もともとボーリング調査の補助調査だったが、改良されてJIS認定試験となった。比較的簡便な調査方法で費用も安いため、戸建住宅での実施数が多い。おもりによってスクリュー状の先端が沈む量、またはおもりの重量に回転を加えて地中に貫入させた時の半回転数から、換算N値を算出する。

また、地盤の条件によっては平板載荷試験などが行われることもある。平板載荷試験は、実際の建造物の根切り底の位置に、直径30㎝の載荷盤を水平に設置し、段階的に荷重をかけて沈下量を測定することで地盤の許容応力度を求めるJIS認定試験である。

※1　平成12年建設省告示第1347号
※2　平成13年国土交通省告示第1113号
※3　旧スウェーデン式サウンディング試験

主な地盤調査方法の種類

調査種別	調査手法と手順	調査個所・時間・費用	メリットとデメリット
スクリューウェイト貫入試験（SWS試験）JIS A 1221	・先端にスクリューポイントを装着したロッドを地面に垂直に立て、銅製のおもりを段階的に載荷し、ロッドが自沈する様子を観察する ・100kgまでのおもりを載荷しても自沈しない場合、上端のハンドルを2人の作業者で回転し、強制的に掘進して25cm貫入するまでの回転数（半回転を1としてカウント）を記録する	・調査個所：2～5カ所 ・調査時間：1宅地に2時間前後 ・費用：1宅地4～5万円程度。追加調査は1ポイントにつき約5,000円	・複数個所の測定データの相互比較ができるので、地盤のバランスや土質が判断でき、深度方向に連続した測定ができる（測定可能深度の目安は10m程度） ・換算N値を算出できる ・転石または硬質層が貫入障害となり測定不能となる（杭基礎の支持層を確認できない） ・ボーリング・標準貫入試験の補足調査
標準貫入試験 JIS A 1219	・ボーリング工によって深さ55cm掘削した孔底を、さらに15cm予備打ちして整地する。ハンマーを75cmの高さから自由落下させ、ロッド頭部のノッキングヘッドを打撃し、地盤の貫入抵抗を計測する ・先端の標準貫入試験用のサンプラーを30cm貫入させるのに要する打撃回数を数え、サンプラーの土を取り出し、土質調査の試料とする	・調査個所：深度方向に1mごとに実施	・調査個所が1カ所だけの場合は、地層の勾配を判断できないことがある
平板載荷試験	・構造物の根切り底に載荷板を水平に設置し、段階的に荷重をかけ、荷重段階ごとの沈下量を測定し支持力を求める ・1段階を30分程度とし、8段階以上の載荷とする。目標の荷重に達した後、段階的に荷重を除去する	・調査個所・時間：1カ所程度、半日～1日程度 ・費用：1カ所で20万円	・調査個所が1カ所の場合は地層の勾配を判断できない ・載荷板が小さいので、かけた荷重から発生する応力が浅い深度までしか及ばない。そのため、実際の建物で発生する沈下量よりも小さい値が出ることもある

スクリューウェイト貫入試験(SWS試験)　平板載荷試験

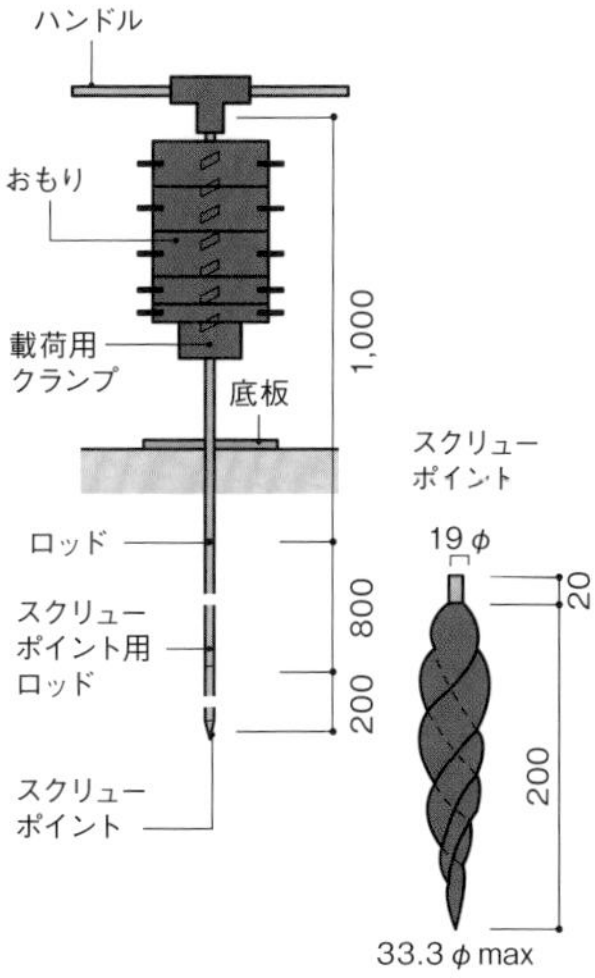

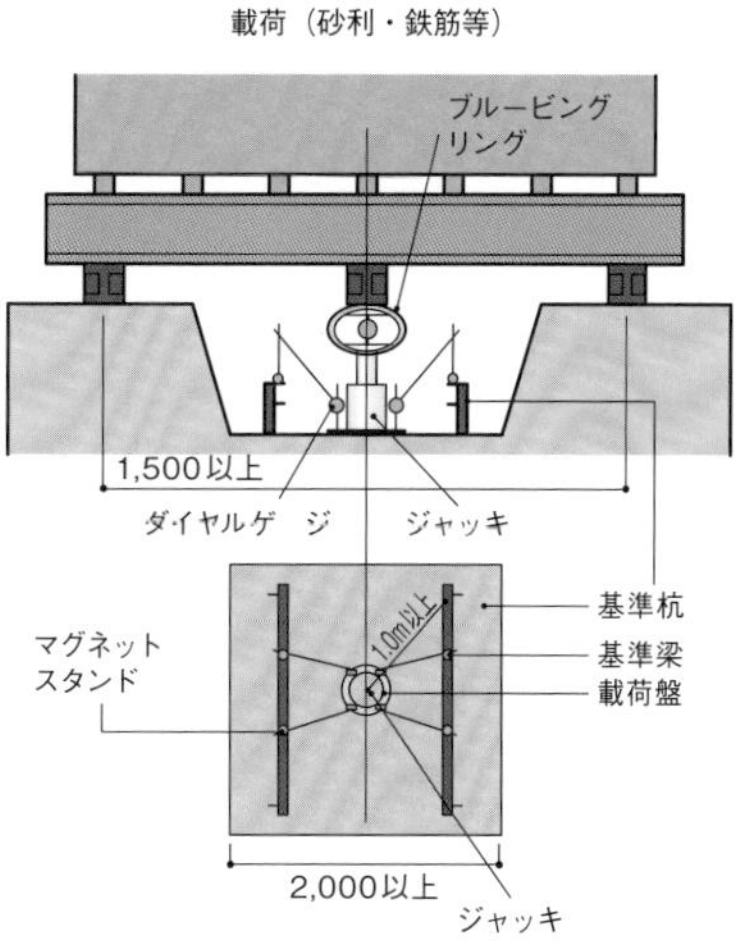

地質調査

Point 地盤深部までの調査を要する場合は、ボーリング調査を行う

スクリューウェイト貫入試験や平板載荷試験では、地盤よりさらに深部の土質や地盤下の地層がどのように堆積しているかといった点は明確にならない。深部の土質や地層構成を調査するには、ボーリングによる掘削、サンプリングを行い、より精密な調査が必要になる。

標準貫入試験

ボーリングに伴い行う試験のことで、地盤の硬さ、密度などの力学的性状を調べる試験である。併せてサンプリングした試料から、土の種類や、地層構成を調査する。

具体的方法は、ボーリングにより試験深度まで掘削した孔底にサンプラーを下ろし、15㎝予備貫入させた後、63・5㎏のおもりを75㎝の高さからロッドの頭に自由落下させ、打撃によりサンプラーが30㎝貫入するのに要した回数（N値）を測定する。

地盤支持力

打撃回数のN値が大きいほど地盤支持力（許容応力度）は大きいが、土質によりその評価は異なるので注意が必要である。たとえば左頁の表中で、砂質土では長期許容支持力50kN／㎡に相当するN値は5～20回であるが、粘性土では4～8回がこれに相当する。一般に、長期許容支持力が30kN／㎡以下、N値が5以下（砂質土）または3以下（粘性土）ならば、軟弱地盤と考える。

土質柱状図

標準貫入試験などでサンプリングしたデータを深度1ｍごとに記録した地盤構成の断面図を、土質柱状図という。N値の他、土質名、各層の厚さ、色調、目視で判明するサンプルの状態や孔内水位などが記録されるが、原位地試験であるため、調査個所が少なければ地層の勾配などは判読できない。

地盤支持力の目安と簡易判別法

硬さ		長期許容支持力（kN／㎡）	N値（回）	一般圧縮強度（kN／㎡）	簡易判別法
砂質土	中位のもの	100	10～20	—	シャベルで力を入れて掘れる
	ゆるいもの	50	5～10	—	シャベルで容易に掘れる
	非常にゆるいもの	30＞	5＞	—	鉄筋棒などが容易に貫入する
粘性土	硬いもの	100	8～15	100～250	シャベルで強く踏んでようやく掘れる
	中位のもの	50	4～8	50～100	シャベルで力を入れて掘れる
	軟らかいもの	20	2～4	25～50	シャベルで容易に掘れる
	非常に軟らかいもの	0	0～2	25＞	鉄筋棒などが容易に貫入する
ローム	やや軟らかいもの	100	3～5	100～150	
	軟らかいもの	50	3＞	100＞	

出典：『［新編］建築材料・施工』鹿島出版会

土質柱状図の例

標尺m	層厚m	層厚m	深度m	柱状図	土質区分	記事	標準貫入試験					
							深度m	10cm毎の打撃回数			打撃回数／貫入量	N値
								0〜10	10〜20	20〜30		0 10 20 30 40
1					表土	30cm迄ガラ混入		1	1		2	
	1.55	1.55	1.55			以深表土主体					40	
2								0	1		1	
						腐植物混入		15	25		40	
3					凝灰質粘土	雲母片混入		0	1		1	
								15	25		40	
4											1	
	4.55	3.00	4.55								35	
5											1	
											40	
6						付着力大					1	
						腐植物混入					35	
7						粘土					1	
											30	
8											2	
											30	
9	9.15	4.6	9.15								15	
											30	
10											20	
											30	
11					砂	中砂					35	
											30	
12											35	
											30	
13	13	3.85	13								50	
											30	
14						砂礫						

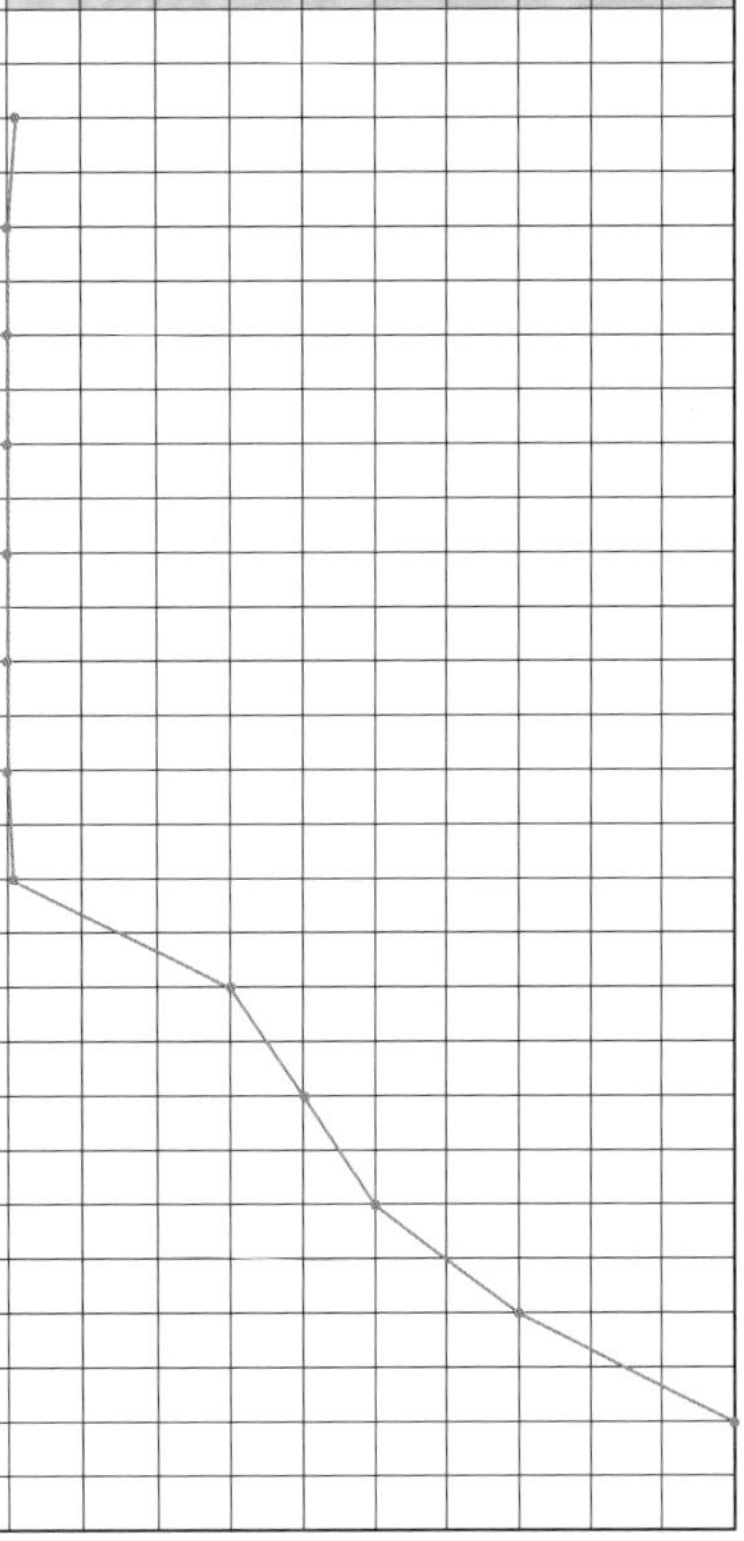

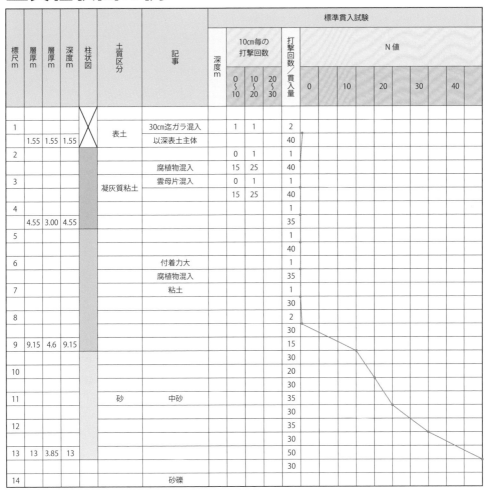

測量

Point 設計や施工に先立ち、測量による敷地図にもとづき現況を確認することが必要

公図と測量図

「公図」とは、明治時代の地租改正で申告された同相地図（縮尺は正確ではないが1筆1筆の図形のつながりやおおまかな形状は合っている）がもとになっている登記簿上の図で、実際の敷地の形状や面積とは一致しない場合もある。設計・施工に際しては、測量による敷地図を準備したい。

敷地測量図での確認事項

着工前には、敷地と道路との境界（官民境界）、敷地と隣地との境界（民民境界）を確定するが、後の紛争を避けるため、必要に応じて道路管理者、隣地所有者などの立ち会いのもとで確認するようにする。

敷地測量図には、方位、前面道路の幅員を記入し、基準点となるベンチマークを定めたうえ、敷地内に高低差があれば要所のレベルを測り、敷地と道路、敷地と隣地との高低差を明確にする。その他、電気・ガス・上下水道などの取込み位置などを確認するため、電柱や公設桝の位置も明記する。

測量機器と測量の方法

従来は定規や巻尺・スチールテープ、セオドライト（トランシット）、レベルなどの機器を用いて平板測量を行い、現況図を作成してきたが、近年は電子技術を応用した機械を利用し、CADで作図するようになった。現代の測量は非常に高精度になったといえる。

平面測量には、トランシットを用いて測角するトラバース測量（多角測量）や三角測量、三角形の三辺の距離を測る三辺測量がある。光波距離計が使用されるようになって、三角測量より三辺測量の精度が高まったが、いずれの方法を選択するかは、敷地の形状や、敷地内の構造物・樹木など障害物の有無などの条件を考慮して決定する。

測量機器の例

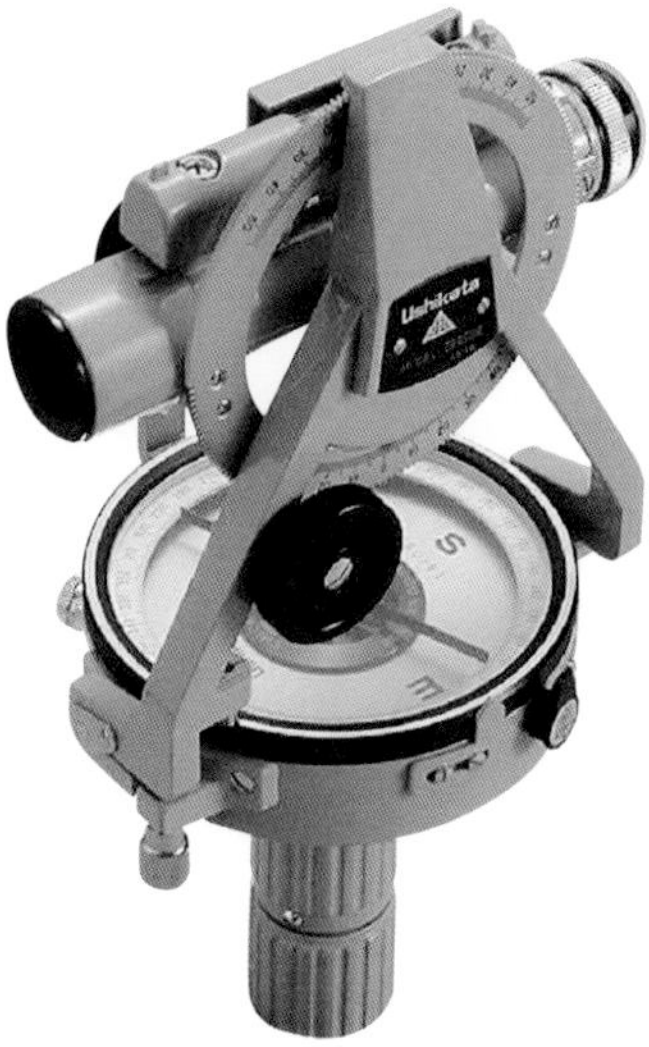

「ポケットコンパス LS-25 レベルトラコン」

セオドライト

磁方位角・高低角を目視により読むため測角精度は低いが、軽量でシンプルな機構であるため、住宅の敷地の測量などに使われる。元来距離を計測する機能はなくスチールテープや光波距離計と併用して使用される。トランシットともいう　（写真：「牛方商会」）

「PL1」

レベル

三脚の上に望遠鏡と水準器をセットした機器を水平に回転し、計測点にセットした測尺の高さを目視で読む。最近はデジタル表示のものが多くなっている。セオドライトとともに使用することが多い　（写真：「ソキア」）

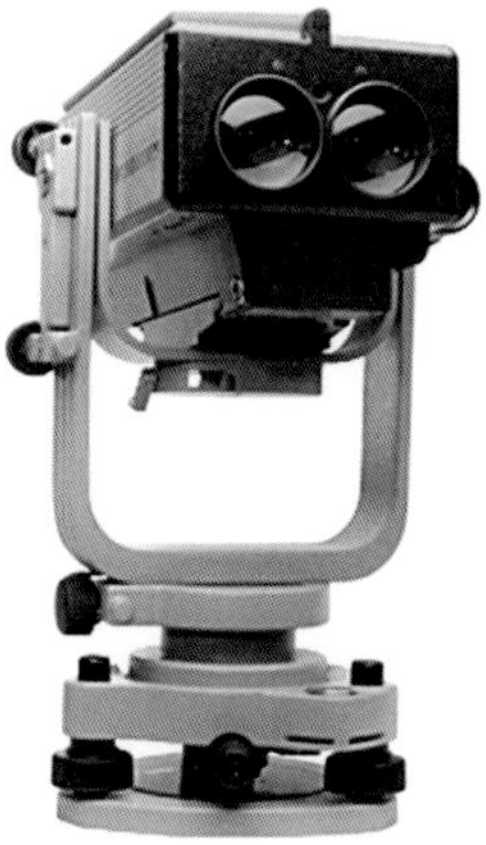

「DIOR3002S」

光波距離計

計測目標地点にレーザー光を照射し、反射して返ってくる光の位相値から距離を算出する。光の１波長が最小目盛りに匹敵するため、非常に高精度な計測が可能である　（写真：「ライカ」）

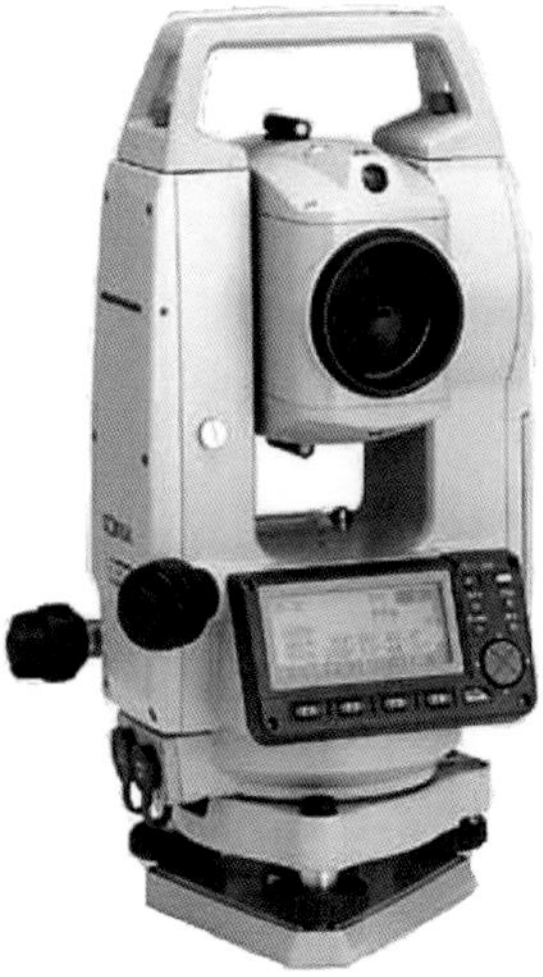

「NET1200」

トータルステーション

セオドライトに光波距離計や記録の機能を併設した電子光学機械。角度・距離ともに高精度な計測が可能　（写真：「ソキア」）

解体・処分

Point 建設廃棄物の増大に備え、2000年に建設リサイクル法が制定された

建設リサイクル法

環境省によれば、建設工事に伴い発生する建設廃棄物の量は、産業廃棄物として排出・最終処分される量全体の約2割を占めるという。また残念なことに、不全法投棄量のうち建設廃棄物は6割を占める。昭和40年代に建てられた建築物が更新される時期を迎えた今、さらに増大する建設廃棄物の適切な処分方法が求められている。

これを受け、廃棄物の再資源化を促進するため、2000年に建設リサイクル法が制定され、分別解体・再資源化の実施義務対象工事が指定された。対象工事では請負契約締結の際、解体工事や再資源化などに要する費用を明記することが義務付けられている。

特定建設資材

環境省では、コンクリート(プレキャスト板を含む)、コンクリートおよび鉄からなる建設資材、木材、アスファルト・コンクリートを特定建設資材に指定し、再資源化率の向上を推し進めている。

分別解体と再資源化

解体工事は都道府県知事への登録業者が行い、着工の7日前までに分別解体計画届けを提出することが義務付けられている。解体は基準に従い分別しつつ行い、特定建設資材は再資源化、その他の廃棄物は焼却・埋立てなどの処分をする。現在は木材の分別・処理が課題となっている。

新築その他における課題

建設リサイクル法の主旨を読み解けば、新築・増改築には、できるだけ複合材を排することが求められているといえる。また、再生可能材の活用、耐用年数の異なる部材の施工方法に配慮することなども今後の課題となる。

建設リサイクル法の対象建設工事規模

建築物の解体工事	床面積の合計が80㎡以上
建築物の新築・増築工事	床面積の合計が500㎡以上
リフォーム工事など	請負金が1億円以上
土木工事など	請負金が500万円以上

品目別再資源化等の状況

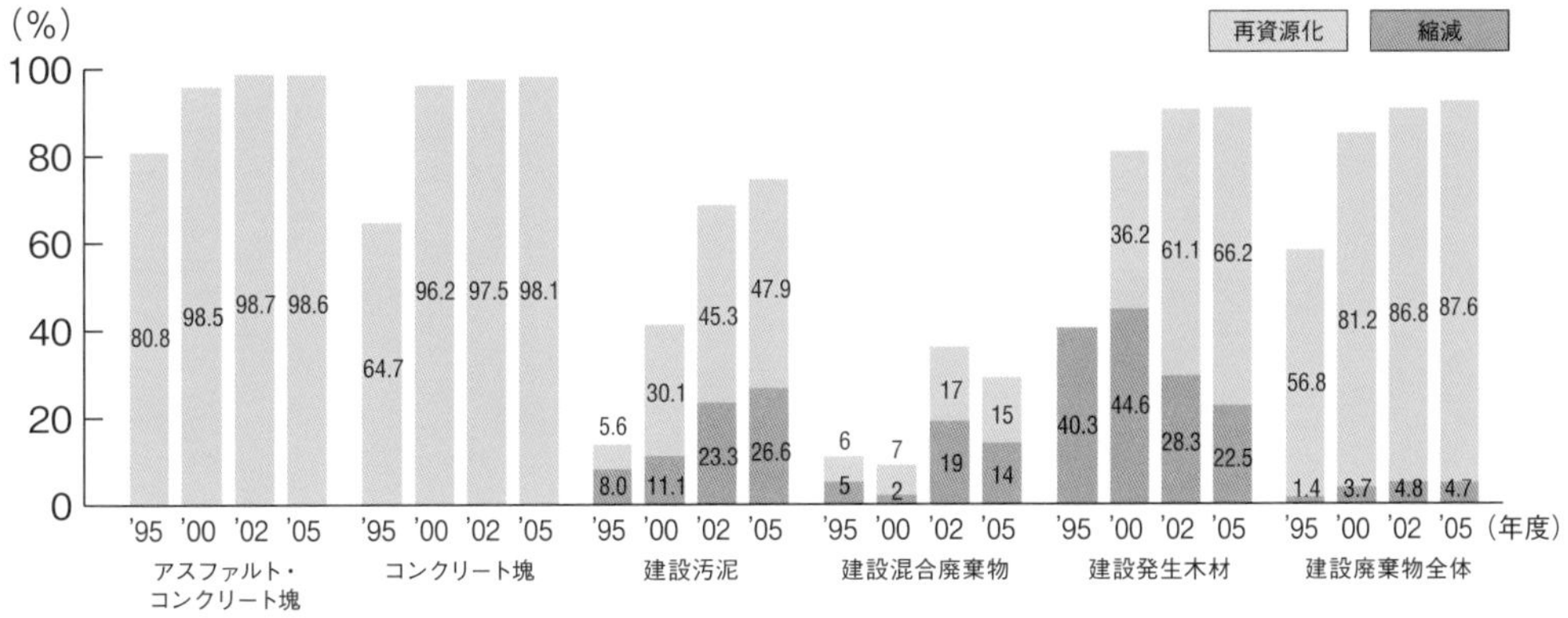

注）1995年度調査においては、建設発生木材縮減については区分せず、最終処分のなかに含まれている
出典：建設副産物リサイクル広報推進会議HP（http://www.suishinkaigi.jp/）

再生材の例

3層ストランドボード（芯材に解体材の木材チップを使用）

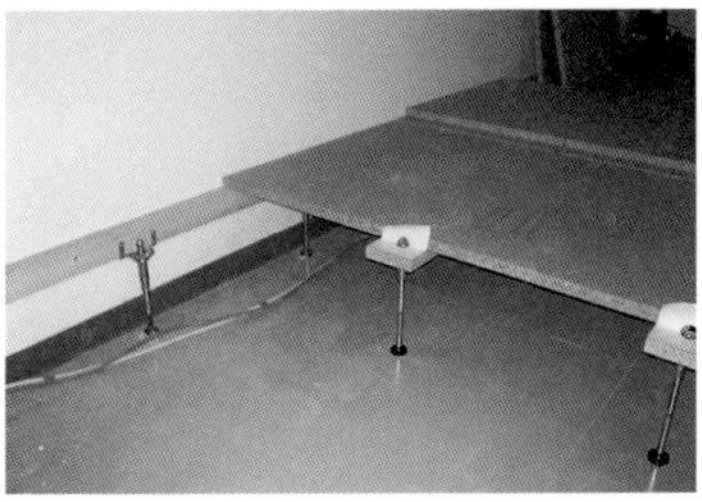

床下地に使用する例

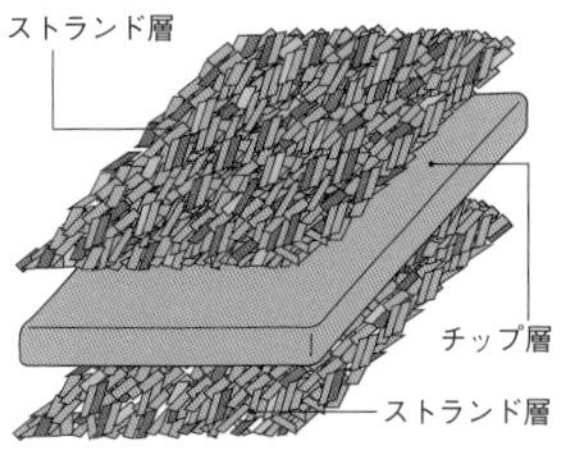

3層ストランドボードの小口。芯層は解体材チップ、表層は間伐材ストランド

再生舗装材
（再加熱安定処理アスファルト）

再生舗装材
（コンクリート塊リサイクル資材）

パーティクルボード
（建築解体木材60%使用材）

出典：「大阪府認定リサイクル製品」（パンフレット）より

遣り方

Point 配置の確認は重要監理項目の1つ。ここで決定した基準がその後の工程に影響する

遣り方

建築工事を始めるにあたって建物の水平位置、基礎レベルの基準を示す工程と、そのための仮設物全般を指す。

地縄張り

まずは、敷地に地縄を張って境界線から建物までの離れ距離などを原寸で確認し、建物の配置を確定する。

建物の基準を設定する大事な工程なので、必ず施工者、監理者（設計者）、建築主の3者の立ち会いのもと、確認を行うようにする。

ベンチマークの設定

地縄張りと同時に、建物の配置や高さの基準となるベンチマークも確認する。ベンチマークは、通常、敷地の境界杭などの固定物に設定するが、敷地が広い、適切な固定物がないなどの場合、仮のベンチマークを設置し、そこから設計GLなどの基準となるレベルを求める。

遣り方出し

土工事（根切り工事）を見越して、基礎の底面幅や余掘りに必要な幅だけ逃げた位置に水杭を打つ。その後、ベンチマークや設計GLから測った基礎高さに合わせて水杭に水貫を打ち付け、これを基準の定規とする。この水貫から、基礎の配置に沿って水糸を張る。

遣り方で用いる道具

水平を出す方法としては、長年、水盛りが用いられてきたが、現在ではレーザー光線で設定高さを示すレーザーレベルが使われる。

また、寸法出しを簡便にして数値の読み間違いを防ぐために、あらかじめ基準寸法に印をした通称「ばか棒」とよばれる棒も用いられる。

地縄張りの様子

現地での建物の配置を確定する重要な工程

ベンチマーク

「ベンチマーク」は、建物の高さや配置の基準となる

遣り方の各部名称

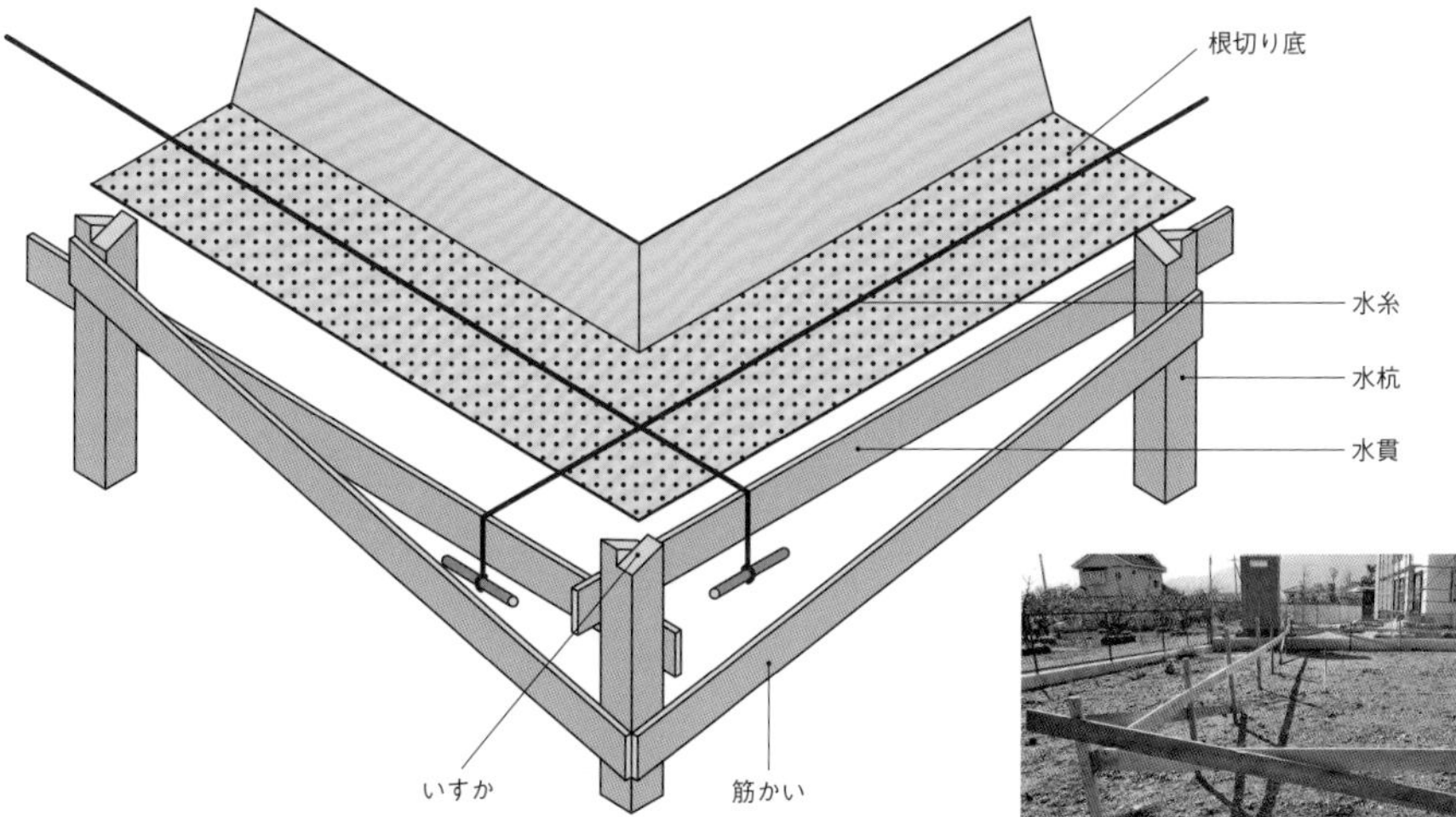

出典：「木造住宅工事仕様書（解説付き）2021年版」
（住宅金融支援機構）

遣り方の検査の様子。水糸の張られた位置と高さが、設計図通りであることを確認する

水盛り

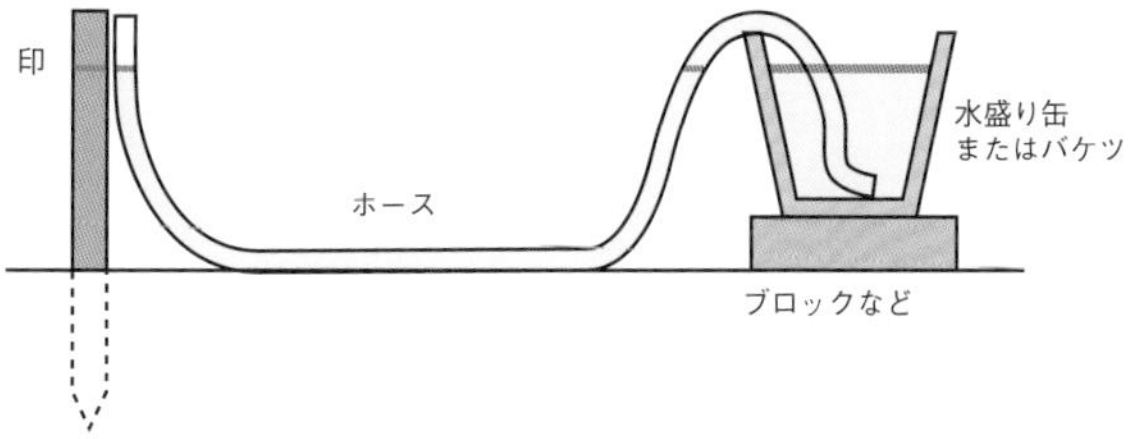

チューブとバケツの水位は常に一定である、というパスカルの原理を応用して水平をとる方法

レーザーレベル

本体からレーザー光線を出し、水平をとる測量器具

土工事

Point　施工者により工事の質に差があるので、調査資料と実際の土質・地下水の状況から計画を立てる

土工事とは

土工事とは、地盤造成による切土・盛土や整地、基礎や地下工作物の工事のための地盤掘削など、土に関する工程全般を指す。地質調査や測量、設計図書にもとづき、掘削状況や地下水の有無に応じて施工計画を立てる。その際、周辺への影響と、地下水がある場合は地盤沈下に特に注意する。

土工事の手順

①根切り（根伐り）

基礎形状や地下工作物に従って所定の根入れ深さや幅に地盤を掘削する。掘削の仕方によって、壷掘り、布掘り、総掘りなどがある。

掘削の際は、ガス管、水道管などの既存の埋設物を傷つけないよう、事前に充分な調査や打ち合わせを行う。

②埋め戻し

基礎や地下工作物の施工完了後、根切りの余掘り部分を埋め戻す。土質が良好で場内堆積できる場合は、埋戻し土に根切り土を使うこともできる。

③山留め（山止め）

基礎が深い場合や傾斜地、地下室がある場合などは、土をせき止めておく山留めが必要になる。掘削規模や土質、地下水の状況から側圧の仮定や応力計算を行い、工法や部材を選ぶ。

法面（のりめん）

根切りや切土・盛土により、人工的に形成された斜面。高低差や存置期間の長さにより、労働安全衛生規則などの関係法令に従って適切な勾配を求める。必要に応じ、モルタル吹付けやシートなどで法面養生をする。

水替え（釜場排水）

地下水の流入や湧水がある場合は、釜場とよばれるくぼみを設けるなどして集水し、ポンプで排水する。

根切りの種類

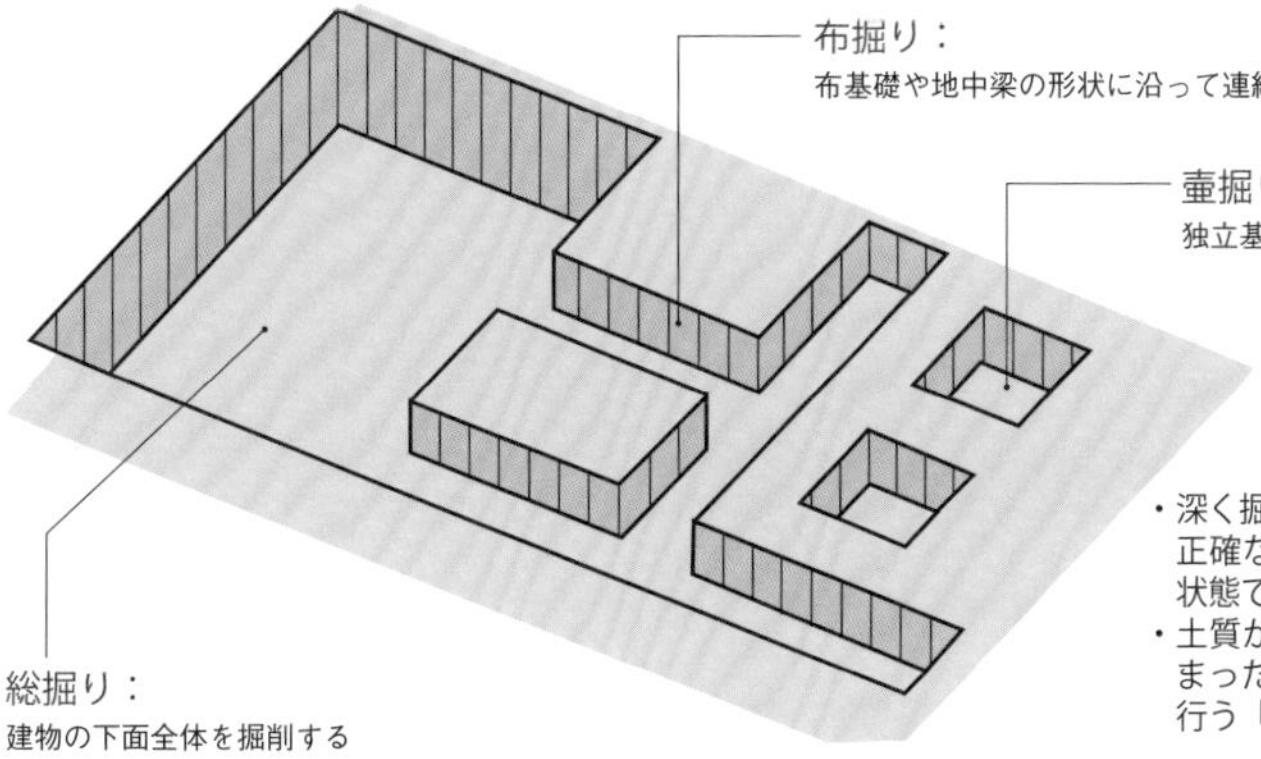

- 深く掘り過ぎる、根切り底を荒らすなどがないよう、正確な施工に留意し、監理者は根切り底が見える状態で床付け（とこづけ）面の状況を確認する
- 土質が想定と違う場合や、床付け面を荒らしてしまった場合には、良質土で土を入れ替えて転圧を行う「置換工事」などにより是正する

山留め部材の名称

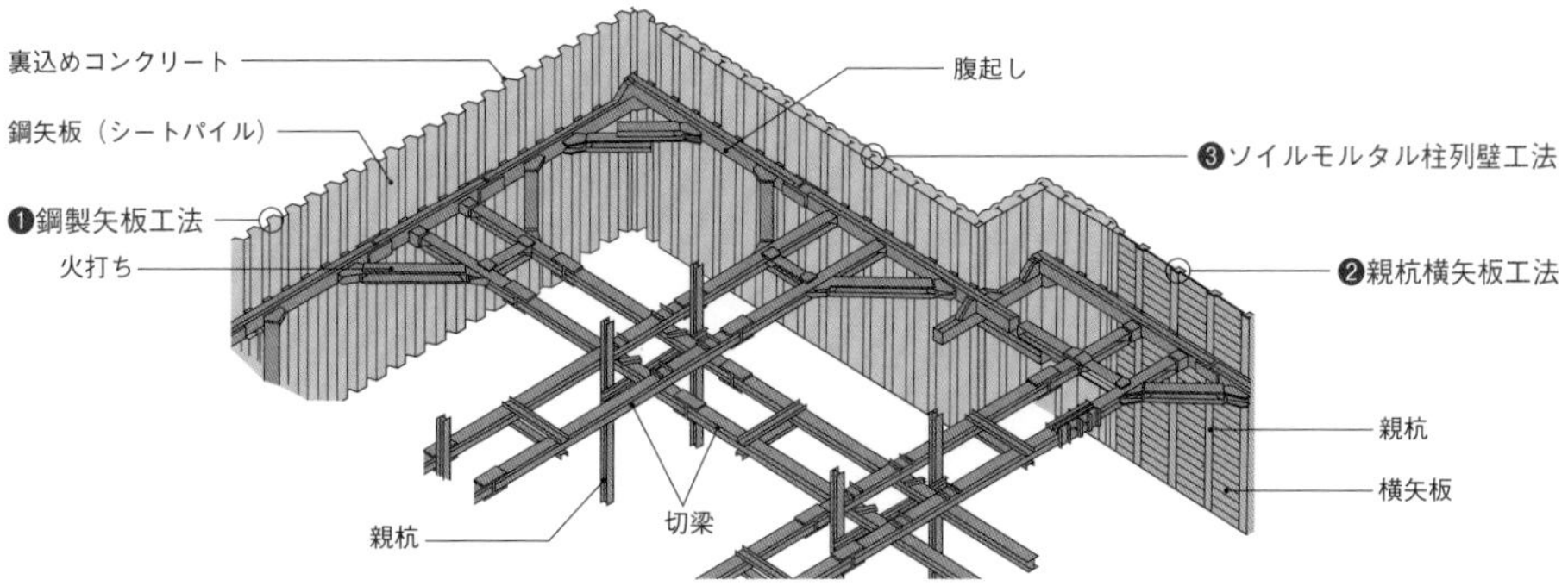

❶鋼製矢板工法
掘削が浅く安定した軟らかい地質の場合に用いられるが、水圧がかかるので支保工が大きくなる。矢板を打ち込む際の振動や騒音が大きい

❷親杭横矢板工法
H形鋼の親杭を打ち込み、その間に木製の矢板を挟み込む。固い地盤でも施工可能で、水圧がかからないので支保工応力上は有利。ただし水が抑えられないので、湧水が多い場所には向かないことも

❸ソイルモルタル柱列壁工法
ソイルモルタル柱を列上に打設する。振動や騒音が少なく、壁の剛性や止水性も高いが、コストが高く工期も長い

法面

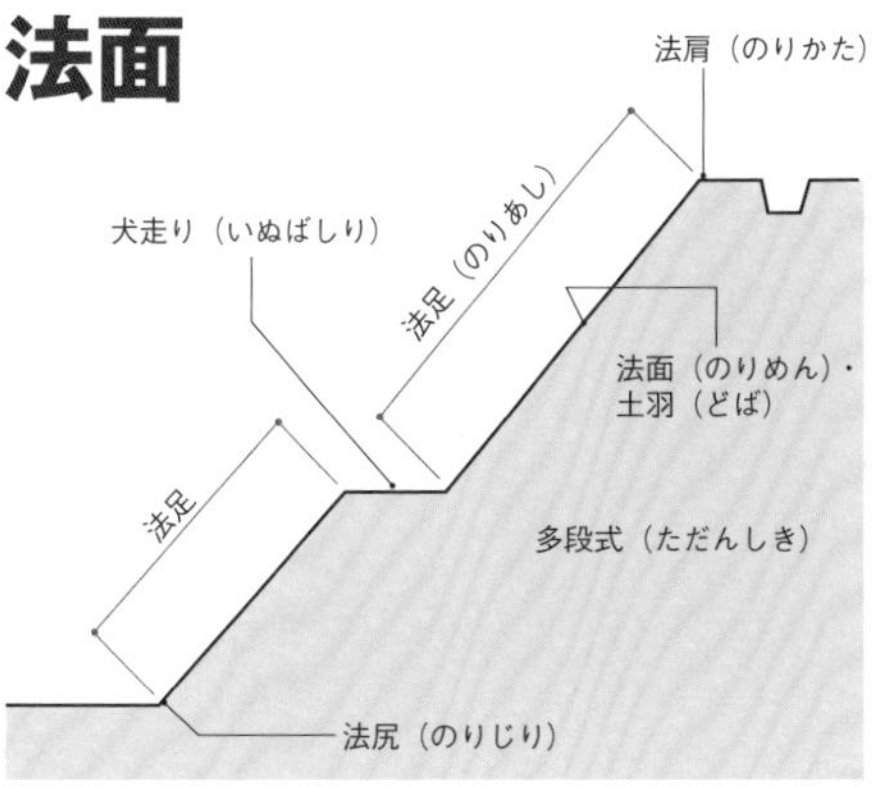

水替え（ウェルポイント法）

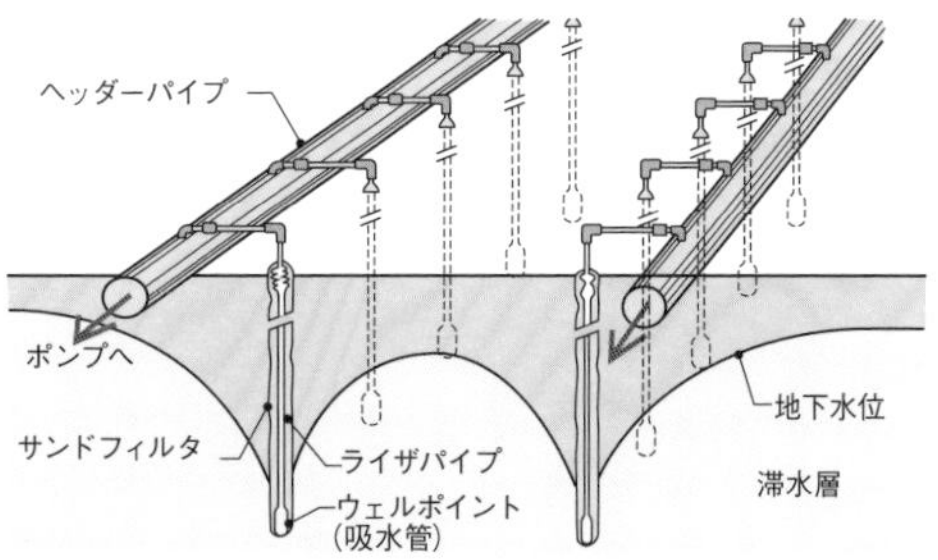

地下水が極めて多く、釜場排水などの方法で水替えが困難な場合に水位を低下させることができる工法

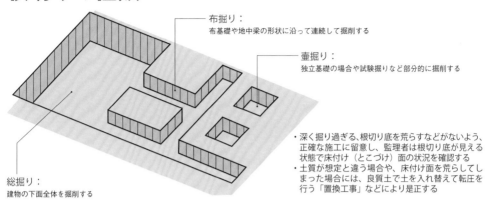

地盤改良

Point 軟弱地盤の大きな要因は「土質」「密度」「水分」。改良目的に応じて適切な工法を選択する

地盤改良の種類と特徴

敷地の地耐力が不足している、不同沈下のおそれがある、水分が多い、などの場合、地盤改良を行う。土質や地層、安定化の目的や計画建築物などにより、多様な工法がとられる。

①杭地業

建物の荷重を、強固な支持層まで打ち込んだ支持杭や、杭の摩擦抵抗で支持する摩擦杭で支える。地盤そのものの安定化ではないので、地盤改良と区別されることも多い。

②固結

固化剤・水凝固剤を用いる、水締めするなどにより、土の粒子を固着する。表層改良、柱状改良も固結の1つで、住宅を中心に広く用いられる。

③小口径鋼管打設

口径の小さな鋼管を、安定した地盤まで貫入させる。杭地業と似ているが、口径が細いため支持杭とは見なされない。主に戸建住宅に用いられ、改良深度は口径の100倍までとされる。

④置換

地盤を部分または全体的に掘削し、転圧を加えながら良質土へ入れ替える。圧密だけの問題ならば現地の土を再利用でき、部分的置換ならば安価で済む。

⑤締め固め

ローラーの重さやコンパクターの振動で表層から転圧を行う。改良の有効深度は30㎝程度と浅い。

⑥強制圧密

人工的に長期の荷重を与えて圧密させ、強度を高めて後の自沈を抑える。

⑦脱水

水分が多い粘土質の場合は水分を排出する工法(サンドドレーン、バーチカルドレーンなど)を、地下水が高い場合は水位を低下させる工法(ウェルポイント工法、ディープウェル工法など)を用いる。

代表的な地盤改良の例

①表層改良

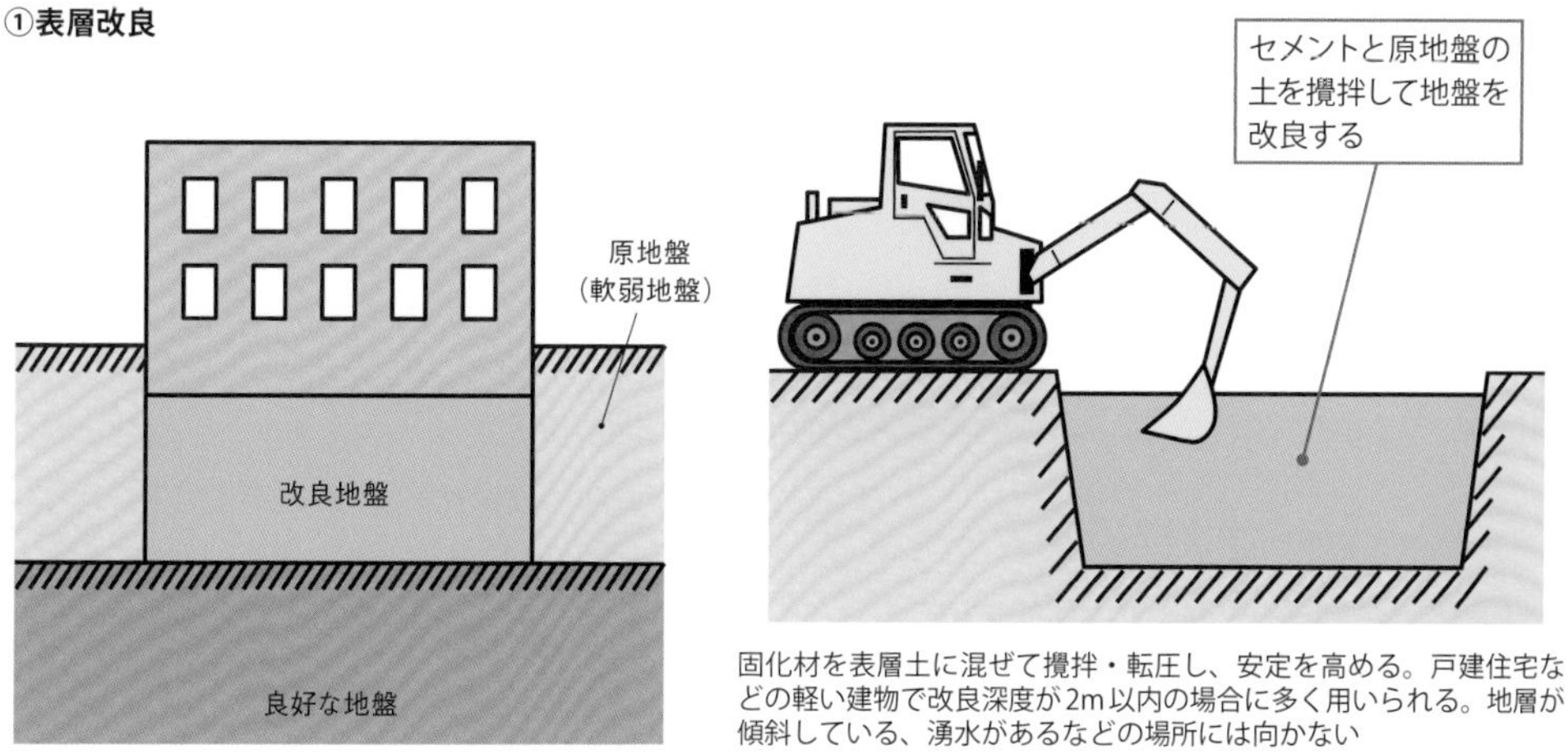

固化材を表層土に混ぜて攪拌・転圧し、安定を高める。戸建住宅などの軽い建物で改良深度が2m以内の場合に多く用いられる。地層が傾斜している、湧水があるなどの場所には向かない

②柱状改良

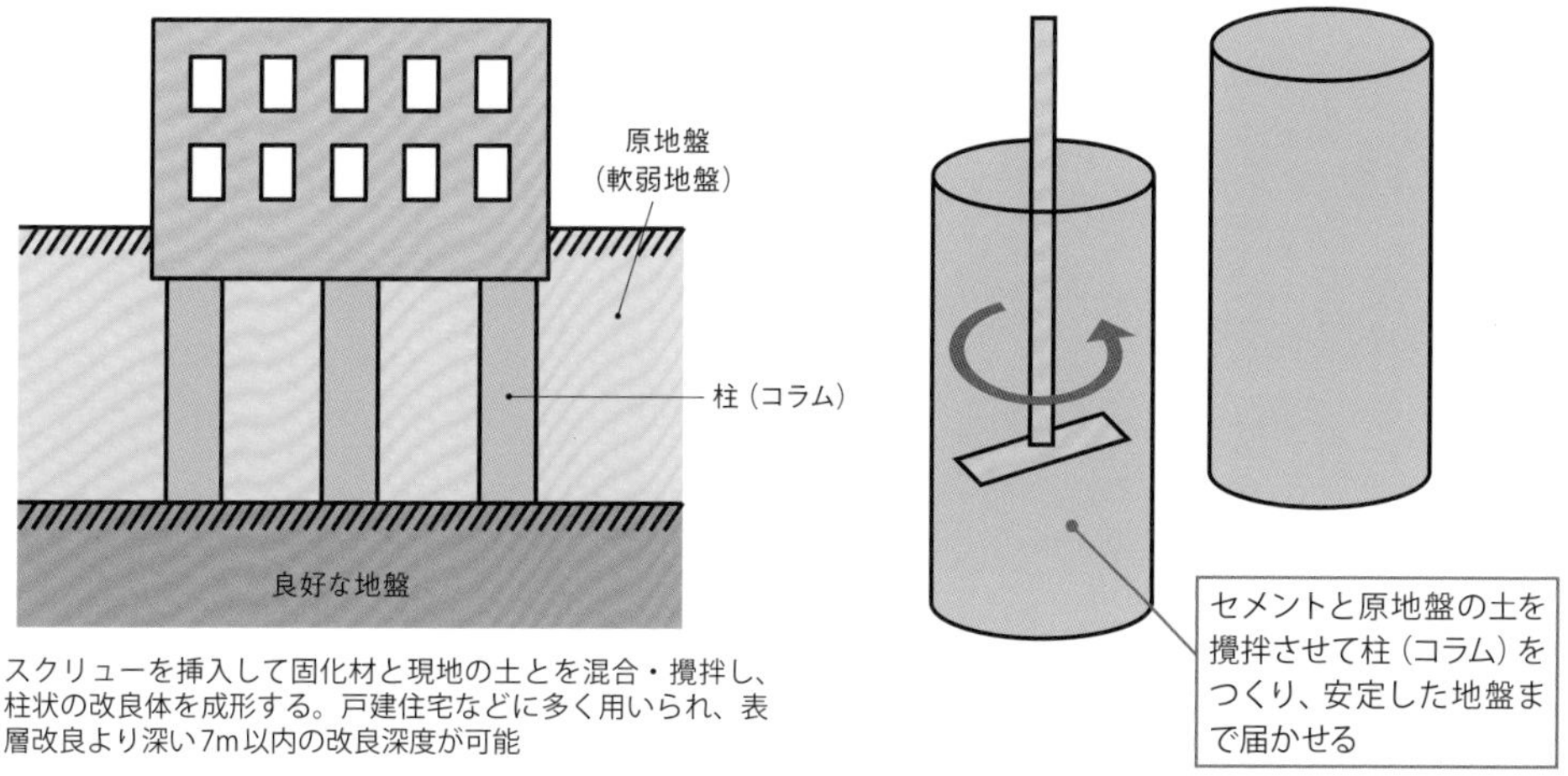

スクリューを挿入して固化材と現地の土とを混合・攪拌し、柱状の改良体を成形する。戸建住宅などに多く用いられ、表層改良より深い7m以内の改良深度が可能

③小口径鋼管打設

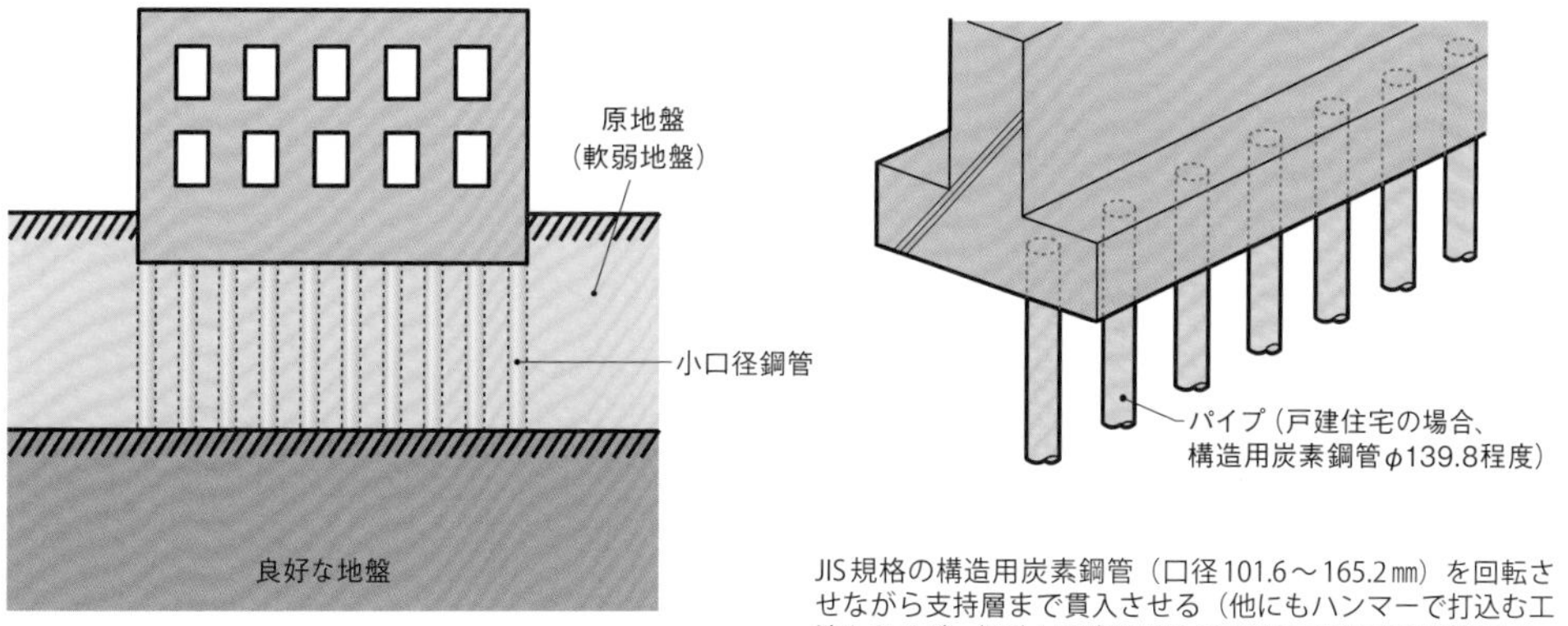

JIS規格の構造用炭素鋼管（口径101.6～165.2㎜）を回転させながら支持層まで貫入させる（他にもハンマーで打込む工法もあるが、振動と騒音を伴うので施工できる現場が限られ、現在ではほとんど使われない）

杭の種類・杭の工法

Point 地盤調査結果にもとづいて杭の選定と設計を行う。試験杭にて施工状況とも整合させる

支持杭と摩擦杭

杭の機能は、建物荷重を強固な支持層まで伝える支持杭と、杭側面と土との摩擦力で建物荷重を支える摩擦杭とに分かれる。また杭そのものも、既製品と現場製作とに分かれる。

既製杭

工場生産された杭を搬入し、地盤に挿入する。施工方法としては、打撃工法の信頼性が高いが、騒音や振動が問題になる。そのため市街地では、防音対策されたパイルハンマーを用いたり、アースオーガーを使ったプレボーリング工法や中掘工法、スクリュー式パイル工法などを適宜選択する。

既成杭には次の種類がある。

①木杭

マツなどの生木を、腐食しないように常水面以深に打ち込む。ただし、地下水位自体が変化し、材料確保が難しいため、近年はほとんど用いられない。

②鋼杭

JIS規格品のH形鋼や鋼管を用いる。杭長が長い場合でも現場溶接で継ぎ合わせられるため、運搬性や施工性はよいが、腐食に留意する必要がある。最近は、先端がスクリューやプロペラ状になった回転貫入杭（スクリューパイル）がよく用いられる。

③既製コンクリート杭

工場製作品のため、品質が安定する。用途に応じてさまざまな強度や口径のものが用意される。

場所打ちコンクリート杭

現場打ちコンクリート杭ともよばれる。地盤を掘削した堅穴に、地上で組んだ鉄筋籠を挿入し、コンクリートを流し込む。口径を大きくすることや杭先端を拡底させることで支持力を上げられる。主に杭壁の保護方法の違いによって、さまざまな工法がある。

支持杭と摩擦杭

支持杭

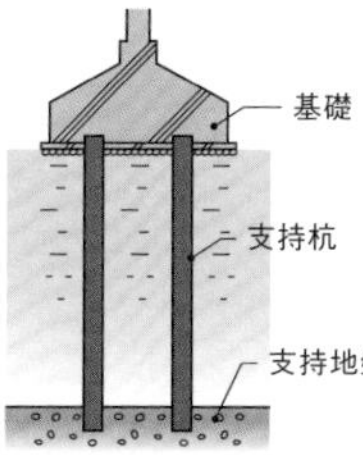

摩擦杭

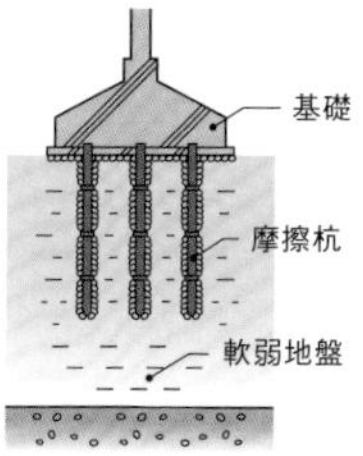

既製杭の主な工法

プレボーリング工法

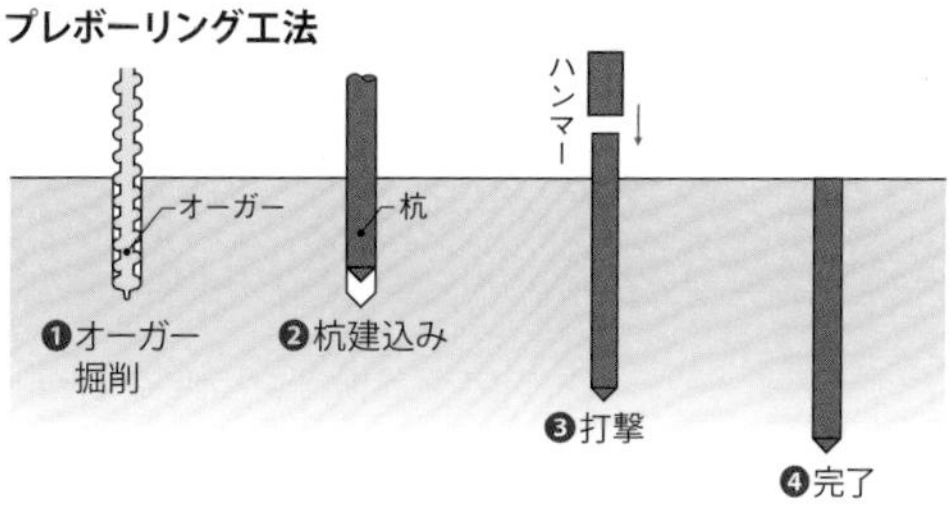

中掘工法

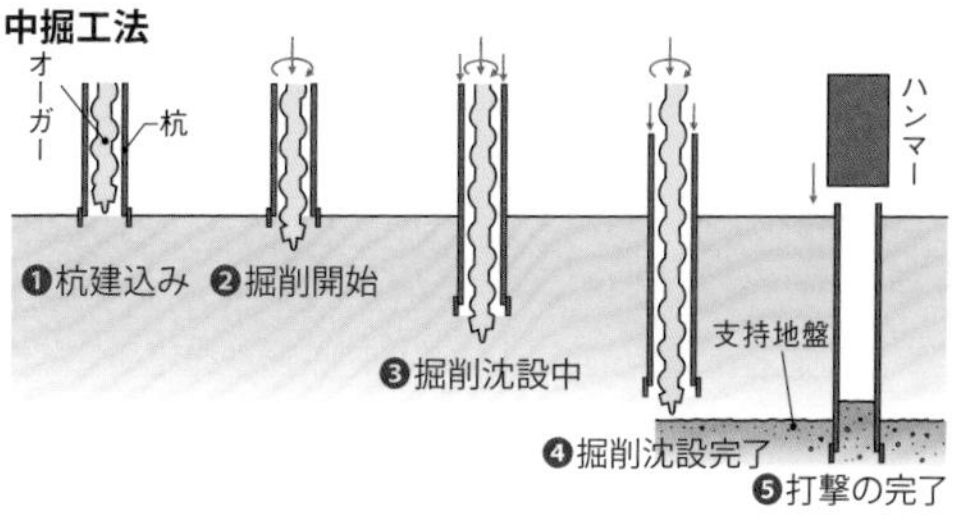

場所打ちコンクリート杭の主な工法

オールケーシング工法（ベノト工法）

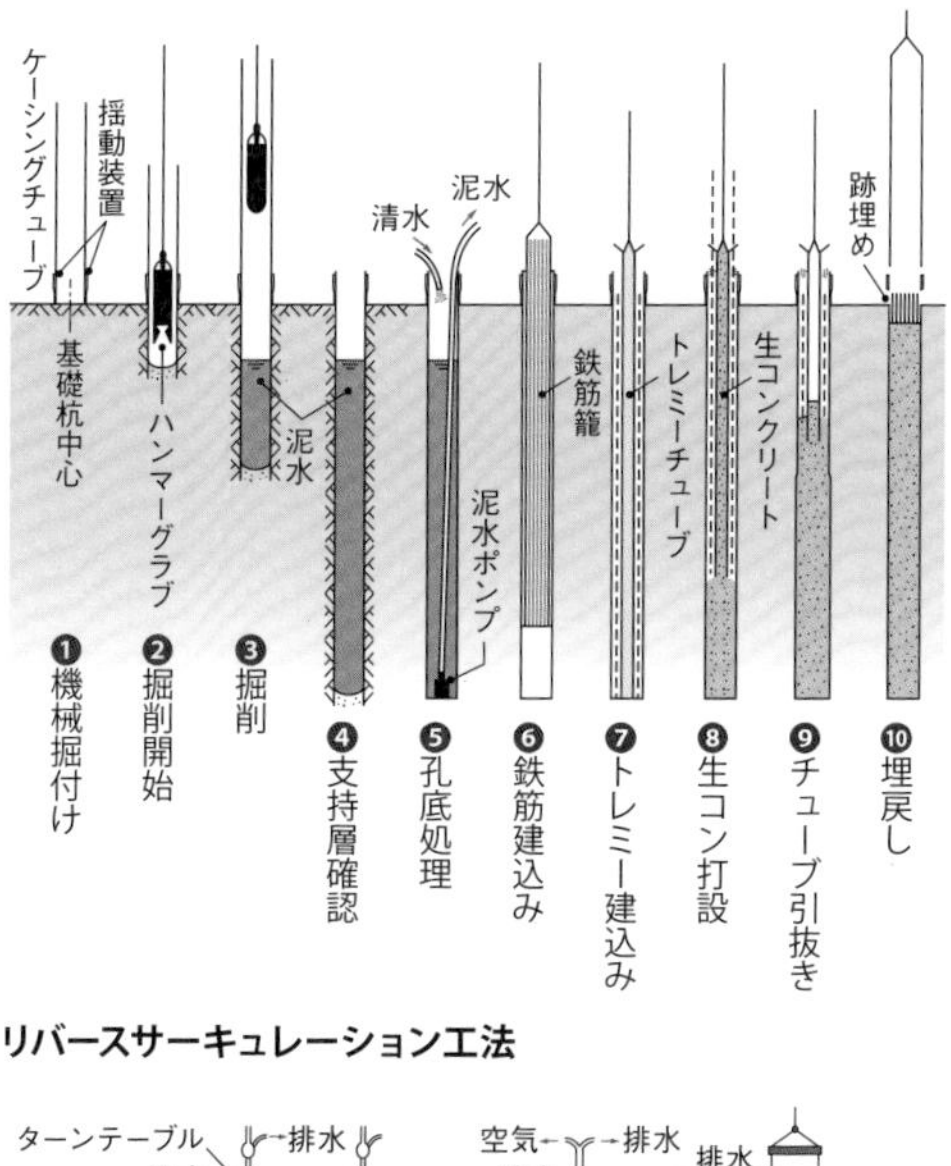

アースドリル工法

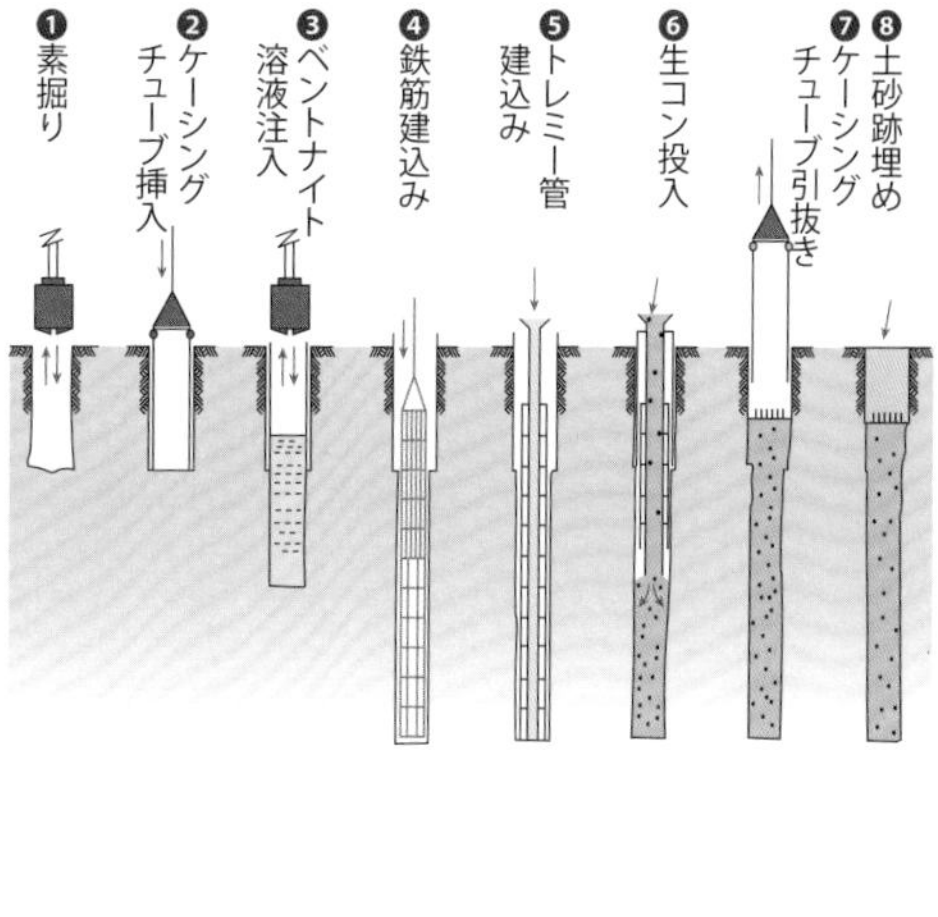

リバースサーキュレーション工法

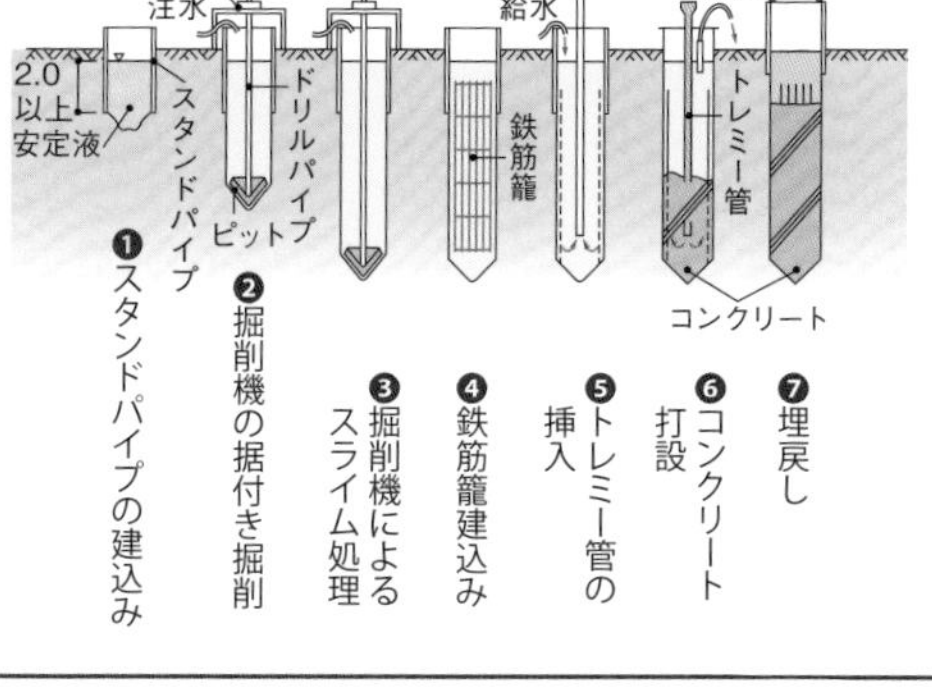

BH工法

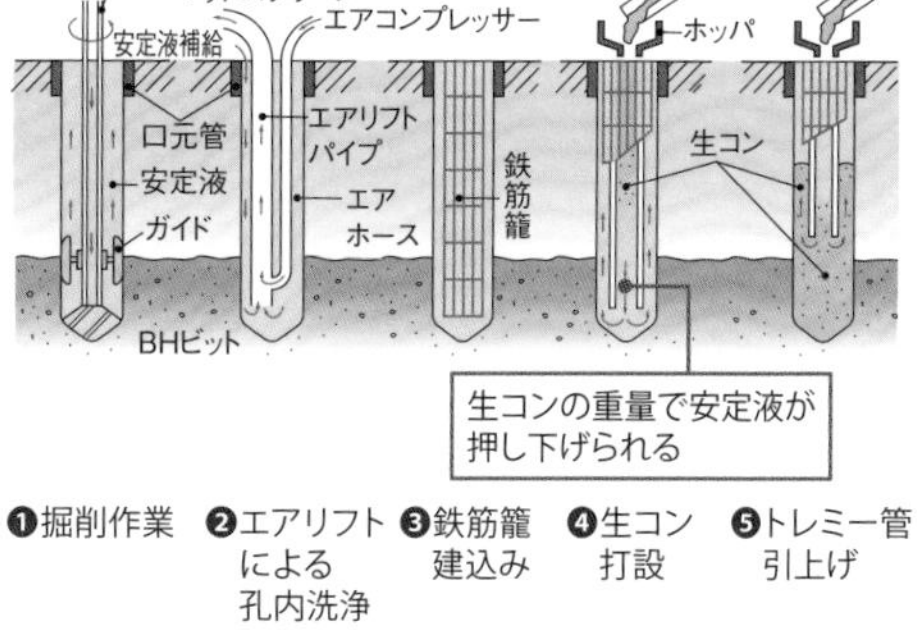

地業

Point 地業は、状況に合った適切な材料と方法を選ぶ。間違った地業はかえって悪影響を及ぼす

地業(じぎょう・ちぎょう)の種類

基礎スラブにかかる建物荷重を、地盤に正しく均等に伝えるための工程。計画建物や基礎形状、地盤や水はけの状況により、次の方法がとられる。

①直接地業

水はけがよく極めて良好な地盤では、根切り底を直接締め固め、以降の地業工事を省略することがある。

②砂地業

軟弱地盤や古井戸の埋立てに用いられる。軟弱な部分を取り去り、良質な山砂に置換して締め固める。粘土質で極めて良好な地盤(関東ローム層など)でも、砂地業が用いられる。

③砕石地業(砂利敷業)

比較的良好な地盤に用いられる。砕石や砂利、解体したコンクリートを砕いた再生砕石を根切り底に敷き、所定の厚さ(50~150㎜程度)で均等に転圧する。作業効率に優れコストも安い。

④割栗《わりぐり》地業

水分が多い粘土質など、あまり良好でない地盤に用いられる。直径200~300㎜程度の「割栗石《わりぐりいし》」とよばれる硬質の石を小端立《こばだ》てに並べ、目つぶし砂利を隙間に詰めて転圧する。

⑤捨てコンクリート(捨てコン)地業

直接地業や砕石地業、割栗地業の上に30~50㎜コンクリートを流し、表面を平滑に均す。通り芯の正確な墨出しを可能にし、基礎コンクリート打設時には下面の型枠の役割も果たす。

⑥ラップルコンクリート地業

表層地盤改良では耐力が不足するが、杭を打つほどでもない軟弱地盤に有効。軟弱部分を支持地盤まで無筋コンクリートに置き換える。

杭地業(杭)

杭も地業工事の1つに分類されることがある(22頁「杭の種類・杭の工法」参照)。

主な地業の種類

砕石地業

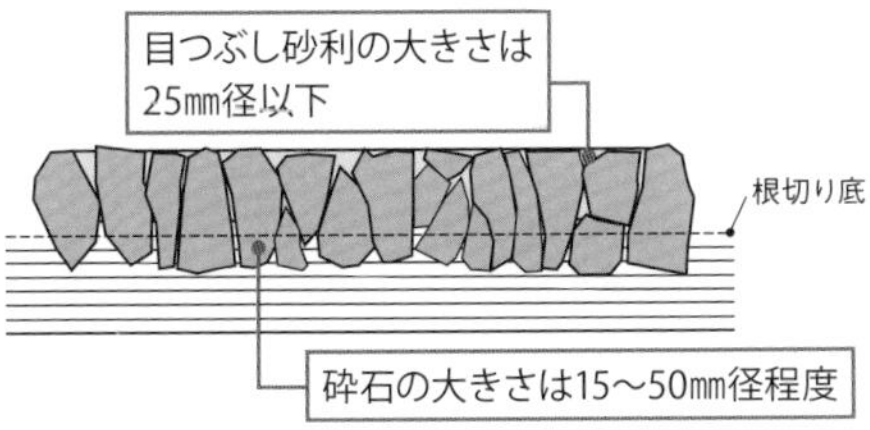
目つぶし砂利の大きさは25㎜径以下
根切り底
砕石の大きさは15～50㎜径程度

割栗地業

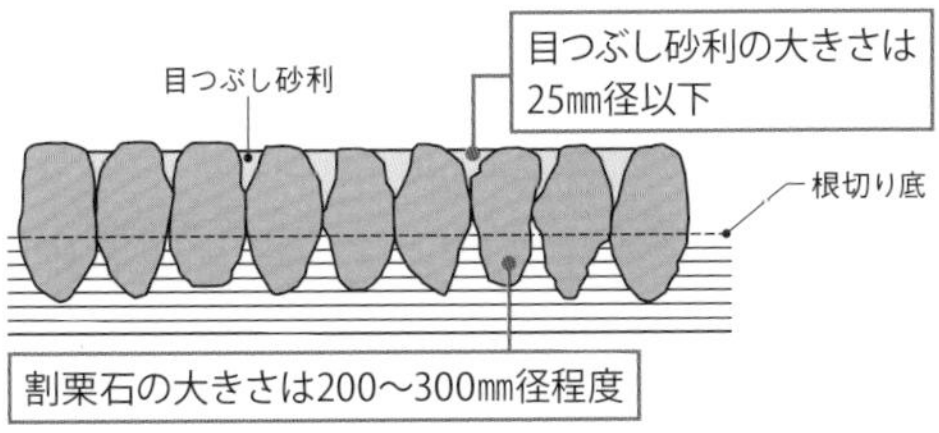
目つぶし砂利
目つぶし砂利の大きさは25㎜径以下
根切り底
割栗石の大きさは200～300㎜径程度

割栗地業の施工手順

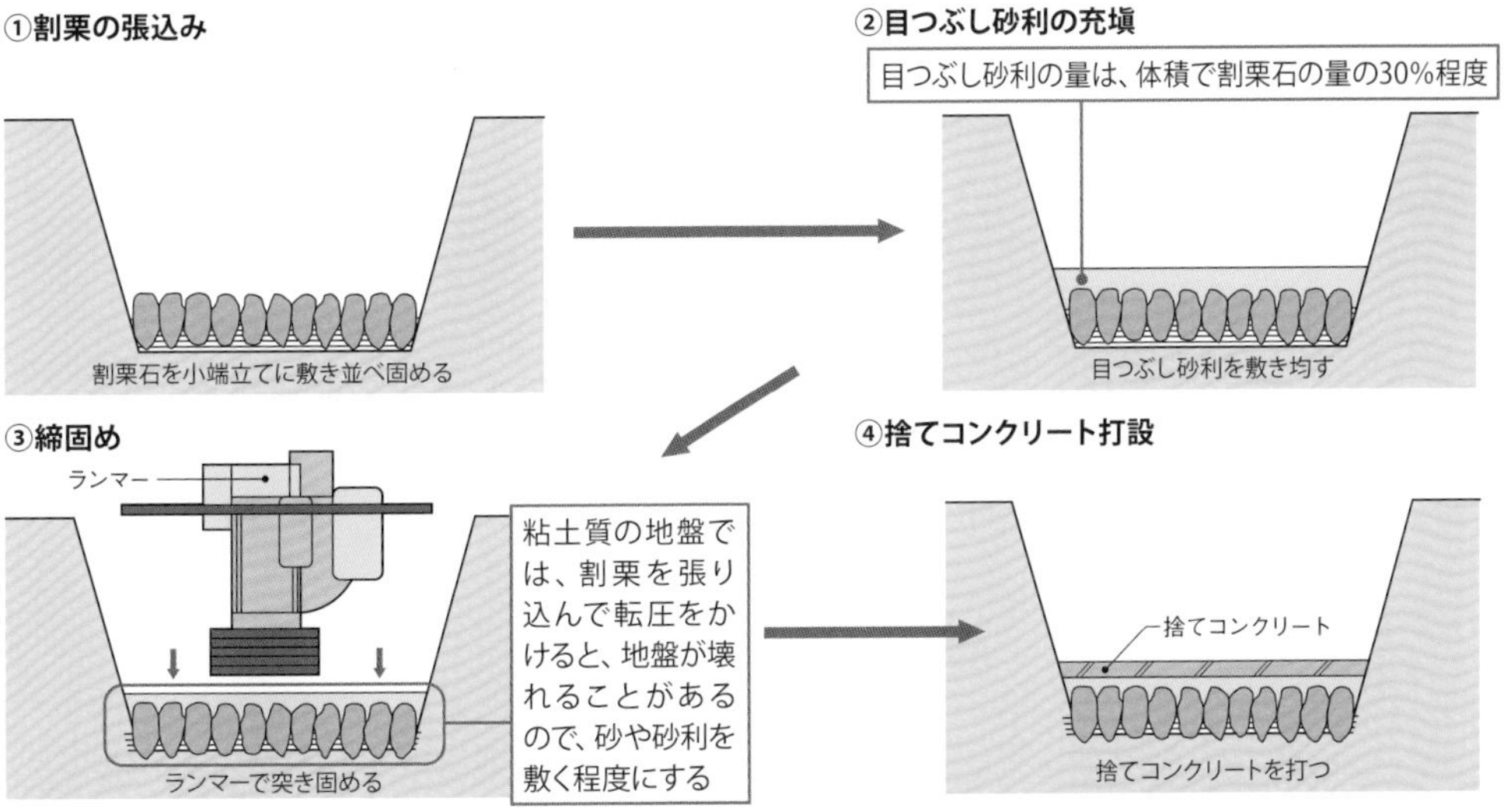
①割栗の張込み
割栗石を小端立てに敷き並べ固める
②目つぶし砂利の充填
目つぶし砂利の量は、体積で割栗石の量の30%程度
目つぶし砂利を敷き均す
③締固め
ランマー
ランマーで突き固める
粘土質の地盤では、割栗を張り込んで転圧をかけると、地盤が壊れることがあるので、砂や砂利を敷く程度にする
④捨てコンクリート打設
捨てコンクリート
捨てコンクリートを打つ

割栗石を敷いてランマーで転圧後、捨てコンクリートを打つ。捨てコンクリートの表面は基礎の墨出しに使われるので、コテで平滑に均す

目つぶし砂利を充填し、締固めが完了した状態。防湿シートを敷いた後に捨てコンクリートを打設する。捨てコンクリート自体は構造上省略も可能だが、基礎の品質を確保する点からも施工しておくことが望ましい

基礎の型枠を解体後、埋め戻しをする

基礎

Point ベタ基礎がすべてのケースで優れているわけではない。個々の条件に応じた基礎を計画する

基礎の構造設計

基礎の仕様は、荷重条件や地盤状況などから決める。木造であっても基礎は鉄筋コンクリート造なので、基礎梁の大きさや耐圧版（スラブ）の厚さ、配筋（シングル、ダブル）、鉄筋の種類やピッチ、コンクリートの品質や強度、などは構造計算で求める。また、コンクリート試験などは専門家に依頼したい。

基礎の形式と種類

基礎の形式は、良好な地盤に用いられる直接基礎と、軟弱な地盤に用いられる杭基礎に大別できる。異種基礎の併用は原則禁止されている。

直接基礎

①フーチング基礎

独立基礎（独立フーチング基礎）は、基礎底版（フーチング）が独立し、単独の柱の基礎に用いられる。不同沈下に対しては特に注意を要する。

布基礎（連続フーチング基礎）は、基礎底版（フーチング）が連続しており、主に木造や鉄骨造、一部の壁式鉄筋コンクリート造に用いられる。傾斜地や、自重を軽くしたい場合に有効に働く。布基礎は、地盤の長期地耐力が30kN／㎡以上の場合に用いられる。

②ベタ基礎

基礎梁と耐圧版（スラブ）からなる基礎で、底面全体で荷重を地盤に伝える。荷重が分散して剛性も高いため、不同沈下に対し有利な反面、自重が大きく、発生する応力（地反力）も高いため、部分的な沈下や傾きが建物全体に影響を及ぼす。地盤の長期地耐力が20kN／㎡以上の場合に用いられる。

杭基礎

直接基礎が適さない場合に用いる（22頁「杭の種類・杭の工法」参照）。

直接基礎の形式と種類

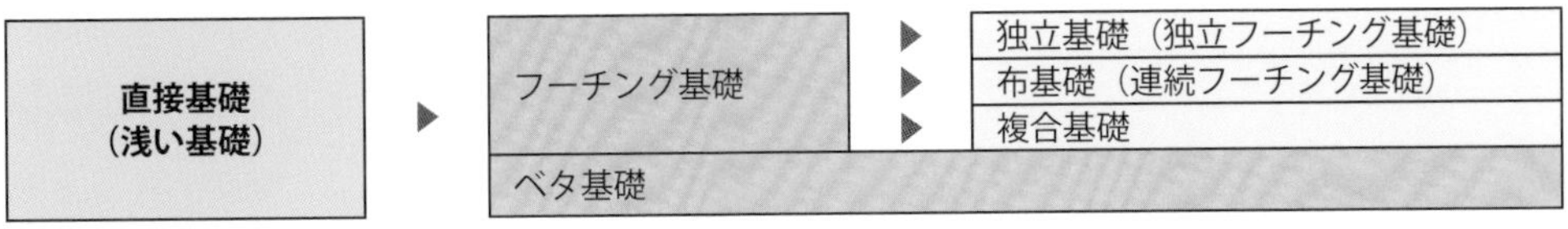

独立基礎（独立フーチング基礎）
構造計算で安全を確認

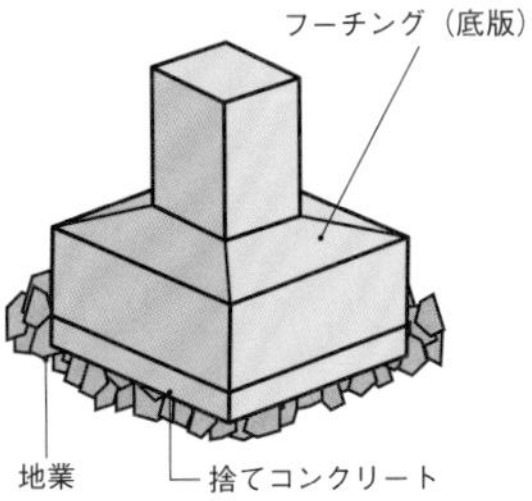

布基礎（連続フーチング基礎）
長期地耐力30kN／m²以上

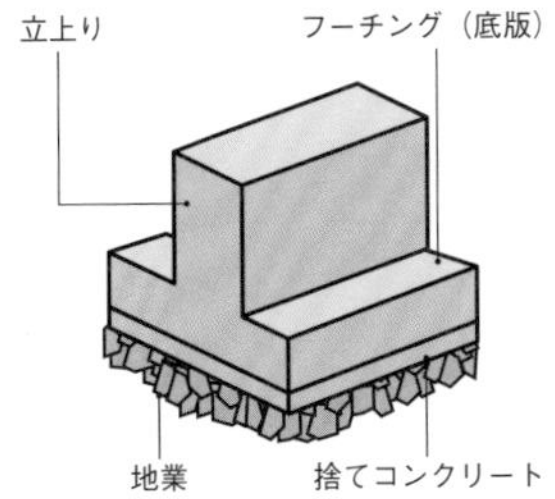

ベタ基礎
長期地耐力20kN／m²以上

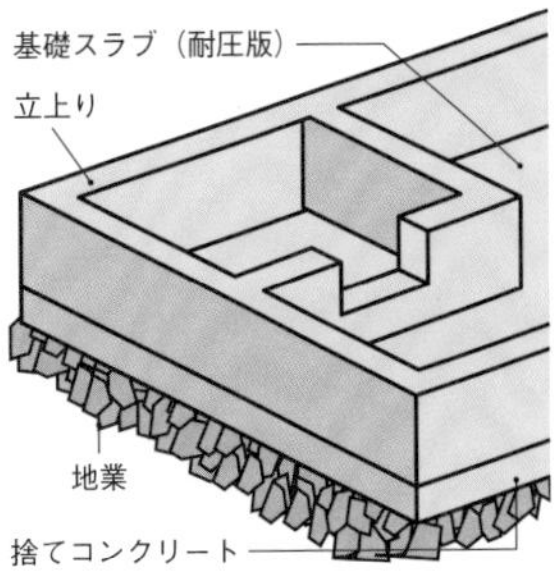

木造基礎の仕様例

布基礎

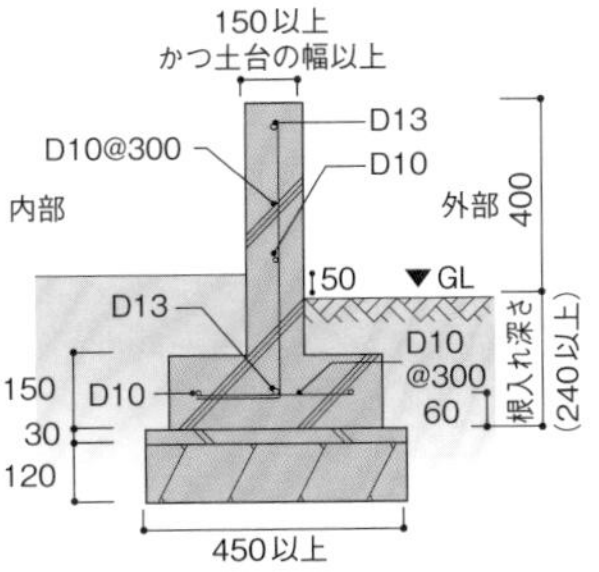

出典：『木造住宅工事仕様書（解説付き）2021年版』（住宅金融支援機構）

ベタ基礎〔＊〕

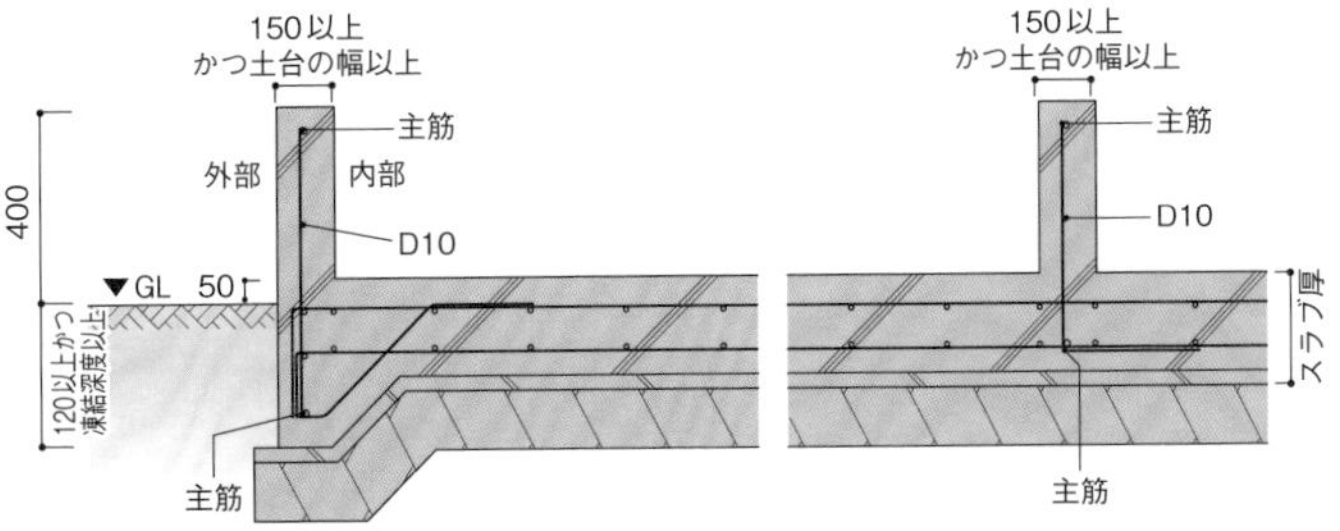

＊ベタ基礎の寸法および配筋については、建設敷地の地盤状況を考慮して構造計算により決定すること

アンカーボルトの据付け方法と種類

据付け方法

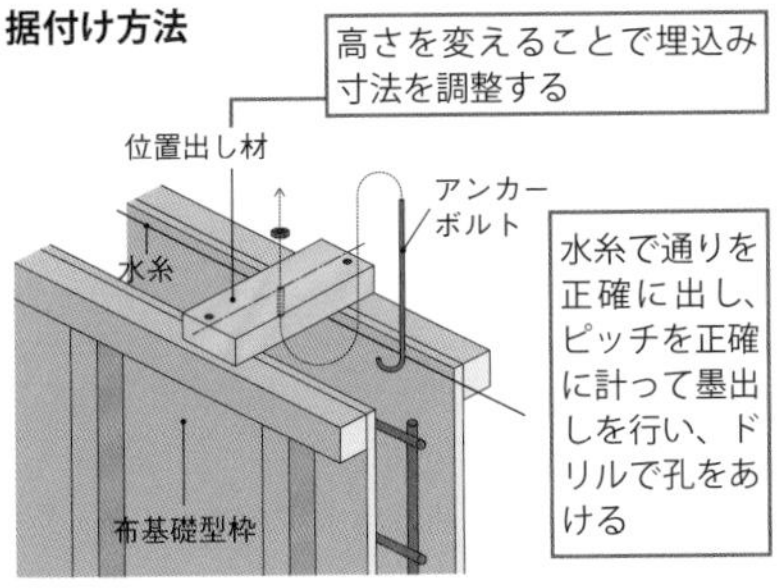

木造の土台と基礎とを緊結するアンカーボルトの設置は、コンクリート打設時にアンカーボルトを差し込む「田植え方式」は原則として避け、あらかじめセット金具や桟木で製作した位置出し材を用いて、所定の位置に正確にセットした後、打込みを開始する

ホールダウン専用アンカーボルト

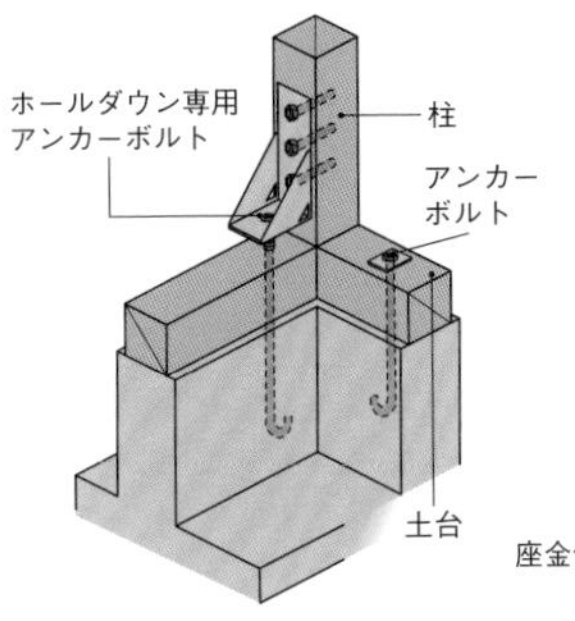

アンカーボルト

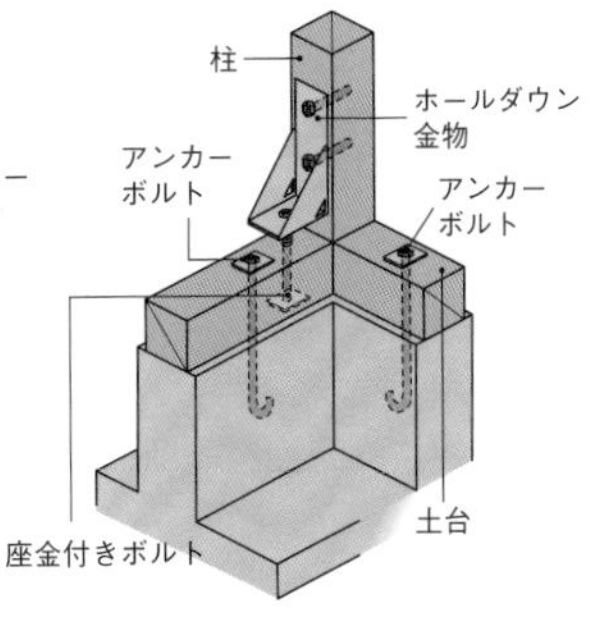

アンカーボルトには、柱の引抜きを押さえる「ホールダウン専用アンカーボルト」と、土台のみを押さえる「アンカーボルト」とがある

出典：『木造住宅工事仕様書（解説付き）2021年版』（住宅金融支援機構）

足場・仮設

Point 仮設計画は、周辺の状況・気候条件などに大きく影響を受けるため、事前の検討が重要

仮設工事

工事に直接かかわるのではなく、仮に設置する間接的な工事の総称。工事全般にかかわるものを共通仮設工事といい、各工種専用のものを直接仮設工事という。

全体的な施工コストのなかでも、仮設工事の占める割合は決して低くはなく、適切な計画が重要になる。

天候は全体の工期に大きく影響するが、全天候型建設工法を採用することで、雨・雪・風などによる影響を回避して工期を短縮し、コスト削減を図る方法もある。全天候型建設工法には、建物すべてを覆う覆屋や、屋根を架ける素屋根などがある。ただし、これらはいずれも大規模な建築の現場では効果を発揮するが、小規模な現場には不向きといえる。もっとも、素屋根などは、建物に部分的に架け、施工の進捗状況に合わせてスライドさせれば、コスト削減が期待できる。

共通仮設工事

共通仮設には、覆屋、素屋根の他、隣地や道路への危険防止や盗難対策のための仮囲い、近隣への防音対策としての防音シート、落下物防止としての工事用シート、作業者の墜落災害防止として水平に張られる安全ネットなどがある。

直接仮設工事

直接仮設には、主に足場や、持ち運びが可能な高所作業用の簡易足場としての脚立、工事途中に荷重を支えるための支保工、作業時の汚れ・破損防止としての養生などが含まれる。足場にはさまざまな種類があり、用途に応じて使い分けられる。また、足場や支保工には、作業性・安全性・経済性に優れたシステム足場（支保工）が使われることが多い。

素屋根・シートの例

素屋根

防音シート

工事用シート

足場の種類

単管足場	鋼管を主体とした足場。本足場・棚足場・一側足場などに使われる
枠組足場	組立て・解体が容易で、安全性・経済性・作業性のバランスがよく、最も普及している
吊り足場	ビル建築などのボルト締め・溶接作業・鉄筋組立て作業などで使われる。既製の吊り足場を懸垂する「吊り足場」と、吊りチェーンを吊り材とし、足場用鋼管・角形鋼管・丸太などを井桁状に組んで足場板を架けわたす「吊り棚足場」がある
ブラケット一側足場	一側足場に持送り枠を取り付け、作業床を設けた足場
張出し足場	隣接して既設建物があるなど、足場を建てることのできない場合に設置される。建物の躯体に張出し材をアンカーボルトで取り付け、その上に本足場を組み立てたもの
移動式足場	タワー状に組み立てた枠組構造の最上階に作業床を設け、脚柱の下端に脚輪を備えた足場。ローリングタワーともいい、足場の高さを容易に変えられ、人力で移動できる
脚立足場	脚立を足場の支柱として用いる足場。2つ以上の脚立に、直接足場板を架けわたすものと、多桁・多列に配置した脚立に大引・根太を架けわたし、その上に足場板を敷いて棚足場とするものがある
手摺先行式足場	枠組足場が交差筋かいで構成されるのに対し、交差筋かいの代わりに手摺枠を使うことで、組立て・解体時に常に足場に手摺がある状態を確保した足場
かご型足場	基礎工事などで、地盤以下の建築工事などに設けられる足場

ブラケット一側足場（上）と枠組足場（下）

クレーン・重機

Point 用途に応じた適切な機械を選択することで、作業性・作業スピードが向上する

建築工事で荷や人を所定の高さまで運ぶための機械を揚重機械とよび、クレーンや工事用エレベータなどがある。また、高所での作業をサポートする機械としては、高所作業車やゴンドラなどがある。

揚重機械

揚重機械のうち、動力を用いてレールなどの上を移動し、荷の吊り上げ・水平運搬を行うものを定置式クレーンという。代表的なものとしては、ジブクレーンやクライミングクレーンなどがある。

ジブクレーンは、一定の角度で支持されたブームの先端からフックを上下させて、重量物を吊り上げるクレーンである。また、クライミングクレーンは、油圧シリンダーなどを組み込み、自力で旋回台部分の高さを変えることができるクレーンである。支点から突き出したジブの形状が傾斜しているものを傾斜ジブ式クライミングクレーンといい、水平のものを水平ジブ式クライミングクレーンという。

一方、不特定の場所に自走できるものを移動式クレーンといい、クローラクレーンやトラッククレーン、ホイールクレーンなどがある。

クローラクレーンは、クローラベルトを装備した台車の上にクレーン装置を架装したものを指す。トラッククレーンは、走行体であるトラッククレーン用キャリア上にクレーン装置を架装したもので、一般道路から不整地まで走行でき、狭小作業性も高い。ホイールクレーンは、タイヤ付きの車両で支えられた専用のフレームの上にクレーンを架装したものである。

高所作業用機械

主に、作業装置と走行装置からなる高所作業車と、吊り足場と昇降装置からなるゴンドラとに分かれる。

揚重機械の分類

クレーン	定置式クレーン（クレーン）	ジブクレーン
		クライミングクレーン
	移動式クレーン	クローラクレーン
		トラッククレーン
		ホイールクレーン
工事用エレベータ	ロングスパン工事用エレベータ	
	工事用エレベータ	
建設用リフト		

傾斜ジブ式クライミングクレーン

水平ジブ式クライミングクレーン

ラッフィング仕様クローラクレーン

工事用エレベータ

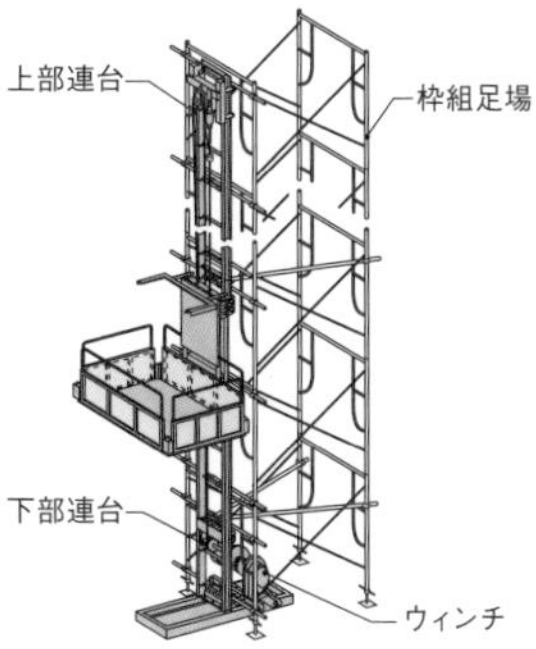

工事用エレベータの構造

高所作業用機械の分類

高所作業車	ブーム式高所作業車
	垂直昇降式高所作業車
ゴンドラ	アーム固定型ゴンドラ
	アーム俯仰型ゴンドラ
	アーム伸縮型ゴンドラ

アーム俯仰型ゴンドラ

高所作業車（ブーム式）

高所作業車（垂直昇降式）

column 1

基礎

見えない部分の重要性

地業・基礎の工程は、終了後は見えなくなる部分であり、素人には分かりにくい。不誠実な人間なら手を抜くかもしれないし、誠実な人間にも間違いはある。誰も気付かなければそのままだし、気付いたとしても、是正に多額の費用と工期が必要だとしたら、どうだろうか。

筆者の経験でも、敷地の地中から解体ガラが出てきたり、現場監督の勘違いで構造図の配筋要領とまったく違う施工がされていたのに、配筋検査に合格していたこともあった。

筆者の設計事務所では、木造の基礎でも必ず構造設計者に計算と設計を依頼し、現場検査やコンクリート試験を行うことにしている。見えなくなる部分だからこそ重要であり、間違いがあってはいけないと思うからだ。

施工と利害関係を1つにしない「第三者の専門家による設計と監理」こそが、有効だと考える。

（中村高淑）

第2章 躯体工事

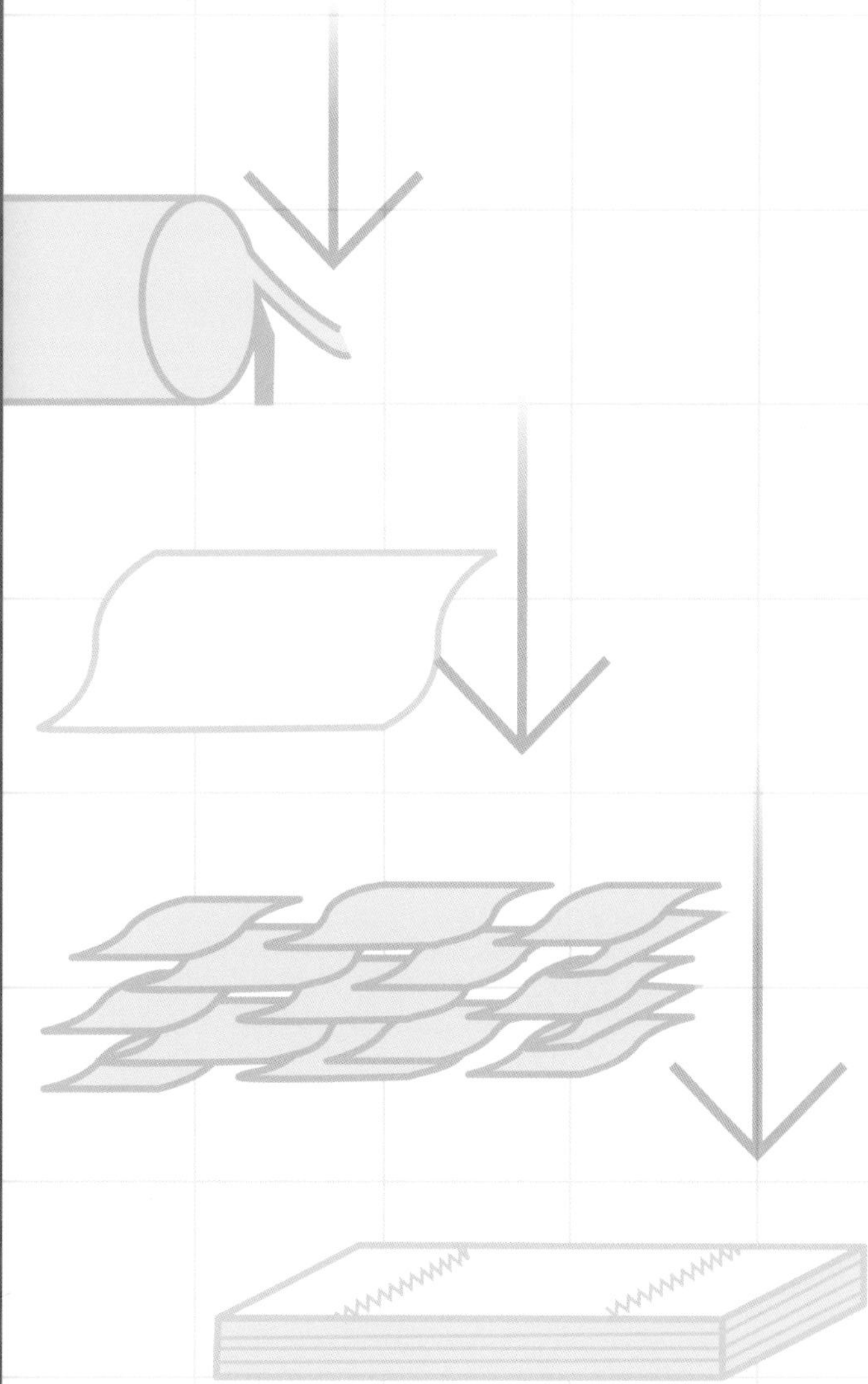

防腐・防蟻

Point 3～45℃の温度、水分、酸素、栄養のうち、1つでも欠ければ木材腐朽菌は活性化しない

材料の選択

構造材や下地に使用する木材に、耐久性・耐蟻性が高い樹種を選択するとよい。耐久性では、JASの耐久性区分D1の樹種を用いることが望ましい。耐蟻性は、一般に比重の大きい樹種ほど優れている傾向があるが、ヒバ、ヒノキ、チークなどは、比重にかかわりなく耐蟻性成分を蓄えている。樹種ごとの耐久性も、個体差でばらつきがあることに注意したい。土台には、辺材でなく芯材を用いることが原則であり、年輪幅の広い材より目の詰まった材のほうが良質といえる。

工法の工夫

木材を常時乾燥状態に保つことは、防腐・防蟻にとっても大切である。そのため、雨水、生活で使う水、土中からの水蒸気、結露水に対し、防水・防湿・通気効果を発揮する工法とする。

薬剤処理

薬剤処理は、木材腐朽菌やシロアリが木材を養分として摂取できないようにするため、保存剤で木材に保護層をつくる手法である。原則として、地盤面から1mの高さまでの木材には薬剤処理を行う。

防腐剤、防虫剤、防蟻剤、防カビ剤、防火剤など、木材の耐久性を向上させる薬剤を、木材保存剤という。木材保存剤は、㈶日本木材保存協会または㈳日本しろあり対策協会の認定品を用いることが望ましい。ただし、長期的には薬品の溶出や分解などにより、性能が低下することもある。

工場で薬剤を加圧注入された木材、すなわち保存処理材には、JASによりK1～K5の性能区分が示される。㈶日本住宅・木材技術センターが認証する優良木質建材（AQマーク）などの区分も、JASに対応している。

D1樹種

針葉樹	ヒノキ、ヒバ、スギ、カラマツ、ベイヒ、ベイスギ、ベイヒバ、ベイマツ、ダフリカカラマツ、サイプレスパイン
広葉樹	ケヤキ、クリ、クヌギ、ミズナラ、カブール、アピトン、セランガンバツ、アピトン、ケンパス、ボンゴシ、イペ、ジャラ
2×4材	ウェスタンラーチ、ウェスタンレッドシーダー、カラマツ、スギ、タイワンヒノキ、ダグラスファー、ダフリカカラマツ、タマラック、パシフィックコーストイエローシーダー、ヒノキ、ヒバ

注　D1樹種であっても、辺材の耐久性は低いので、辺材の場合は適切な保存処理が必要になる

工法による防腐・防蟻

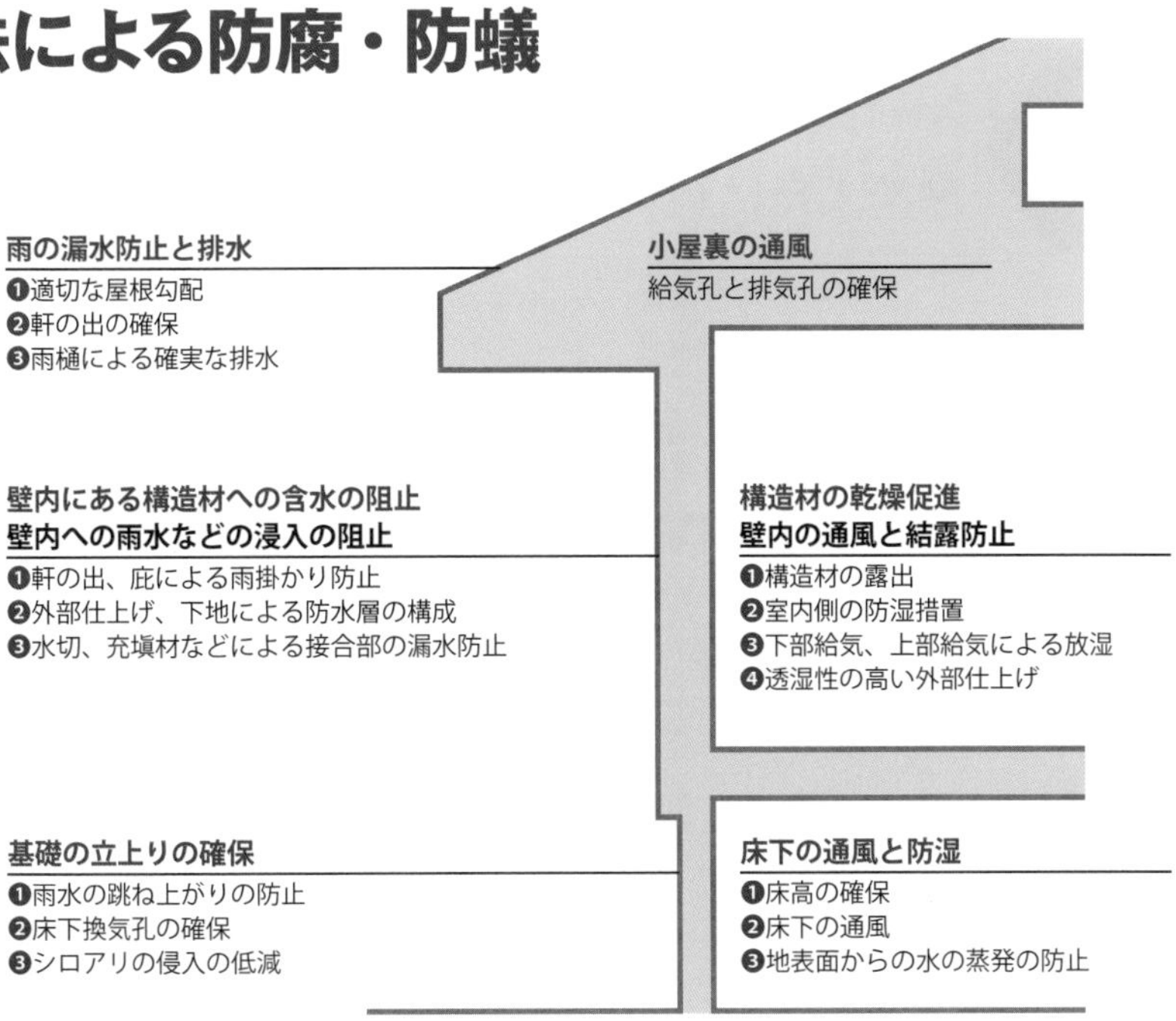

薬剤処理の方法と特徴

処理方法	主な特徴
塗　布	少量の薬剤で手軽に処理できるが、ムラが生じやすい
吹付け	広い面積を手軽に処理できるが、無駄な薬液が多くなる
浸　漬	処理ムラがなく多量の材を処理できるが、薬液が多量に必要
拡　散	簡単な装置で、生材を高浸潤度で処理できるが、水溶性薬剤しか使えない。長時間を要する
温冷浴	簡便な装置で、含水率の影響を受けずに高吸収量処理できるが、長時間を要する
減　圧	辺材の処理に適し、注入量を調整できるが、特別な施設が必要。現場処理ができない。未乾燥材には適さない
加　圧	浸潤度が高く、ムラも少ない。処理時間が短く能率的だが、減圧法と同様のことが要求される
接着剤混入	合板、ボードなどの再構成材料の処理に適し、製造ラインの変更も必要ないが、エレメントの大きさに制約を受け、多量の薬剤が必要である

出典：『コンサイス木材百科』（秋田県木材加工推進機構）

ムク材の種類と特性

Point 製材品の樹皮に近い面を木表という。通常、木表を人目に触れる側に使う

木材は天然の材料であり、金属やコンクリートと比較すると、比強度、比熱が大きく、熱や電気を伝えにくい。また、湿度調整機能をもち、生産に要するエネルギーが小さく、資源として再生が可能といった長所をもっている。工業製品ではないので個体差があるが、それぞれの樹種や部位によって表情や性質に特徴をもつ。大きくは針葉樹と広葉樹に分けて考えると理解しやすい。

針葉樹材と広葉樹材

スギ、ヒノキ、アカマツなどの針葉樹材は、細胞と組織の特徴から、広葉樹と比べて目が通っており、材質が均質で軟らかく軽い。直材が取りやすく加工性がよいので、構造材、造作材として広く用いられる。

一方、ケヤキ、ミズナラなどの広葉樹材は、針葉樹と比べると組織がやや複雑で目が通っていないものが多く、硬く重い。クリ土台など、構造材に用いられることもあるが、家具、内装材に用いられることが多い。

辺材と芯材

丸太の小口面では、周縁の淡い色の部分を辺材（白太）、中心部の濃い色の部分を芯材（赤身）という。辺材には生きた細胞が含まれているので、デンプンなどの栄養分が貯蔵されていることが多く、芯材に比べて軟らかい。芯材ではすべての細胞が死んでいるため、辺材に比べて狂いが少なく、蟻や菌に対する抵抗力も大きい。

年輪と木取り

樹木の成長は気候などに影響されるので、同じ樹齢50年であっても、たとえば秋田と宮崎では目の詰まり具合や径が異なる。さらに木材は、切断の方向によって、小口、板目、柾目とそれぞれ異なった表情を見せる。

樹木の構造

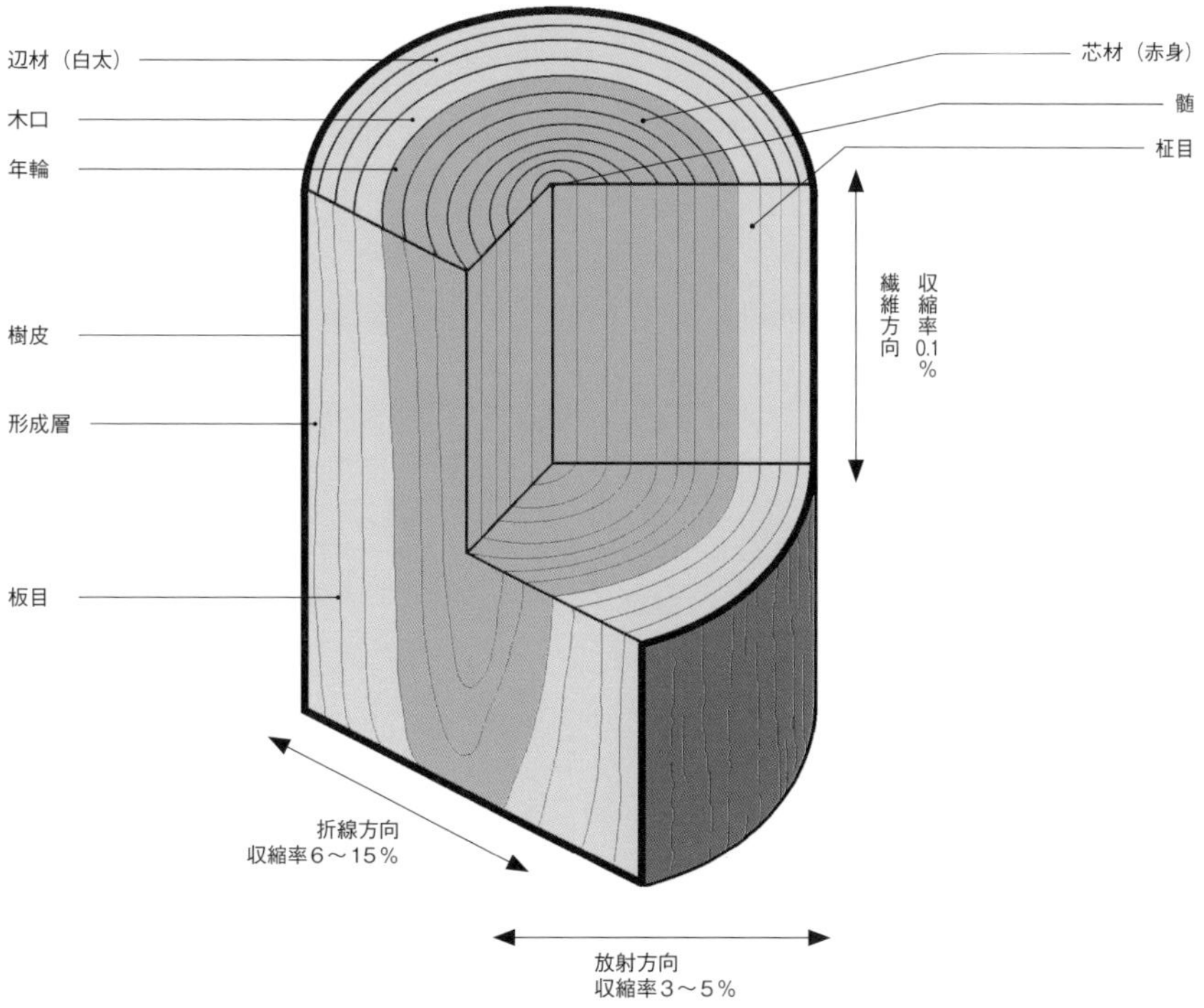

裏表・背腹・元末

木裏と木表

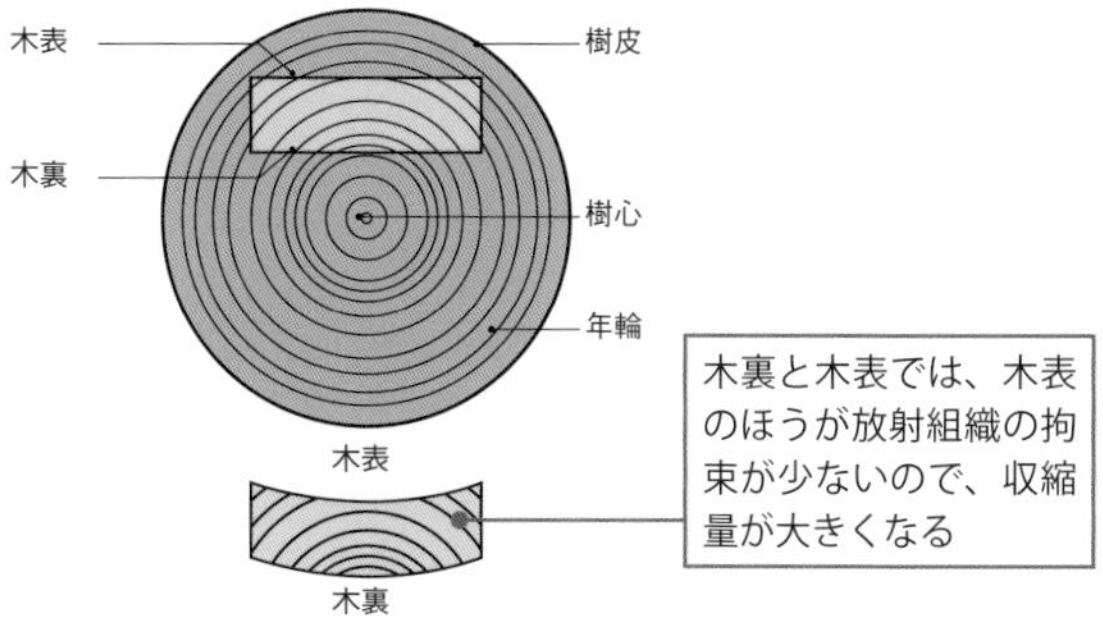

内法材の木裏・木表の使い分け

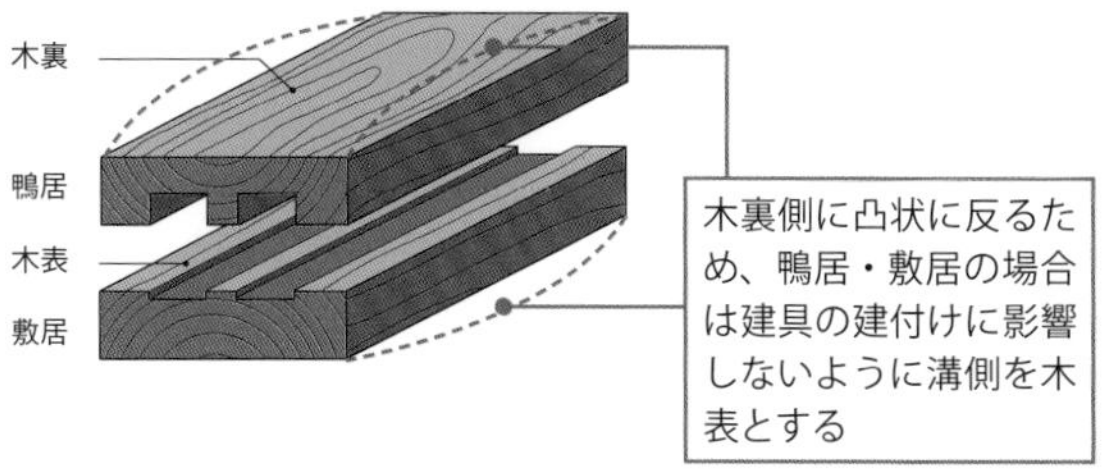

背と腹・元口と末口（針葉樹）

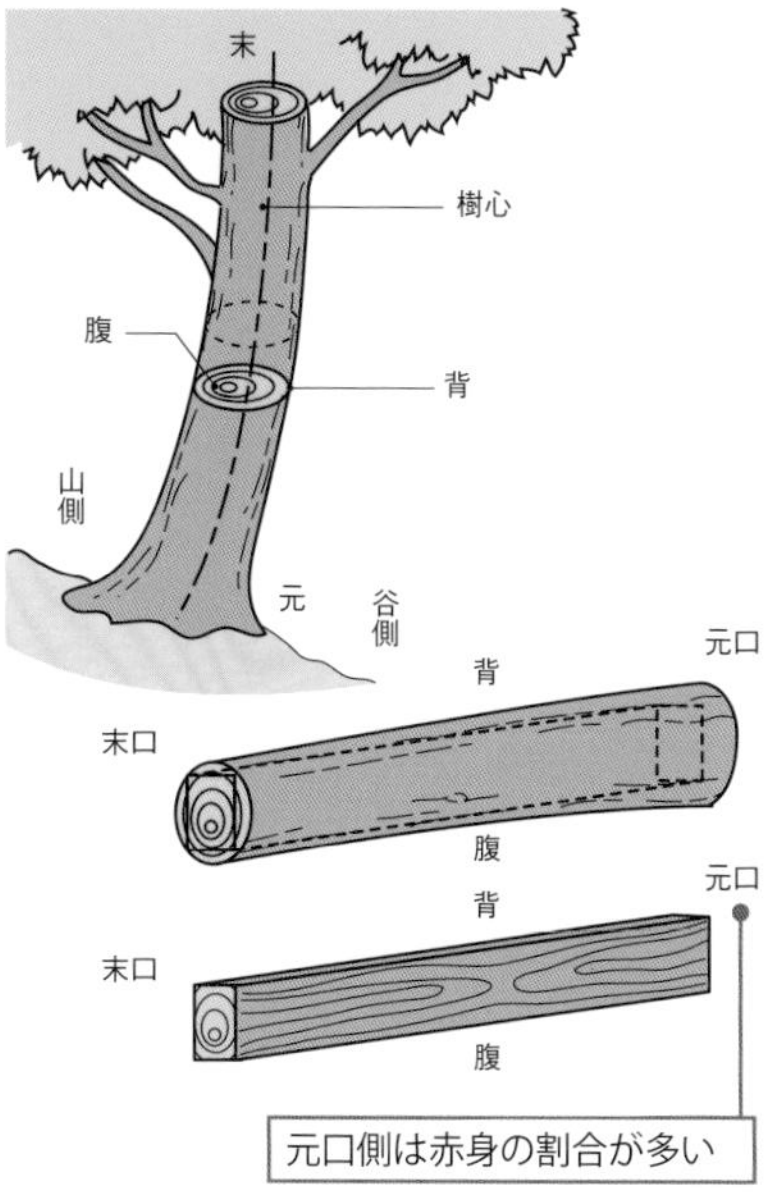

ムク材の規格と乾燥

Point JASにおける乾燥基準は、含水率15％以下、20％以下、25％以下のいずれかで表示

ＪＡＳ（日本農林規格）に定める木質建材は、集成材や構造用パネルを含む11品目がある。ここでは、製材のＪＡＳを中心に解説する。

構造用製材のＪＡＳ

製材の品質基準は、流通寸法の標準化、乾燥材の供給拡大、製材の強度の明確化などを目的に、ＪＡＳで定められている。目視等級区分では、節、丸みなどの材の欠点を目視で測定し、等級区分する。

これまで、化粧面の等級として慣用的に用いられてきた「上小節」「特1等」などの表示には統一基準がなかったが、ＪＡＳにより節の基準が明確に示された。

構造材の品質で重要な乾燥については、25、20、15％の3水準の含水率で示される。また、強度については、実際にグレーディングマシンによる測定を行い、曲げヤング係数を算出する機械等級区分で、明確に表示される。

ＡＱ（Approved Quality）認証

ＡＱ認証は、㈶日本住宅・木材技術センターが新しい木質建材などについて、品質性能などを客観的に評価・認証するものである。

木材乾燥

木材はあらかじめ十分に乾燥させることによって、狂いの少ない材料とすることができる。そのため、一般的には木材の含水率が低くなるほど強度は増えるといわれている。ただし、乾燥方法によっては木材が脆くなったり、本来の色や艶が失われたりといった現象も生じる。

乾燥方法には天然乾燥と人工乾燥があり、人工乾燥処理を行った材はＫＤ（kiln dry）材とよばれる。天然乾燥は、人工乾燥との併用を前提に、乾燥スケジュールが試行錯誤されている。

JAS（日本農林規格）製材の規格区分

（JAS1083 2019年8月15日改正）

品目	定義
造作用製材	製材のうち、針葉樹を材料とするものであって、敷居、鴨居、壁その他の建築物の造作に使用することを主な目的とするもの
構造用製材	製材のうち、針葉樹を材料とするものであって、建築物の構造耐力上主要な部分に使用することを主な目的とするもの
目視等級区分構造用製材	構造用製材のうち、節、丸身など材の欠点を目視によって測定し、等級区分するもの
甲種構造用	主として高い曲げ性能を必要とする部分に使用するもの（土台、大引、梁などの横使いの材）
甲種Ⅰ	甲種構造材のうち、木口の短辺が36㎜未満のもの、および木口の短辺が36㎜以上で、かつ、木口の長辺が90㎜未満のもの
甲種Ⅱ	甲種構造材のうち、木口の短辺が36㎜以上で、かつ、木口の長辺が90㎜以上のもの
乙種構造用	主として圧縮性能を必要とする部分に使用するもの（柱、床束、小屋束などの縦使いの材）
機械等級区分構造用製材	構造用製材のうち、人工乾燥処理を施した材のヤング係数を機械によって測定し、等級区分するもの
下地用製材	製材のうち、針葉樹を材料とするものであって、建築物の屋根、床、壁などの下地（外部から見えない部分をいう）に使用することを主な目的とするもの
広葉樹製材	製材のうち、広葉樹を材料とするもの

JASマークの表示例

樹種	スギ	❶
JAS 認定機関名		
種類	乙	❷
等級	★ ★	❸
乾燥	SD20	❹
寸法（入り■）	105㎜×105㎜×3m	❺
製造業者名 （株）〇〇〇製材所		

❶樹種名：

最も一般的な名称をもって記載する

❷構造材の種類：

甲種構造用Ⅰは「甲Ⅰ」、甲種構造用Ⅱは「甲Ⅱ」、乙種構造用は「乙」と記載する

❸等級：

等級の表示については、その等級ごとに次の表により記載すること

等級	1級	2級	3級
星印	★★★	★★	★

❹乾燥処理：

含水率の表示記号を表示する場合は、次に規定するところにより記載する

ア　仕上材で、含水率が15％以下のものは「SD15」、20％以下のものは「SD20」と記載する

イ　未仕上材で、含水率が15％以下のものは「D15」、20％以下のものは「D20」、25％以下のものは「D25」と記載する

❺寸法：

ア　寸法の表示にあっては、木口の短辺、木口の長辺および材長の順に記載する。ただし、認定寸法にあっては、単位を明記して記載する

イ　太鼓材にあっては、木口の長辺の表示の後に、括弧書により、材長方向の中央部の2平面以外の2材面における平行する2接線間の距離を記載する

ウ　円柱類にあっては木口の短辺および木口の長辺を1つにまとめて記載することができる

木質材料①

Point 木材を板、チップ、繊維に細分化し、それらを接着剤を用いて再構成したものを木質材料という

木質材料

原木を削り出して製材する無垢材は、原木のサイズよりも部材が小さくなる。また、自然素材なので、同じ樹種であっても一本ごとに性質が異なり、性能と品質を均一にするのは難しい。この短所を補うために、原木をひき板（ラミナ）、単板（ベニア）、削片（ストランド）、繊維（ファイバー）などの要素に細分化し、腐れや死節などを取り除き、乾燥させ、接着剤で再構成したものが木質材料だ。

細長い形状の軸材には、集成材、LVL（単板積層材）、BP材（接着重ね材）、ラミネートログ材（接着合せ材）があり、面材には、CLT（直交集成板）、合板、パーティクルボード、ファイバーボードがある。

エンジニアードウッド

強度性能が工学的に保証された木質建材をエンジニアードウッドといい、構造用の木質材料はこれに含まれる。

1987年に大型木造建築が可能になってから、構造部材に高度な品質と性能が求められるようになり、信頼性の高い木質建材が普及した。そうしたなかで登場したのがエンジニアードウッドである。なお、木質材料には造作材や化粧材に使われる造作用と、構造部材に使われる構造用があるが、造作用の木質材料はエンジニアードウッドに該当しない。

建築物の主要構造部に用いられる構造材は、日本産業規格（JIS）か、日本農林規格（JAS）に適合することが求められる。2013年にCLT（直交集成板）が、'19年にはBP材（接着重ね材）とラミネートログ材（接着合せ材）がJAS規格に認定され、中大規模建築や大スパンの空間に国産の間伐材などを活用する道が広がっている。

木質材料の種類

エレメント	名称	構成	種類
単板（ベニア）	合板	ロータリーレースまたはスライサーにより切削した単板（心板にあっては小角材を含む）3枚以上を、主としてその繊維方向を互いにほぼ直角にして接着したもの。用途によって右欄のように分類される	普通合板 コンクリート型枠用合板 構造用合板 天然木化粧合板 特殊加工化粧合板
		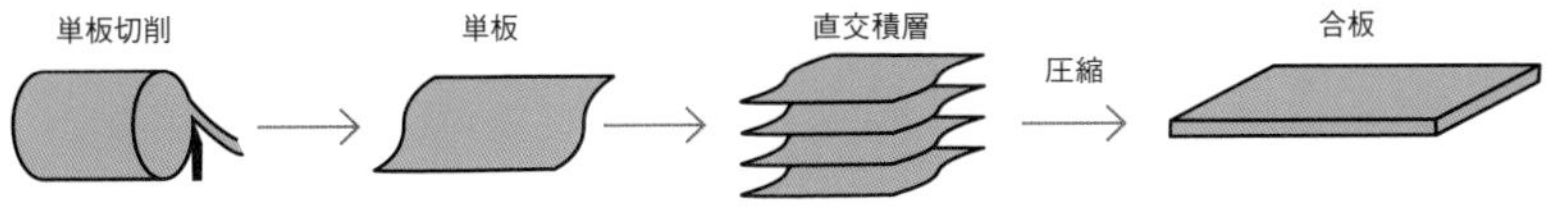	
	LVL（単板積層材）	Laminated Veneer Lumber の略。ロータリーレース、スライサー、その他の切削機械により切削した単板を、主としてその繊維方向を互いにほぼ平行にして積層接着したもの。繊維方向が直交する単板を用いた場合は、直交する単板の合計厚さが製品の厚さの 20%以下であり、かつ、当該単板の枚数の構成比が 30%以下であること	造作用単板積層材 構造用単板積層材
		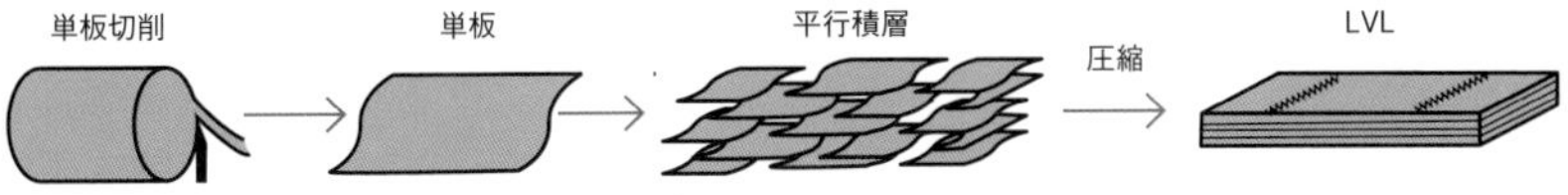	
ストランド（削片）	PSL	Parallel Strand Lumber の略。単板からつくった長いストランドを平行に積層接着したもの	
		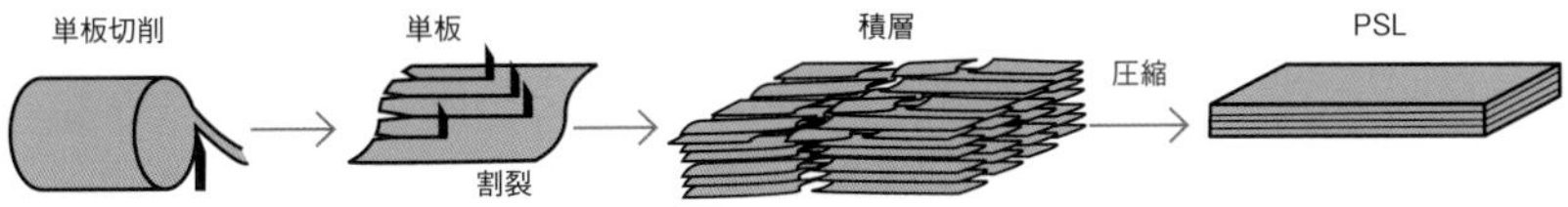	
	OSL	Oriented Strand Lumber の略。小径の丸太から直接取ったストランドを同一方向に並べて積層接着したもの	
		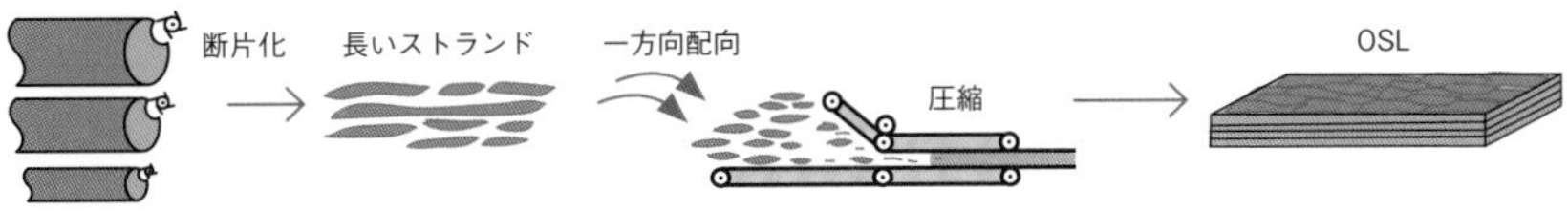	
	OSB	Oriented Strand Board の略。小径の丸太から直接取ったストランドを、表層は長手方向に、内層はその直交方向に並べて積層した面材。このうち、主として構造物の耐力部材として用いられるものを構造用パネルという	
		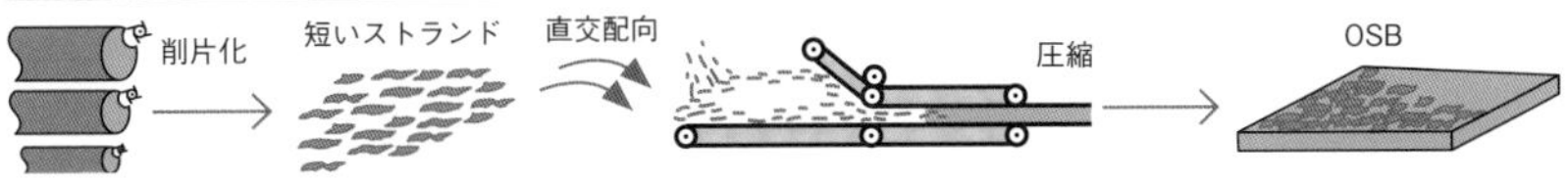	
チップ（小削片）	パーティクルボード	木材の小片を接着し板状に成形、熱圧したもの、またはこれにロータリーレース、スライサーなどにより切削した単板を積層接着したパネル	
		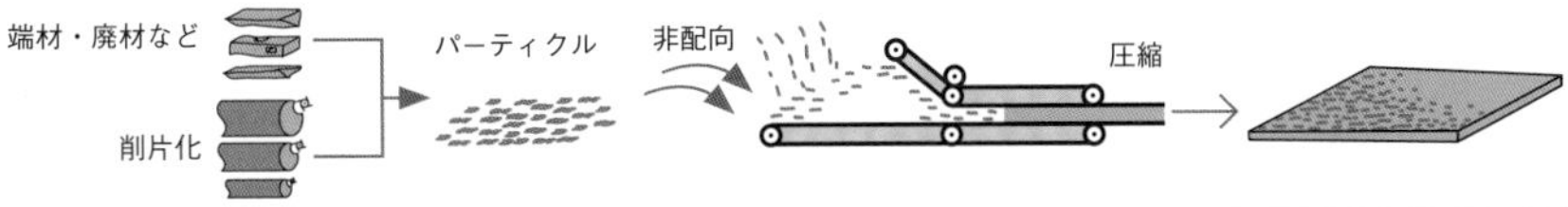	
繊維（ファイバー）	ファイバーボード	木材繊維を成形、熱圧したパネル。比重の高い順にハードボード、MDF（Medium Density Fiber board）、インシュレーションボードの3種に区分される	ハードボード MDF インシュレーションボード
		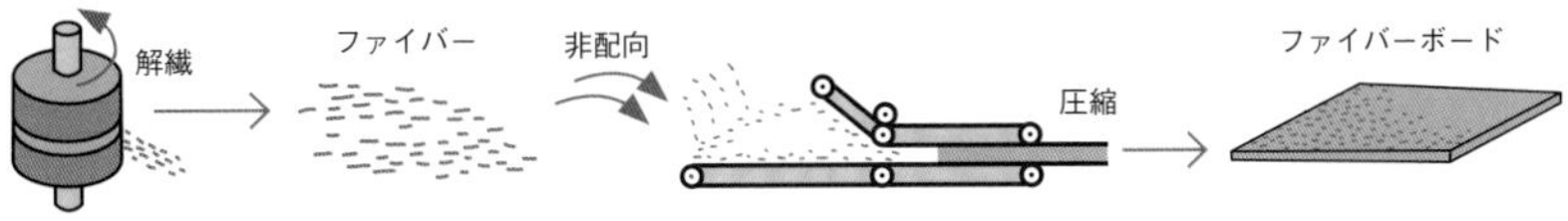	

木質材料②

Point 木質材料の代表格は、「集成材」「LVL」「BP材」「ラミネートログ材」「合板」「CLT」

軸材の木質材料

集成材は、ひき板（ラミナ）や小角材などを集成接着したもので、材の繊維方向がほぼ平行になっている。構造用集成材は木造住宅から大規模木造まで幅広く採用されており、造作用集成材の用途も階段やテーブルカウンターなどさまざまである。

LVL（単板積層材）は、ロータリーレースやスライサーなどの切削機械で切削した単板（ベニア）を積層接着したもので、繊維方向はほぼ平行。Iビームのフランジなどに使われている。

BP材（接着重ね材）は、重ねて(Piling)、束ねた(Binding)構造用製材を接着剤で圧着してつくられる大断面の構造用木質材料で、材の繊維方向はほぼ平行である。2019年にJAS認定を取得したBP材は、材を厚さ方向に積層接着したもので、幅方向に積層したものは該当しない。

ラミネートログ材（接着合せ材）は、ひき板（ラミナ）を幅方向に積層接着したもののなかで、主として丸太組構法の構造耐力上主要な部分に使用される木材のことである。材の繊維方向はほぼ平行。

面材の木質材料

合板は単板（ベニア）を3枚以上直交積層したもので、歴史も古く用途も多様である。国内生産品における国産材の割合は'16年に8割を超えたが、一般的に流通している合板の半数以上は輸入製品である。

CLTは、3層以上のひき板（ラミナ）を互いの繊維方向が直交するように積層接着した木質系材料である。木造軸組工法や鉄骨造の床・壁・屋根への利用、厚物構造用合板・ALCパネル・デッキスラブの代替などとしての使用が可能。国内製品の最大寸法は3×12mのスギのCLTパネルだ。

ひき板（ラミナ）を用いた木質材料

エレメント	名称	構成	種類
製材 （製材ラミナ）	接着重ね材	構造用に使用する製材を，その繊維方向を互いにほぼ平行にして厚さ方向に積層接着したもの。製材ラミナの厚さおよび幅は 105㎜ 以上 150㎜ 以下。製材ラミナの積層数 は 2 層以上 5 層以下。	異等級構成接着重ね材 対称異等級構成接着重ね材 非対称異等級構成接着重ね材
	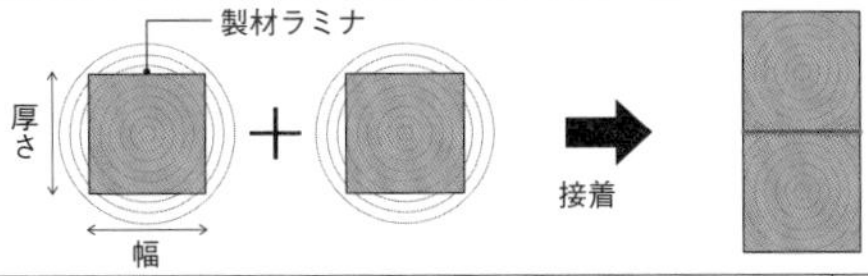		
ひき板 （ラミナ）	接着合せ材	ひき板を，その繊維方向を互いにほぼ平行にして幅方向に積層接着したもの。ラミナの厚さ（短辺）は 30㎜ 以上 80㎜ 以下、ラミナの高さ（長辺）は 150㎜ 以上 200㎜ 以下。ラミナの構成は 2 層以上 5 層以下	同一樹種構成接着合せ材 異樹種構成接着合せ材
	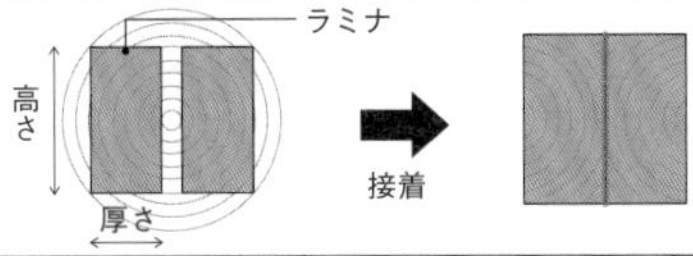		
	集成材	挽き板、小角材などの繊維方向を互いにほぼ平行にして、厚さ、幅、長さ方向に集成接着したもの。指のような形状の接合部で、長さ方向につなぐ接合方法を「フィンガージョイント」という	造作用集成材 化粧張り造作用集成材 構造用集成材 化粧張り構造用集成材柱
	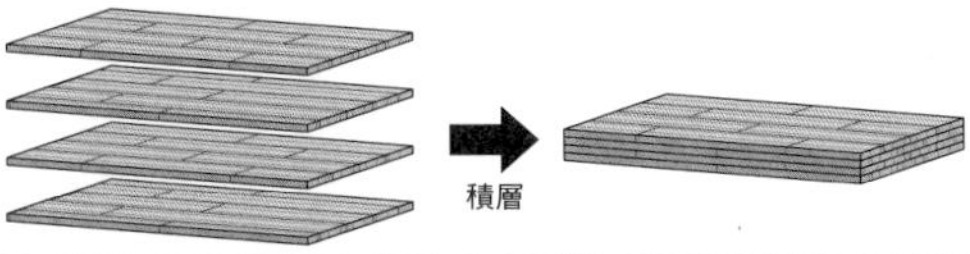		
	CLT	Cross Laminated Timberの略。ひき板または小角材（これらをその繊維方向を互いにほぼ平行にして長さ方向に接合接着して調整したものを含む）をその繊維方向を互いにほぼ平行にして幅方向に並べまたは接着したものを，主としてその繊維方向を互いにほぼ直角にして積層接着し 3 層以上の構造を持たせた木材	
	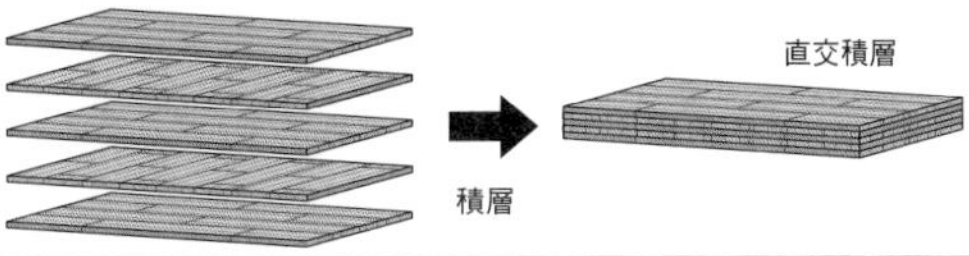		

CLTの各部の名称

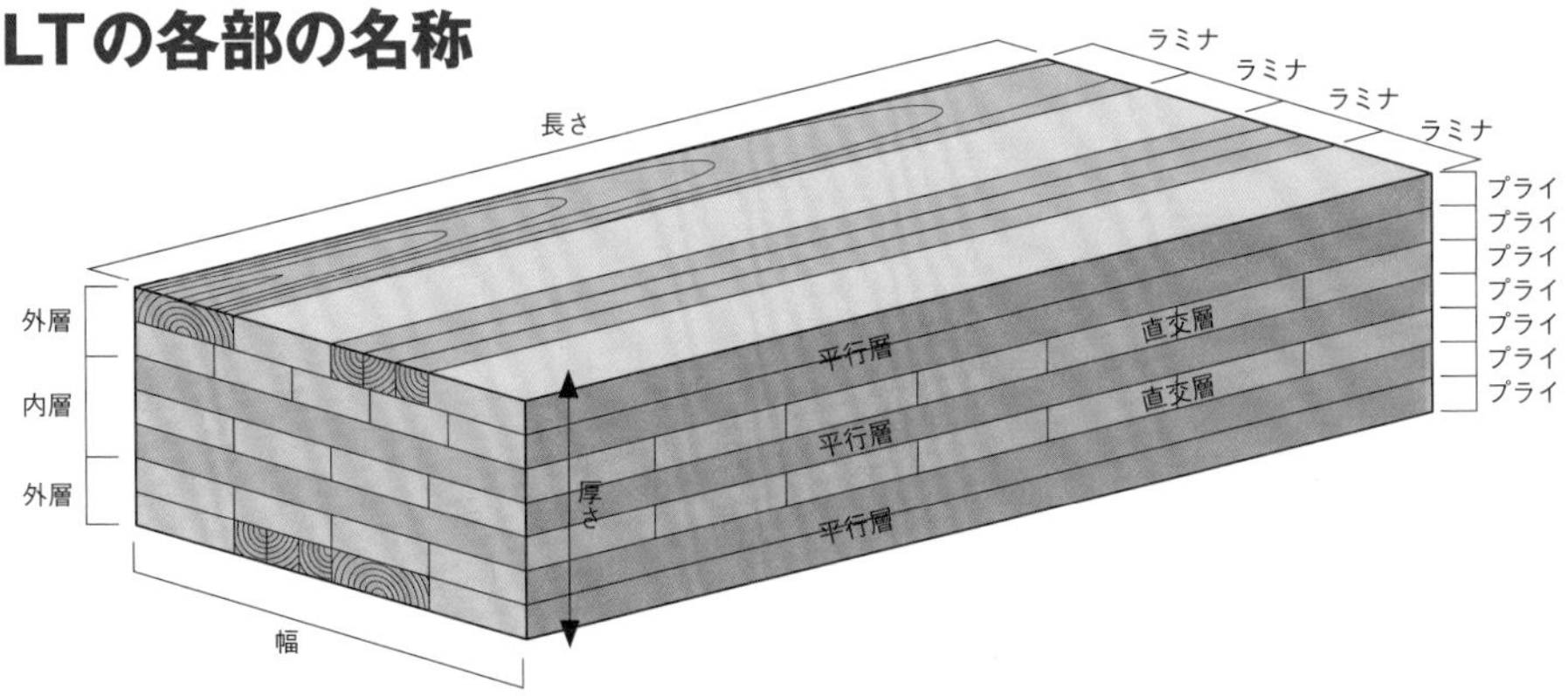

刻み

Point
「木拾い表」「板図」を用いた刻みから、プレカットによる加工へと大きく移行した

大工による刻み

刻みの前には木配りを行い、搬入された木の特徴を見極め、材の特性にあった使用場所を決める。その際、材の使用場所、大きさ、長さ、本数を表した板図と木拾い表が指標になる。板図は、横軸にかな文字、縦軸に漢数字を配した3尺（910㎜）単位の直交グリッドを平面図に重ね、番付を描き込んだものである。これをもとに、木拾い表の材の具体的な割振り、仕口や継手の種類・向き、材長、建て方手順などを決める。

その後、材の分合《ぶあわ》せを行い、面を平らにする、材の反りや寸法ムラを直す、などする。最後に材に墨付けを行い、継手や仕口の確認を行いながら、墨付けにしたがって刻み加工する。

プレカットによる加工

まず、配置図、平面図、各伏図にもとづいてCAD入力を行い、板図にあたるプレカット加工図をつくる。次に、CAD／CAMによりプレカット機械が全自動で加工する。最近は、設計側のCAD情報がそのままプレカット工場で使えるシステムもある。

大工の手刻みとプレカット

両者では、継手や仕口の形状が明らかに異なる。プレカットは回転刃（ルーター）で木をくり抜いて加工するため、継手や仕口は円弧状となるが、大工はノミや鋸で加工するため、仕上がりが直線的になる。なお、精度に大差はない。

プレカットの加工率は93％［※］に達しているが、木配りをしないため木の特性を十分反映できなかったり、長ホゾや金物を使わない軸組が難しかったりと万能ではない。大工の技を取り入れたプレカットや、分合せのみプレカット工場で行う手刻みなど、双方の組み合わせが可能な工場もある。

※　2020年林野庁

板図の例

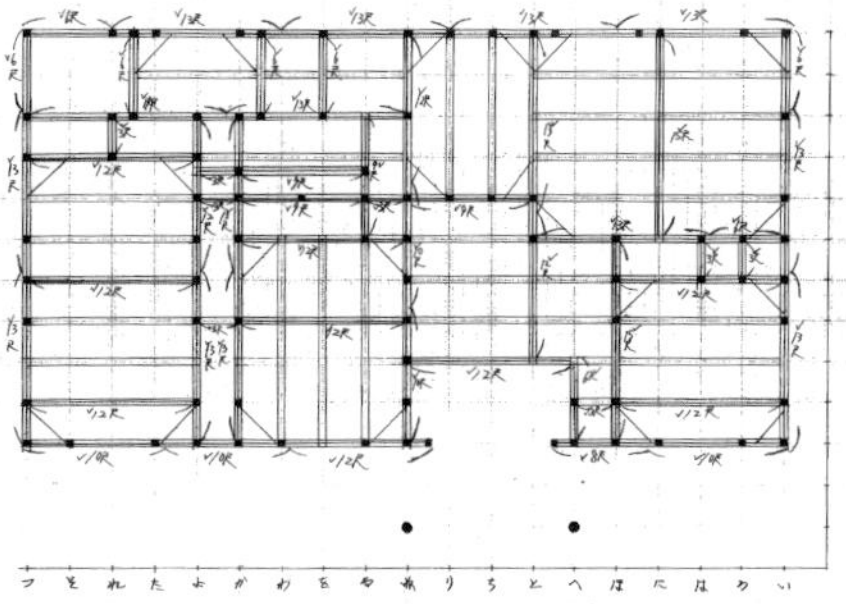

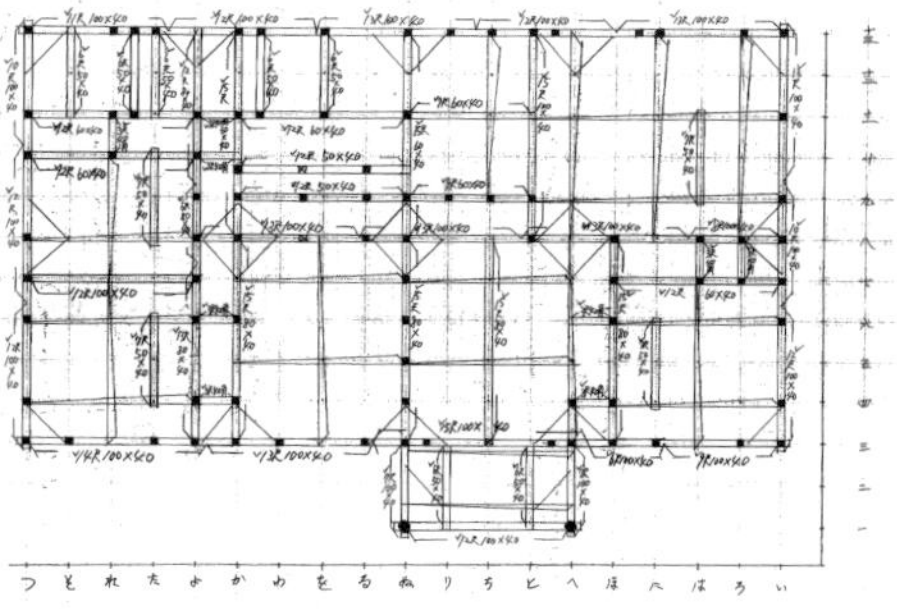

現場における施工側の図面として、設計図をもとにベニヤなどの薄い板に描かれる

木拾い表の例（一部分）

仕上げ寸法											製材寸法										
No	名称	材種	等級	寸法（長 m、幅 cm、厚 cm.）			本数	単位	数量 (m³)	備考	材種	等級	寸法（長 m、幅 cm、厚 cm.）			本数	単位	数量 (m³)	単価	金額	備考
1-1	土台	檜葉	一等	4.00	11.5	11.5	4	本	0.212		檜葉	一等	4.00	12.0	12.0	11	本	0.634	150,000	95,040	
2		檜葉	一等	3.80	11.5	11.5	3	本	0.151		檜	上小	4.00	12.0	12.0	1	本	0.058	250,000	14,400	
3		檜葉	一等	2.50	11.5	11.5	1	本	0.033												
4		檜葉	一等	2.25	11.5	11.5	1	本	0.030												
5		檜葉	一等	2.20	11.5	11.5	1	本	0.029												
6		檜葉	一等	1.85	11.5	11.5	1	本	0.025												
7		檜葉	一等	1.70	11.5	11.5	1	本	0.023												
8		檜葉	一等	1.00	11.5	11.5	1	本	0.016												
9		檜葉	一等	0.90	11.5	11.5	1	本	0.012												
10		檜葉	一等	0.85	11.5	11.5	1	本	0.011												
11	上がり框	檜	上小	1.85	11.5	11.5	1	本	0.025												
							16	小計	0.565							12	小計	0.691		109,440	
2-1	間仕切り土台	檜葉	一等	3.70	11.5	11.5	4	本	0.196		檜葉	一等	4.00	12.0	12.0	7	本	0.403	150,000	60,480	
2		檜葉	一等	3.50	11.5	11.5	1	本	0.046												
3		檜葉	一等	2.15	11.5	11.5	1	本	0.028												
4		檜葉	一等	1.85	11.5	11.5	2	本	0.049												
							8	小計	0.319							7	小計	0.403		60,480	
	構造材合計							構造材設計数量合計	19.236	m³							構造材合計	23.915	m³	2,450,399	円
												延べ坪	32.66	坪			坪あたり	0.732	m³/ 坪	75,028	円 / 坪

注：材単価は1993年当時の工事価格

手刻みとプレカットの違い

手刻みの様子

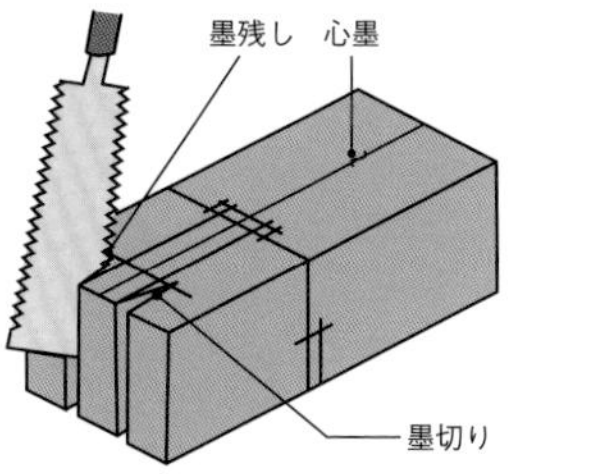

墨付けされた墨の線上、あるいはその内側か外側を刻むかによって、継手や仕口の締まり具合が異なる

プレカットによる一般的な仕口

腰掛け蟻継ぎ

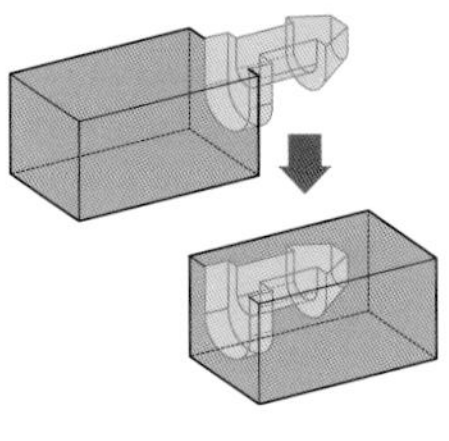

腰掛け鎌継ぎ

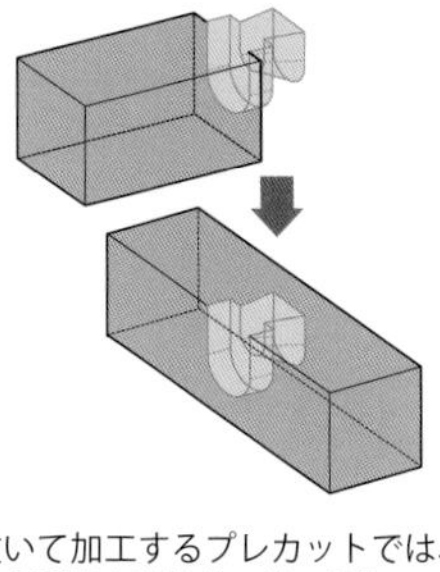

回転刃（ルーター）で木をくり抜いて加工するプレカットでは、継手や仕口は円弧状になる。「腰掛け蟻継ぎ」「腰掛け鎌継ぎ」が一般的

仕口・継手

Point 大工の手刻みによる仕口・継手には、多くの種類があり、伝統の技が生かされている

仕口

仕口とは、土台と柱、柱と梁など、直交する部材の接合部を指す。材どうしを欠き込んで組み合わせる組手と、柱などに梁の先端を差し込んで留める差し口とがある。古くから用いられてきた仕口には、金物などに頼らずに躯体強度を上げる工夫がされている。

たとえば、在来軸組構法では耐力壁に取り付く柱が短ホゾのため、引張る力が加わると抜けやすいことから、金物での補強が義務付けられている。一方、伝統構法では、渡り腮《あご》、長ホゾ、込み栓や鼻栓、割楔《わりくさび》、車知栓《しゃちせん》など、材どうしが引き合う仕口を施すことで、金物を使わない家づくりを行う。

2階床を組む場合、最近では水平構面の大梁と小梁の納まりは蟻掛けとなることが多いが、蟻掛けは引張りに弱く、大梁の断面欠損も大きくなる。そこで、仕口を渡り腮とし、変形にも粘り強く対応させる伝統的方法もある。

また、柱の長ホゾを土台ホゾ穴に差し、側面から込み栓を叩き込むと引抜きに強くなり、柱に梁の長ホゾを貫通させて先端に鼻栓を入れると、地震時でも柱から横架材が抜けにくくなる。

このように、適切な仕口を用いることで、建物の構造強度は向上する。

継手

継手とは、土台、梁などの長さが1本の材では足りない場合、材を途中で継ぐ接合部のことを指す。継手を入れると強度は極端に落ちるので、筋かいや火打ちなど、地震時に力が集中する付近には設けない工夫が必要になる。

代表的な継手には、蟻、鎌、略鎌（追掛け大栓継ぎ、金輪継ぎ、台持ち継ぎ）などがある。継手は使用場所に応じて選択するが、蟻継ぎは構造材の継手としては弱いので、基本的に基礎と緊結する土台にしか用いない。

土台納まり図

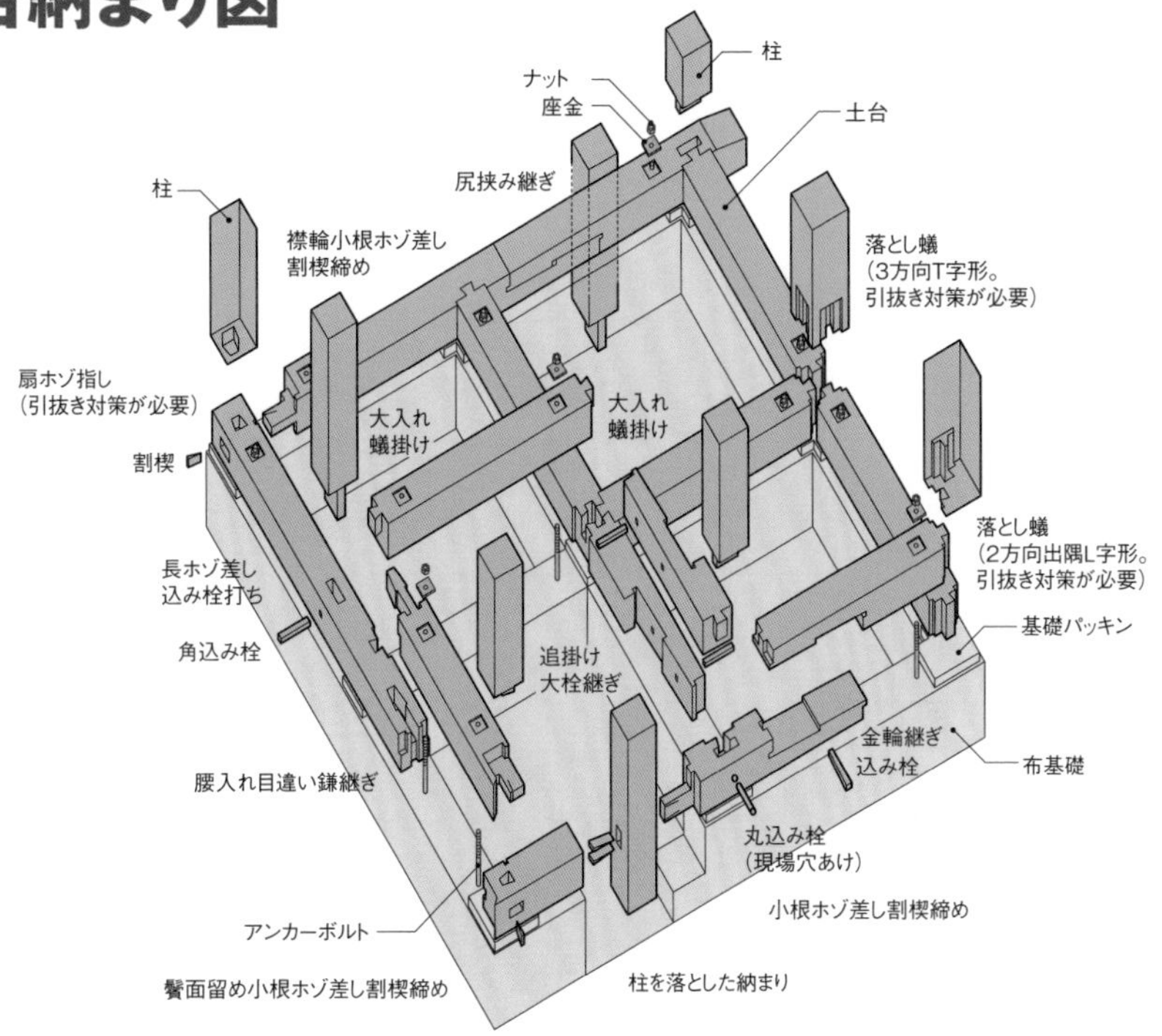

柱納まり図

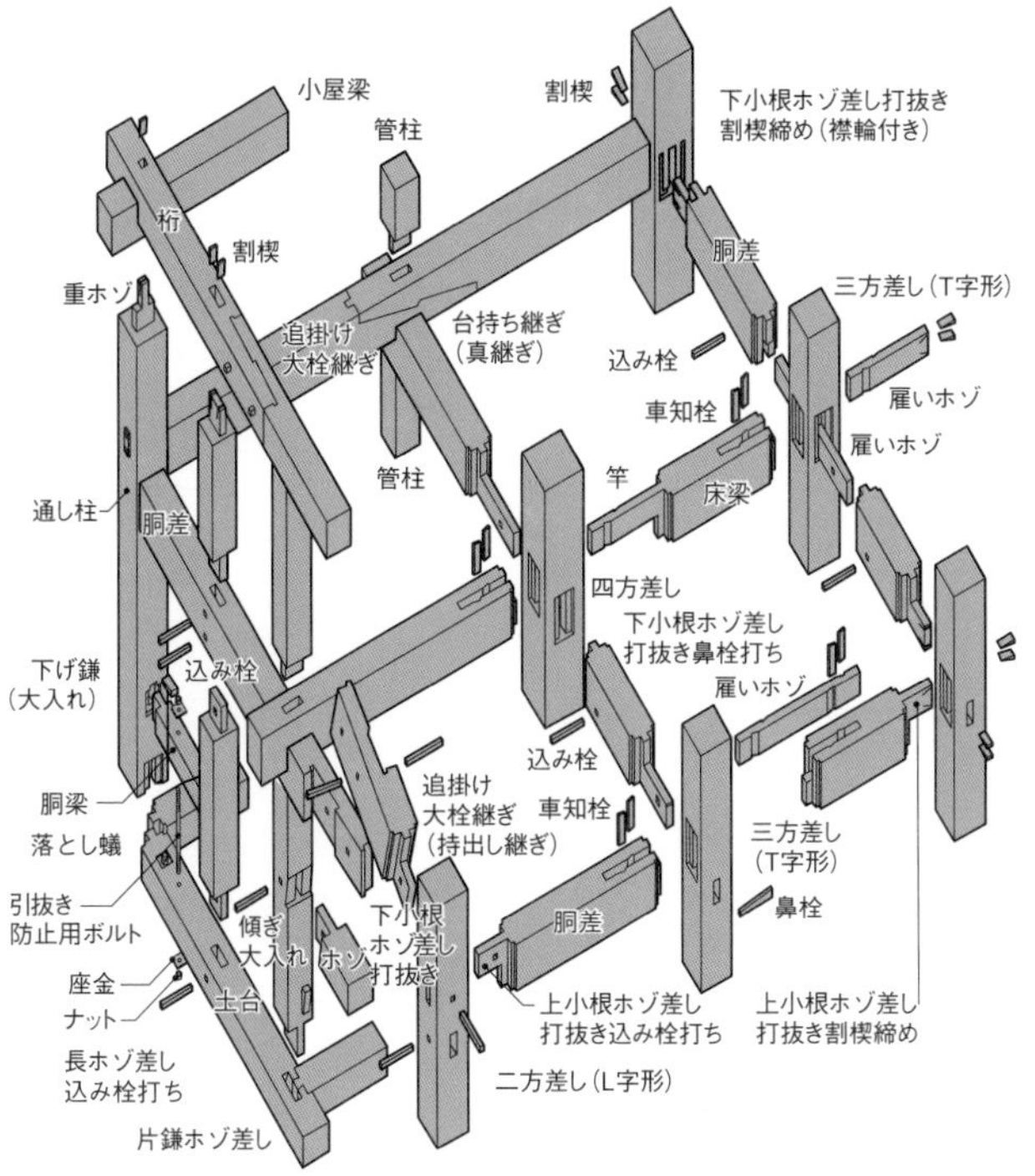

床梁の仕口の違い

上端ぞろいの床梁の仕口

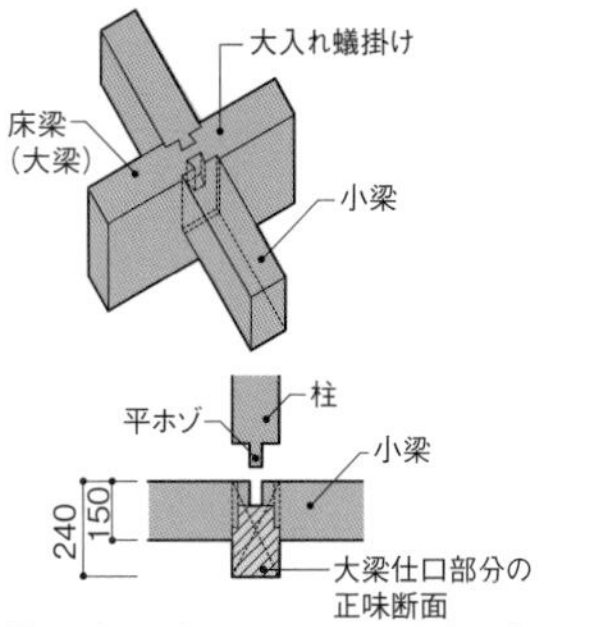

蟻は引張り力に弱いので、大きな変形のかかる部位で使用する際には金物を併用することが多い

渡り腮による床梁の仕口

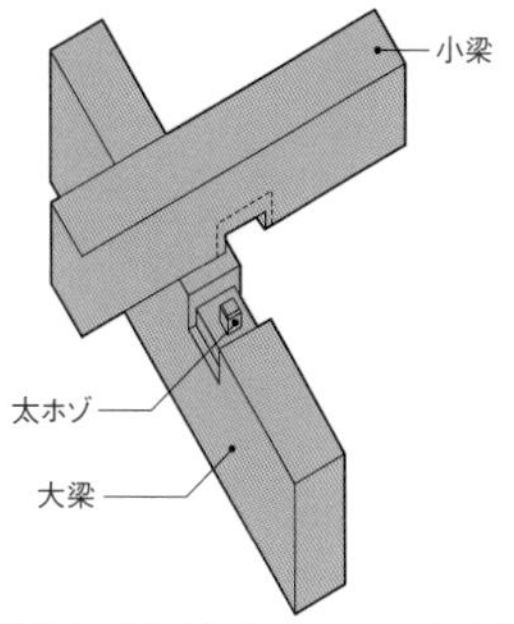

渡り腮(あご)など、2つの材が組み合うことにより、粘りのある仕口となる

建方《たてかた》

Point 建物が一気にかたちになる「建方」では、人や物の動きが激しいので、安全管理にも留意

建方

建方とは、コンクリート基礎に土台を敷いた後、柱を立て、梁を渡し、棟木を上げるまでの作業をいう。

①土台敷き

土台敷きは、建方の前日までに作業を完了させておく。基礎と土台を強固に固定させるため、アンカーボルトやホールダウン金物の位置の確認が重要となる。基礎立上り部分以外の床を支える大引も順次敷設し、その下に鋼製束などを立てて完了する。

②1階建方

土台に開けたホゾ穴に、柱先端のホゾを差し込んで自立させる。その上に、クレーンで吊り上げた梁を渡す作業を繰り返し、1階部分を組み上げる。狭あい敷地でクレーンが入らない場合などは、地上で柱梁を組んで（地組み）、ロープを使って人力で起こすこともある。

組み上がり後、建物を垂直に調整する建入れ直しを行う。下げ振りを柱に付けて垂直を確認し、歪みはターンバックルやウインチを用いワイヤーロープで引っ張って修正し全体を固める。

③2階建方

2階建方では、梁や桁にあけたホゾ穴に柱先端を差し込み、1階と同様に組み立てる。小屋組完成後は全体の建入れ直しが困難なので、2階の建入れ直し後に1階も再度確認する。

④小屋組

2階の建入れ直しが終わり、建物の垂直が出て金物で固定された後、小屋組の取付けを始める。小屋束を立て、屋根の一番高いところを支える棟木を載せて上棟となり、建方は完了する。

⑤上棟式

上棟後に、上棟式を行う。棟木に魔除けの幣串を立て、塩、酒、米で関係者が建物四隅を清めて祝宴を開き、工事の安全を祈願する。

土台敷き

すべてのアンカーボルトがセンターにきているとは限らない。実際のアンカーボルトの位置を確認することが重要

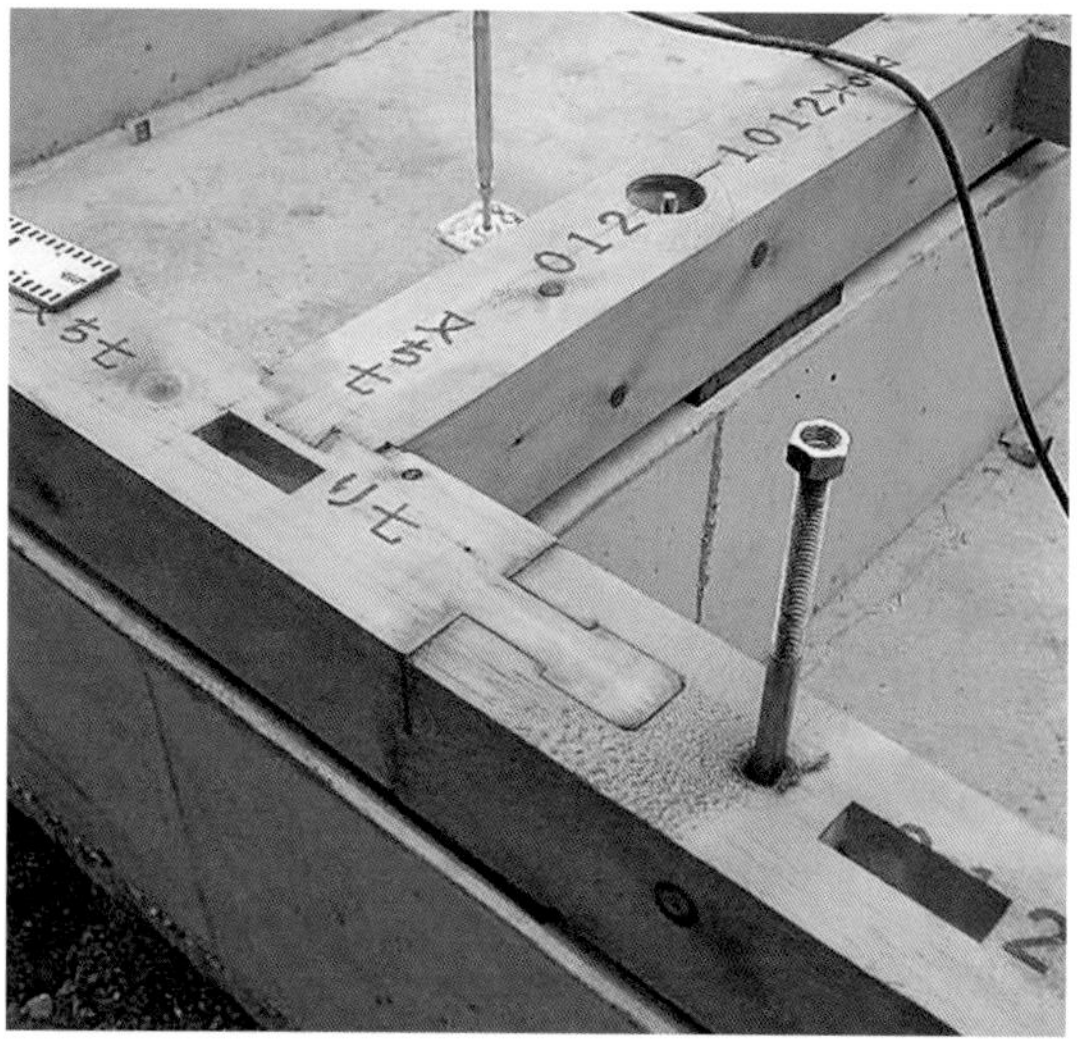

大引が敷設され、鋼製束も設置されて土台敷きが完了した様子。翌日の建方に備えて、柱などの材の搬入も始められている

建方

建方は、1階柱の建込みから始まる。その後、順次横架材を架けわたしていく（写真左）。引き続き、2階建方に移る。2階でも、まずは管柱の設置から始める（写真右）

建入れ直し

建入れ直しでは、ウインチなどで建物の傾きを調整する。柱に取り付けた下げ振りで垂直を確認し、仮筋かいで固定する。写真中央ではケースに入った「防風下げ振り」を用いている

上棟式

上棟後、棟木に幣串を立て、その後、関係者が塩、酒、米で四隅を清め、祝宴を開く

在来構法・伝統構法

Point 柱・梁などの軸組による構法も、仕口・継手の違いにより種類がある

在来構法

現代の住宅の構法として最も一般的なものである。土台、柱、梁などの線材で箱型をつくるが、それだけでは弱いため、筋かいや構造用合板を要所に入れて地震や風に耐える構法だ。間取りの自由度が高く、増改築しやすい点が特徴である。

接合部は地震などで力が加わると、めり込みが発生したり、木材が繊維方向に割れたりするので、構造的に安定するように金物で補強する必要がある。箱のように固めることで、外力に対して強固に抵抗できる。

伝統構法

在来構法に対し、極力金物を使わずに接合部を納める構法で、神社仏閣、近世の民家などに多く見られる。

柱と梁で箱形をつくるという点は在来軸組構法と似ているが、筋かいなどの斜材ではなく、足固めや相互の柱をつなぐ貫《ぬき》、差鴨居《さしがもい》（梁ほどの断面をもち、構造材として働く鴨居）など、水平材を用いて建物全体で外力に抵抗する。

柱と土台などの接合部の木材に外力が加わった場合、めり込みによる抵抗、あるいは竹小舞や貫で構成された土壁のせん断抵抗などによって、木組み全体が変形しても粘り強く持ちこたえられる。

伝統構法では仕口部分の断面欠損が大きくなるので、必然的に太い材を使うことになる。一方で、この太い柱と梁による構造美が伝統構法の特色ともなっている。

金物構法

最近では、集成材などの木材を用い、接合部に鋼板製などの接合金物を使用することで、断面欠損を最小限に留め、剛接合とする金物構法も現れている。

在来構法と伝統構法

一般的な在来構法

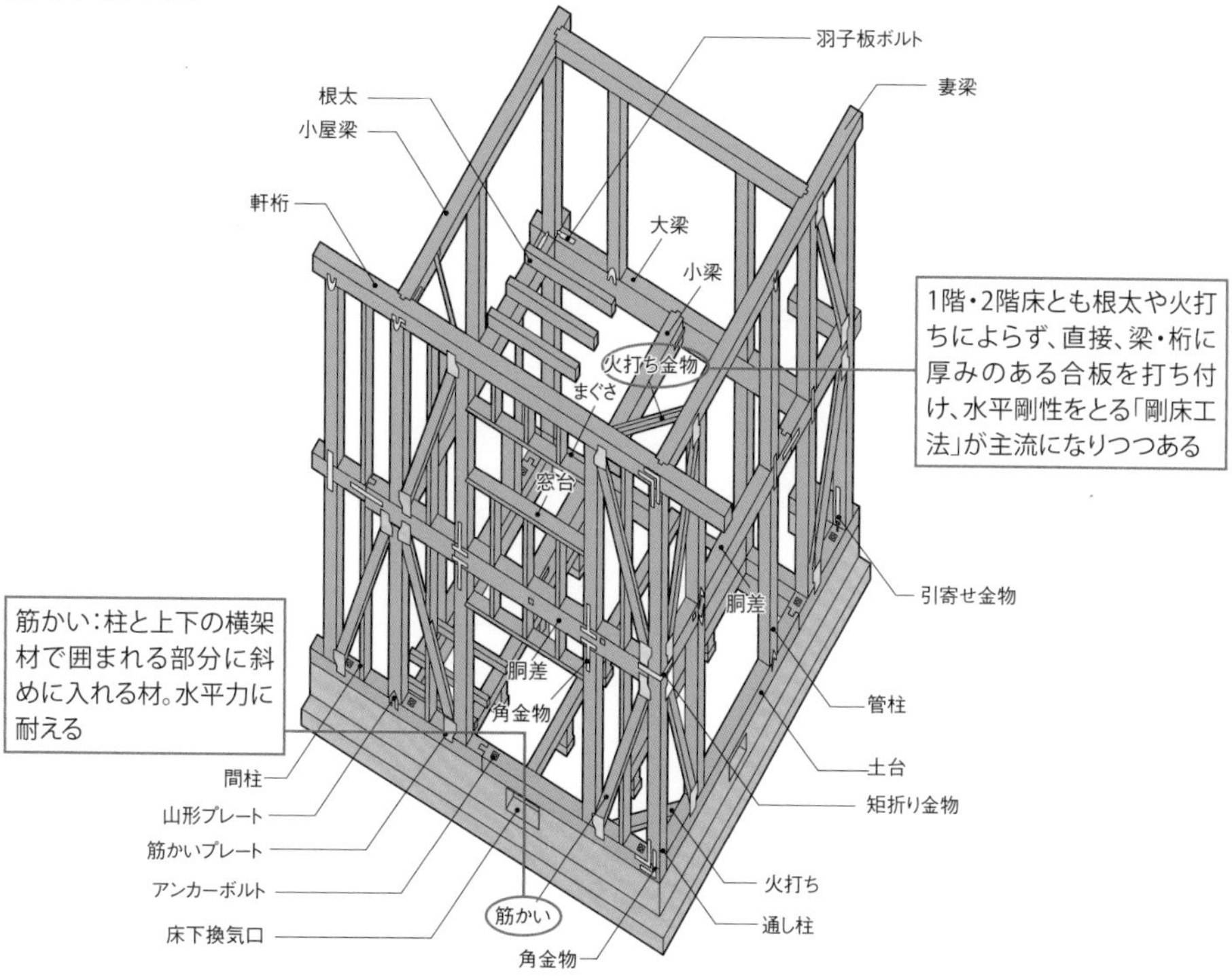

伝統的な木組みによる軸組構法

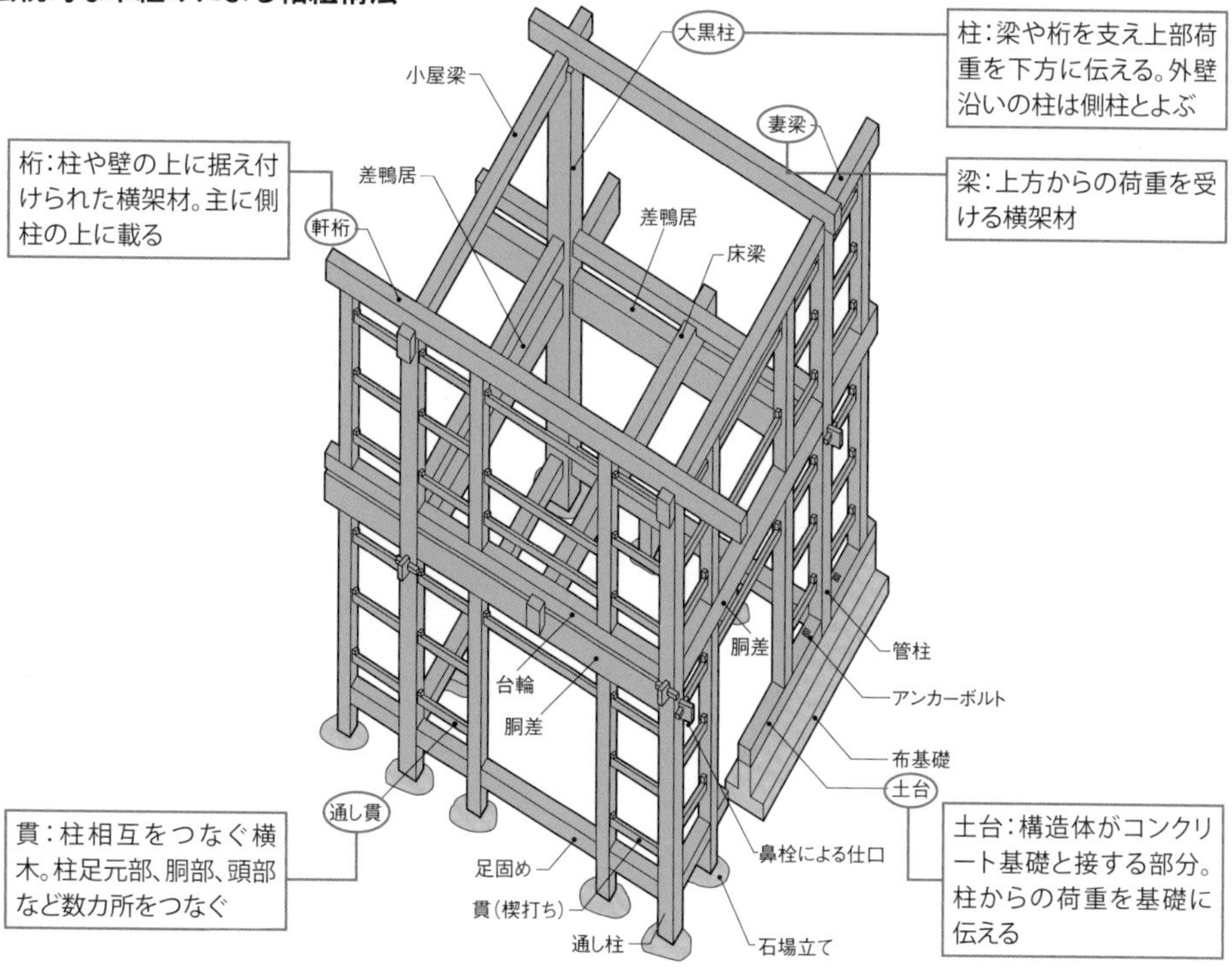

出典：『木造建築用語辞典』（井上書院）

枠組壁工法・パネル工法

Point ツーバイフォー（204）材は、2×4インチ（実寸は38×89㎜）の材

ツーバイフォー工法は、ツーバイフォー材を主要な構造材とする北米で完成された工法である。縦枠を2層分通して設けるバルーン工法から、1層ごとに縦枠（スタッド）を立て、その間に剛な床組を設けるプラットフォーム工法に発展した。日本では、プラットフォーム工法が枠組壁工法という名称で生産され、1974年に技術基準が告示化されてオープン化された。

枠組壁工法はその名の通り、木造の枠組材に構造用合板などの面材を緊結して壁と床をつくり、それらが一体化した剛性の高い壁式の構造体をつくるものである。枠材は面材に囲われてしまうので、耐火性の高い面材の採用で耐火性を高めることができ、断熱性、気密性の確保が容易である。また、在来軸組構法と比べ、木材の規格が明確で種類が少なく、かつ、複雑な継手・仕口のない単純な接合部であるため、施工に熟練を要さない。施工をフレーミング工事、施工者をフレーマーとよび、大工の技能とは区別される。

近年取得した耐火構造認定により、100㎡を超える住宅の建設が防火地域でも可能になり、地域によらず4階建ての住宅や共同住宅、さらに3階建て以上の特殊建築物も可能になった。

パネル工法

床、壁などの部材を工場でユニット化し、現場に搬送し組み立てる工法。パネルには、建材メーカー各社の工法システム用パネル製品から、広義には大工が下小屋で製作するものも含まれる。材料の種類も木質系に限らず、樹脂系や断熱材との複合パネルなどさまざまである。工法には木造軸組の柱・梁に組み込むもの、柱・梁が不要でパネルだけで箱形に組み立てるものがある。工場製作による品質の高精度化、現場での作業が減ることによる工程の短縮化などのメリットがある。

枠組壁工法の構成と各構造部材の名称

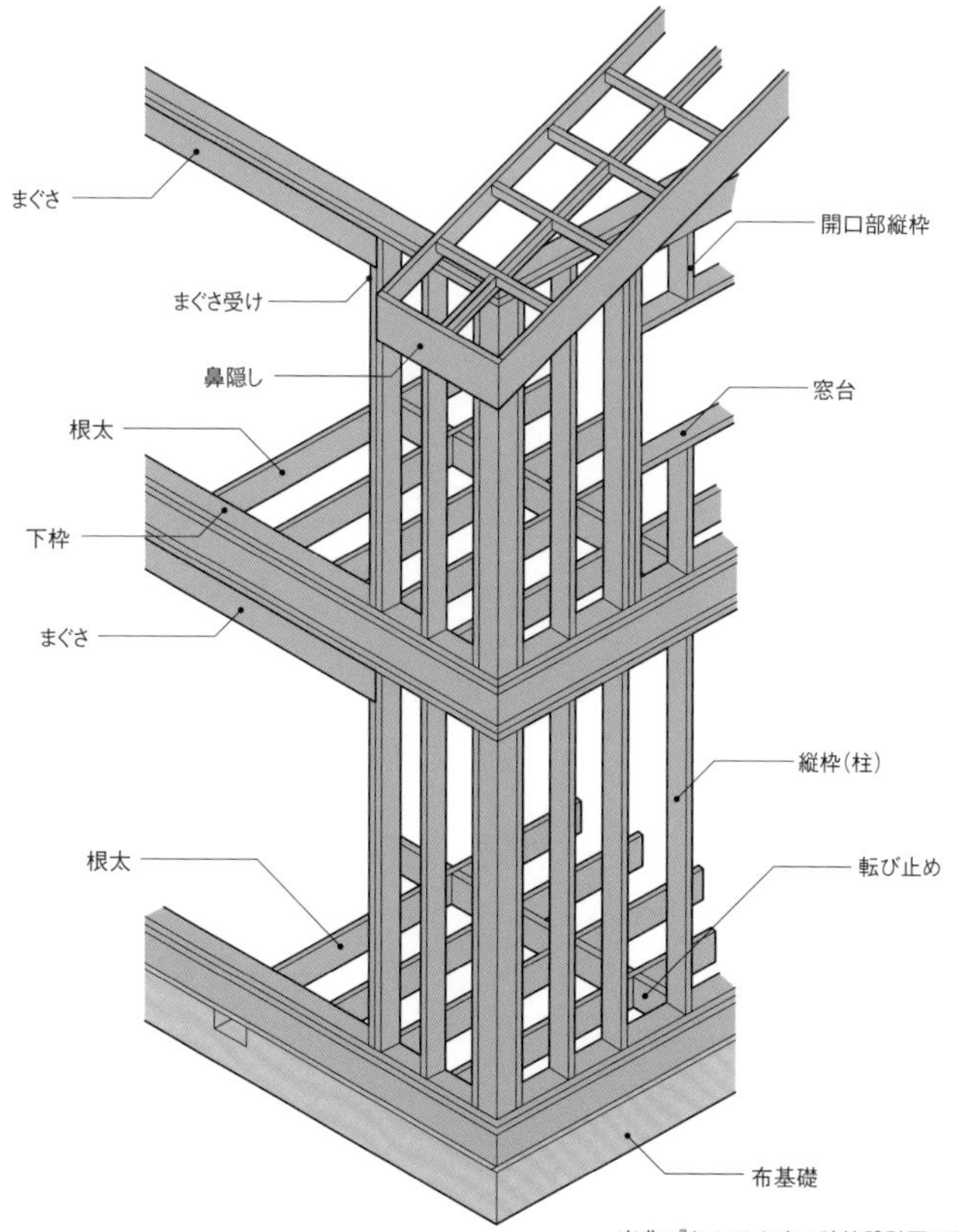

出典：『わかりやすい建築設計図の見方・かき方』（オーム社）

JAS600 第3条　枠組壁工法構造用製材の寸法型式

（単位：mm）

寸法型式	読み方	未乾燥材（含水率が19%を超えるもの）の規定寸法		乾燥材（含水率が19%以下のもの）の規定寸法	
		厚さ	幅	厚さ	幅
104	ワンバイフォー	20	90	19	89
106	ワンバイシックス	20	143	19	140
203	ツーバイスリー	40	65	38	64
204	ツーバイフォー	40	90	38	89
205	ツーバイファイブ	40	117	38	114
206	ツーバイシックス	40	143	38	140
208	ツーバイエイト	40	190	38	184
210	ツーバイテン	40	241	38	235
212	ツーバイトウェルブ	40	292	38	286
304	スリーバイフォー	65	90	64	89
306	スリーバイシックス	65	143	64	140
404	フォーバイフォー	90	90	89	89
406	フォーバイシックス	90	143	89	140
408	フォーバイエイト	90	190	89	184

丸太組構法

Point 木材の乾燥収縮による沈みを考慮し、あらかじめセトリングスペースを確保する

丸太組構法は、丸太、製材などの木材を水平に積み上げて壁を構成する構法で、ログハウスはこの代表的な構法である。歴史的には古くからあり、井籠《せいろう》組みや校倉《あぜくら》造にその遺構を見ることができる。

ログ（log）は丸太の意味であるが、積み上げる木材は校木《あぜき》ともいい、さまざまな断面形状がある。ログとログが交差する部分には、ノッチという欠き込みを入れて噛み合わせる。また、地震などの水平力によるログのズレを防ぐために、ログどうしをダボや通しボルトで接合する。このように、ログが相互に噛み合っているため部材の部分更新が難しいので、腐朽に備えた防腐処理が重要となる。

構法上の大きな特徴は、「セトルダウン」とよぶログの乾燥収縮による沈みを考慮し、開口枠の上部や、階段と床の接続部などにあらかじめセトリングスペースというスペースを空けておく点である。ログが十分に乾燥していればセトルダウンはほとんどないといわれるが、断面積が大きい丸太はあらかじめ乾燥しにくいうえに、木材の半径方向の乾燥収縮は、繊維方向に比べて5倍以上と大きい。セトリングスペースはログの径や断面形状にもよるが、開口高の3〜5％程度必要である。

２００２年の告示「丸太組構法技術基準」により、それまでの基準が大幅に緩和された。木造混構造2階建て（1階ログハウス、2階枠組工法・軸組構法）、RC（S）混構造3階建て（小屋裏利用）、丸太組構法2階建て、木造平面混構造2階建て（1階丸太組構法）の建設が可能となり、面積制限は、延べ面積3千㎡以下、高さ制限は13m以下と、木造建築物と同様になった。さらに、準耐火構造（45分耐火）の大臣認定の取得により、都市部の住宅や特殊建築物などへの可能性が広がっている。

丸太組構法の構成例と各構造部材の名称

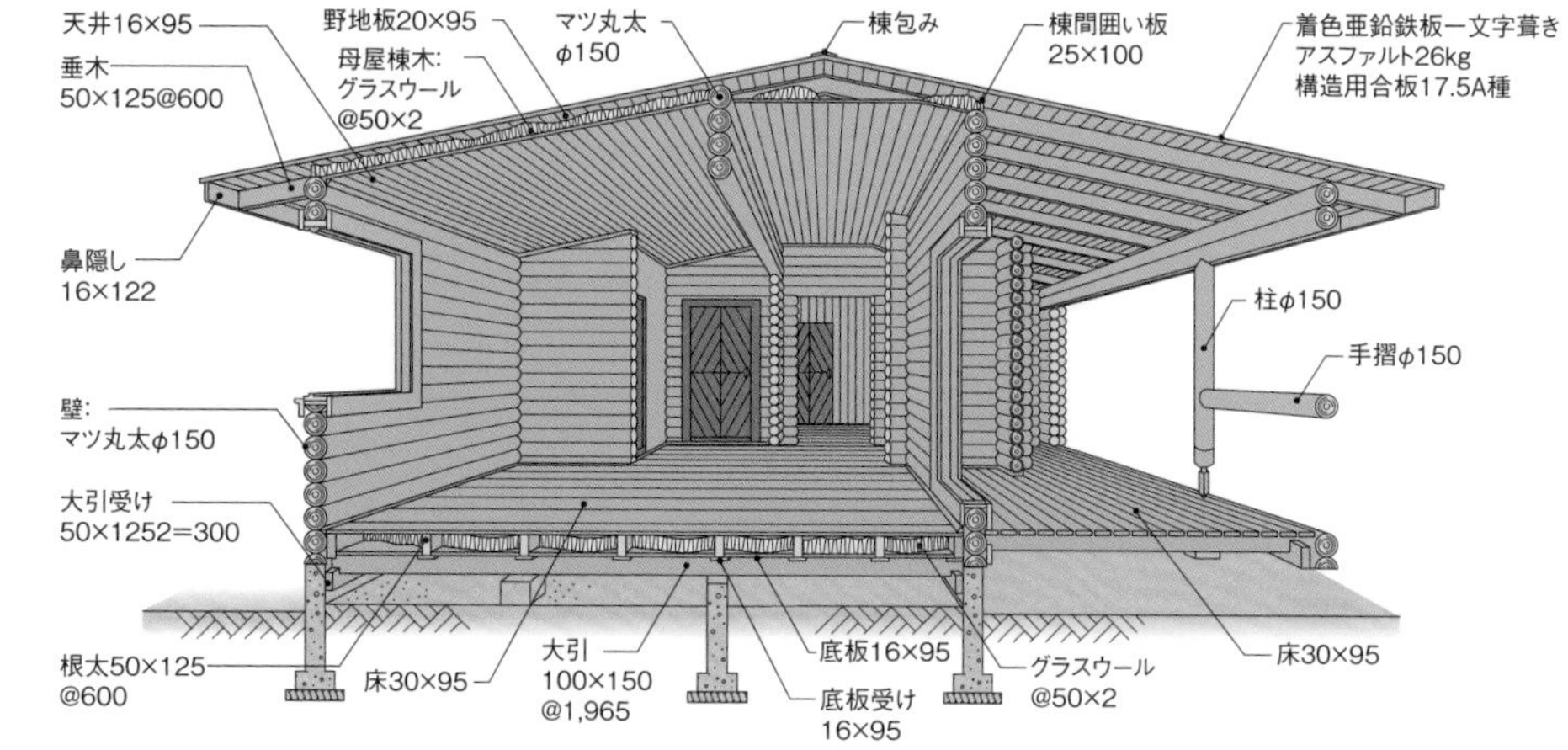

出典：『建築木質構造』（オーム社）

ログの呼称断面形状

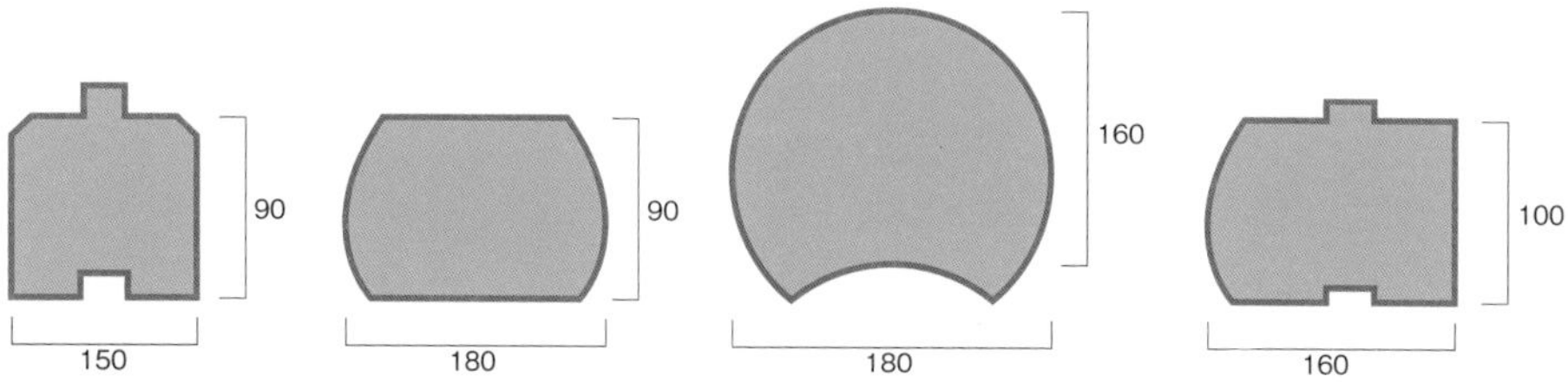

角：150×90㎜　タイコ：180×90㎜　丸：180×160㎜　D：160×100㎜

出典：日本ログハウス協会ウェブサイト（http://www.log-house.gr.jp/sekou/）

建具枠廻りの納まりの例

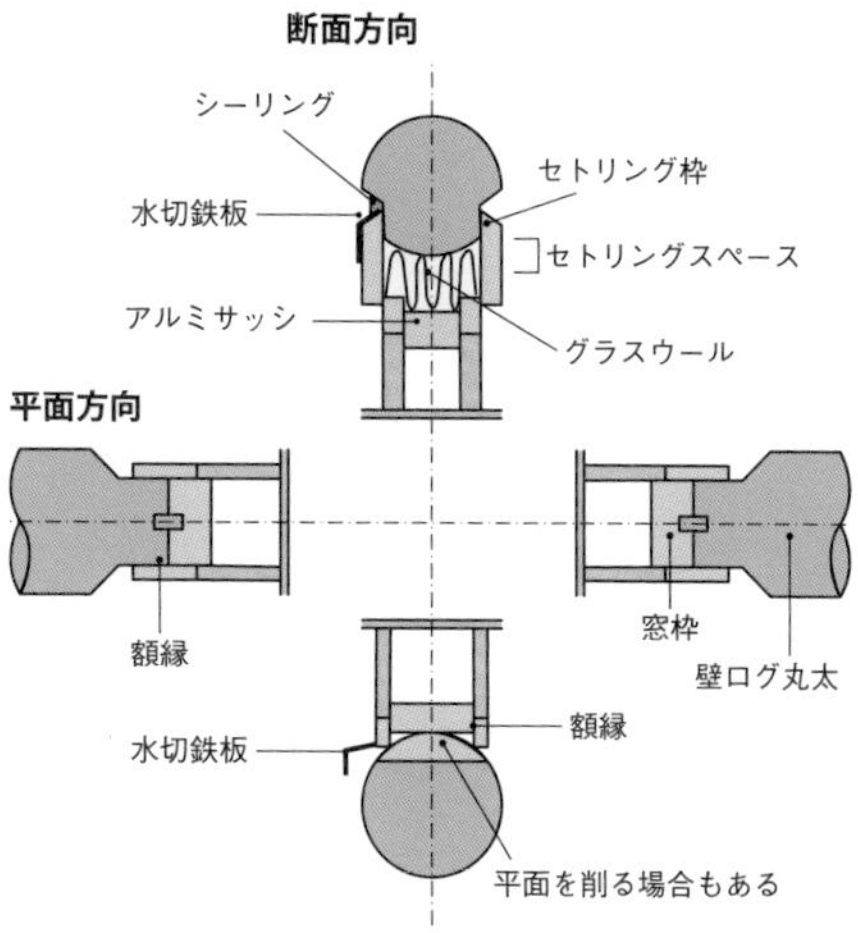

出窓とログの納まりの例

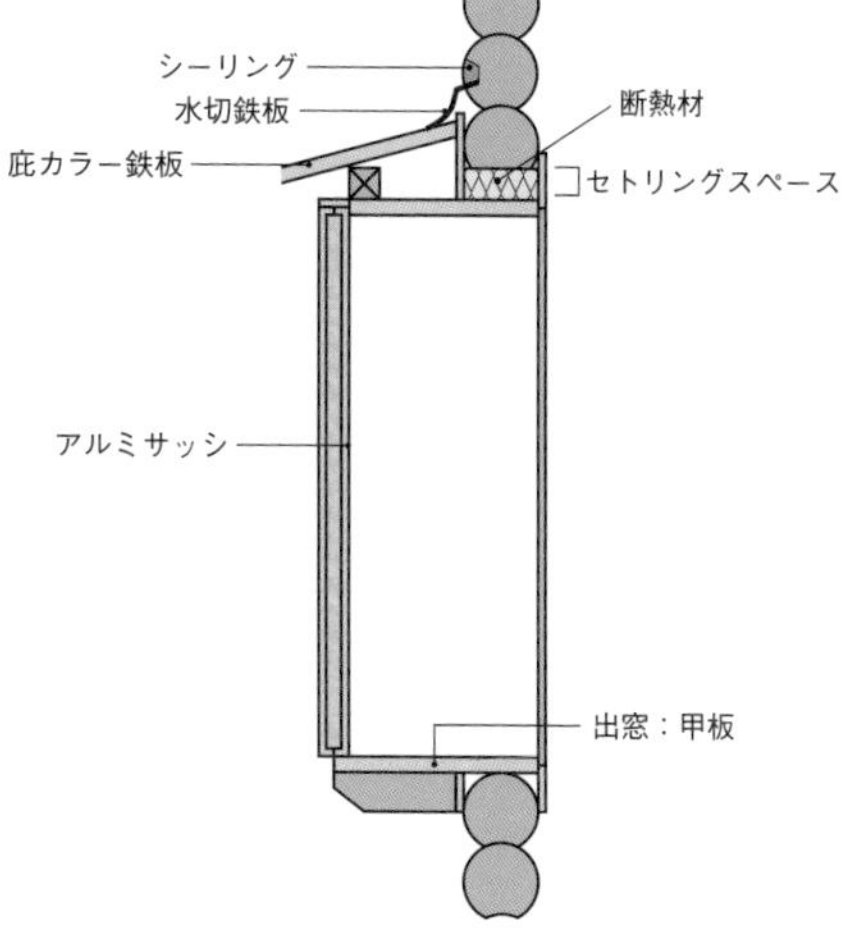

出典：日本ログハウス協会ウェブサイト（http://www.log-house.gr.jp/sekou/）

構造用金物

Point 木造軸組構法で重要な接合部は、①筋かい端部、②柱頭・柱脚、③横架材、の3種

木造軸組構法には数多くの接合部がある。建築基準法でその仕様が規定されている接合部は、筋かい端部と柱頭・柱脚である。これに加えて性能表示では、胴差と通し柱の接合部、床・屋根の接合部の仕様が規定されている。地震時に建物にかかる水平力は、耐力壁や水平構面を介して柱脚から基礎に伝達される。したがって、耐力壁や水平構面に見合った軸組の接合部耐力を確保することが重要である。

N値計算

N値計算は、柱頭・柱脚接合部の強さを、両側の耐力壁の強度、周辺部材による曲げ戻し、柱に加わる鉛直荷重の3つの要因から算出するものである。平成12年建設省告示第1460号の仕様規定にもとづいて接合の種類を選択する方法もあるが、N値計算を行うことにより、より詳細に必要十分な接合方法を選択することが可能となる。

木造住宅用接合金物

平成12年建設省告示第1460号に記載されている金物は、㈶日本住宅・木材技術センター規格の木造軸組構法住宅用Zマーク表示金物をモデルとしたものである。この他同センター認定金物には、木造枠組壁工法住宅用のCマーク金物、丸太組構法住宅用のMマーク金物、同センター規格金物同等認定制度によるDマーク金物、CLTパネル工法用のXマーク金物、性能認定のSマーク金物などがある。

釘は木材の接合材として最も一般的である。ボルトと比べ初期のガタが生じず、粘りが大きい。色や釘頭の刻印で釘の種類を特定できるものが増えている。構造部材の接合部の釘の太さや本数が不足すると、強度や耐力の低下につながるので、構造用金物などは、付属のビスや釘を指定個所に指定数使用することが重要だ。

筋かい金物の例

プレート型

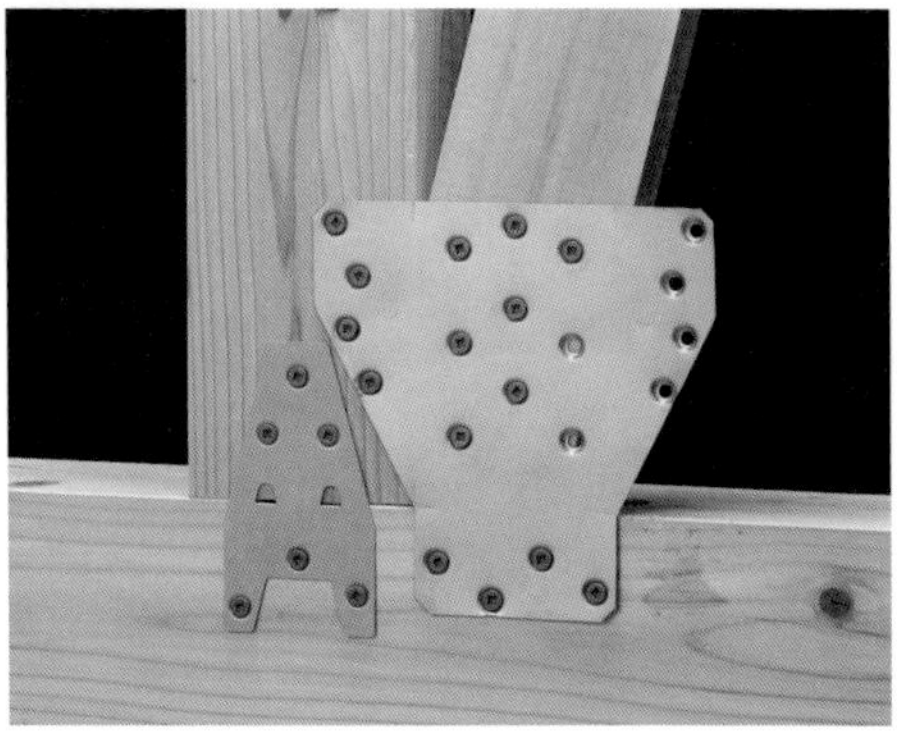

ボックス型

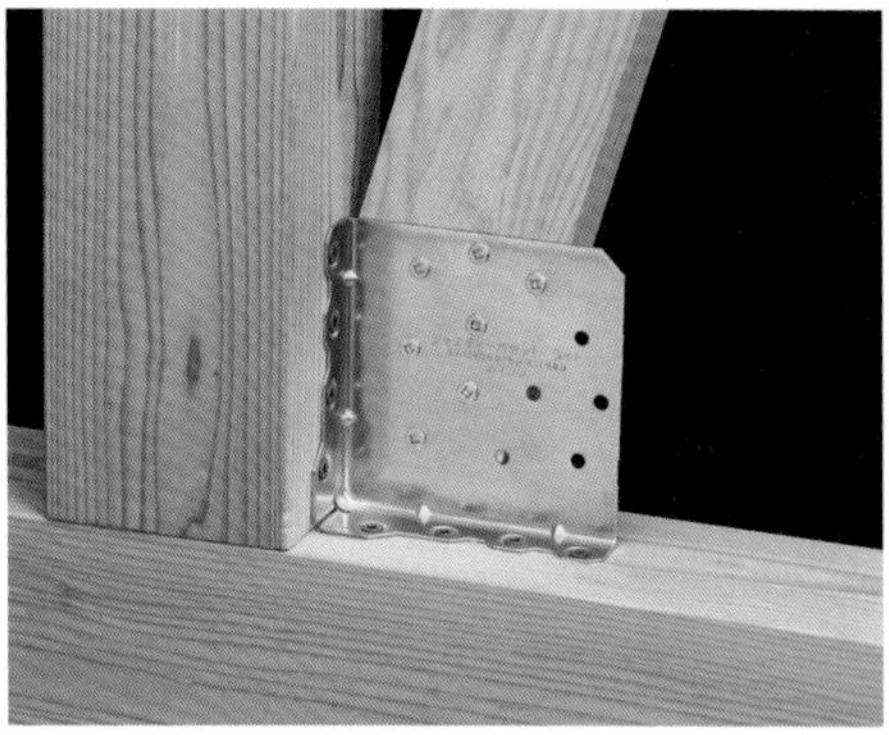

写真：カネシン

接合部の仕様

告示表3	N値	継手・仕口の仕様
(い)	0	短ホゾ差し、およびかすがい打ち
(ろ)	0.65	長ホゾ差し込み栓、または角金物 CP-L
(は)	1.0	角金物 CP-T
		山形プレート VP
(に)	1.4	羽子板ボルト、または短冊金物（スクリュー釘なし）
(ほ)	1.6	羽子板ボルト、または短冊金物（スクリュー釘あり）
(へ)	1.8	引寄せ金物 HD-B10（S-HD10）
(と)	2.8	引寄せ金物 HD-B15（S-HD15）
(ち)	3.7	引寄せ金物 HD-B20（S-HD20）
(り)	4.7	引寄せ金物 HD-B25（S-HD25）
(ぬ)	5.6	引寄せ金物 HD-B15（S-HD15）× 2 個

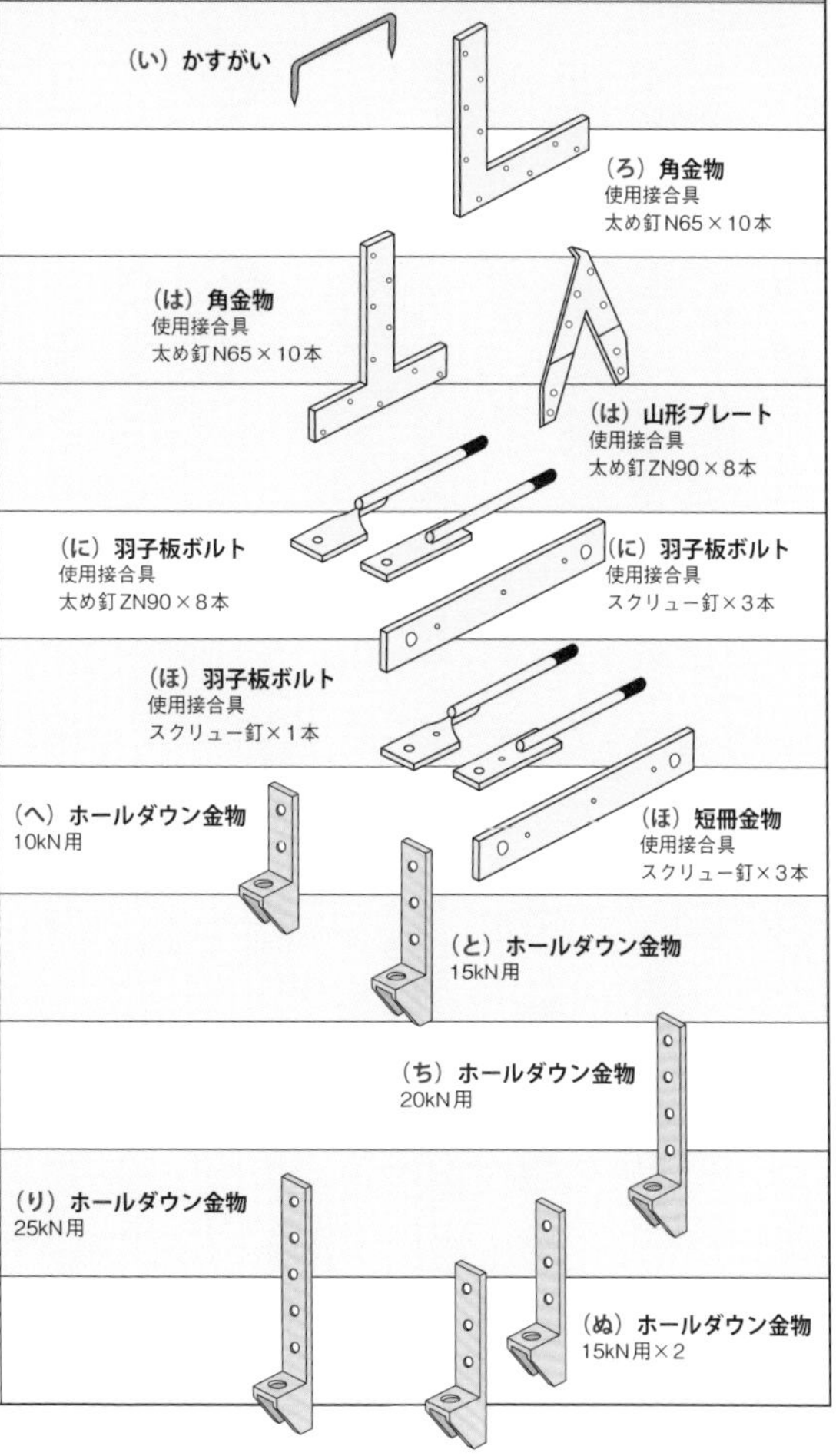

注　継手・仕口の仕様からは、文末の「または同等以上」を省略

出典：『木造住宅用接合金物の使い方－Zマーク表示金物と同等認定金物－』（日本住宅・木材技術センター）

合板の特徴と種類

Point 最も汎用性に長けた建材の１つであり、内装・家具・建具の他、構造用にも使用される

合板の特徴

合板（プライウッド）は、薄く切った奇数枚の単板（ベニヤ）を、木の繊維方向が直交するように接着剤で張り合わせて製造する。単板の製造方法により、巻紙を伸ばすように丸太を薄く剥ぐロータリーベニヤ、スライサーで挽いたスライドベニヤ、のこぎりを用いるソードベニヤの別がある。いずれも寸法安定性に優れ、各方向に対し均一な材質と強度をもつ。

合板の種類

表面にオーバーレイ、プリント、塗装などを施さない合板を普通合板といい、表面板にはラワン、シナなどが多用される。幅広い用途に用いられるが、接着剤の種類により耐水性能の高いものから順に1類、2類と区分されるので、使用個所に応じて選定する。

合板には他に、構造用合板、コンクリート型枠用合板（コンパネ）、天然木化粧合板、特殊加工化粧合板などの種類がある。

構造用合板・化粧張り構造用合板

構造耐力上主要な部分に使用する合板を構造用合板（Kプライ）という。品質基準では接着剤の耐水強度により特類と1類とに分類される。強度性能には1級と2級があり、柱間、横架材間に1枚板で張り、柱や横架材に指定の釘を指定の本数用いて打ち付けることで耐力壁を構成する。剛床工法で根太を用いない場合は、24㎜以上の厚さの構造用合板を用いることで、火打ち梁に代わり水平耐力を担う。

その他の基準

合板中の接着剤から放散されるホルムアルデヒドの量は、☆の数により4段階の性能区分が設けられ、F☆☆☆☆を最上位とする。

JASによる合板の用途別分類

種類		品質等級・区分	用途
普通合板	普通の一般合板	接着性能：1類、2類 板面品質：（広葉樹）1等、2等（針葉樹）A、B、C、Dの組み合わせ	建築物の内装、家具、建具など一般的な用途に広く使用される合板
コンクリート型枠用合板	コンクリート型枠に使用される合板（表面に塗装・オーバーレイなどの加工をしたものを含む）	接着性能：1類、2類 板面品質：A、B、C、Dの組み合わせ	コンクリート打込み時にそのせき板として使用される合板で、一定の強度を備え建築用の型枠として多用される
表面加工コンクリート型枠用合板		表面加工が両面の場合の表示：両面塗装またはオーバーレイ 表面加工が片面の場合の表示：塗装またはオーバーレイと裏面はA、B、C、Dの組み合わせ	通常のコンクリート型枠用合板の表面に塗装・オーバーレイなどの加工をしたもの。打放し仕上げに良好な結果が得られるので土木用型枠として多用される
構造用合板	建築物の構造耐力上主要な部分に使用される合板	接着性能：特類、1類 強度等級：1級（曲げヤング係数、曲げ強さ、面内せん断強さ） 2級（曲げヤング係数） 板面品質：A、B、C、Dの組み合わせ	建築物の構造上重要な部位に使用される合板で、軸組構法、枠組壁工法住宅の下張りに使用される。住宅専用に作られた建築資材
化粧張り構造用合板	構造用合板の表面または裏面に美観を目的とした単板を張り合わせたもの		
天然木化粧合板	木材特有の美観を表すことを主目的として表面または両面に単板を張り合わせた合板	接着性能：1類、2類	高級家具材：和洋ダンス、座卓、鏡台、書棚、机、サイドボード、キャビネットなど 建材用：天井、壁面、内装ドアなど高級品として広く利用
特殊加工化粧合板	表面または裏面にオーバーレイ、プリント、塗装等の加工を施した合板	接着性能：1類、2類 表面性能：Fタイプ、FWタイプ、Wタイプ、SWタイプ	Fタイプ：主としてテーブルトップ、カウンターなどの高耐久性が求められる部位に利用

特類：屋外、または常時湿潤状態となる場所（環境）において使用することを目的とした接着の程度の要件を満たすもの

1類：コンクリート型枠用合板、および断続的に湿潤状態となる場所（環境）において使用することを目的とした接着の程度の要件を満たすもの

2類：ときどき湿潤状態となる場所（環境）において使用することを目的とした接着の程度の要件を満たすもの

ベニヤの製法

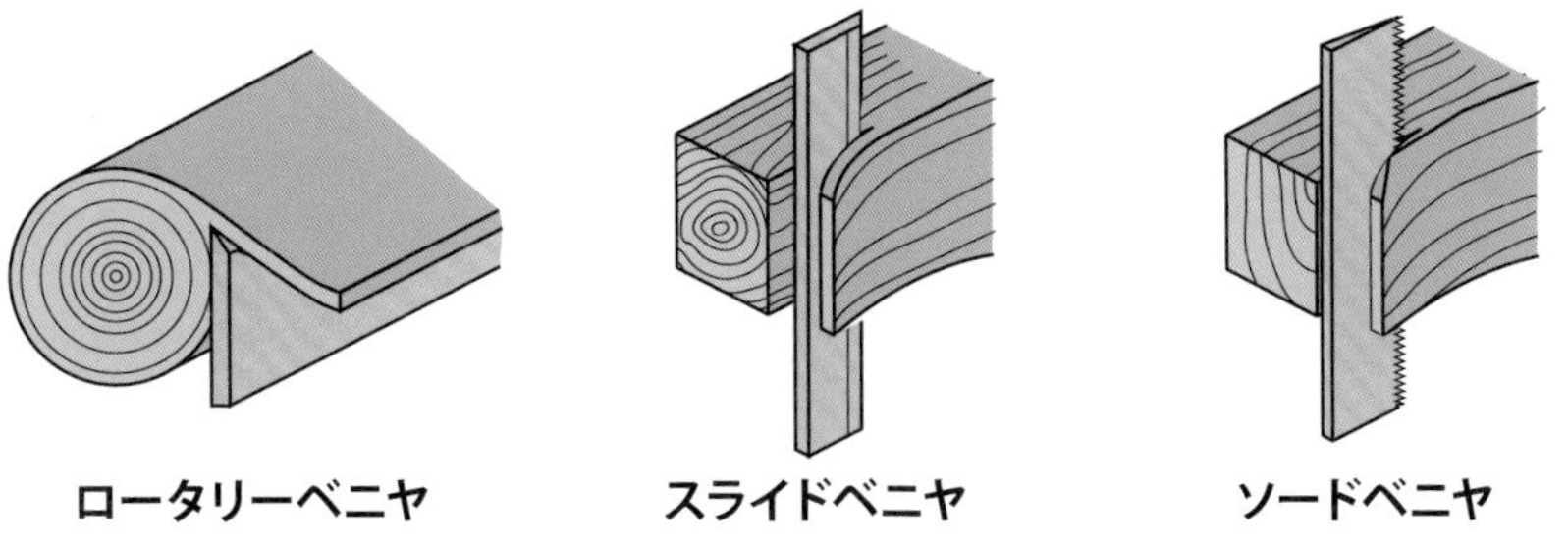

出典：『建築材料』井上書院

構造用面材・ボード

Point 多種多様で似たものや同材異名がある。名称だけでなく、規格や性能を確認して使いたい

構造用面材

耐力壁の構成部材のうち、合板や石膏ボードなどボード状のものを構造用面材という。耐力壁については令第46条に、構造用面材壁については昭和56年建設省告示第1100号に規定されており、構造用合板、パーティクルボード、ハードボード、硬質木片セメント板、炭酸マグネシウム板、パルプセメント板、石膏ボード、シージングボードなどが掲げられている。

構造用面材を用いた耐力壁は他にも数多くあり、それぞれ大臣認定を取得している。その概要は国土交通省のホームページで、「構造方法等の認定に係る帳簿」として公開されている。

ボード類

ボード類は、主原料によって、木質系、セメント系、石膏系、繊維板系、プラスチック系、金属系、石材系、などに分類される。繊維混入ケイ酸カルシウム板（商品例：モイス）や火山性ガラス質複層板（商品例：ダイライト）などのように、主な材料による分類では、その他に分類されるものや複合材も多くある。

セメント系では、スレート、ケイ酸カルシウム板、スラグ石膏板がある。フレキシブルボードはスレートに分類される曲げ強度のある不燃材である。ケイ酸カルシウム板は、耐火被覆に用いられることが多い。

石膏ボードは、主原料の石膏を芯として、その両面と長さ方向の側面を石膏ボード用原紙で被覆した板である。安価で、防火性能、強度性能に優れる。近年は、高比重・高強度の硬質石膏ボード、構造壁材として釘側面抵抗値を高くした構造用石膏ボード、調湿機能に優れた性能をもつ吸放湿石膏ボードなどの高機能石膏ボードが生産されるようになり、ＪＩＳにも追加されている。

セメント系ボード類・石膏ボード・繊維板類の分類（JIS抜粋）

種類			用途その他	主な原料	日本産業規格（JIS）
スレート	波板	小波・大波	屋根や外壁用 難燃1級または発熱性1級	セメント、繊維、混和材料［※］	A 5430:2018（繊維強化セメント板）
	ボード	フレキシブル板・軟質フレキシブル板・平板	外装および内装用難燃1級または発熱性1級		
ケイ酸カルシウム板	タイプ2	0.8ケイ酸カルシウム板	内装用 難燃1級または発熱性1級	石灰質原料、ケイ酸質原料、繊維、混和材料	
		1.0ケイ酸カルシウム板			
	タイプ3	0.2ケイ酸カルシウム板	外装用 難燃1級または発熱性1級		
		0.5ケイ酸カルシウム板			
スラグ石膏板	0.8スラグ石膏板		内装用 難燃1級または発熱性1級	セメント、スラグ、石膏、繊維、混和材料	
	1.0スラグ石膏板				
	1.4スラグ石膏板				
	1.0スラグ石膏板		外装用 難燃1級または発熱性1級		
	1.4スラグ石膏板				
パルプセメント板	0.9板	普通板・化粧板	内装用難燃2級または発熱性2級	セメント、パルプ、無機質繊維、パーライト、無機質混合材	A 5414:2013（パルプセメント板）
	1.1板	普通板・化粧板			
木質系セメント板	木毛セメント板	硬質木毛セメント板	床・壁・天井・屋根などに用いる 難燃2級または発熱性2級	木質原料（木毛・木片）およびセメントを用いて圧縮成形した板	A 5404:2019（木質系セメント板）
		中質木毛セメント板			
		普通木毛セメント板			
	木片セメント板	硬質木片セメント板			
		普通木片セメント板			
石膏ボード	石膏ボード		壁および天井の下地材	石膏を芯として、その両面および長さ方向（成形時の流れ方向）の側面を石膏ボード用原紙で被覆した板	A 6901:2014（石膏ボード製品）
	シージング石膏ボード		屋内の多湿個所の壁、天井		
	強化石膏ボード		壁および天井の下地材、防・耐火構造などの構成材		
	石膏ラスボード		石膏プラスター塗り壁の下地材		
	化粧石膏ボード		壁および天井の仕上材		
	不燃積層石膏ボード		化粧なし：壁・天井の下地材 化粧あり：壁・天井の仕上材		
	普通硬質石膏ボード		間仕切、通路、廊下などの壁、腰壁および防・耐火、遮音各構造体の下地材		
	シージング硬質石膏ボード		屋内の多湿個所の壁、および天井の地下材		
	化粧硬質石膏ボード		壁および天井の仕上材		
	構造用石膏ボード		耐力壁用の面材		
	吸放湿石膏ボード		吸放湿性能により、室内湿度を一定範囲内に保つのに適した壁、天井の下地材、仕上材		
繊維板	インシュレーションファイバーボード	タタミボード	畳床用	主に木材などの植物繊維を成形した繊維板	A 5905:2014（繊維板）
		A級インシュレーションボード	内装下地、断熱用		
		シージングボード	外装下地用		
	ミディアムデンシティファイバーボード(MDF)	普通MDF	家具、造作など		
		構造用MDF	構造用		
	ハードボード		建築、梱包など		
パーティクルボード	素地パーティクルボード		接着剤Uタイプ：家具・キャビネット等 接着剤M・Pタイプ：床・屋根・内壁の下地、造作材等	木材などの小片を主な原料として、接着剤を用いて成形・熱圧した板	A 5908:2015（パーティクルボード）
	単板張りパーティクルボード				
	化粧パーティクルボード				
	構造用パーティクルボード		耐力壁用の面材		

注　JIS A 6301に規定する吸音材料としてのボード類はこの表に記載していない
※　スレートの原料として、ケイ酸質原料を含んでもよい。ケイ酸カルシウム板（タイプ2）の原料としてセメントを含んでもよい

1階床組

Point 1階床組は、基礎の立上りに土台を緊結することが重要

木造軸組構法では通常、基礎の立上りに土台を緊結しているため、基礎で床の剛性が確保できている。とはいえ、建築基準法の仕様規定では、1階床組においても火打ち材を設けることを求めている。

根太・大引・束

根太は床板を支える横架材である。通常は大引に直交して300㎜程度の間隔で掛け渡される。大引は1階床の根太を受け、端部は土台により、その他の部材は床束によって支えられる横架材で、断面寸法は90～120㎜角程度である。また、床下から大引を支える短い柱（垂直材）を床束という。

束立て床組

1階床組で一般的に用いられるのは束立て床組である。束の固定のために、根がらみ貫を釘で打ち付ける場合もある。最近はベタ基礎のスラブ上に鋼製束を使うことが多い。

転ばし床組

床下空間を最小限にするため、床束を用いずベタ基礎や土間コンクリートなどの湿気対策をした上に、直接大引を敷く床組。ただし最近は、樹脂製のプラ束を用いたフリーフロアに置き換えられることが増えている。

土台

土台は柱からの荷重を基礎に伝える横架材である。水平外力によって建物が基礎に対してズレを生じないよう、基礎にアンカーボルトで緊結する。地面に近いため、蟻害や腐朽に注意が必要である。通常、土台の断面寸法は柱の断面寸法以上、かつ105㎜角以上とする。継手は柱および床下換気孔の位置を避けて、腰掛け蟻継ぎ、または腰掛け鎌継ぎとする。隅部仕口やT字十字仕口は、大入れ蟻掛けなどにする。

束立て床組の構成

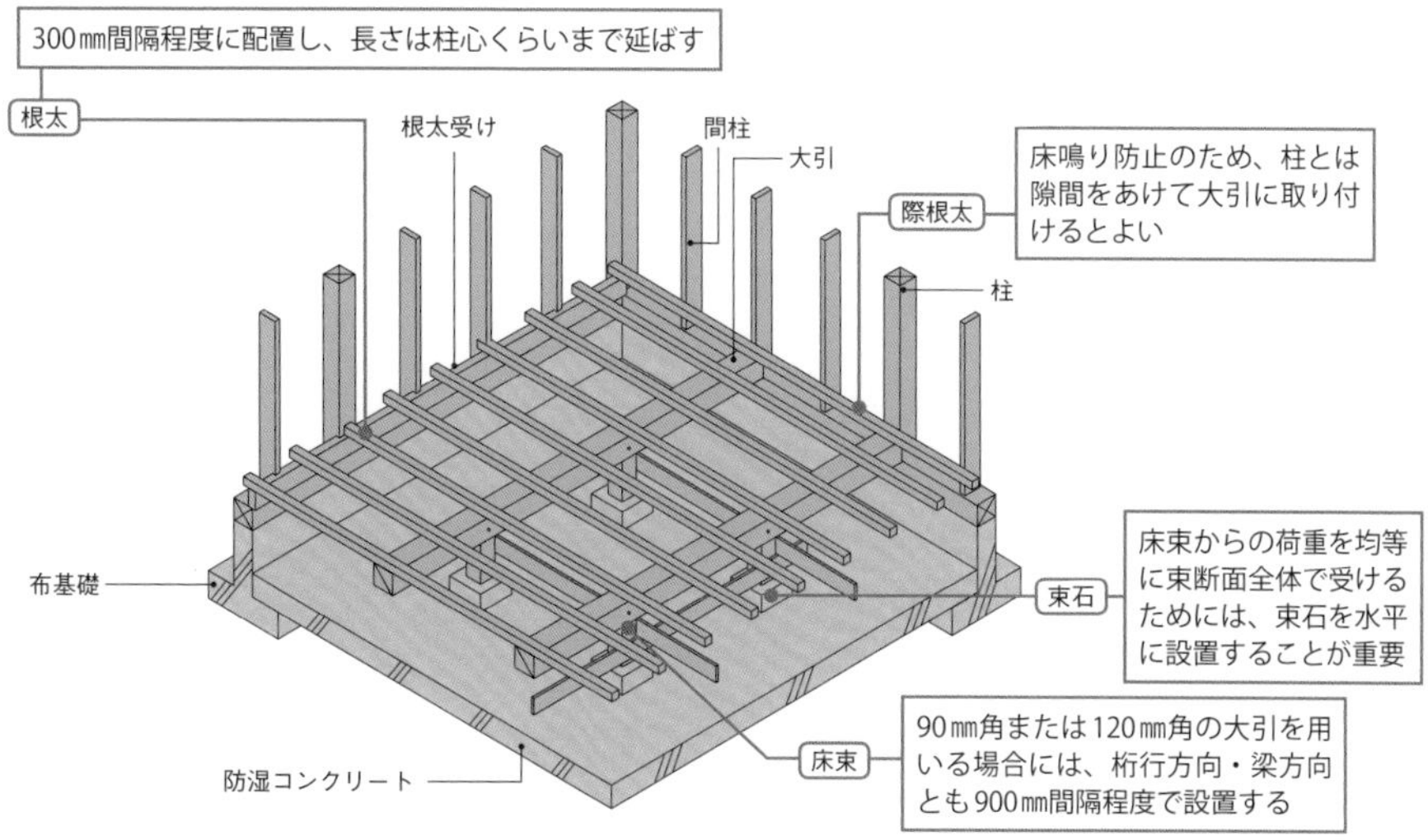

転ばし床組の構成

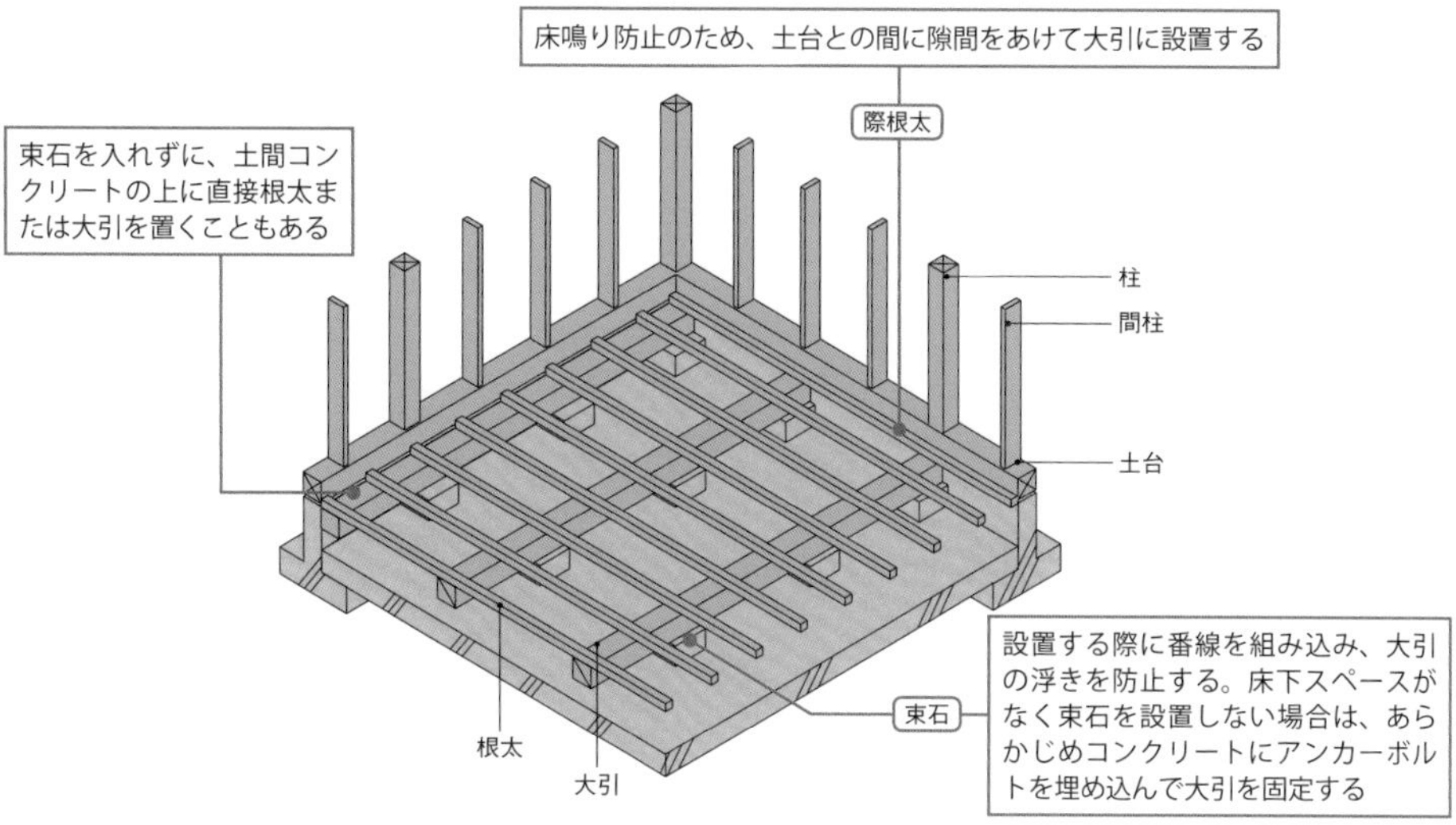

根太の掛け方

①乗せ掛け

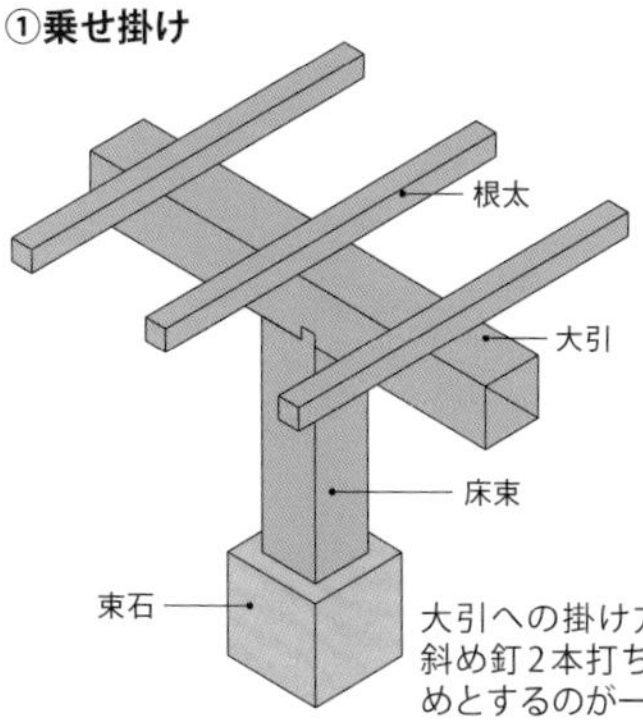

大引への掛け方は乗せ掛けとし、斜め釘2本打ちまたは脳天ビス留めとするのが一般的

②大入れ

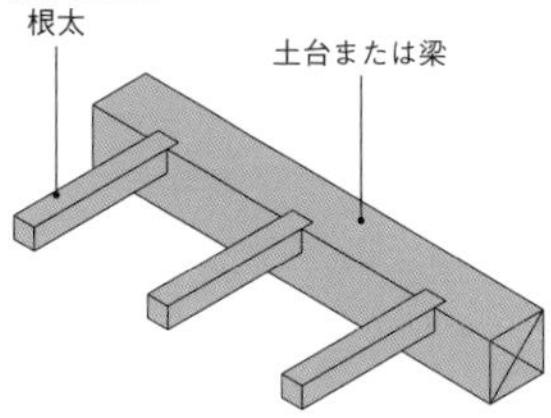

根太欠きの欠損に対して土台・梁のせいが十分にある場合は大入れとする

③渡り腮(あご)掛け

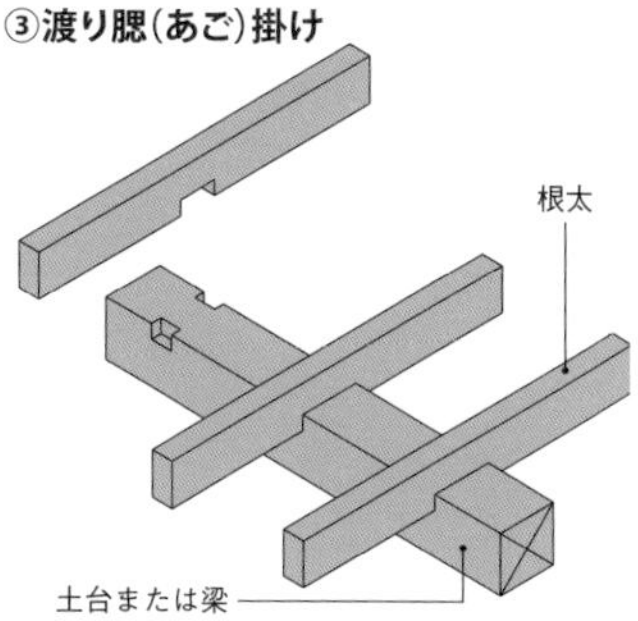

土台または梁に対しての掛け方で、大引に対しては乗せ掛けになる

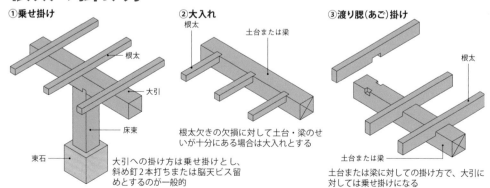

耐力壁

Point 耐力壁は、その量だけでなく、バランスのよい配置が重要である

耐力壁

耐力壁とは、柱・梁に緊結された筋かいや構造用面材で構成された壁である。地震・風などの水平力や建物の自重、積載荷重などの鉛直力に抵抗する建物の構造要素だ。耐力壁が不足したり、配置のバランスが悪かったりすると、地震時や暴風時に建物の倒壊や損傷を引き起こす危険性が高まる。

耐力壁の材料や工法によって、強さを表わす数値として壁倍率が定められている。2種以上の壁を組み合わせた場合は、倍率の加算が可能となるが、5倍より大きい倍率は5倍とみなす。同じ面材を用いても、大壁、その床勝ち、真壁などの工法によって壁倍率が異なることがある。また、釘の長さや太さ、および本数が不足していると規定の耐力を発揮できないので、定められた釘の種類と本数は厳守することが重要である。

壁量計算と4分割法

壁量計算とは、住宅などの小規模な木造建築で、建物規模と重さによって、最低限必要な壁量（必要壁量）を算出する簡便な計算法である。その建物に存在する壁量（存在壁量）が必要壁量を上回るように設計する。存在壁量を必要壁量で除した数値を充足率という。

たとえ壁量が十分であっても、その配置のバランスが悪いと地震時に部分的に大きな変形（ねじれ）が生じる。耐力壁のバランスのよい配置を確認する簡便な方法として、建築基準法に4分割法が定められている。建物の平面を短冊状に4つに分割して、両側の即端部で必要な壁量に対する充足率がともに1を上回るかを確認する。同時に、両側の充足率の小さいほうを大きいほうで除した数値が0.5以上であればよいとされている。

第2章

大壁の面材耐力壁の種類（軸組）

構造用耐力合板、各種ボード類（以下、「構造用面材」）による大壁造の面材耐力壁の種類などは、下表による

工法（cm）		材料				釘打ちの方法		倍率
			種類	仕様・規格	最小厚さ（mm）	種類	くぎ間隔（cm）	
直張り	材料を柱および間柱、ならびに、梁、桁、土台その他の横架材の片面に打ち付けた軸組	(1)	構造用パーティクルボード	JIS A5908-2015	—	N50	外周7.5以下 その他15以下	4.3
			構造用MDF	JIS A5905-2014	—			
		(2)	構造用合板 化粧張り構造用合板	JAS・屋外壁等は特類	9	CN50		3.7
		(3)	構造用パネル	JAS	9	N50		3.7
		(4)	構造用合板 化粧張り構造用合板	JAS・屋外壁等は特類、かつ、フェノール樹脂加工等の耐候措置あり	5	N50	15以下	2.5
				JAS・屋外壁等は特類	7.5			
		(5)	パーティクルボード	JIS A5908-1994	12			2.5
			構造用パーティクルボード	JIS A5908-2015	—			
			構造用MDF	JIS A5905-2014	—			
			構造用パネル	JAS	—			
		(6)	ハードボード	JIS A5907-1977	5			2.0
		(7)	硬質木片セメント板	JIS A5417-1985	12			
		(8)	炭酸マグネシウム板	JIS A6701-1983	12	GNF40 または GNC40		
		(9)	パルプセメント板	JIS A5414-1988	8			1.5
		(10)	構造用せっこうボードA種	JIS A6901-2005 屋外壁等以外に限る	12			1.7
		(11)	構造用せっこうボードB種		12			1.2
		(12)	せっこうボード		12			0.9
			強化せっこうボード		12			
		(13)	シージングボード	JIS A5905-1979	12	SN40	外周7.5以下 その他15以下	1
		(14)	ラスシート	JIS A5524-1977	0.4メタルラス0.6	N38	15以下	
床勝ち	3cm×6cm以上、釘N75＠12cm以下で床下地材の上から打ち付けた受け材に材料を打ち付けた軸組	上記(1)〜(3)の面材		同上	同上	同上	同上	同上
	3cm×4cm以上、釘N75＠20cm以下で床下地材の上から打ち付けた受け材に材料を打ち付けた軸組	上記(4)〜(5)の面材		同上	同上	同上	同上	同上
	3cm×4cm以上、釘N75＠30cm以下で床下地材の上から打ち付けた受け材に材料を打ち付けた軸組	上記(6)〜(12)の面材		同上	同上	同上	同上	同上
胴縁	1.5cm×4.5cm以上、31cm以下の間隔で、釘N50で打ち付けた胴縁に材料を打ち付けた軸組	上記(1)〜(14)の面材		同上	同上	N32	15以下	0.5

注1　断面寸法15×45mm以上の胴縁を、柱および間柱、ならびに梁、桁、土台、その他の横架材に、N50釘で310mm以内の間隔で打ち付け、その上に上表の構造用面材をN32釘で間隔150mm以内に平打ちした場合の壁倍率は、すべて0.5とする

注2　面材耐力壁、土塗り壁、木摺、または筋かいと併用する場合は、それぞれの壁の倍率を加算することができる。ただし、加算した場合の壁倍率は5倍を上限とする

真壁の面材耐力壁の種類（軸組）

構造用耐力合板、各種ボード類（以下「構造用面材」）による真壁造の面材耐力壁には、受け材を用いる場合と貫を用いる場合があり、その種類などは下表による

材料				釘打ちの方法		倍率		受け材の仕様
	種類	仕様・規格	最小厚さ（mm）	種類	釘間隔（cm）	受け材	貫	
(1)	構造用パーティクルボード	JIS A5908-2015	—	N50	外周7.5以下 その他15以下	4.0	—	受け材は3cm×4cm以上、釘N75＠12cm以下
	構造用MDF	JIS A5905-2014	—					
(2)	構造用合板 化粧張り構造用合板	JAS・屋外壁等は特類	9	CN50		3.3	—	受け材は3cm×4cm以上、釘N75＠20cm以下
(3)	構造用パネル	JAS	9	N50			—	
(4)	構造用合板 化粧張り構造用合板	JAS・屋外壁等は特類	7.5	N50	15以下	2.5	1.5	受け材は3cm×4cm以上、釘N75＠30cm以下
(5)	パーティクルボード	JIS A5908-1994	12					
	構造用パネル	JAS	—					
(6)	構造用パーティクルボード	JIS A5908-2015	—				—	
	構造用MDF	JIS A5905-2014	—					
(7)	せっこうラスボード	JIS A6906-1983、せっこうプラスター厚15mm」以上塗り	9	GNF32 または GNC32		1.5	1.0	
(8)	構造用せっこうボードA種	JIS A6901-2005 屋外壁等以外に限る	12	受け材の場合：GNF40 または GNC40 貫の場合：GNF40 または GNC40			0.8	
(9)	構造用せっこうボードB種		12			1.3	0.7	
(10)	せっこうボード		12			1.0	0.5	
	強化せっこうボード		12					

注　面材耐力壁、土塗壁、木摺、または筋かいと併用する場合は、それぞれの壁の倍率を加算することができる。ただし、加算した場合の壁倍率は5倍を上限とする

2階床組

Point 建物は、バランスのよい配置の耐力壁と水平構面とで一体化し、地震や風に耐える

建築基準法では、令第46条3項で床組および小屋梁組に火打ち材の使用を求めているが、この他に床の仕様を具体的に規定するものはない。しかし、床はできるだけ耐力と剛性を上げることが望ましい。なぜなら、前項の壁量計算や4分割法は床が剛であることを前提として規定されているからである。また、床は上階の耐力壁で受けた力を下階の耐力壁に伝える役割を担う。近年、壁倍率の高い耐力壁が増えており、壁量が増えた分、それに対応した剛床を確保する必要がある。

水平構面

水平構面とは、面的に一体に構成された水平方向の骨組で、水平力の伝達を行う重要な構造要素である。屋根面、小屋面、および床面などがこれにあたる。特に水平構面の機能を果たす床は「剛床」とよばれる。なお、剛さとは、構造部に外力が加わった際の弾性変形初期の抵抗の度合いである。

床倍率

壁の強さを壁倍率で表すのと同様、品確法では2階床、小屋面、屋根面の剛性を床倍率として表して評価する。床倍率は、面材の種類と釘などの打ち付け方により決まる。床倍率は耐力壁線間の床をひとくくりで考える。

根太レス工法

根太を用いず、直接、厚物床下地板を床梁や胴差に留め付けた床をいう。面材には、厚さ24㎜以上の構造用合板や国産スギ3層クロスパネルなどが使われる。留め付ける際の面材の配置や釘の種類・ピッチは、規定の仕様どおりに施工することが重要である。この工法は、建方時に安定した床ができるので、その後の作業がしやすいというメリットもある。さらに、火打ち梁を省略することも可能となる。

存在床倍率一覧表

番号		床組等の構造方法	存在床倍率
1	面材張り床面	構造用合板 12㎜厚以上または構造用パネル 1・2 級以上、根太@ 340㎜以下落とし込み、N50 @ 150㎜以下	2
2		構造用合板 12㎜厚以上または構造用パネル 1・2 級以上、根太@ 340㎜以下半欠き、N50 @ 150㎜以下	1.6
3		構造用合板 12㎜厚以上または構造用パネル 1・2 級以上、根太@ 340㎜以下転ばし、N50 @ 150㎜以下	1
4		構造用合板 12㎜厚以上または構造用パネル 1・2 級以上、根太@ 500㎜以下落とし込み、N50 @ 150㎜以下	1.4
5		構造用合板 12㎜厚以上または構造用パネル 1・2 級以上、根太@ 500㎜以下半欠き、N50 @ 150㎜以下	1.12
6		構造用合板 12㎜厚以上または構造用パネル 1・2 級以上、根太@ 500㎜以下転ばし、N50 @ 150㎜以下	0.7
7		構造用合板 24㎜厚以上、根太なし直張り 4 周釘打ち、N75 @ 150㎜以下	3
8		構造用合板 24㎜厚以上、根太なし直張り川の字釘打ち、N75 @ 150㎜以下	1.2
9		幅 180㎜板材 12㎜厚以上、根太@ 340 以下落とし込み、N50 @ 150㎜以下	0.39
10		幅 180㎜板材 12㎜厚以上、根太@ 340 以下半欠き、N50 @ 150㎜以下	0.36
11		幅 180㎜板材 12㎜厚以上、根太@ 340 以下転ばし、N50 @ 150㎜以下	0.3
12		幅 180㎜板材 12㎜厚以上、根太@ 500 以下落とし込み、N50 @ 150㎜以下	0.26
13		幅 180㎜板材 12㎜厚以上、根太@ 500 以下半欠き、N50 @ 150㎜以下	0.24
14		幅 180㎜板材 12㎜厚以上、根太@ 500 以下転ばし、N50 @ 150㎜以下	0.2
15	面材張り屋根面	勾配 30 度以下、構造用合板 9㎜以上、または構造用パネル 1･2･3 級、垂木@ 500㎜以下転ばし、N50 @ 150㎜以下	0.7
16		勾配 45 度以下、構造用合板 9㎜厚以上、または構造用パネル 1･2･3 級、垂木@ 500㎜以下転ばし、N50 @ 150㎜以下	0.5
17		勾配 30 度以下、幅 180 板材 9㎜厚以上、垂木@ 500㎜以下転ばし、N50 @ 150㎜以下	0.2
18		勾配 45 度以下、幅 180 板材 9㎜厚以上、垂木@ 500㎜以下転ばし、N50 @ 150㎜以下	0.1
19	火打ち構面	木製火打ち 90 × 90 または火打ち金物 HB、平均負担面積 2.5㎡以下、梁せい 240㎜以上	0.8
20		木製火打ち 90 × 90 または火打ち金物 HB、平均負担面積 2.5㎡以下、梁せい 150㎜以上	0.6
21		木製火打ち 90 × 90 または火打ち金物 HB、平均負担面積 2.5㎡以下、梁せい 105㎜以上	0.5
22		木製火打ち 90 × 90 または火打ち金物 HB、平均負担面積 3.3㎡以下、梁せい 240㎜以上	0.48
23		木製火打ち 90 × 90 または火打ち金物 HB、平均負担面積 3.3㎡以下、梁せい 150㎜以上	0.36
24		木製火打ち 90 × 90 または火打ち金物 HB、平均負担面積 3.3㎡以下、梁せい 105㎜以上	0.3
25		木製火打ち 90 × 90 または火打ち金物 HB、平均負担面積 5.0㎡以下、梁せい 240㎜以上	0.24
26		木製火打ち 90 × 90 または火打ち金物 HB、平均負担面積 5.0㎡以下、梁せい 150㎜以上	0.18
27		木製火打ち 90 × 90 または火打ち金物 HB、平均負担面積 5.0㎡以下、梁せい 105㎜以上	0.15
28		1 から 14 のうちの 1 つ、15 から 18 のうちの 1 つ、19 から 27 のうちの 1 つ、これらの 3 項目のなかの 2 つ以上を併用	それぞれの倍率の和

出典：『木材と木造住宅Q & A108－安全で住みよい家を造るために－』（丸善出版）

剛床仕様（3倍）の例

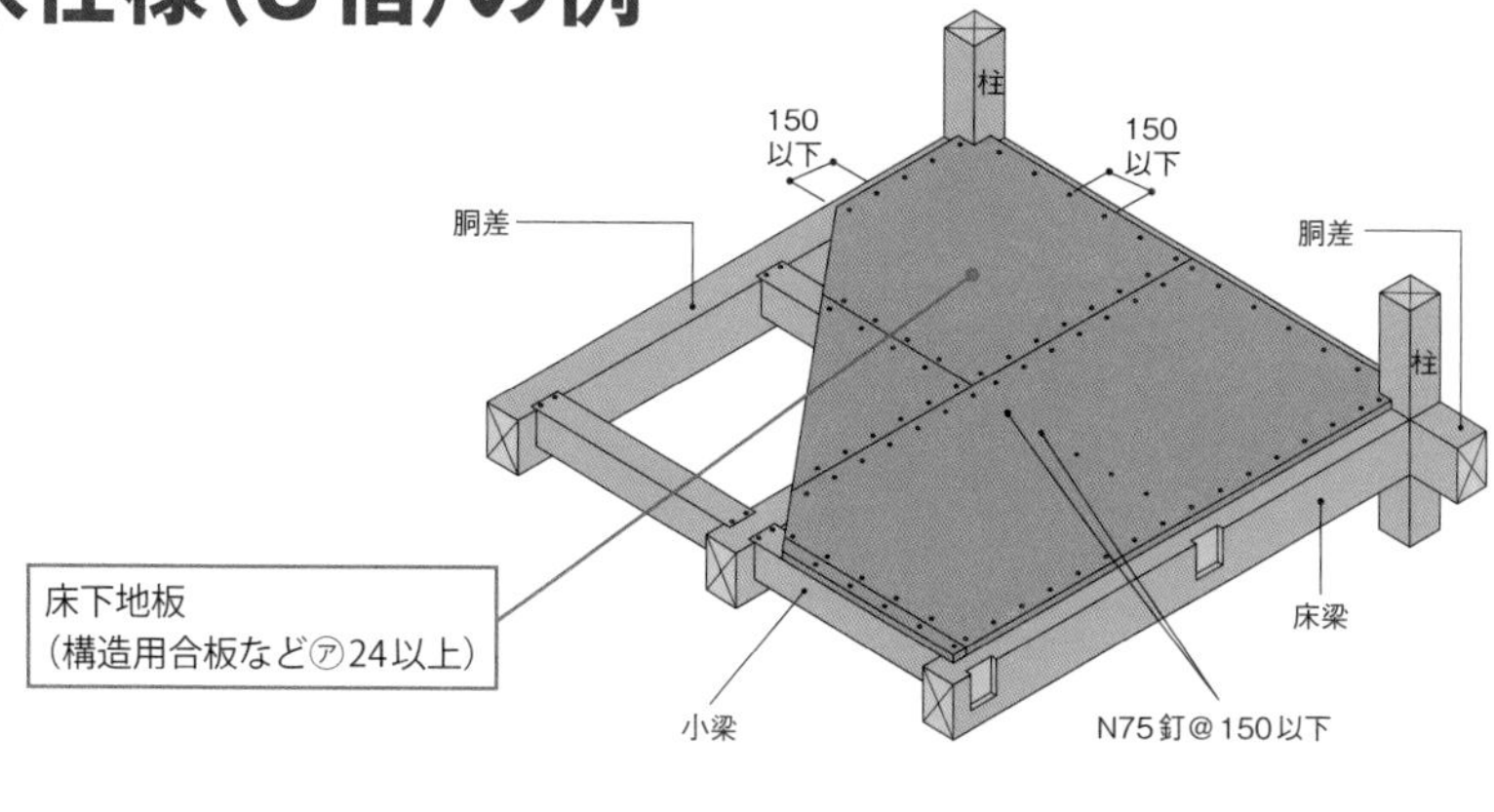

小屋組

Point 小屋組の水平構面は、小屋梁上面か屋根面のどちらかで確保する

小屋組とは

小屋組とは、屋根面に作用する力や屋根の荷重を、柱や壁に伝える構造体である。小屋組の水平構面は、小屋梁上面に構造用合板などを張って水平面で確保する方法と、垂木に張る野地板を構造用合板などにして屋根面で確保する方法とがある。屋根面で構面を確保する場合、垂木と同寸程度の振止めを母屋上の垂木間に釘で留め付けると、変形を防ぐうえで有効とされる。また、垂木の軒先部は吹上げに対抗するため、ひねり金物などで桁に緊結する。

小屋組にはさまざまな架構形式があるが、大きくは和小屋と洋小屋に分けられる。

和小屋と洋小屋

和小屋は、小屋梁の上に小屋束を立てて母屋を持ち上げ、屋根の勾配をつくり、母屋に垂木を架ける小屋組である。洋小屋に比べて水平力に弱い。小屋梁の長さと断面性能でスパンが決まるので、大スパンをつくることが難しい。一方、小屋束の長さの調整で自由に勾配を決めることができ、凹凸のある平面にも対応した架構が可能である。小屋梁と軒桁の取り合いの方法には、京《きょう》呂《ろ》組と折《おり》置《おき》組がある。

洋小屋は、陸梁《ろくばり》、合掌、束、方杖《ほうづえ》で構成されるトラスを敷桁上に配列した小屋組である。比較的小さな部材で大スパンをつくれる。接合部は短冊金物やボルトを用いて緊結される。

京呂組と折置組

京呂組は、小屋梁を軒桁に架ける方法である。柱位置に拘束されずに小屋梁を架けられる。折置組は、柱で小屋梁を受け、その上に桁を渡し垂木を受ける。その軸組を見ると、必ず両柱と小屋梁の門型になっており、小屋梁の荷重は直接柱に伝達される。

和小屋と洋小屋

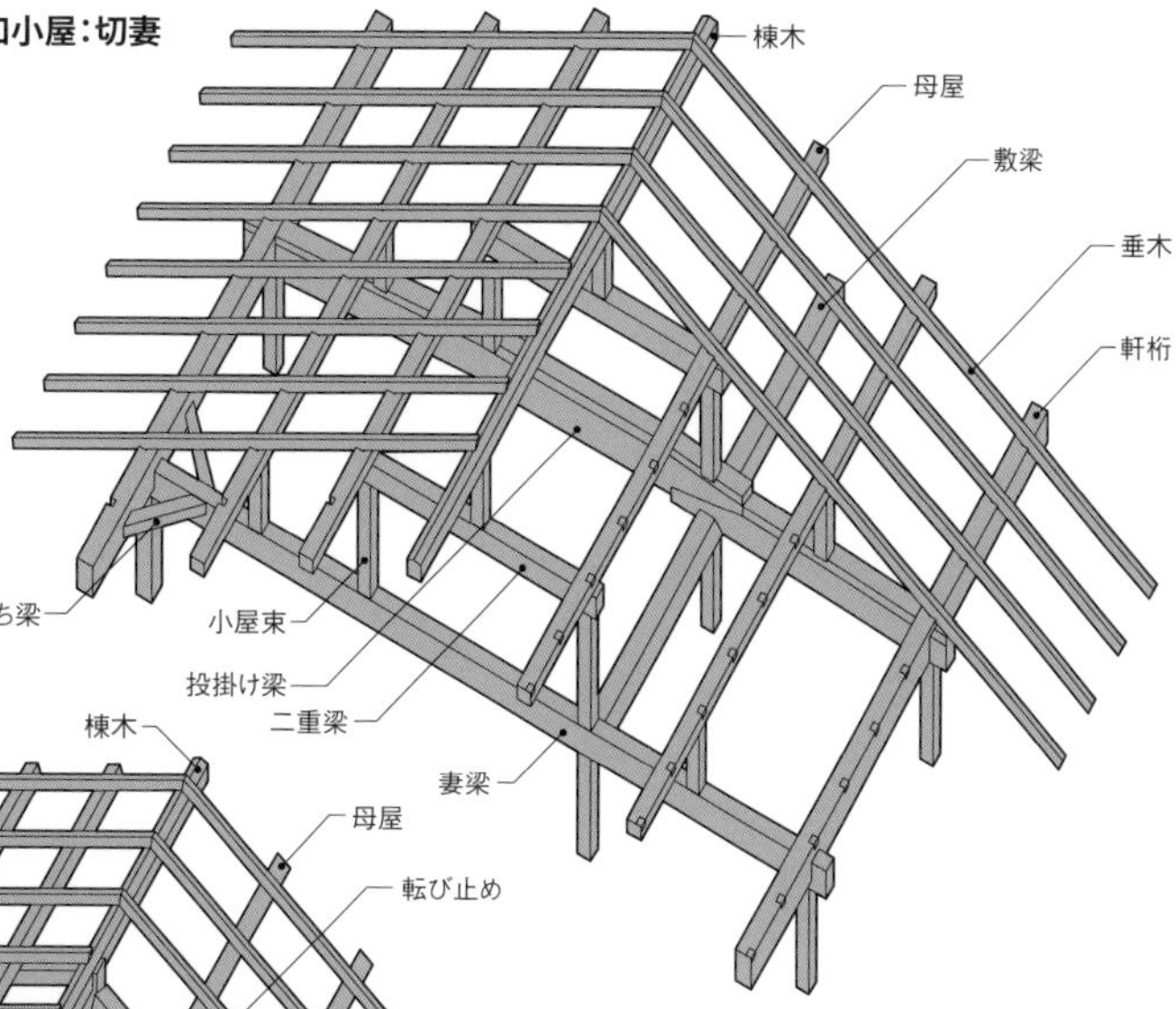

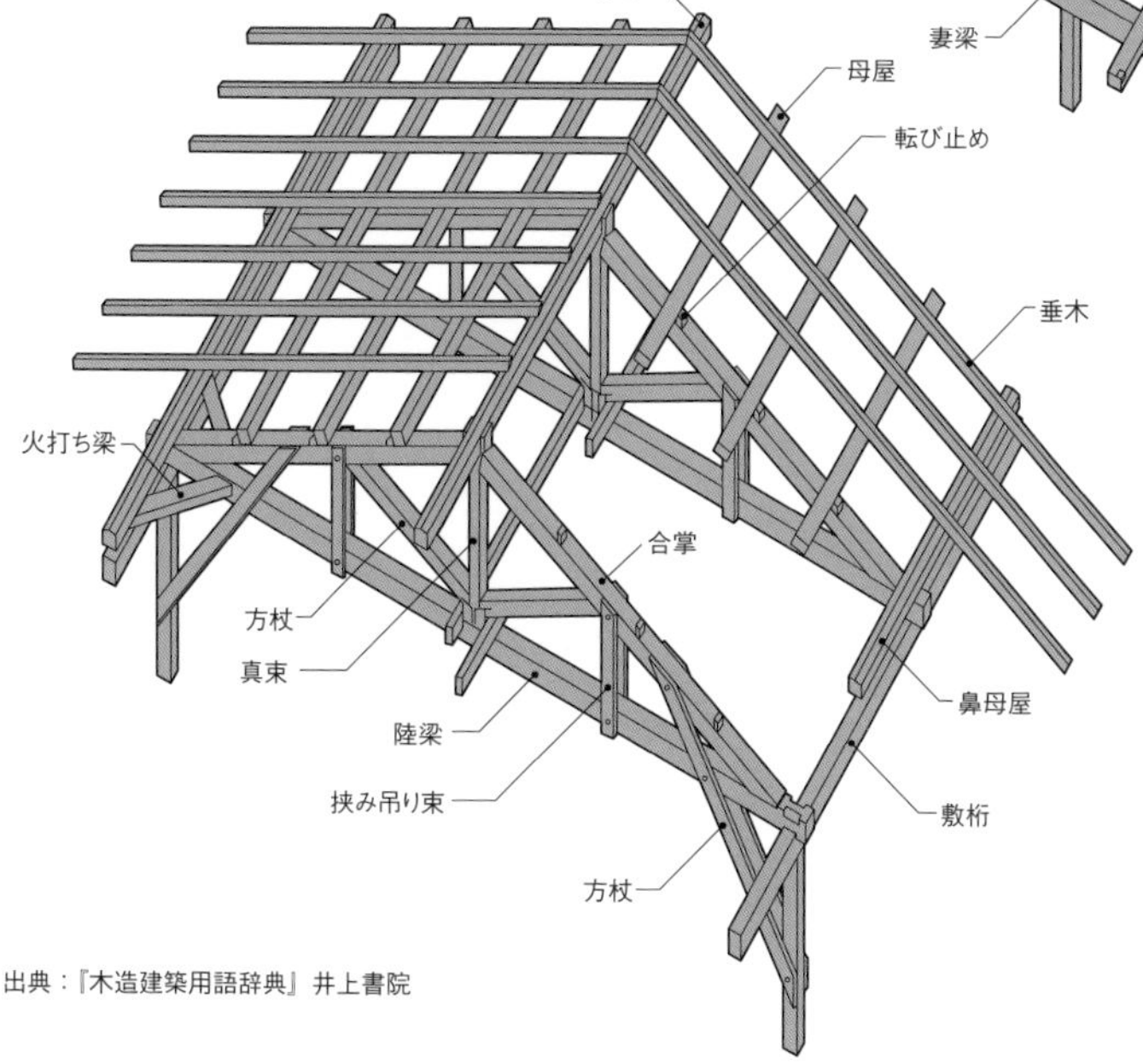

出典：『木造建築用語辞典』井上書院

京呂組と折置組

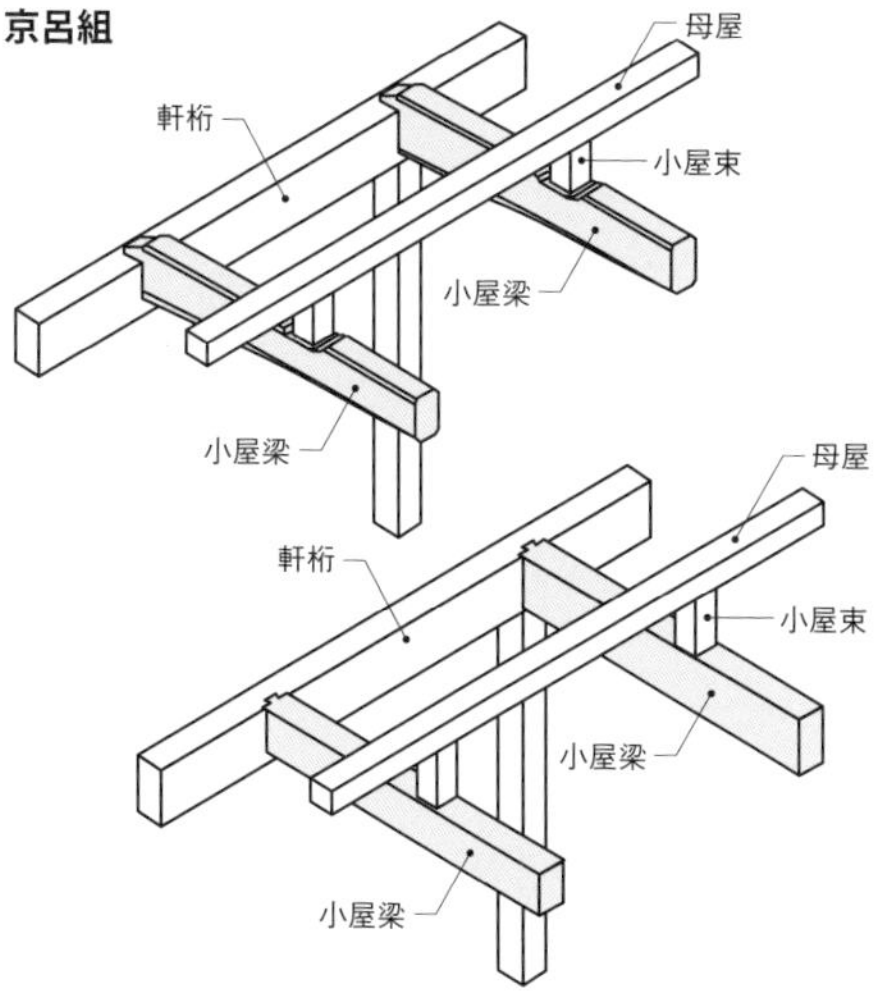

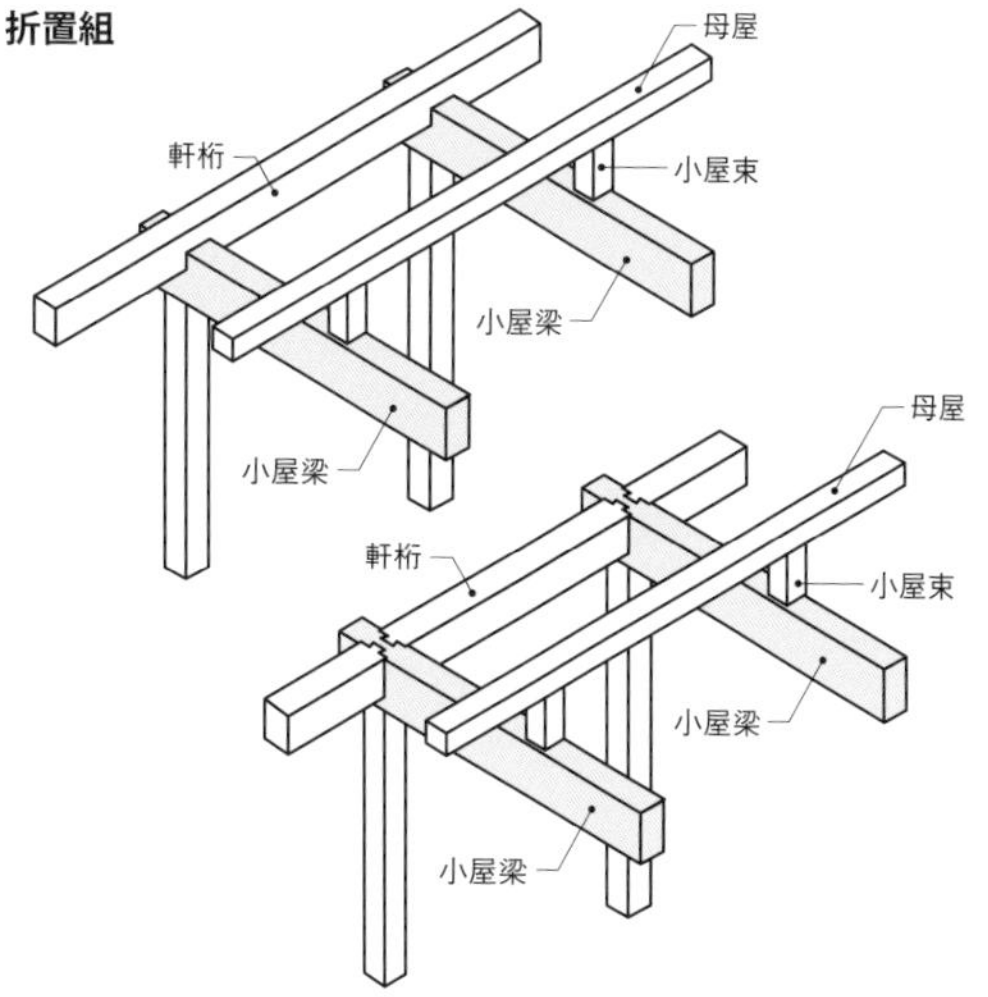

軒廻り

Point 準防火地域でも、木材を露《あらわ》した軒裏ができるようになった

日本の建物では、丈夫で美しく深い軒をいかにつくるかということにさまざまな工夫がなされてきた。深い軒は、夏の陽射しを遮り、壁や開口部に雨が当たることを防ぐ。そのうえ、その直下の外部空間の気温上昇を緩和する。特に寺社建築では、組物や跳ね木など、深い軒を出すためにさまざまな構法上の工夫が見られる。

軒先は、鼻隠し、淀《よど》、広小舞《ひろこまい》、面戸《めんど》板《いた》などで構成され、これらの納まりは屋根の先端の表情をつくる重要なポイントとなる。

組物《くみもの》

木造建築の軒を下から支える部材一式をいい、通常は斗《ます》と肘木《ひじき》を組み合わせてつくられる。

跳ね木

軒の出を深くするために、てこの原理で軒先を跳ね上げる部材。建物の外壁の柱上部に載り、そこを支点として外側に持ち出して軒先を受ける。反対側は建物の内側に伸び、屋根荷重を受ける。

木材露し軒裏の準耐火構造

2004年7月、国土交通省告示で木材露し軒裏の仕様が追加された。

準防火地域の延焼のおそれのある部分（2階建て以下、床面積500㎡以下）の軒裏については防火構造が求められているが、この仕様は、防火構造よりさらに高い性能である準耐火構造に位置付けられた。

この告示仕様の大きな特徴は、特定の商品を使わずに、木と漆喰でできるということ。また、垂木の寸法やピッチについての規定がないことである。これによって、準防火地域であっても、軒裏を何かで無理に覆い隠すことなく、木材を露わす自由なデザインが可能になった。

組物

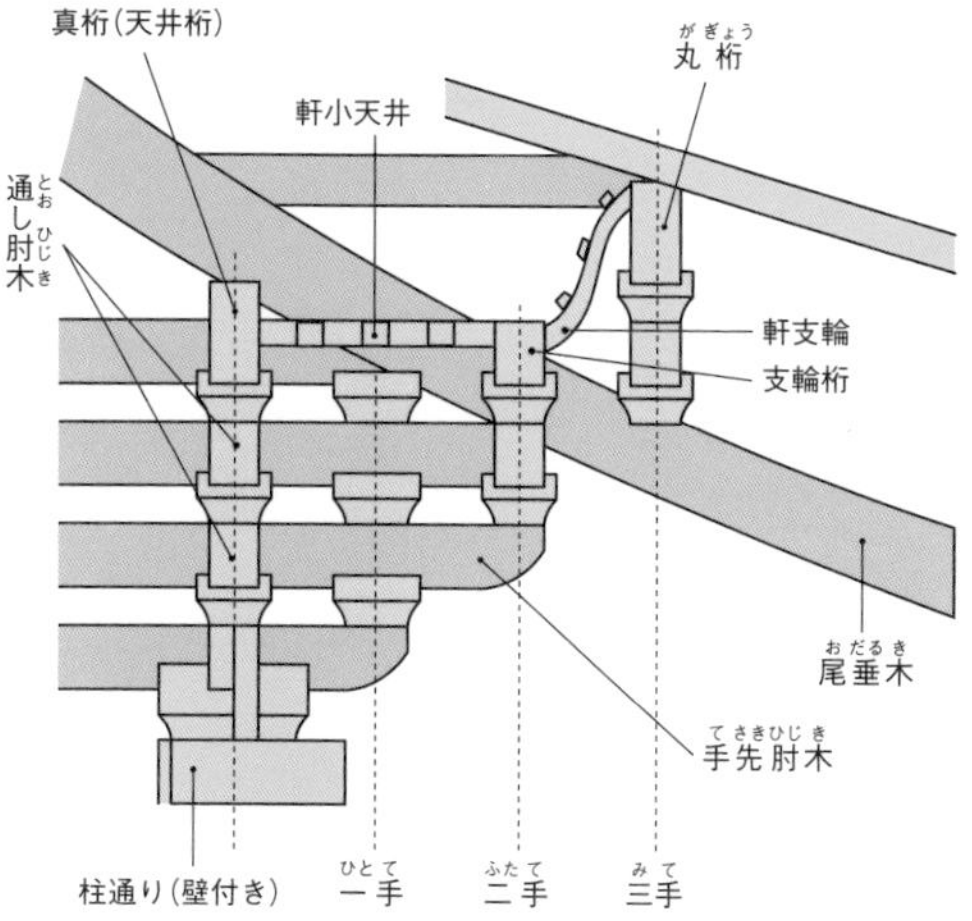

跳ね木

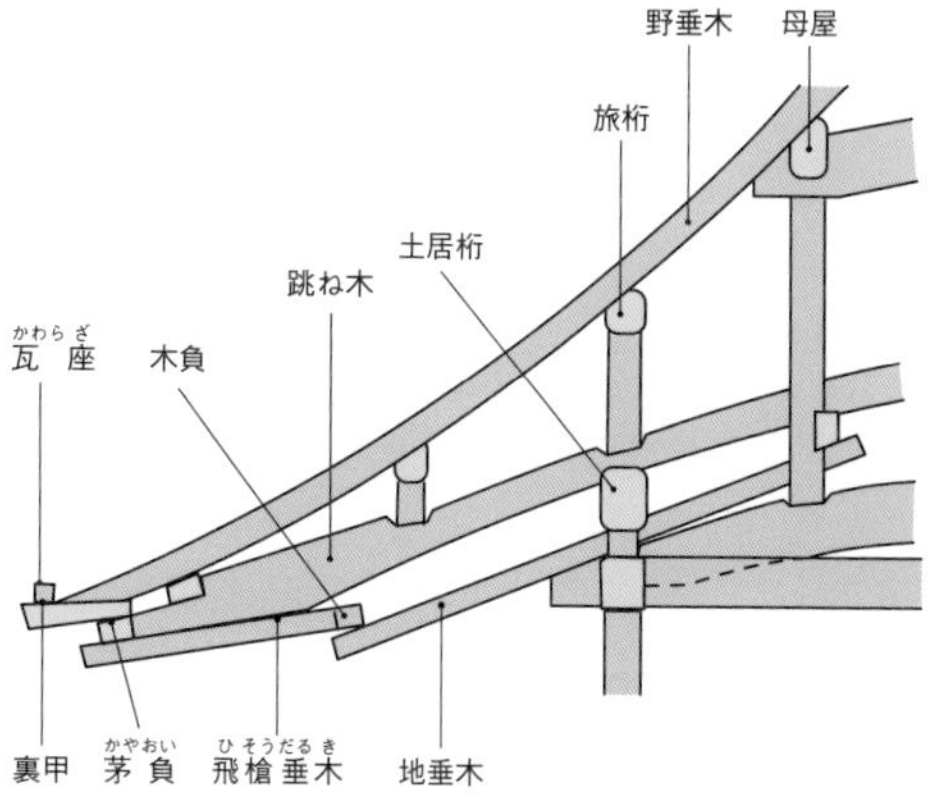

出典：『木造建築用語辞典』井上書院

木材露し軒裏の準耐火構造

準耐火構造45分（平成12年建設省告示第1358号［追加平成16年国土交通省告示第789号］）

【野地板】

木材30㎜厚以上

【面戸板】

木材45㎜厚以上

【垂木】

特に規制なし

【桁梁・外壁】

準耐火建築物とする場合は、それぞれ準耐火構造とする。その他の建築物の場合は、桁梁は規制なし。外壁は防火構造等とする

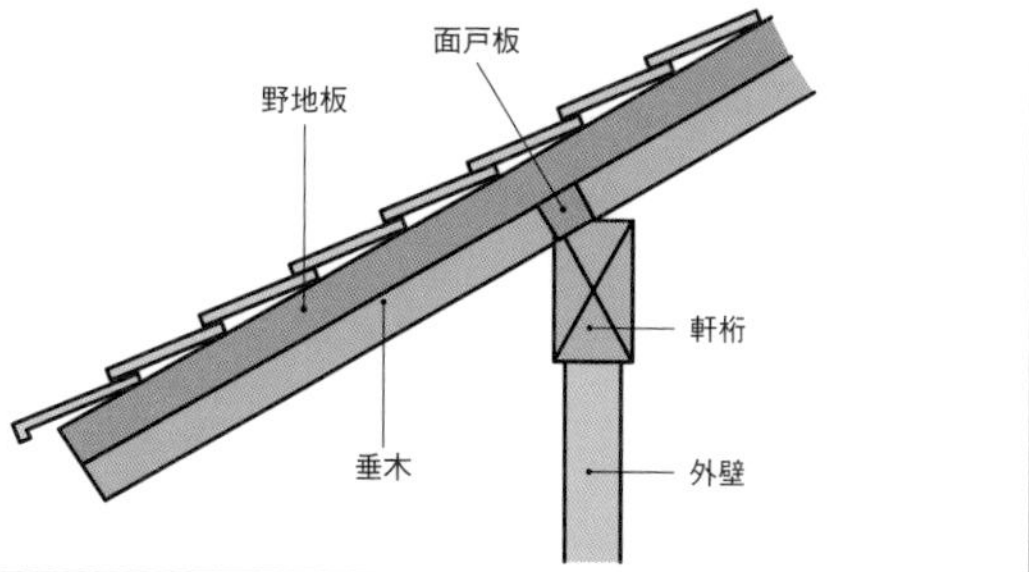

準耐火構造60分（平成12年建設省告示第1380号［追加平成16年国土交通省告示第790号］）

【野地板】

木材30㎜厚以上

【面戸板】
仕様A：木材12㎜厚以上の裏面に漆喰など（土・モルタル・漆喰）40㎜厚以上塗り
仕様B：木材30㎜厚以上の裏面に漆喰など20㎜厚以上塗り
仕様C：木材30㎜厚以上の表面に漆喰など20㎜厚以上塗り

【垂木】

特に規制なし

【桁梁・外壁】

準耐火建築物とする場合は、それぞれ準耐火構造とする。その他の建築物の場合は、桁梁は規制なし（真壁でよい）。ただし、延焼のおそれのある部分の外壁は防火構造などとする

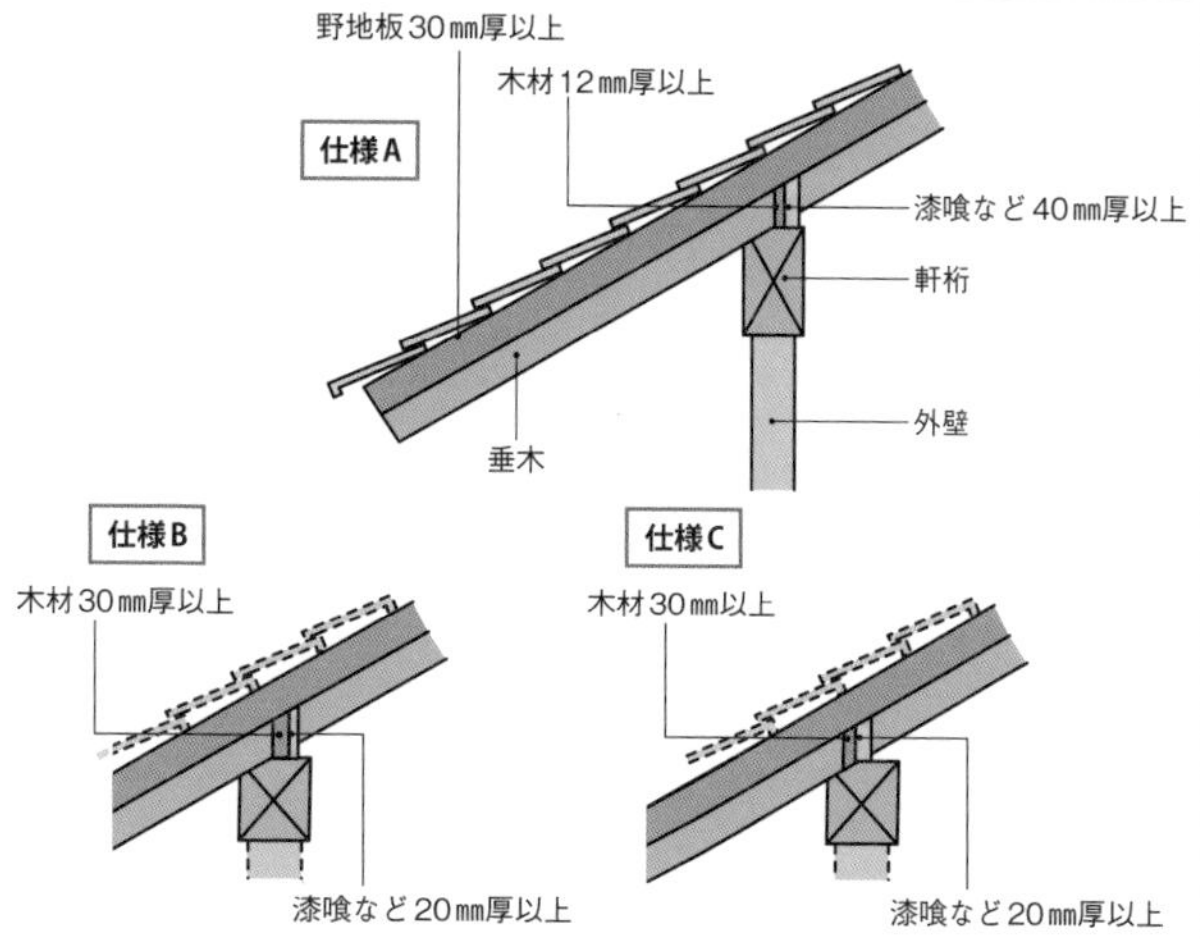

出典：『木造建築の防耐火性能ー性能規定導入後の展開・設計事例と今後の課題ー（シンポジウム資料集）』NPO木の建築フォーラム

階段

Point 蹴上げ寸法／踏み面寸法≦6／7、かつ、55㎝≦蹴上げ寸法×２＋踏み面寸法≦65㎝

階段は、高さの異なる床をつなぐ役割を担う部位であり、落下防止の安全性、快適な昇降のための機能性が求められる。同時に、2層分以上の高さのある階段室および階段自体が、意匠性を発揮できる部位でもある。

勾配と寸法

階段の1段分の高さを蹴《け》上《あ》げといい、足を載せる水平部分を踏《ふ》み面《づら》という。また、上の段の段鼻より引っ込んでいる下の段板の足の踏込み部分を蹴《け》込《こ》みという。

戸建住宅の階段の場合、建築基準法では、階段幅は75㎝以上、蹴上げ23㎝以下、踏み面15㎝以上となっているが、この基準ぎりぎりでは相当に急勾配の階段となる。しかし、勾配が緩やかであるほどよいというわけではなく、理想的な勾配と寸法がある。告示第1301号の推奨レベルでは、勾配が6／7以下であり、蹴上げ寸法の2倍に踏み面寸法を足した数値が、55㎝以上65㎝以下、蹴込みが3㎝以下で蹴込み板があること、とされている。

平面形状による種類

踊り場を設けて折り返す折返し階段を、俗に、「行ってこい階段」といい、対して、真っ直ぐに架けわたされて行ったまま戻ってこない直進階段は、「鉄砲階段」といわれる。踊り場には、落下事故の際の落下距離を最小限に留めるという安全機能がある。踊り場がなく回り段になっているのは回り階段、回り階段が連続した螺旋状になると螺旋階段となる。

構造・工法による種類

側桁階段が最も一般的な構造である。側板を見せたくない場合、階段状のささら桁で下から段板を支える。力桁階段は、段板中央部を下から力桁で支えるもので、持出しが大きい。

階段の幅

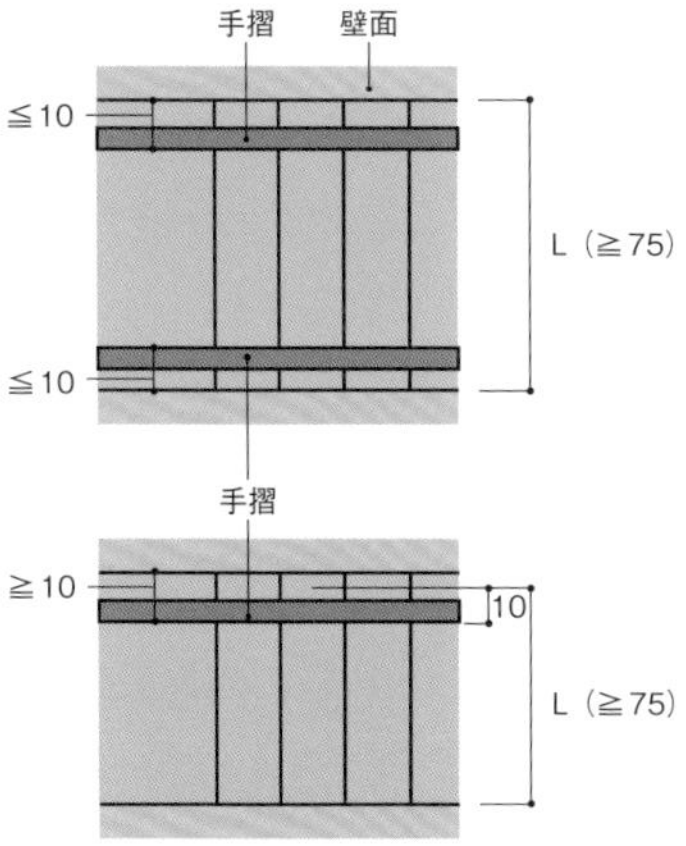

回り階段の踏面

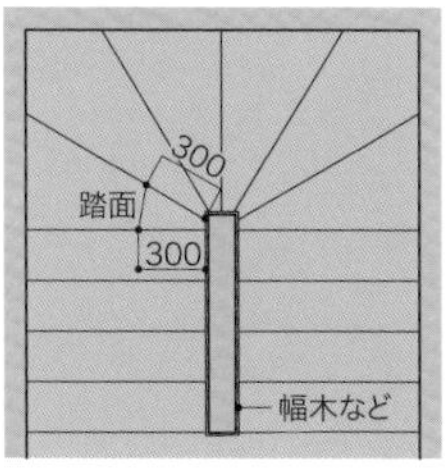

回り階段の踏み面寸法は、踏み面の狭いほうから30㎝の位置で測る

階段には、手摺を設ける。また、階段および踊り場の両側（手摺のある側は除く）には、側壁などを設ける（令25条）
階段および踊り場に、手摺および階段昇降設備で高さ50㎝以下のものを設けた場合、手摺などの幅10㎝を限度に、手摺などがないものとして階段の幅を算定できる

蹴上げと踏み面の推奨寸法（国土交通省告示第1301号 高齢者が居住する住宅の設計に係る指針）

蹴上げ寸法／踏み面寸法≦ 6 ／ 7、かつ、
55㎝≦蹴上げ寸法× 2 ＋踏み面寸法≦ 65㎝

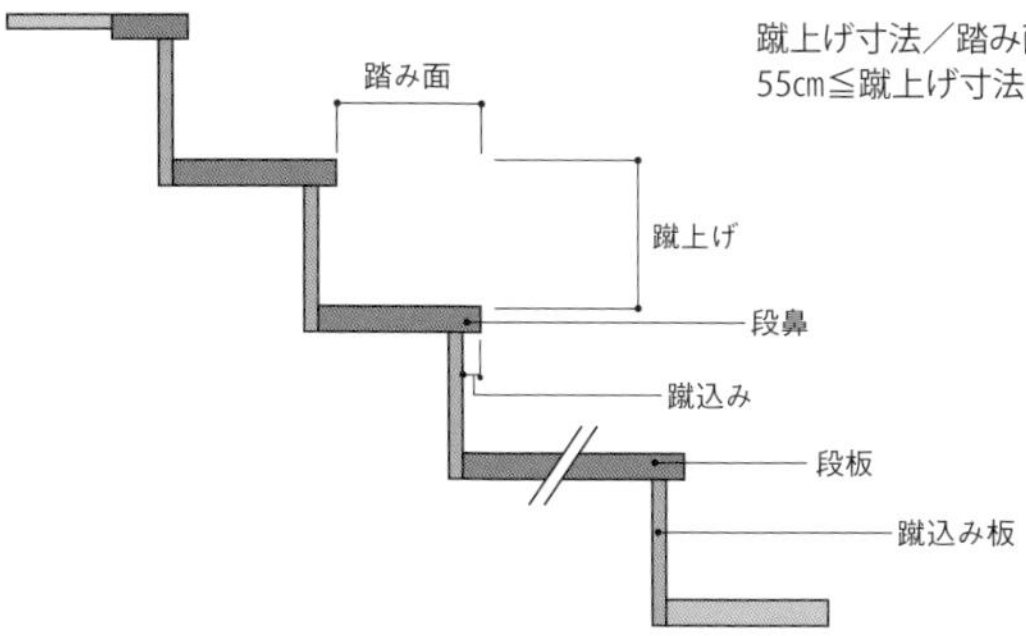

形状による階段の主な分類

直進階段

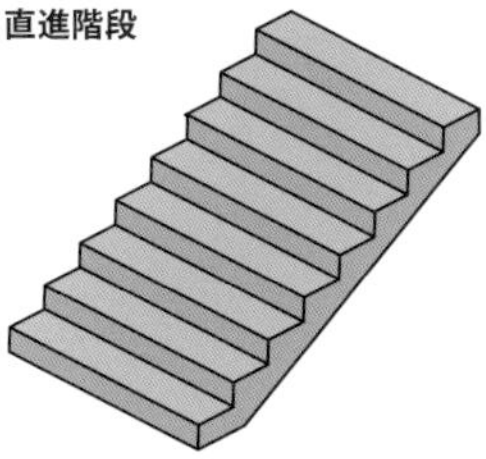

折返し階段

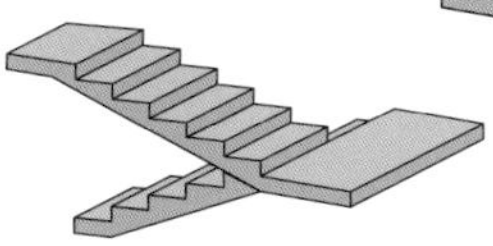

矩《かな》折れ階段

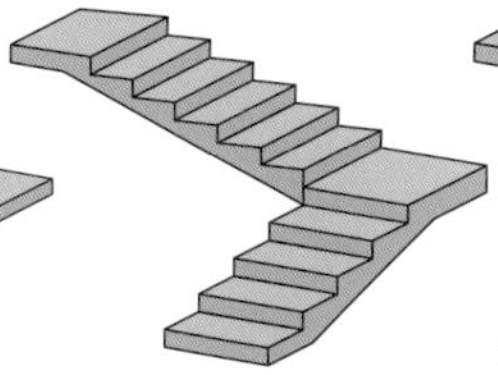

回り階段

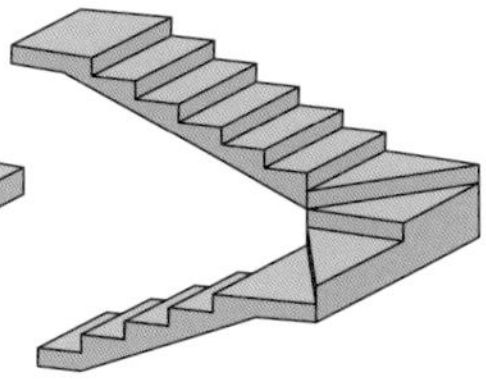

構造・工法による階段の主な分類

側桁階段

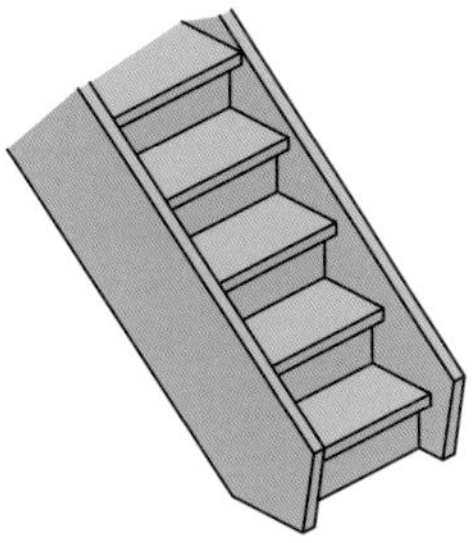

ささら桁階段

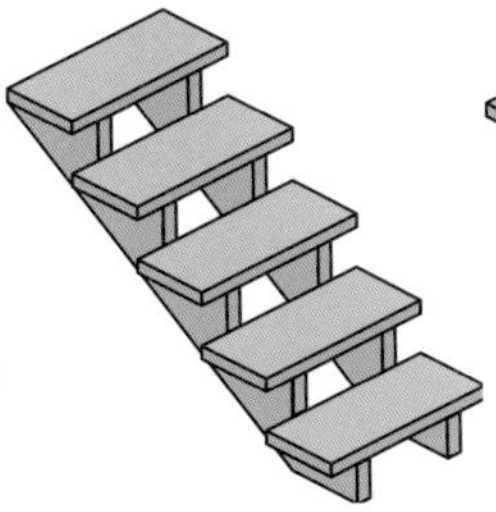

力桁階段

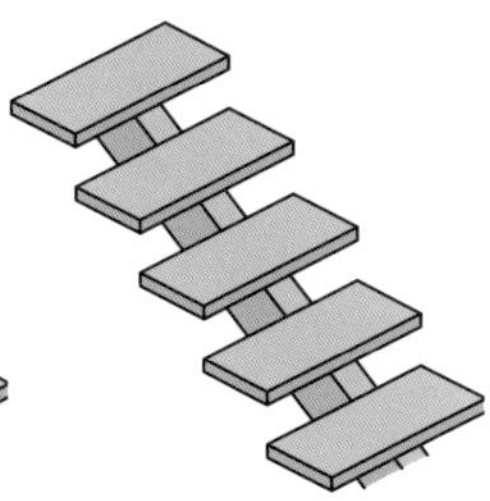

透かし階段

内装① 大壁と真壁

Point 見せることは容易ではない。見せるか見せないかで、意匠とコストと性能が異なる

大壁と真壁

柱や梁を仕上材などで隠した壁を大壁という。大壁に対して、柱や梁を露《あらわ》しにして、その内法を壁面としたものを真壁という。

真壁では、柱や梁が空間を規定する意匠的な要素となる。材の寸法はもちろん、柱面と壁面の距離であるチリの寸法の大小は、空間の剛柔を決める重要な要素となる。

また、大壁でも意匠的には柱と見せて、構造的な荷重を受けない化粧材を壁に取り付けることがある。これを付け柱という。

構造材を壁で覆う枠組壁工法は、屋外も室内側も大壁である。木造軸組構法では、枠組壁工法と同様に内外大壁ということもあれば、屋外は大壁で室内は真壁、まれに、内外真壁、また、和室のみ真壁にするなど、部屋によって使い分ける場合もある。

大壁・真壁の特徴

屋外大壁には、構造材が水や火に直にさらされないメリットがあるが、壁体内の湿気で蒸れる可能性があるので、外壁下地の通気層は必須である。

室内側では、木材の防腐と、万が一腐れた場合の発見という点では、真壁のほうが好ましい。

大壁では構造材が隠れるため、木材の色味、木目、節の有無、軸組の意匠的な構成を気にする必要がない。加えて、人が触らないので、材を平滑に仕上げる必要もない。これは、構造材のコストを抑える点で有利に働く。

一方の真壁では、軸組全体を合理的に整理しないと空間が雑然とする。また、梁の継手位置、接合金物の位置や見せ方、隠し方、筋かいの入れ方にも工夫がいり、面を部屋側に向ける材料の吟味も必要となる。このため、一般的に大壁より真壁のほうが高くなる。

大壁

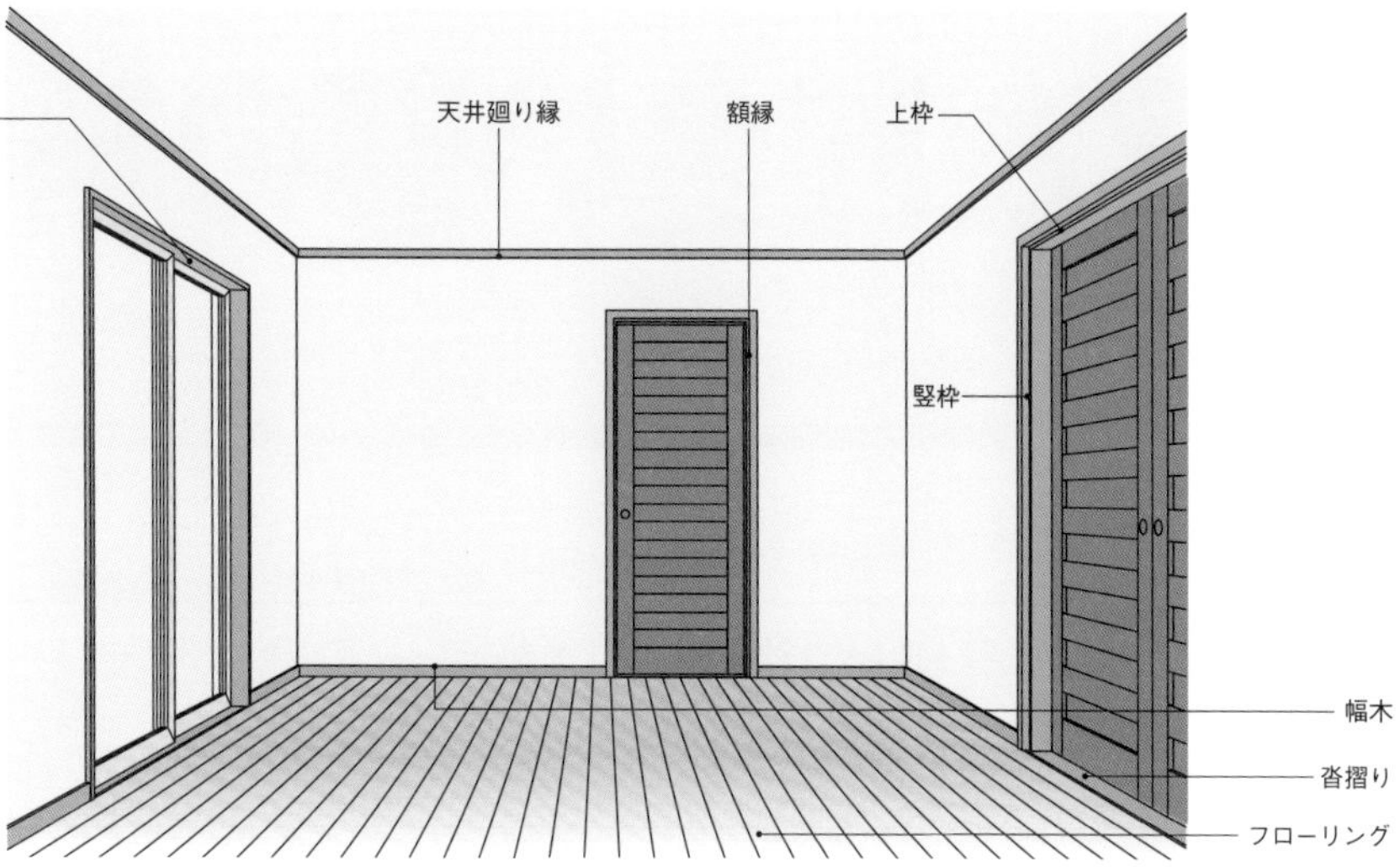
窓枠
天井廻り縁
額縁
上枠
竪枠
幅木
沓摺り
フローリング

真壁

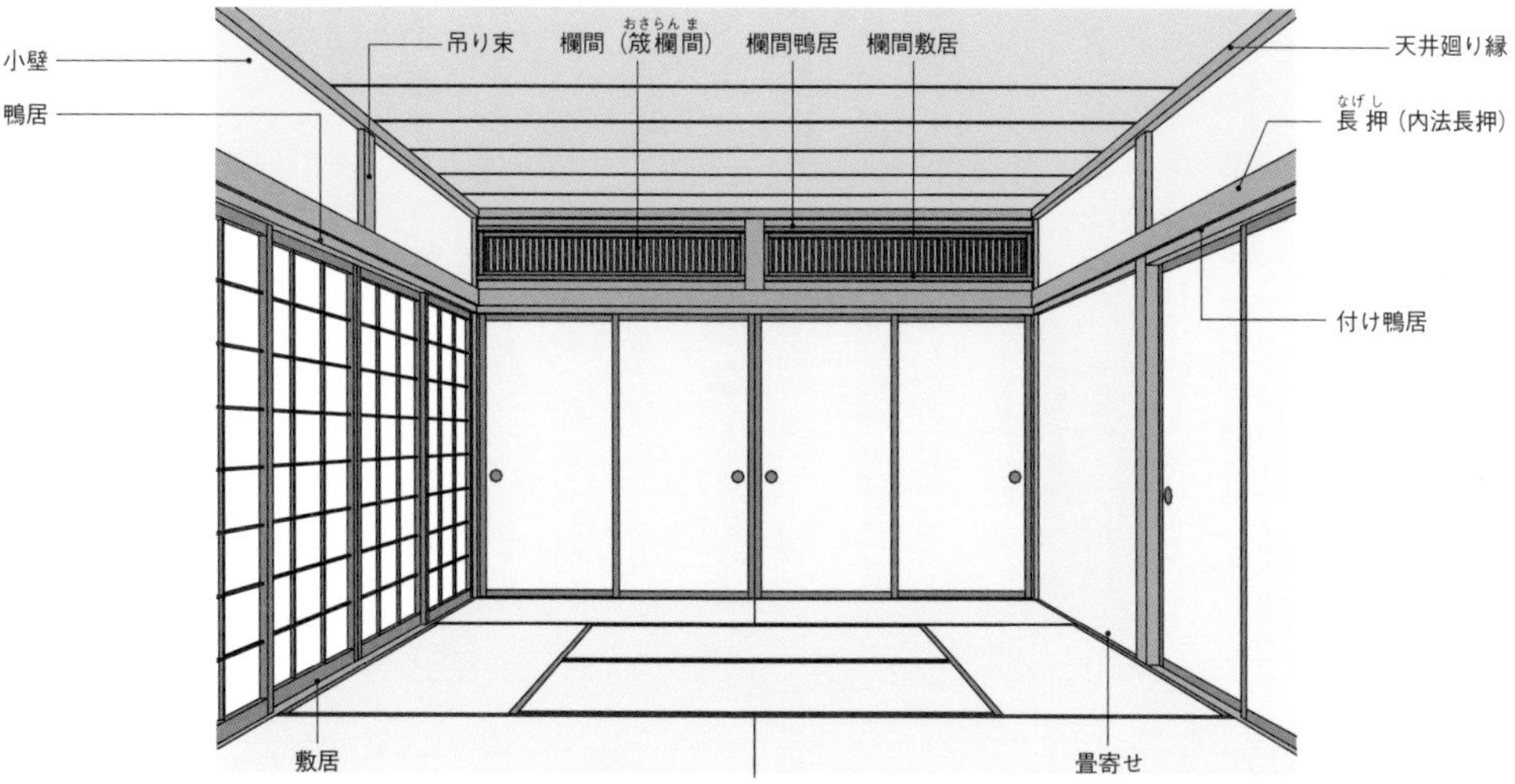
小壁
鴨居
吊り束
欄間（筬欄間《おさらんま》）
欄間鴨居
欄間敷居
天井廻り縁
長押《なげし》（内法長押）
付け鴨居
敷居
畳寄せ

大壁と真壁

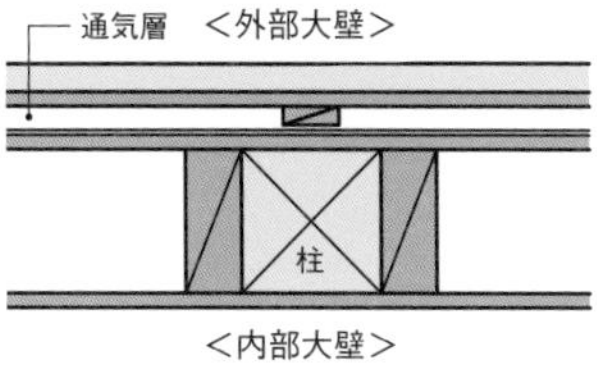
通気層
＜外部大壁＞
柱
＜内部大壁＞

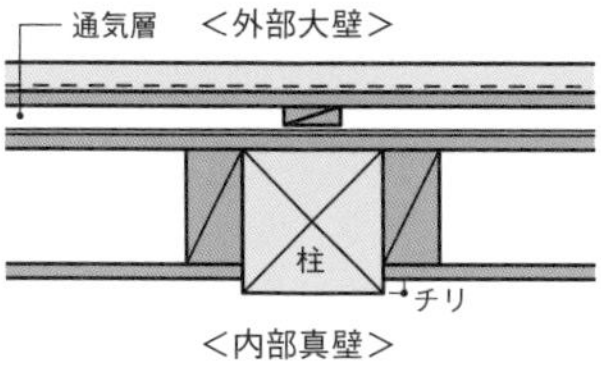
通気層
＜外部大壁＞
柱
チリ
＜内部真壁＞

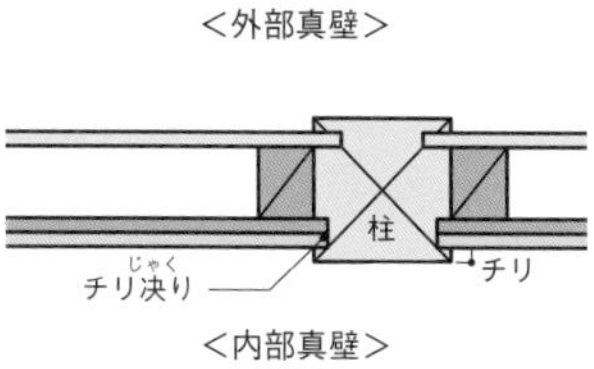
＜外部真壁＞
柱
チリ決《じゃく》り
チリ
＜内部真壁＞

内装② 取合い部の納まり

Point 見切りの納まりは意匠上の要。見切り材は誤差や変形を吸収し、施工時の定規にもなる

建物各部の構成部材や材料どうしが接する部分を取合い部という。

また、仕上材料端部や、異なる材料の取合い部、異なる面の取合い部を見切りという。見切りのために入れる部材を見切材、または、見切縁という。見切りの納まりが悪いと仕事が雑に見え、緊張感を欠いた空間となる。こうした取合い部の納まりに、仕事の格や思想が表れることが多い。

建築材料には生産時の製作誤差があり、施工時には施工誤差が生じ、施工後にも熱や湿気による伸縮が考えられる。見切材には、意匠的な意味合いの他、こういった誤差や変形を隠しながら吸収する機構がある。また、先付けしておく場合には、仕上材の定規として機能することもある。

見切りの種類には、同一方向の材の取合い、直角に取り合う材の隅の納まり、また3方向の取合いの頂点があり、それぞれに納まりの定石がある。

同一方向の平面どうしの納まり

目地には、タイルやフローリングなど同じ材どうしの取合いもあれば、異なる仕上材の見切もある。目地棒や見切材を用いる場合の他、突付け、目透し、重ね、また突き付けながら幅広目地を見せる面取りなどがある。

隅の納まり

直角に取り合う納まりでは、2方向の材のどちらか一方を勝ち負けする方法の他、両材を同等に取り合わせる場合は、それぞれの端部を45度にカットして、留めで納める方法がある。

天井と壁との見切材を廻《まわ》り縁《ぶち》、壁の最下部を保護しながら壁と床とを見切る材を幅木という。和室で壁と畳とが接する部分に設けられる見切材は畳寄せ、床の間や地板、押入れの中板と壁との見切りに取り付けられる材は雑巾摺りという。

見切りの種類

同一材料の見切方法

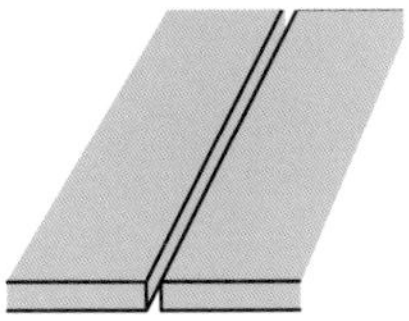

突付け
誤差や変形を吸収する機構をもっていない

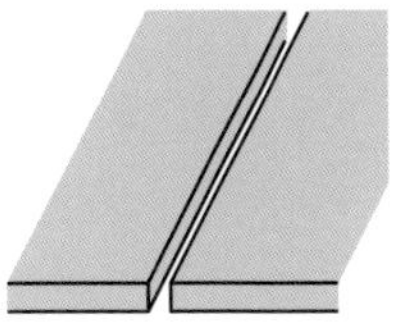

目透し
目地のふぞろいが目立ちにくい

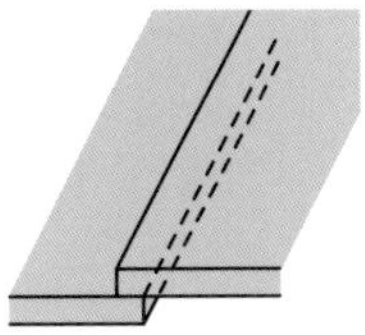

重ね
誤差や変形の吸収が容易。段差が生じる

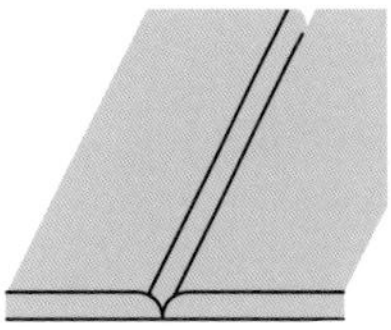

面取り
突付けと目透しの折衷

異なる材料の見切り方法

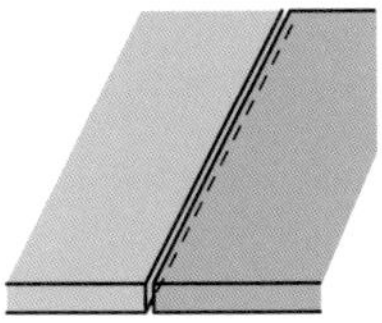

面一（つらいち）
施工精度が要求されるが両者の経年変化は異なる

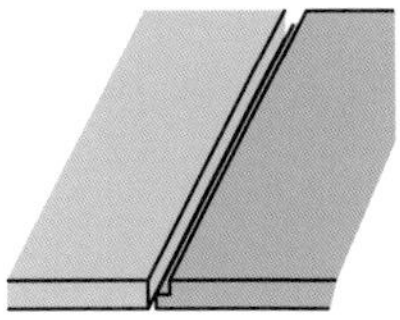

目地分かれ
目地のふぞろいが目立ちにくい

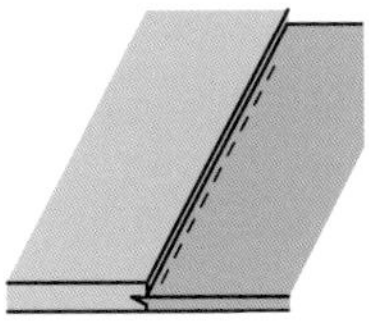

決《しゃく》り
変形収縮しても目立ちにくい

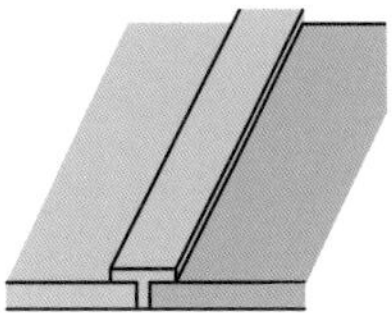

見切材（縁）
変形収縮のクリアランスをとる

廻り縁と幅木の納まり例

塗り壁　廻り縁

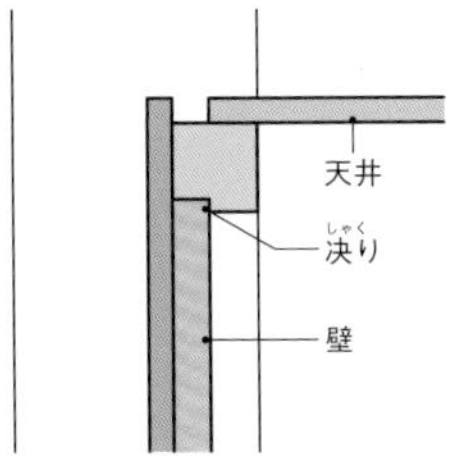

塗り壁　隠し廻り縁（天井目透し目地）

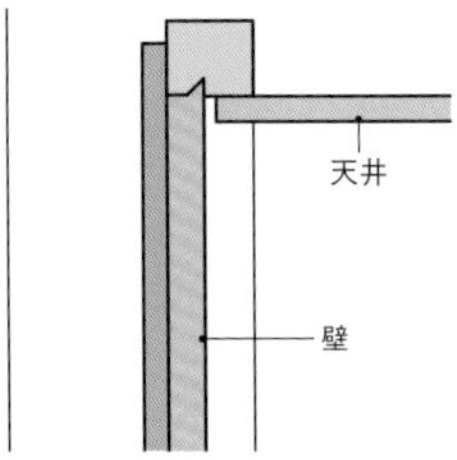

塗り壁　隠し廻り縁（壁目透し目地）

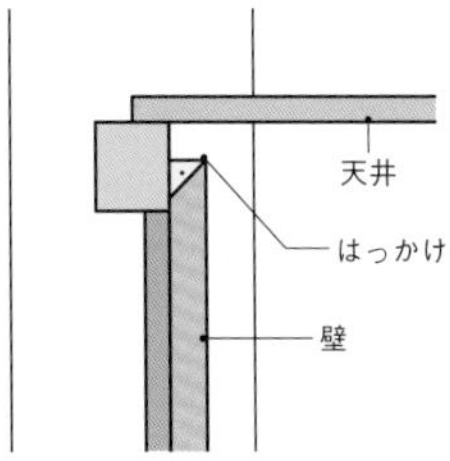

ボード壁　廻り縁

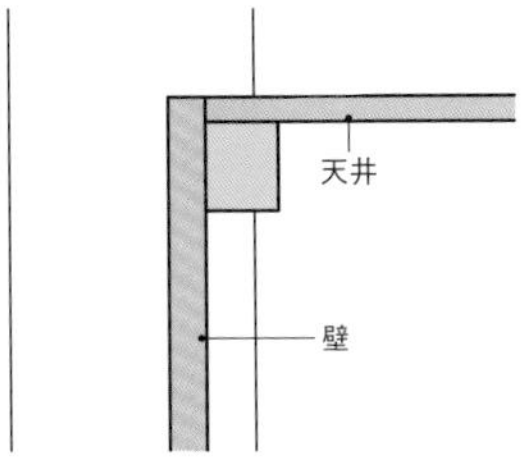

ボード壁　隠し廻り縁（天井目透し目地）

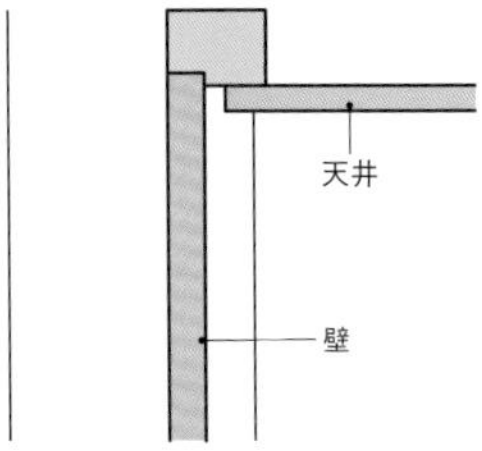

ボード壁　隠し廻り縁（壁目透し目地）

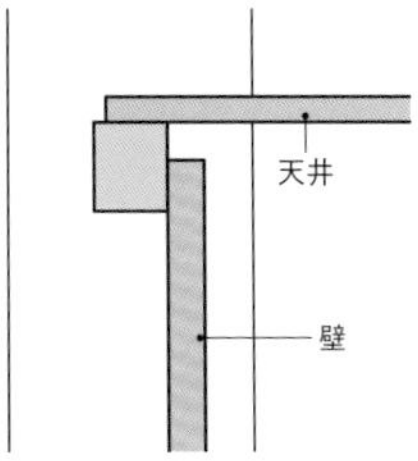

ボード壁　出幅木

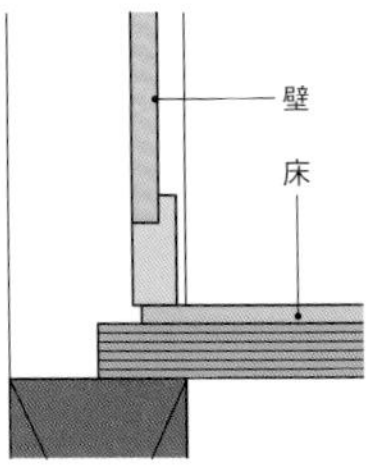

ボード壁　面幅木

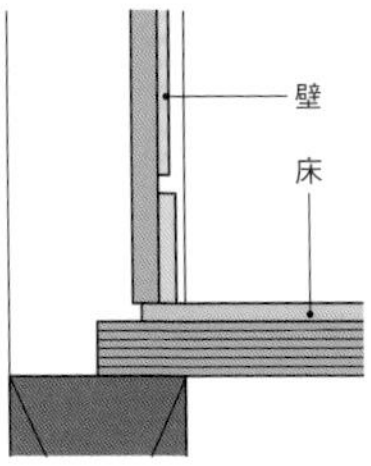

ボード壁　入幅木

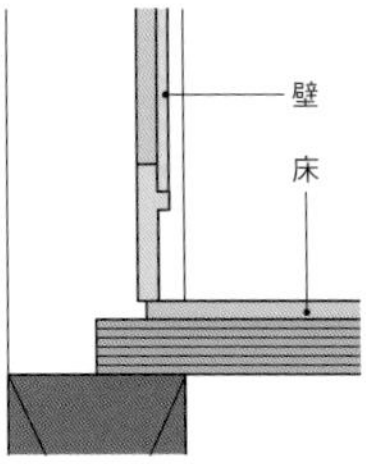

内装③ 内法材

Point 角はピン角のままでは傷みやすい。角の保護と、触感のために面をとる

内法

容器や管の内側の寸法、また、物と物や2本の柱に挟まれた部分の内側の寸法を内法《うちのり》という。転じて、柱の内法間に渡される、鴨居《かもい》や敷居《しきい》、長押《なげし》を内法材という。さらに、敷居の上端《うわば》から鴨居の下端《したば》までの高さも内法または内法高さという。

面取りと納まり

柱・梁、建具の框などで、断面が角になる部分を削り取り、新たなかたちに整えることを面取りといい、できた表面を面という。ピン角では傷みやすい角の保護と、手触りのための面取りには、意匠的な狙いもある。

幅3㎜程度の面を糸面、それより細い面を鉋面《かんな》、太い面を大面《おおめん》という。柱幅に対する面幅の割合により、七面取りや十面取り、十四面取りなどの種類がある。

矧《は》ぎの種類

幅広の板面を得るために、板を幅方向に接合することを板を矧《は》ぐといい、合決《あいじゃく》り、実《さね》、ダボ、千切《ちぎ》りなどを使う。ムク材のテーブルの天板、椅子の座面、階段の段板などに矧いだ板が使われることが多い。

その他の造作用語

見え掛かり部材に正対する面を見付けといい、その幅を見付け幅という。この側面、または奥行き寸法を見込みという。また、木部と塗り壁の取合いで、木部の見付けを小さく見せる納まりをはっかけという。

主に板材の板傍《いたそば》（長手方向の側面）に溝を彫ったり、突起を削り出したりすることを決《しゃく》りという。溝を彫ることは「小穴を突く」ともいう。合決りや実加工の他、散り決り、戸決りなどがある。

内法廻り（和室）

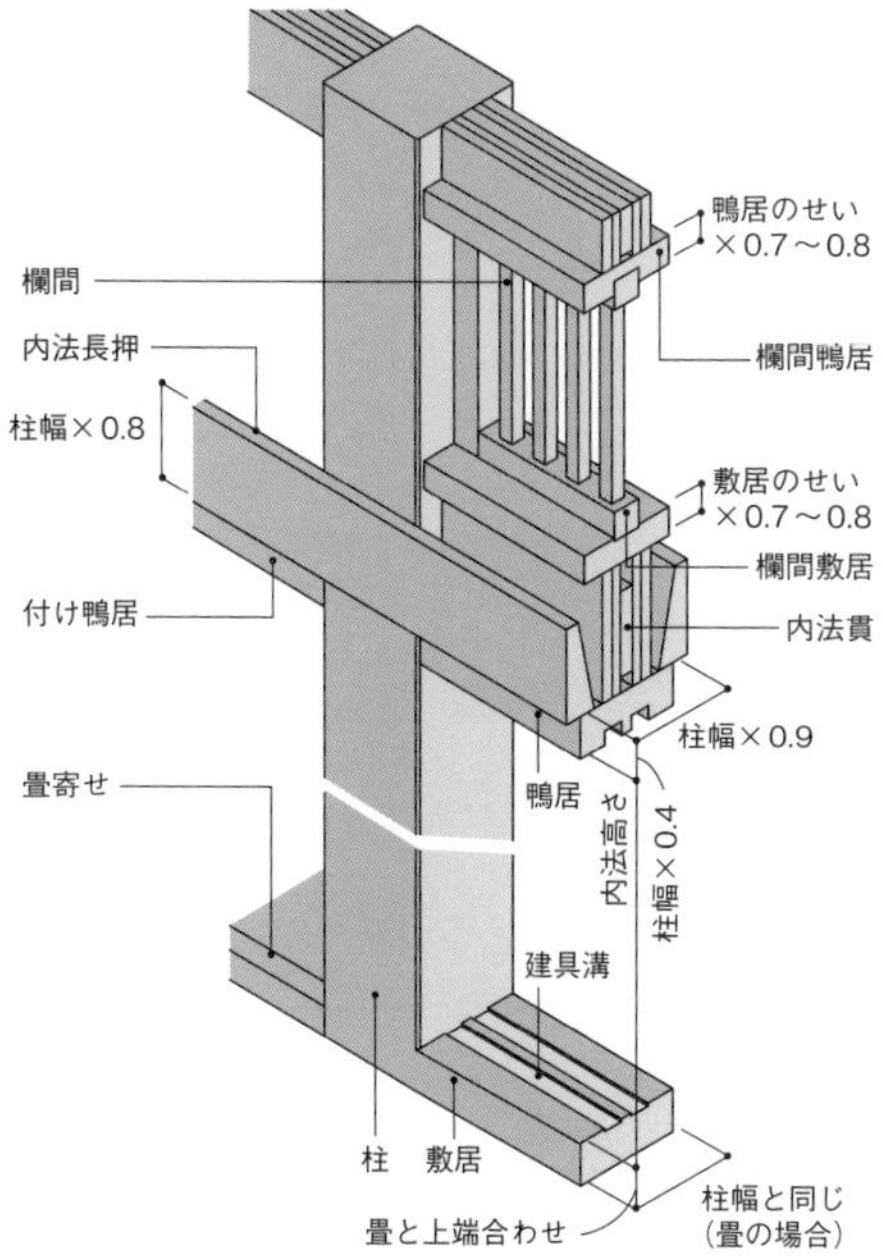

柱の面取りの種類

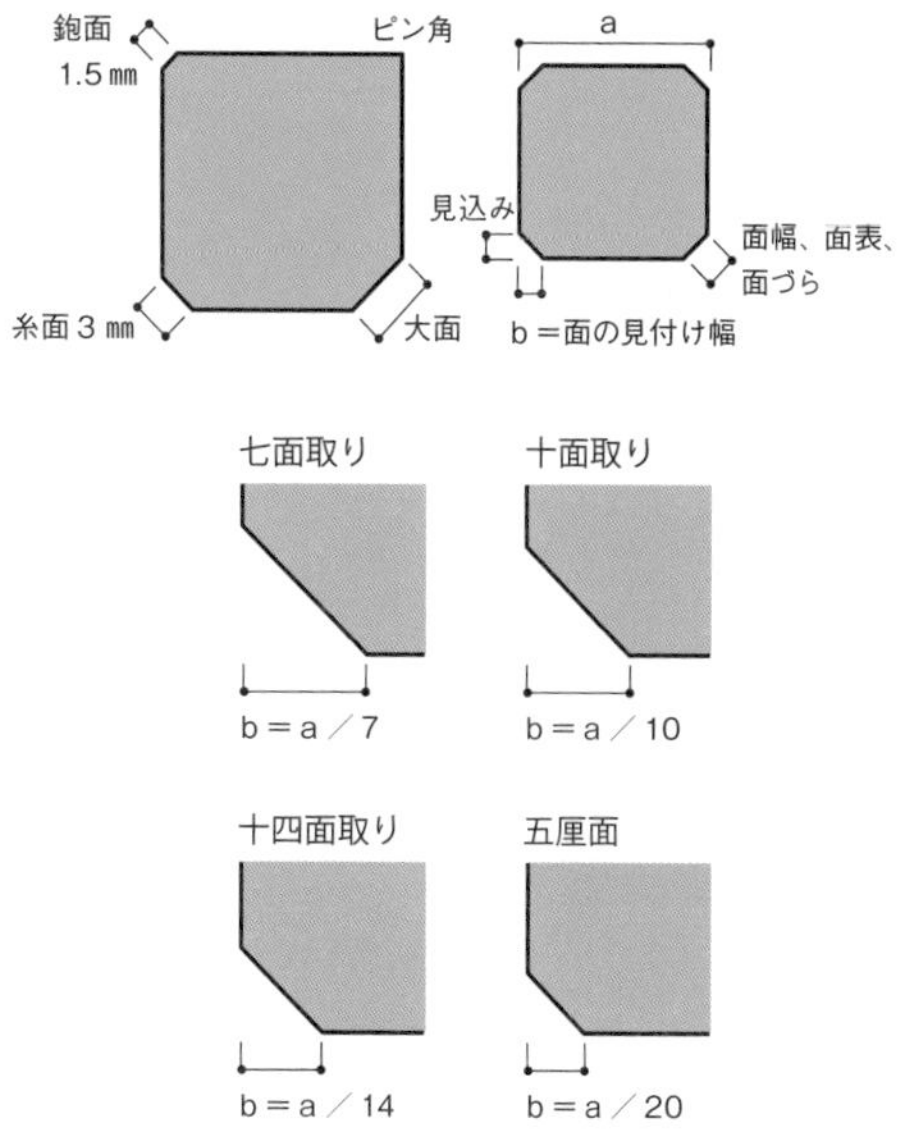

矧ぎの種類

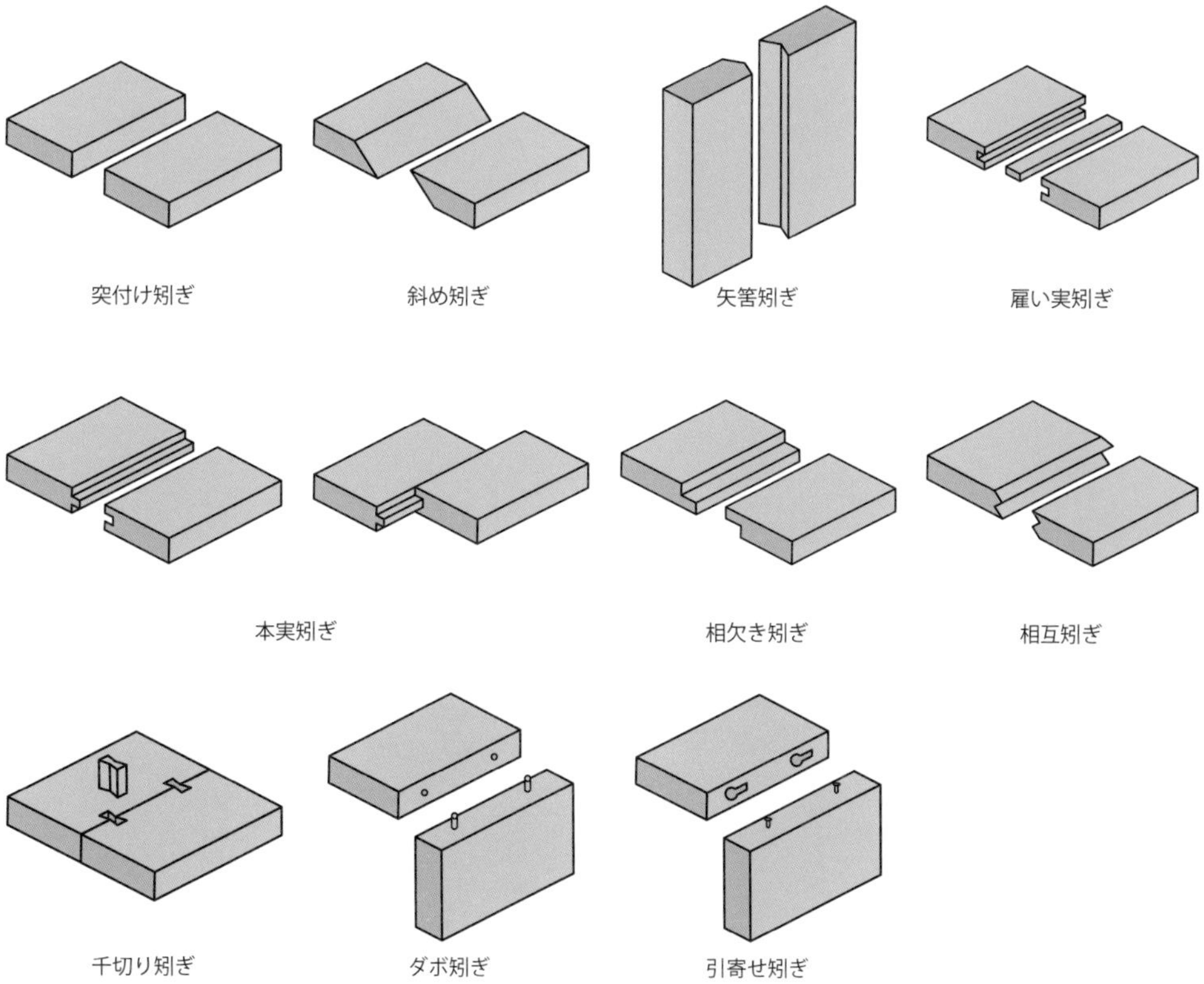

出典：『木造建築用語辞典』井上書院

断熱工法

Point 断熱は、変化する外部環境に対抗し、室内環境を一定に保つ

断熱工法の種類

①充填断熱工法

柱などの構造材の間に断熱材を充填する工法で木造住宅に多く用いられる。柱の厚み内が断熱層となるため、断熱用のスペースをつくる必要がなく、ローコストで施工できる。

②外断熱工法

外断熱工法には、湿式工法と乾式工法がある。湿式工法はコンクリートに断熱材を密着または接着させる工法で、乾式工法は支持金具を設置し断熱外壁材を施工する工法である。

③付加断熱工法

充填断熱工法に外断熱材を付加する工法。外断熱材で太陽熱による建物への蓄熱放射を防ぐ。

建物各部の断熱工法

①基礎断熱

基礎の外側か内側または両側に断熱材を張る工法。一般的に基礎の立上り部に施工される。特に、ユニットバスの下部に断熱性能がない場合は、基礎断熱を行うことでユニットバスと基礎を一体化すれば室内と同じ扱いとなる。

②床断熱

根太や床梁の間に断熱材を挟み込む工法のこと。断熱材がずれ落ちないように、しっかりとした断熱支持材を設ける必要がある。

③天井断熱

天井に断熱材を施工する工法のこと。壁の防湿シートを桁まで伸ばし、上から押さえ材で押さえて断熱材を施工する。

④屋根断熱

垂木や登り梁などの間に断熱材を入れる充填屋根断熱と、野地板の上に断熱材を張る外張り屋根断熱がある。断熱材の外側には通気層を設け棟換気を行う。

3つの断熱工法

充填断熱工法

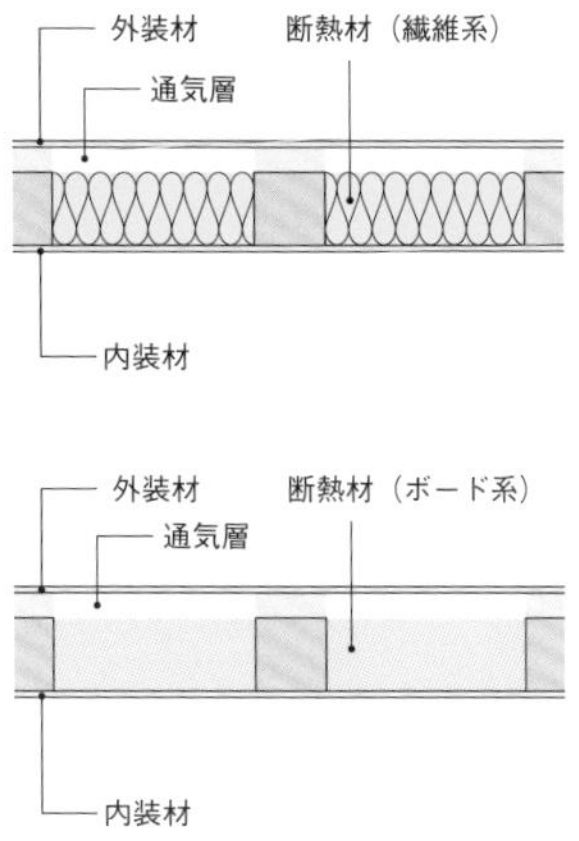

外断熱工法

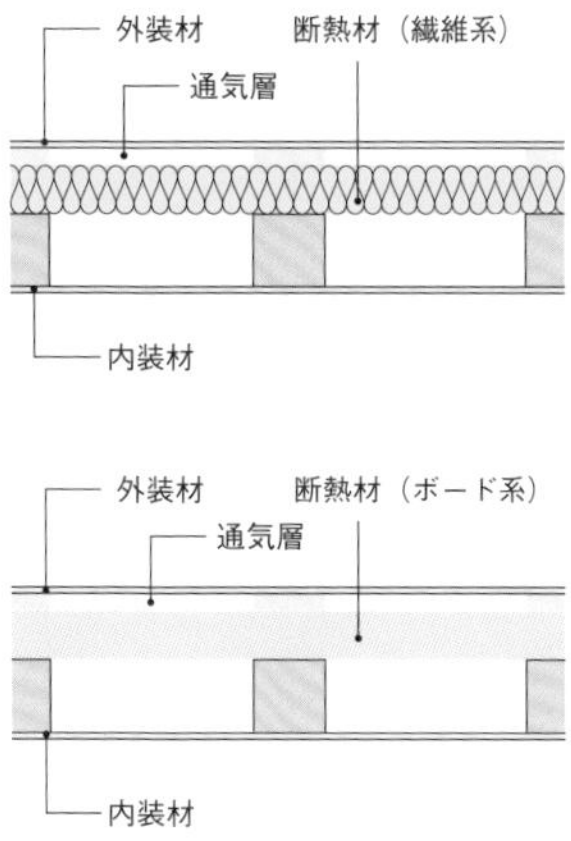

付加断熱工法

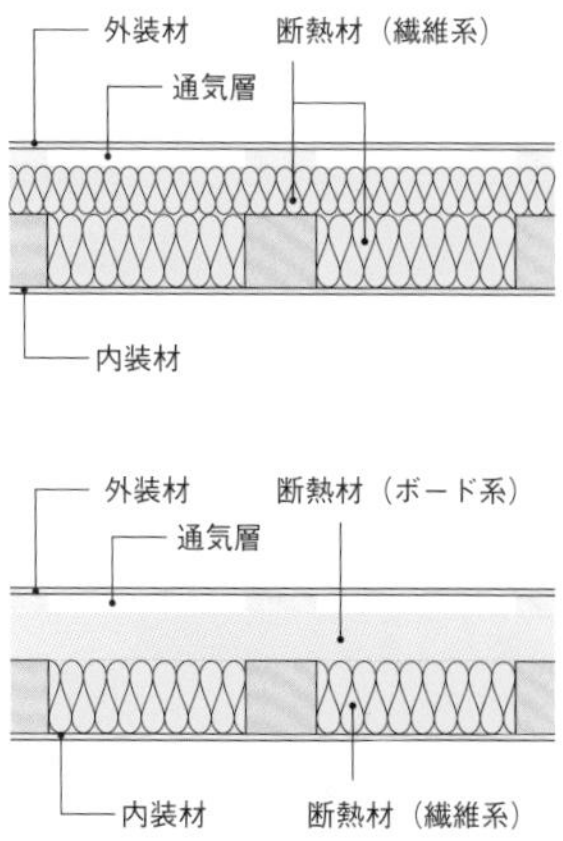

浴室・床下収納断熱

基礎パッキンの隙間からの外気流入

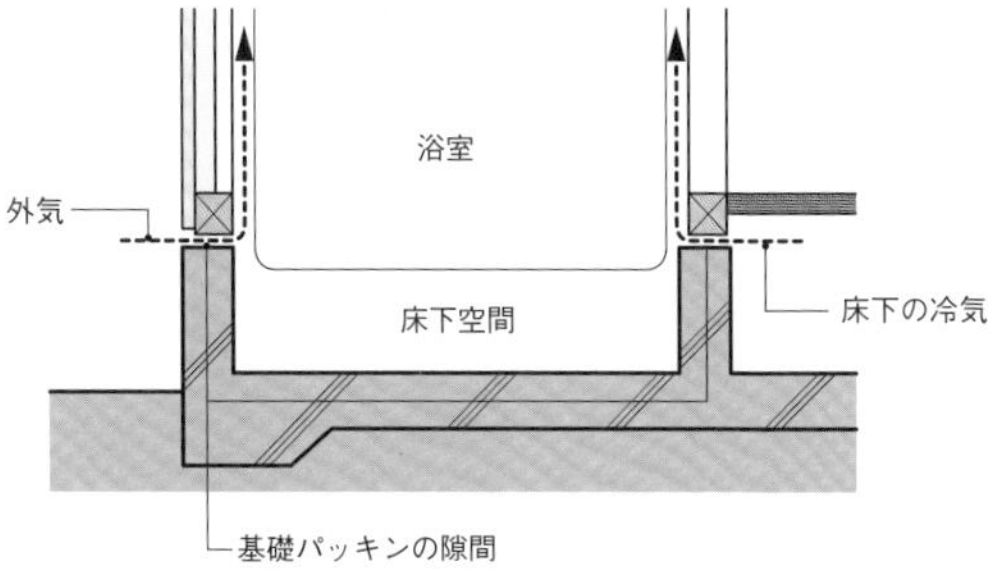

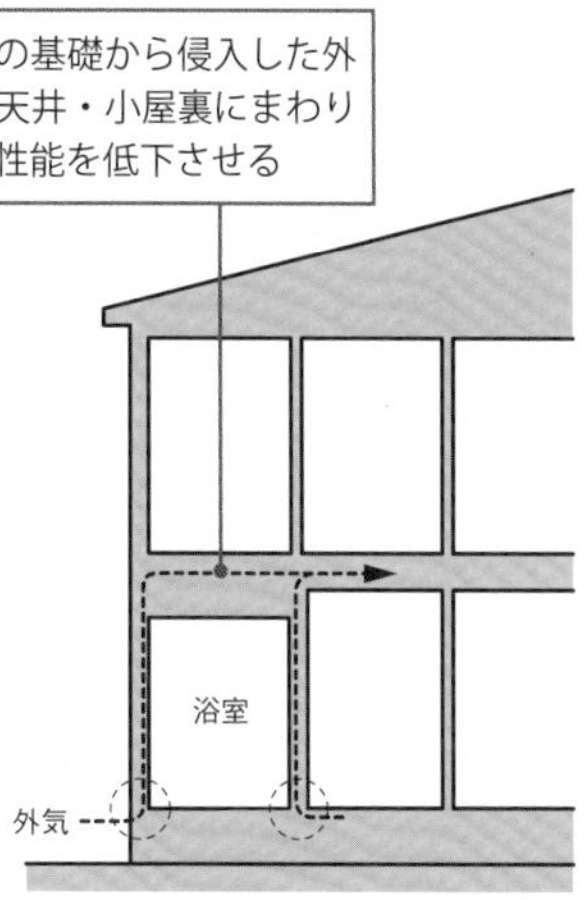
浴室の廻りの基礎から侵入した外気が壁内や天井・小屋裏にまわり室内の断熱性能を低下させる

断熱のポイント

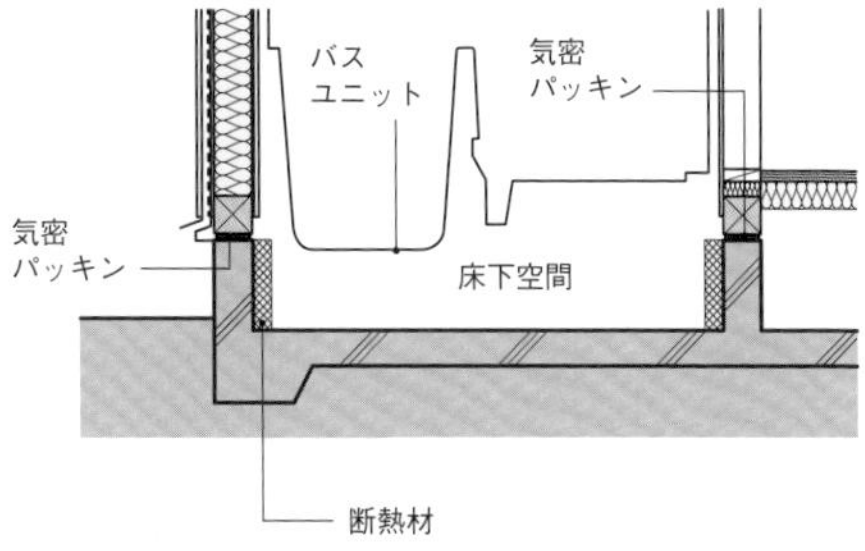

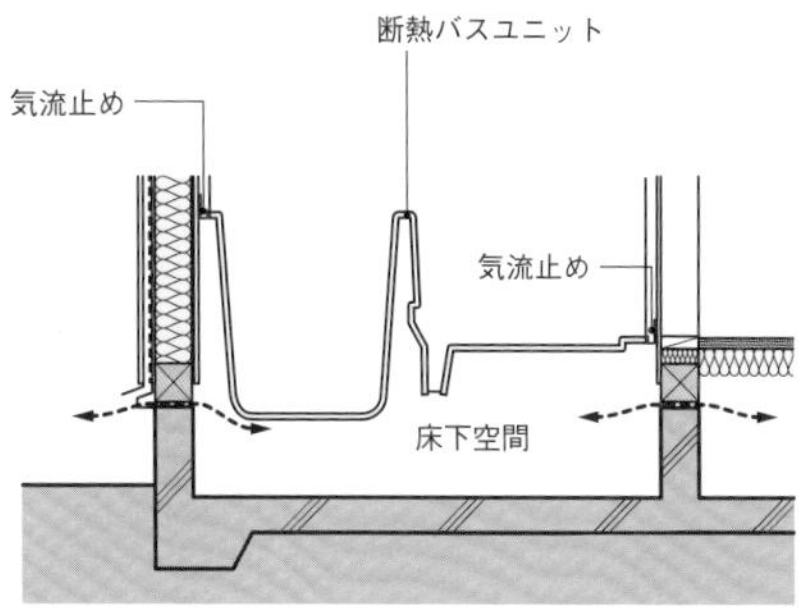

断熱材料

Point 断熱材は、その原材料や形状によりいつくかに分類される

素材による分類

①無機系断熱材

代表的なものに、グラスウールとロックウールがある。

グラスウールは、ガラスを融かし、繊維状に引き出してつくったガラスの綿の断熱材である。繊維を一般のグラスウールの6割ほどに細くし、空気保有率を高めることで断熱性能を高めた高性能（細繊維）グラスウールもある。

ロックウールは、安山岩などを溶かし、小さな孔から吹き出させた繊維状のものを集めた綿状の断熱材である。断熱性能はグラスウールとほぼ同等で、耐火性も高い。

②プラスチック系断熱材

代表的なものに、ビーズ法ポリスチレンフォーム、押出し法ポリスチレンフォーム、硬質ウレタンフォーム、フェノールフォームがある。断熱性能が高いため、厚さは薄くて済む。

③自然素材系断熱材

新聞古紙をリサイクルしたセルロースファイバー、木質繊維ボード断熱材、羊毛断熱材、炭化コルクなどがあり、それぞれ特徴が異なる。

形状による分類

①繊維系断熱材

グラスウールとロックウールの代表的な形状で、充填断熱の他に、気流止めなどにも用いられる。

②ボード状断熱材

大半のプラスチック系断熱材の他、高密度で薄形のグラスウール・ロックウールもボード状に分類される。木造の充填断熱や、外張り断熱、RC造の内断熱・外断熱などで使われる。

③粒状断熱材

壁や天井に吹き込んだり、吹き付けたりする工法で用いられる粒状の断熱材で、セルロースファイバー、グラスウール、ロックウールなどがある。

グラスウールとロックウール

種類	グラスウール	ロックウール
形状	 	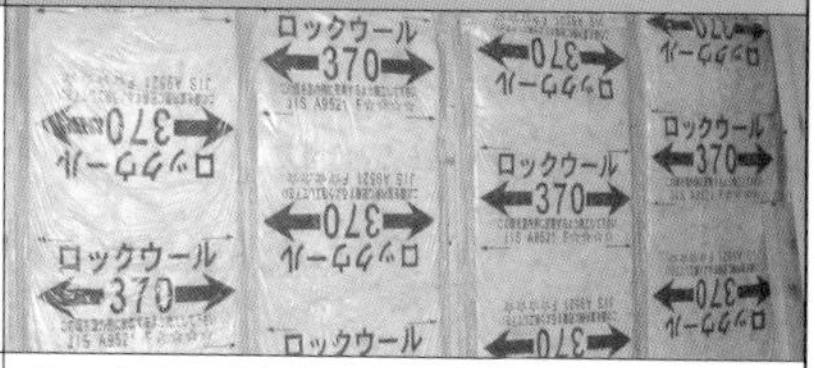
特徴	グラスウールには、マット状（左）、ボード状（右）、粒状のものがある。耐火性があるため、ボード状のものは木造の外張り断熱やRC造の外断熱などにも使われる。粒状のものは、吹込み断熱に使われる	ロックウールにも、マット状、ボード状、粒状のものがある。特に粒状のものは、その耐火性の高さから、鉄骨造の耐火被覆にも多く使われる

主なプラスチック系断熱材

種類	ビーズ法ポリスチレンフォーム	押出し法ポリスチレンフォーム	硬質ウレタンフォーム	フェノールフォーム
形状				
特徴	いわゆる、発泡スチロール。吸湿性、吸水性がなく、経年変化もほとんどない。板状のみならず、さまざまな形状に加工できる	発泡スチロールの一種。ボード状で軽く、剛性があり、熱伝導率が小さい。耐水性、耐吸湿性に優れているため、外張り・外断熱に適する	内部に熱を伝えにくいガスを封じ込めた独立気泡の集合体	硬質ウレタンフォームと同様、熱を伝えにくいガスを封じ込めた微気泡をもつ。断熱性、難燃性ともに優れる

自然素材系断熱材の例

種類	特徴
木質繊維ボード断熱材	グラスウール16kg/㎡と高性能グラスウール16kg/㎡の中間の断熱性能がある。グラスウールと比べると重いが、熱容量が大きいため、蓄熱層的な働きも期待できる
羊毛断熱材	高性能グラスウールに匹敵する断熱性と、優れた吸放湿性をもつ
炭化コルク	接着剤を一切用いず、水蒸気によりコルク自体の樹脂だけで固められた断熱材

吹込み・吹付け断熱材の例

粒状グラスウール（左）と、セルロースファイバーの吹付け施工の様子（右）

現場発泡断熱材の例

現場での吹付けの様子（左）と発泡した断熱材（右）。断熱材は吹き付けると瞬く間に発泡・硬化する

気流止めと防湿気密層

Point 住宅の省エネ化・長寿命化のためにも、断熱と気密・防湿はワンセットで考える

気流止め

木造軸組構法の外壁や間仕切壁の上端と下端は、壁の内部空間が床下や天井裏の空間とつながっている。壁内空間と床下・天井裏空間がつながっていると、外気が床下から壁内に侵入し小屋裏に抜ける空気の流れが形成され、建物の断熱性能を低減させる原因になってしまう。気流止めを施すことで、床下から壁と壁から小屋裏への躯体内の空気の流れを抑え、断熱性能を向上させることができる。

防湿気密層

繊維系断熱材を使った充塡材は、室内で発生した水蒸気が石膏ボードやその隙間から壁内に侵入して壁面内で結露が生じ木材が腐る原因となってしまう。これを防ぐには、室内側に防湿フィルムを用いて、水蒸気の侵入を防ぐとよい。また、断熱層を貫通する部分は、気密テープなどの気密補助材で隙間を塞ぐようにする。

気流止めと防湿気密の方法

①気流止めの方法

外壁および間仕切壁と床との取合い部には、床下地合板、乾燥木材、シート状防湿層＋押え材などを気流止めに用いる。外壁および間仕切壁と小屋裏との取合い部には、シート状防湿層＋気流止め用のボード、気流止め用の木材、シート状防湿層＋押え材などで気流止めをする。

②防湿フィルム

断熱材の室内側に設けた防湿フィルムは、各部位、各取合い部で連続した防湿層とし、継ぎ足す場合は縦・横とも下地のある部分で30㎜以上重ね合わせる。たるみ、しわが出ないように張り、防湿フィルムの端部は、下地材のある部分で気密テープを用いて留めるか木材などで挟み付ける。

小屋裏と壁の取合い部

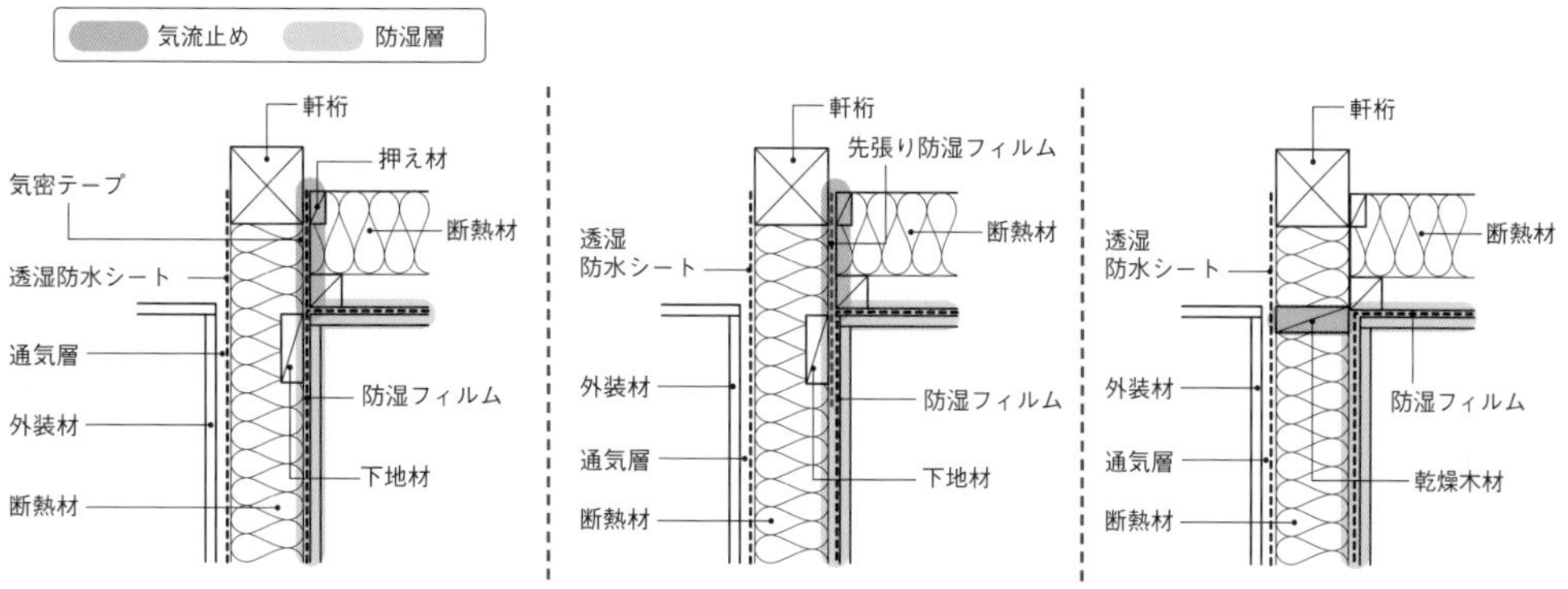

中間階の床と壁の取合い部

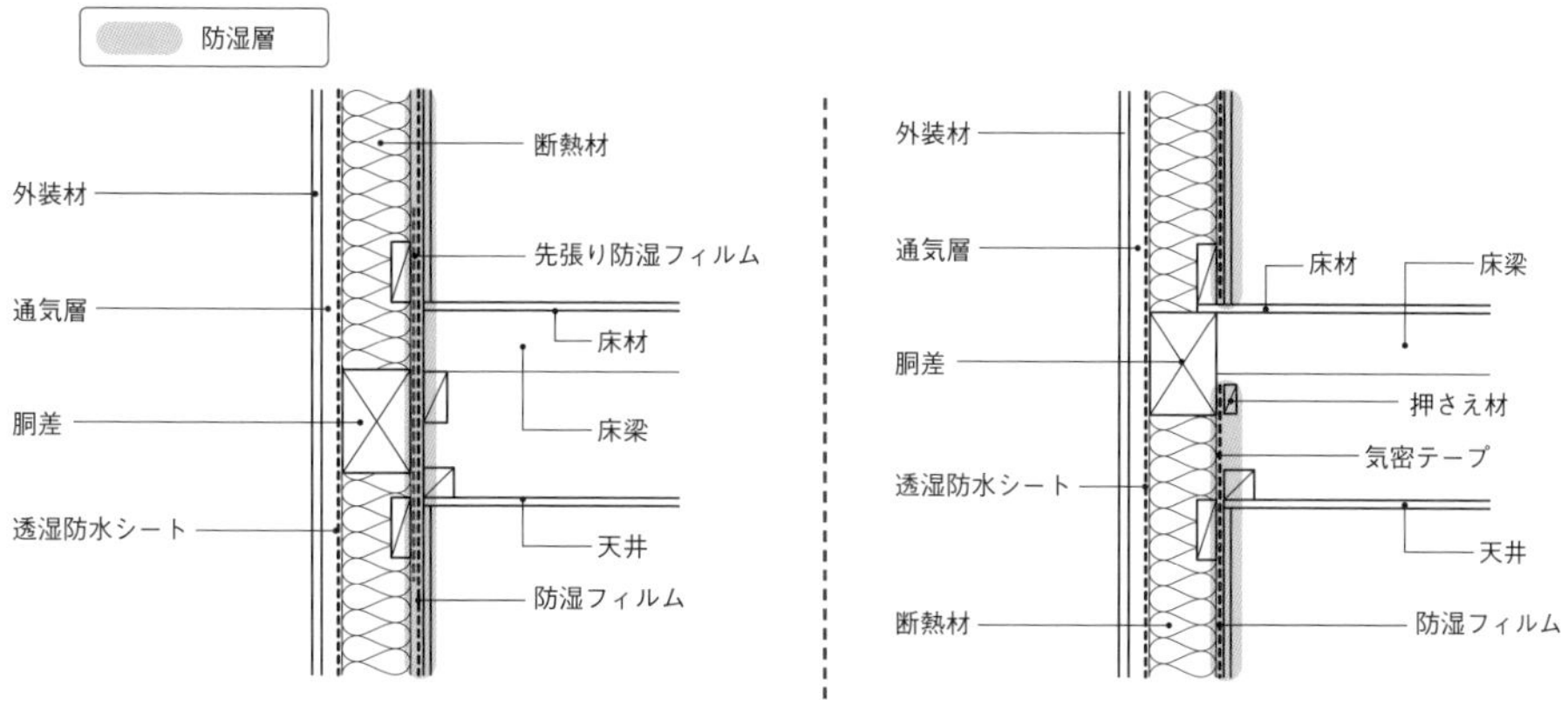

床下と壁の取合い部

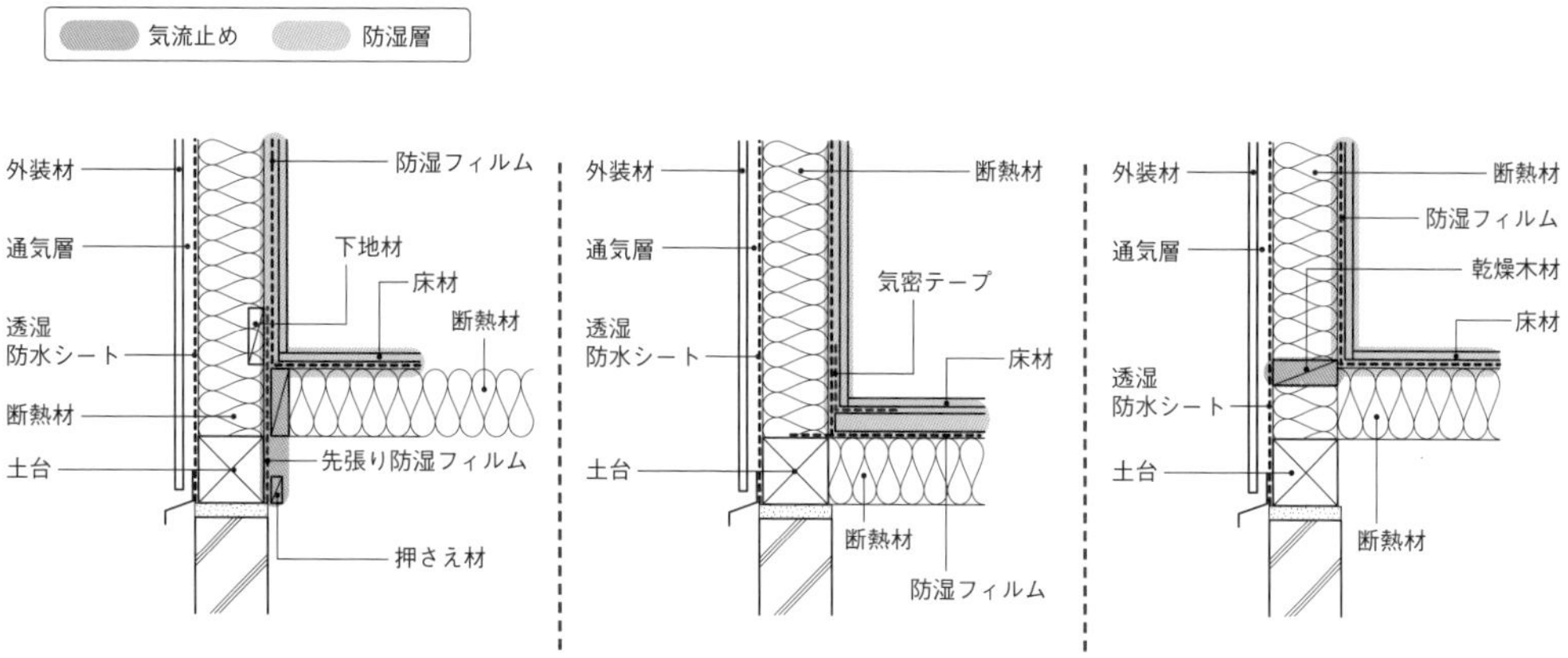

通気層

Point 壁体内結露を防ぐには、通気層に加えて防湿層を設置することが必要

通気層の意味

住宅の気密性を高めると、防湿層を境に屋内側の水蒸気と屋外側の水蒸気は区画される。しかし、外壁の断熱材の内部に侵入した水蒸気を外に排出できないと、屋内と屋外の温度差によって結露が生じやすくなる。そのため、壁内の水蒸気を外部に排出するために、外壁には通気層の設置が必須になる。また、通気層は太陽で暖められた外壁の熱を排出して屋内に伝えない役割や、外壁から浸入した雨水を排出する機能などももつ。

なお、屋根にも通気層が必要で、これは主に屋根面の熱の排出を目的としている。

通気層を構成する部材

①透湿防水シート

通気層に面する断熱材には、透湿防水シートを使用して、断熱材内の水蒸気を排出する。透湿防水シートは、高密度ポリエチレンの連続性極細繊維がランダムに絡み合って構成されているため、軽くて、水に強く、強度に優れた、通気性のあるシートである。

②通気胴縁

通気胴縁は、外壁や屋根の仕上材の下地胴縁を兼ねる場合が多い。断面サイズが幅30～45×厚さ15㎜以上の木材を使用するのが一般的だが、耐腐食性に優れた発泡樹脂を主体とした合成木材の通気胴縁もある。通気胴縁は、仕上材の張り方に合わせて縦胴縁と横胴縁を使い分ける。注意点としては、窓廻りの胴縁と通気胴縁は、突付けにせず30㎜程度の間隔をあけること。突付けにすると空気の流れが悪くなる。

③各種通気補助部材

この他に、通気スペーサー、通気見切り、有孔軒天井板、水切り、棟換気部材、などを用いて通気層を構成する。

外壁と屋根の通気層

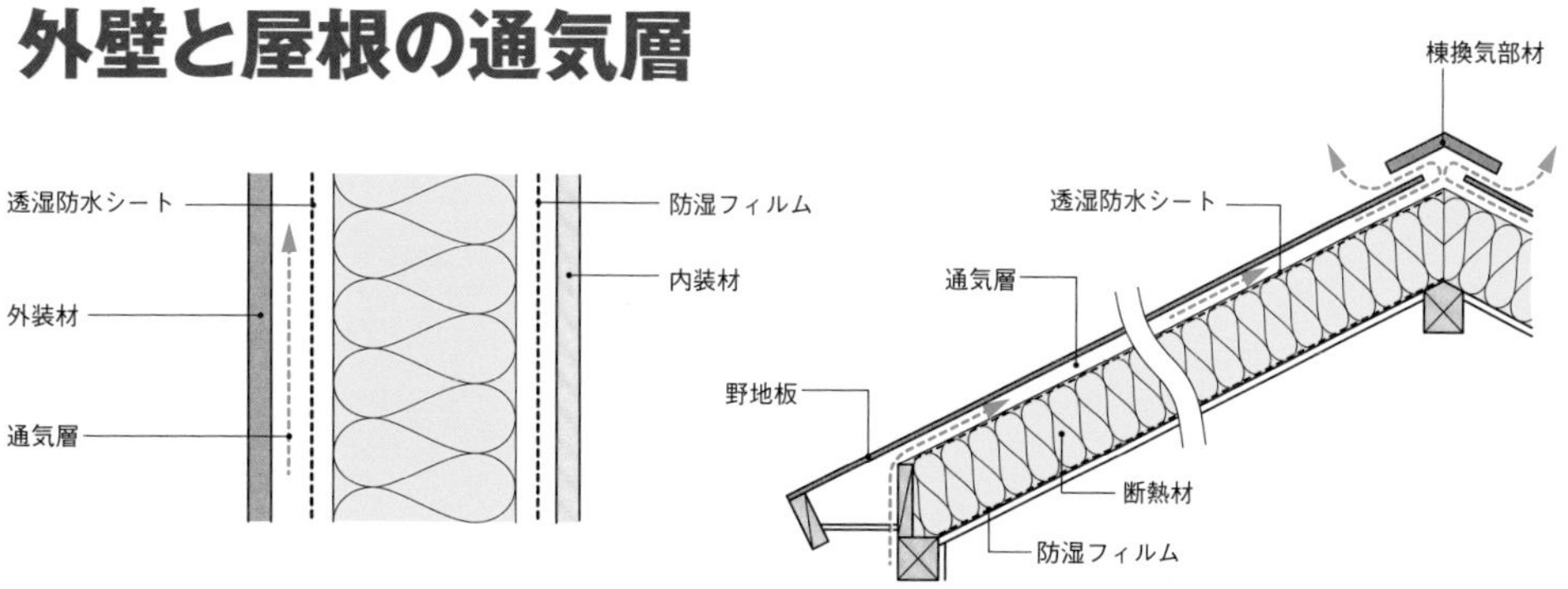

縦胴縁と横胴縁の通気のとり方

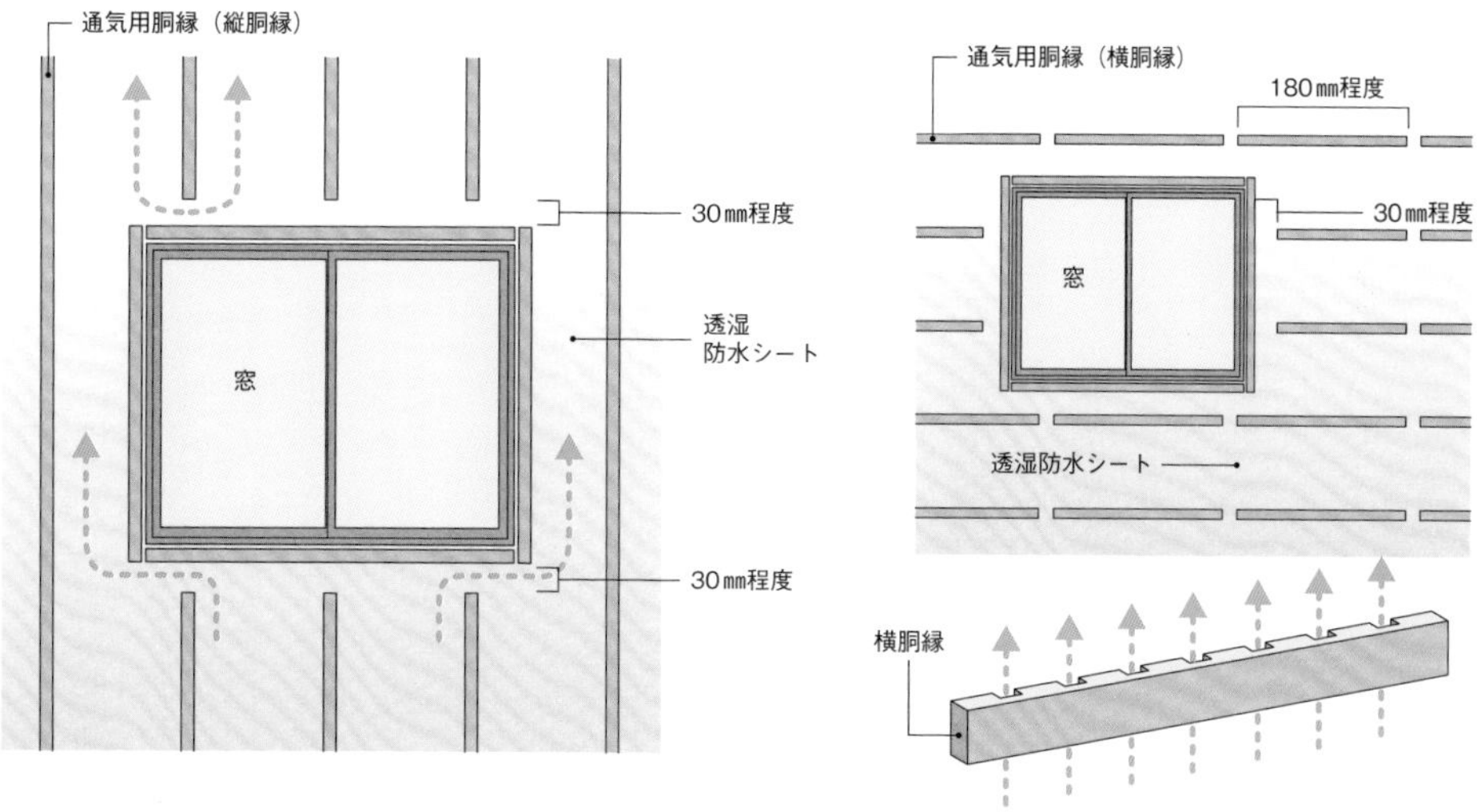

通気補助部材の例

空気の出口（軒裏換気口）

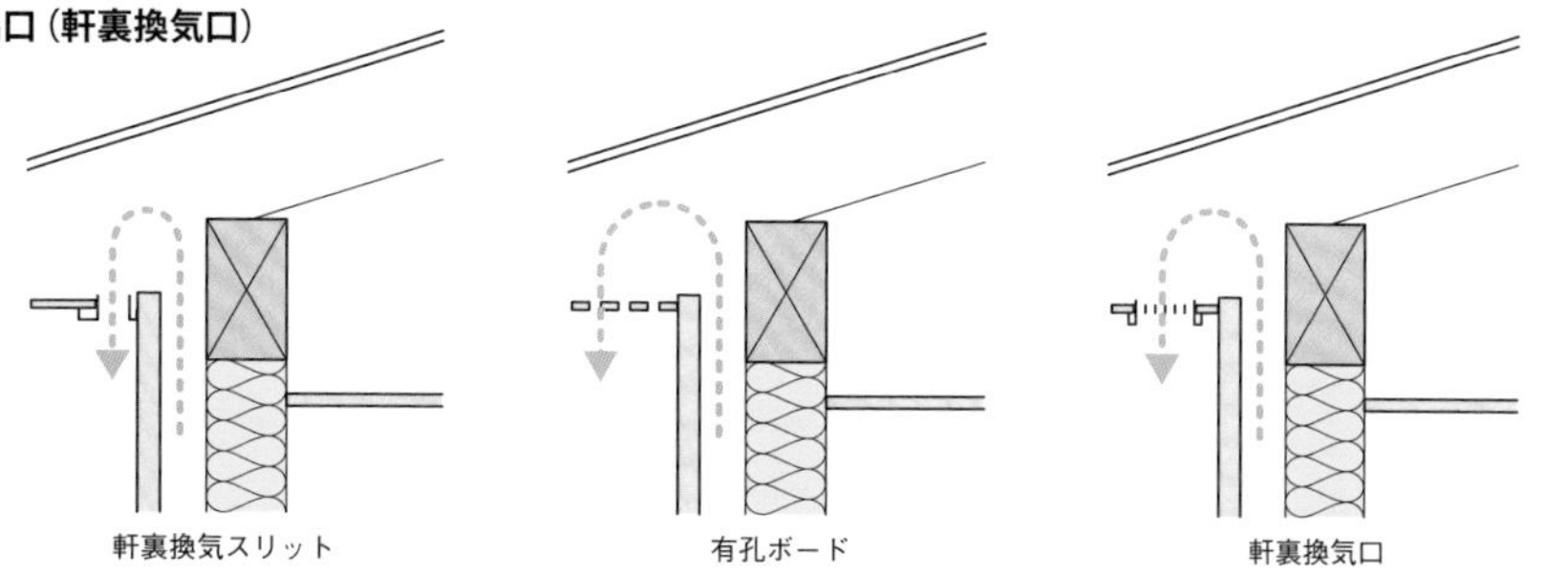

空気の入口（外壁水切り）

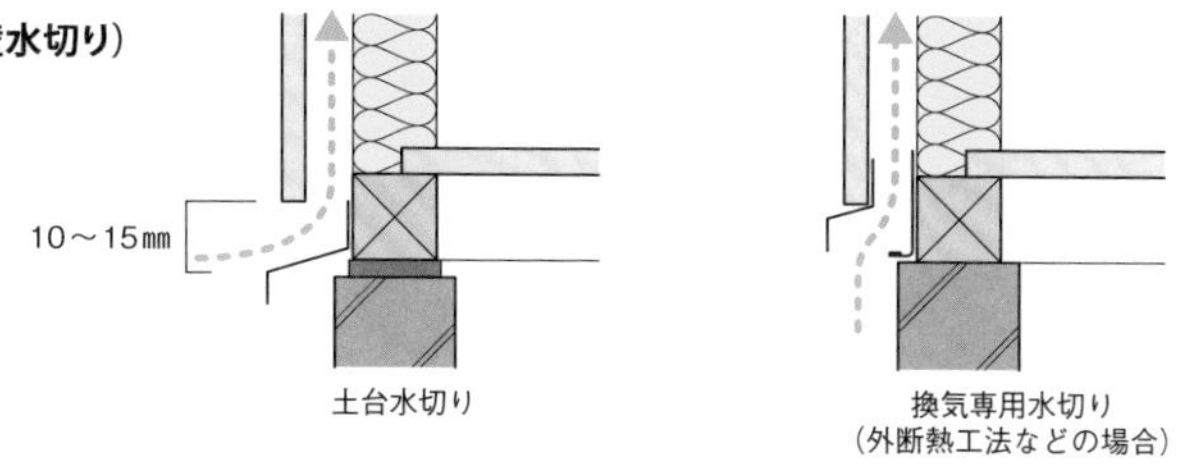

防火・耐火

Point 塗るだけで木材などを不燃材料にできる塗料は現在のところない

２０００年施行の改正建築基準法では、火災による人的被害を防ぐため、火炎の急激な拡大を抑制することや、避難経路の安全を確保することなどを目的として、建物の耐火性能や防火性能、使用材料に関する新たな規定が定められた。改正前の仕様規定と比べ、より多様な構法・材料の使用が可能となり、設計の自由度が増すとともに、技術開発の促進や市場の活性化も期待されている。

なお、性能を検証する方法は、政令や告示に示されている。

不燃・準不燃・難燃材料

通常の火災による加熱開始後、不燃材料では20分間［※1］、準不燃材料では10分間［※2］、難燃材料では5分間［※3］、それぞれ①燃焼しない、②防火上有害な変形・溶解・亀裂その他の損傷を生じない、③内部仕上げでは避難上有害な煙またはガスを発生しない、という各性能を満たすことが求められる。

告示には性能規定の他、例示仕様として材料名も示されている。

不燃塗料と耐火塗料

塗料についての不燃（準不燃・難燃）とは、被塗物が不燃（準不燃・難燃）材料である場合、その性能を妨げない塗料のことをいう。木部などに不燃塗料を塗装することで不燃化できるということではない。

また、鉄骨は不燃材料ではあるが、火災による火熱を受ければ構造耐力上支障のある変形、溶融、亀裂その他の損傷を生じることになる。これを防ぐための耐火被覆材の1つが耐火塗料である。多くは受熱によって発泡し断熱層を形成するものである。耐火塗料のなかには、高耐久性能のウレタン、フッ素による上塗りを施し、屋外耐火材料に認定された塗料もある。

※1　建築基準法施行令第108条の2による
※2　建築基準法施行令第1条第5号による
※3　建築基準法施行令第1条第6号による

不燃材料の仕様例示

（平成16年国土交通省告示第1178号）

法2条9号の規定に基づき、不燃材料を次のように定める		
令108条の2各号（建築物の外部の仕上げに用いるものにあっては、同条第1号）に掲げる要件を満たしている建築材料は、次に定めるものとする	一	コンクリート
	二	レンガ
	三	瓦
	四	陶磁器質タイル
	五	繊維強化セメント板
	六	厚さが3㎜以上のガラス繊維混入セメント板
	七	厚さが5㎜以上の繊維混入ケイ酸カルシウム板
	八	鉄鋼
	九	アルミニウム
	十	金属板
	十一	ガラス
	十二	モルタル
	十三	漆喰
	十四	石
	十五	厚さが12㎜以上の石膏ボード（ボード用原紙の厚さが0.6㎜以下のものに限る）
	十六	ロックウール
	十七	グラスウール板

準不燃材料の仕様例示

（平成12年建設省告示第1401号）

令1条5号の規定に基づき、準不燃材料を次のように定める			
第1	通常の火災による加熱が加えられた場合に、加熱開始後10分間令108条の2各号に掲げる要件を満たしている建築材料は、次に定めるものとする	一	不燃材料のうち通常の火災による火熱が加えられた場合に、加熱開始後の20分間令108条の2各号に掲げる要件を満たしているもの
		二	厚さが9㎜以上の石膏ボード（ボード用原紙の厚さが0.6㎜以下のものに限る）
		三	厚さが15㎜以上の木毛セメント板
		四	厚さが9㎜以上の硬質木片セメント板（かさ比重が0.9以上のものに限る）
		五	厚さが30㎜以上の木片セメント板（かさ比重が0.5以上のものに限る）
		六	厚さが6㎜以上のパルプセメント板
第2	通常の火災による火熱が加えられた場合に、加熱開始後10分間令108条の2第1号および第2号に掲げる要件を満たしている建築材料は、次に定めるものとする	一	不燃材料
		二	第1第2号から第6号までに定めるもの

難燃材料の仕様例示（平成12年建設省告示第1402号）

令1条6号の規定に基づき、難燃材料を次のように定める			
第1	通常の火災による火熱が加えられた場合に、加熱開始後5分間令108条の2各号に掲げる要件を満たしている建築材料は、次に定めるものとする	一	準不燃材料のうち通常の火災による加熱が加えられた場合に、加熱開始後10分間令108条の2号に掲げる要件を満たしているもの
		二	難燃合板で厚さが5.5㎜以上のもの
		三	厚さが7㎜以上の石膏ボード（ボード用原紙の厚さが0.5㎜以下のものに限る
第2	通常の火災による火熱が加えられた場合に、加熱開始後5分間令108条の2第1号および第2号に掲げる要件を満たしている建築材料は、次に定めるものとする	一	準不燃材料
		二	第1第2号および第3号に定めるもの

耐火被覆

Point 火熱にさらされると、鉄骨の弱点が出る。これを守るのが耐火被覆

鉄骨は不燃材料だが、火熱を受けると、構造耐力上支障のある変形、溶融、亀裂、その他の損傷を生じる。火災時の受熱を防ぐための耐火被覆は、鉄骨造には不可欠の工事である。

耐火被覆の乾式工法

不燃材料であるケイ酸カルシウム板（ケイカル板）やＡＬＣ板、ＰＣ版で鉄骨を覆う工法である。ケイカル板は石灰とケイ石を主原料とし、軽量で、耐火・断熱・遮熱・加工性に優れている。ＡＬＣ版は、軽量気泡コンクリートの1種をいい、ＰＣ版は、工場などであらかじめ型枠に打ち込んで製造したコンクリート板のことをいう。

耐火被覆の湿式工法

あらかじめ工場で合材にされたロックウール・モルタル・石膏などの原料を混錬、圧送し、鉄骨に吹き付ける工法。石膏を主原料とし、蛭石《ひるいし》（バーミキュライト）またはスチロール粒、混和剤からなる石膏系の耐火被覆材は、遮熱性能に優れる。この他、水酸化アルミニウム・セメントと混和剤からなる水酸化アルミ系材料も使われる。

耐火被覆の巻付け工法

ロックウール繊維やセラミック繊維をフェルト状にしたものを、固定ピンを使い鉄骨にスタッド溶接で取り付ける工法である。材料の飛散もなく、鉄骨の建込み前にあらかじめ施工することが可能である。

燃え代設計

火災時に木材は表面から燃えるが、この炭化層が燃焼の進行を緩慢にする特性を利用し、あらかじめ断面積を大きく設計するのが木造の燃え代設計である。木を木自身で被覆するともいえるこの手法の考え方は、耐火被覆と共通である。

耐火被覆の工法

工法	原料例	特徴	適合する使用部位
乾式（半湿式）吹付け工法	・ロックウール	・材料の揚重が容易 ・軽量 ・複雑な個所への施工が容易	・一般部 ・複雑な取合い部
湿式吹付け工法	・ロックウール ・モルタル ・石膏系 ・水酸化アルミ系	・材料の揚重が容易 ・複雑な個所への施工が容易 ・粉塵の発生が少ない ・吹放しなので品質（密度）が安定 ・振動・風圧力による粉塵の発生や風雨による損傷がない ・コテ仕上げにより準仕上げ、GL下地になる	・外周部 ・コア部 ・天井裏をリターンダクトとする場合
乾式（成形板張り）工法	・繊維混入ケイ酸カルシウム板 ・石膏ボード ・ALC板	・品質が安定し、施工管理が容易 ・下地処理をすることにより仕上げが可能	・柱および見え掛かりの梁
巻付け工法	・高耐熱ロックウールフェルト ・セラミック繊維フェルト	・品質が安定し、非常に軽量 ・柔軟性に富み、複雑な個所への施工が容易 ・粉塵発生がほとんどない ・他の仕事との同時作業が可能 ・内装仕上げなどに先立つ施工が可能 ・振動、風圧力による粉塵の発生や風雨による損傷がない ・表面材が不織布で準仕上げが可能 ・吸音性がある	・一般部 ・外周部 ・複雑な取合い部
複合工法	・PC版 ・ALC板	・施工が容易になる	・外周部 ・コア部 ・間仕切壁近傍部

吹付け工法

乾式工法（ケイカル板）

巻付け工法

木造耐火構造

Point JAS認定材でなければ燃え代設計に使えない

防耐火性能とは

防耐火性能とは、①「火源周辺の内装材が燃えない（着火しない）」②「火源周辺の内装材が燃え広がらない（延焼拡大防止）」③「壁や床が燃え抜けない（延焼・類焼防止）」④「柱・梁が燃えて壊れない（倒壊防止）」という4つの性能を意味する。

木材の不燃化

難燃薬剤を注入するなどして①と②を実現できる認定材は、内装制限のある建築の内部でも木材を用いることができる。なお内装制限は、出火時に室内が急激に燃え広がり、煙や有毒ガスが充満したり、火炎にさらされて避難不能にならないための基準である。

防火耐火構造の考え方

建物に求められる耐火性能は、建物の規模・用途、敷地の防火地域規制により定められている。③と④を一定時間（45～60分）以上実現し避難を可能にできれば「準耐火構造」、大規模地震などで消火活動が充分に行えない場合でも火災発生から鎮火後まで倒壊しないものが「耐火構造」である。

木造耐火構造の方策と事例

木造の耐火構造には、耐火被覆型、燃え止まり型、鉄骨内蔵型などがある。左頁の表1はその手法の一例である。

燃え代設計の考え方

木材がゆっくり燃える性質を利用し、断面の大きな材を用いることで準耐火構造とするのが「燃え代設計」である。柱・梁を木材で耐火被覆したとも考えられる。燃え代設計に用いる材は、ＪＡＳ構造用製材、ＪＡＳ構造用集成材、ＪＡＳ構造用単板積層材（ＬＶＬ）、ＪＡＳ構造用直交集成板（ＣＬＴ）で、無等級の製材は使用できない。

木造耐火構造の例（表1）

	方策1（耐火被覆型）	方策2（燃え止まり型）	方策3（鉄骨内蔵型）
概要	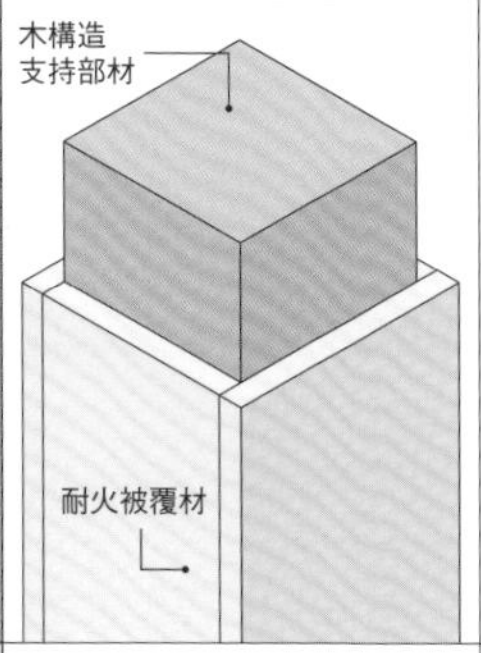	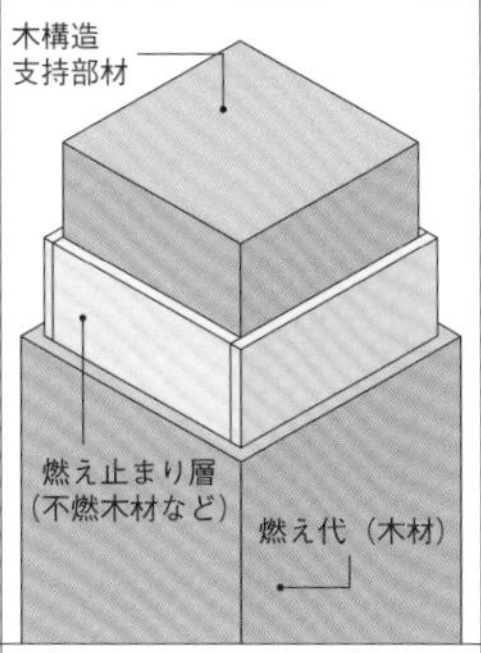	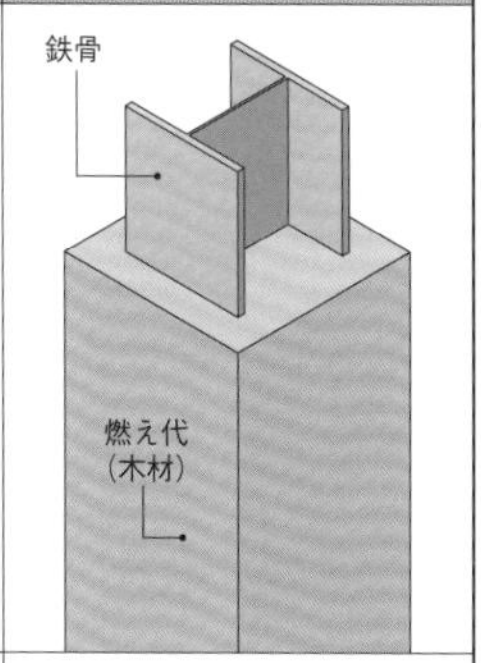
構造	木造	木造	鉄骨造＋木造
特徴	木構造部を耐火被覆し、燃焼や炭化を防ぐ	加熱中は燃え代が燃焼し、加熱終了後に燃え止まり層で燃焼を停止させる	加熱中は燃え代が燃焼し、加熱終了後に燃え代木材が鉄骨の影響で燃焼を停止する
長所	使用する木材の樹種が限定されない	木材が見える	木材が見える
短所	木材が見えない	製造方法が複雑	現時点では使用可能な樹種が限定されている

告示の燃え代寸法（表2）

	集成材、LVL、CLT	製材
大規模木造建築物（建築基準法21条、建築基準法施工令第129条の2の3、昭和62年建告第1901号・1902号）	25㎜	30㎜
準耐火構造（平成12年建告第1358号）	35㎜	45㎜
1時間準耐火構造（平成12年建告第1380号）	45㎜	60㎜

燃え代寸法の考え方

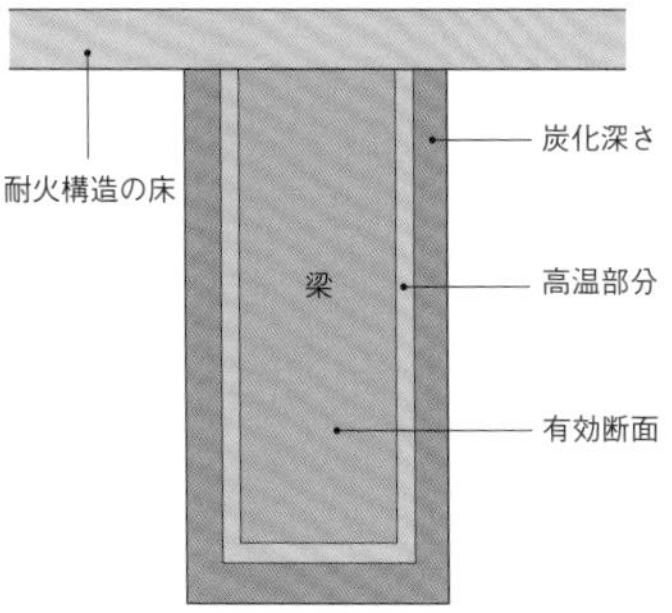

木造耐火構造の例（写真：淺川敏）

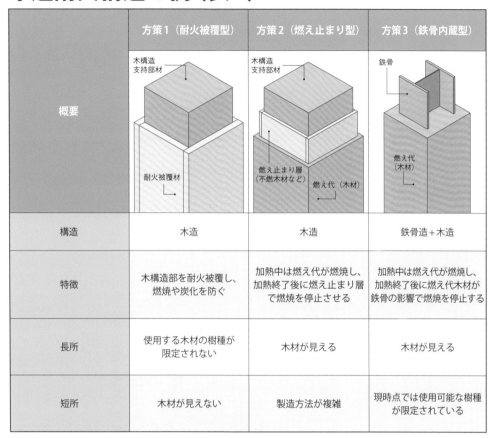

音環境（遮音・吸音）

Point 住宅内での音源となるピアノなどは隣戸の側に置かない、などの工夫も有効である

音には空気中を伝わる空気伝播音と、床や壁など固体を通じて伝わる固体伝播音とがある。住宅の防音対策の目的は、建物内部で発生する音の影響を他の部屋や外部に及ぼさないこと、外部の騒音を建物内部に持ち込まないことの2つの側面がある。

遮音と吸音

音は物体に当たると一部は反射し、一部は吸収または透過し減衰する。この減衰する量を透過損失という。

「遮音」とは、反射や透過損失により音の伝播を遮断することで、面密度（単位面積当たりの質量）の大きい材料ほど遮音効果は高い。一方吸音とは、音の通路に音を吸収する材料を置き、音を反射させないことをいう。軟らかく多孔質な材料は音を反射せず、吸収、透過させる性質をもつ。

防音対策としては、空気伝播音に対しては遮音と吸音を組み合わせ、固体伝播音に対しては防振材（振動の伝達を少なくする）・制振材（振動を減衰する）を用いて音をコントロールする。また空気伝播音については、音漏れを防ぐことも重要なので、防音サッシ、防音ドアなど気密性の高い建具や、換気扇・給気孔などに防音ダンパーなどを効果的に用いる。

音の単位・遮音の指標

音源の強さの単位をデシベル（dB）という。人の耳は周波数により聞こえかたが違うため、周波数が1000ヘルツ（Hz）の音の強さと同等に聞こえる音の大きさに補正した単位をホンという。遮音性能を表す単位では、空気伝播音に対する遮音性能を表すD値と、固体伝播音の1つである床衝撃音に対する遮音性能を表すL値がある。前者は数値が大きいほど遮音性能が高く、後者は数値が小さいほど遮音性能が高い。

第2章

防音環境

種類		特徴
遮音	鉛シート	透過損失が大きく遮音に優れる他、しなやかで共振現象を起こさないため制振性もある
	金属粉混入シート	塩ビに金属粉を配合し不織布などで表面処理したもの。軟らかく施工性良好
	アスファルト系シート	低音域の遮音に効果的で制振性もある
	ガラス繊維混入石膏ボード	耐火性・耐衝撃性もある
吸音	グラスウール・ロックウール	吸音率が高く、断熱性・防火性にも優れる
	木毛セメント板	繊維方向に裁断した木片をセメントで薄板に成形したもの。天井材などに使われる。準不燃材料
	畳	グラスウールと木毛セメント板の中間程度の吸音率がある
吸音（穴あき加工）	岩綿吸音板	ロックウールを主原料とし、接着剤や混和剤を加えて成形。断熱性・防火性も併せもつ
	吸音用軟質繊維板	木質繊維を接着剤や混和剤を加え、成形したものに穴あき加工を施すことによって、吸音性能をもたせたもの
	吸音用穴あき石膏ボード	石膏ボードに穴あき加工を施すことによって吸音性能をもたせたもの
	吸音用穴あきアルミニウムパネル	穴あきアルミニウムを成形したものにグラスファイバーを充填したもの
防振・制振	防振ゴム／フェルト	振動の伝達を少なくする
	制振シート	エアコン・冷蔵庫などの振動の共振を速やかに止める

用途別D値L値（学会推奨値）

D値

建築物	室用途	部位	学会推奨値
集合住宅	居室	隣戸間界床 隣戸間界壁	D-50
戸建住宅	プライバシーを要求される居室	自宅内間仕切壁	D-40

学会推奨値：㈳日本建築学会による、通常の使用状態で使用者からの苦情がほとんど出ず、遮音性能上の支障が生じないレベルの推奨値

L値

建築物	室用途	部位	学会推奨値
集合住宅	居室	隣戸間界床	LL-45 LH-50
戸建住宅	居室	同一住戸内 2階床	LL-55 LH-60

LH値：重量床衝撃音（子どもが飛び跳ねたり、走り回ったりする音など）
LL値：軽量床衝撃音（食器など硬質で軽量なものの落下音など）

住宅の防音対策

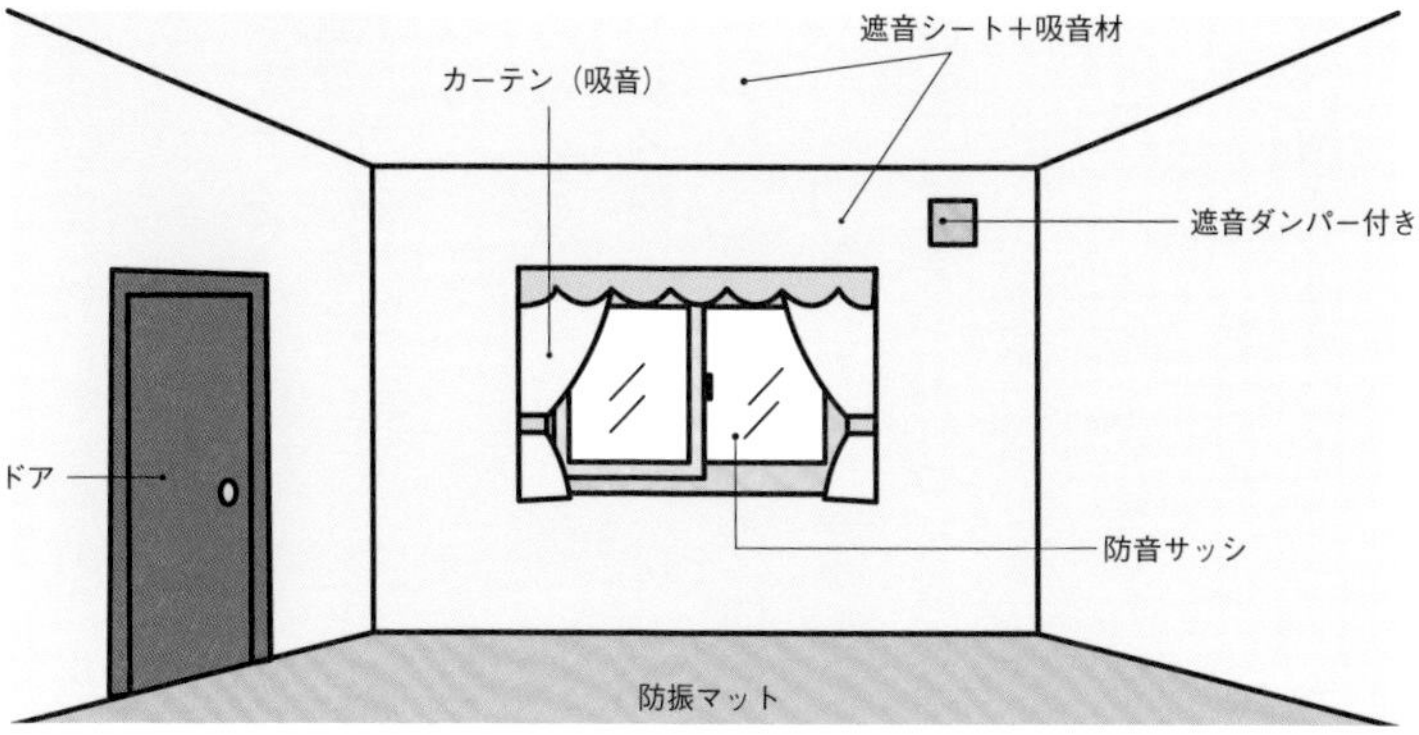

鋼材の種類

Point 鋼材は、その種類や断面形状により、性能・特性が大きく異なる

主要構造部に使われる鋼材

H形鋼（H鋼）

柱・梁材に用いられるH形鋼は、製造方法により数種類に分かれる。ロールHは、ロール成形により製造されるものである。最近では、内法寸法が一定のロールHに対し、外形寸法が一定で多様なサイズ・種類をもつ外法一定H形鋼も普及している。また、平鋼などを溶接したビルトH（BH）などもある。

角形鋼管（ボックスコラム）

角形鋼管は、主に柱材に用いられる。最も一般的な冷間成形角形鋼管には、SN材をロール成形・溶接したBCR、SN材をプレス成形・溶接したBCPなどがある。また、鋼板から任意のサイズをつくるビルドボックス（箱形断面柱）などもある。

2次部材用の鋼材

主に2次部材に使われる鋼材には、コの字型にロール成形された溝形鋼、L型に成形された山形鋼、H形鋼を半分にカットしたCT鋼、4面を熱間圧延した平鋼などがある。

薄肉（軽量鉄骨）でC形のリップ溝形鋼や、コの字形の軽溝形鋼などは、単体で大きな荷重を負担することはできない。ただし、これらの形鋼を組み合わせることにより、軽量鉄骨造などとすることもできる。

ステンレス鋼

ステンレス鋼は鉄をベースに、クロム（Cr）を10％以上とニッケル（Ni）を含む、さびに強い鋼材である。また、普通鋼に比べて伸びと降伏後の耐力上昇が大きいという構造特性も有している。

床スラブ用デッキプレート

床スラブ用デッキプレートは、主に合成スラブ用デッキプレート、プレーンデッキプレート、床型枠用鋼製デッキプレートに分かれる。

H形鋼の種類

（数字単位：mm）

名称	ロールH	ビルトH	外法一定H形鋼と従来のH形鋼
断面形状	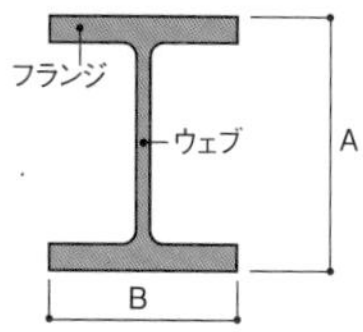	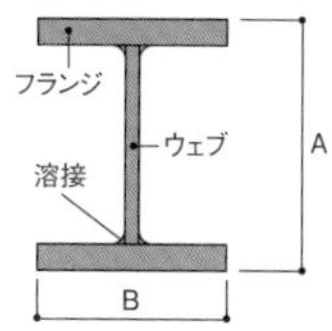	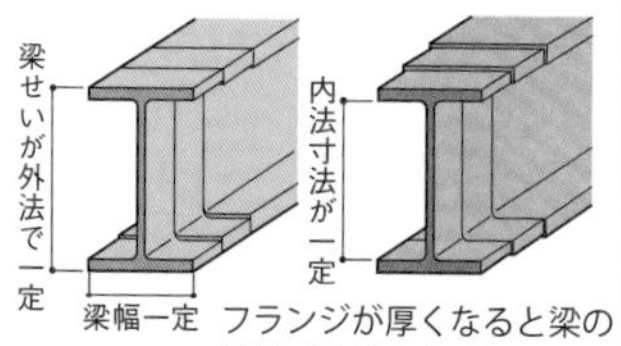
表記例	A＝300　B＝300 ウェブ＝10　フランジ＝15の時 H－300×300×10×15	A＝300　B＝300 ウェブ＝9　フランジ＝16の時 BH－300×300×9×16	A＝400　B＝200 ウェブ＝9　フランジ＝22の時 H－400×200×9×22
サイズ A×B	広幅系列：100×100～400×400 中幅系列：150×100～900×300 細幅系列：100×50～600×200	特にサイズの制限はないが材料となる鋼板の規格（厚さ）と工場の製作能力（規模など）による	400×200～1,000×400 鋼材メーカーにより若干異なる

主な形鋼の種類（H形鋼を除く）

（数字単位：mm）

名称	溝形鋼（チャンネル）	山形鋼（アングル）	CT鋼（カットT）	平鋼（フラットバー）
断面形状	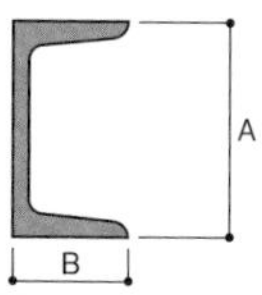	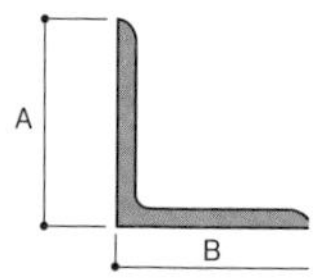	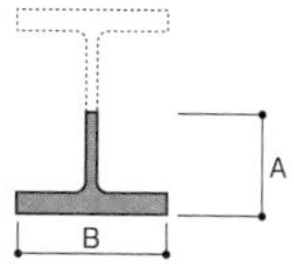	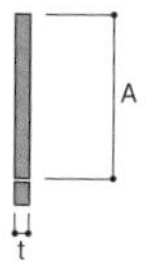
表記例	A＝200　B＝70 ウェブ＝7　フランジ＝10 [－200×70×7×10	A＝65　B＝65 材厚＝6 L－65×65×6	―	材厚＝9　A＝300 FB－9
サイズ	75×40～380×100	等辺：20×20～350×350 不等辺：75×50～150×100 不等辺不等厚 200×90 ～600×50	H形鋼を半分にしたサイズ	t　3～40 A　9～400

角形鋼管の種類

（数字単位：mm）

名称	冷間ロール成形角形鋼管（BCR）	冷間プレス成形角形鋼管（BCR）	4面溶接ボックス
断面（製造過程）	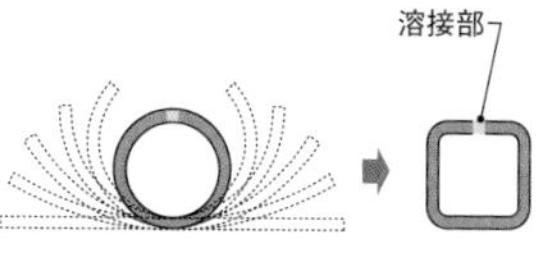	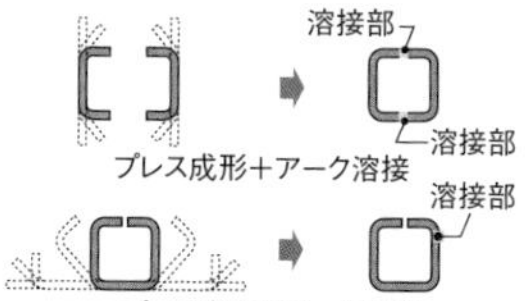	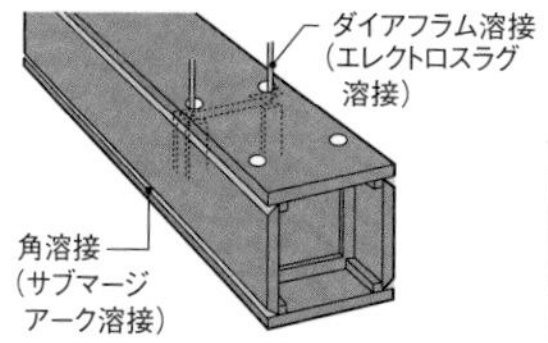
サイズ	□150×150×6 ～□550×550×22 メーカーごとに製造範囲が異なる	□400×400×9 ～□1,000×1,000×40 メーカーごとに製造範囲が異なる	ロール、プレスなどの加工方法が困難な厚肉、大断面の場合

デッキプレートの種類と床スラブ工法の組合せ

①合成スラブ用デッキプレート

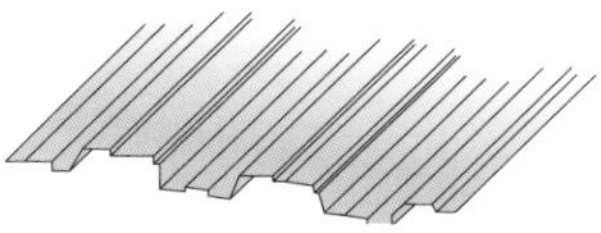

②プレーンデッキプレート

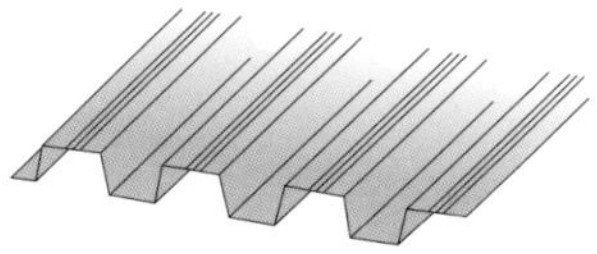

③床型枠用鋼製デッキプレート

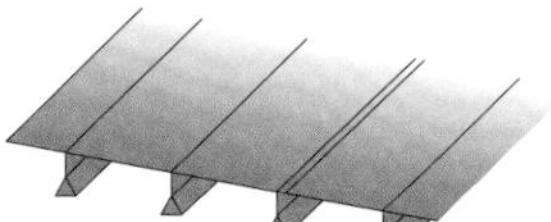

デッキプレートには上記３種がある。①、②は構造部材や仮設材の役割を果たすが、③は仮設材であり、RC造工事の捨て型枠として使用される場合もある

出典：『鉄骨工事技術指針・工事現場施工編』㈳日本建築学会

鉄骨造の建方

Point 鉄骨の建方では、短時間にさまざまな作業と機器が緻密に交差し、活躍する

建方

建方に先立ち、工場製作された鉄骨部材を現場の地上で組み立てて精度などを確認する地組みを行う。その後レンフロークランプ、シャックルなどで部材を支持固定し、クレーンなどの重機で鉄骨部材を吊り上げる。

各接合部には、必要な本数の仮ボルトをバランスよく配置して締め付ける。必要に応じてワイヤなどで建方時の外力に対する安全性も確保する。また、命綱や水平・垂直ネット、スタンション（仮設手摺用ポール）などで作業者の安全も確保する。

建入れ直し

建方後、トランシットで倒れの確認、自動レベルで基準高さの計測などを行い、柱の倒れや出入りを修正する。修正はターンバックルやブロックワイヤを緊張させて行う。

ボルト接合

建方時の仮ボルトは、建入れ直し後に以下の本締めボルトに替える。

①高力ボルト

トルシア型高力ボルト、高力六角ボルト、溶融亜鉛メッキ高力ボルトがある。メガレンチナット、シャーレンチ、インパクトレンチなどの専用工具で締め付けて留める。

②普通ボルト

スパナ、ハンドレンチなどを使い、人力で締められるボルト。高力ボルトと見た目は大差ないが、建築基準法の規定により、延べ面積３０００㎡以下、軒高９ｍ以下、梁間13ｍ以下の規模の建築への使用に限られている。

③リベット

リベット接合は、片側に頭がある鋲を高温で熱し、リベットハンマーでもう一方の頭をつぶして接合する方法だが、最近は採用例が少ない。

建方の様子

建方時、鉄骨部材はレンクローランプなどで指示固定されながら荷揚げされる。建方の現場では、「命綱」「水平養生ネット」「スタンション」など、作業員の安全を確保する措置も十分にとる必要がある

建方・建入れ直しの主な機材

レンフロークランプ　写真：日建リース

シャックル　写真：大洋製器工業

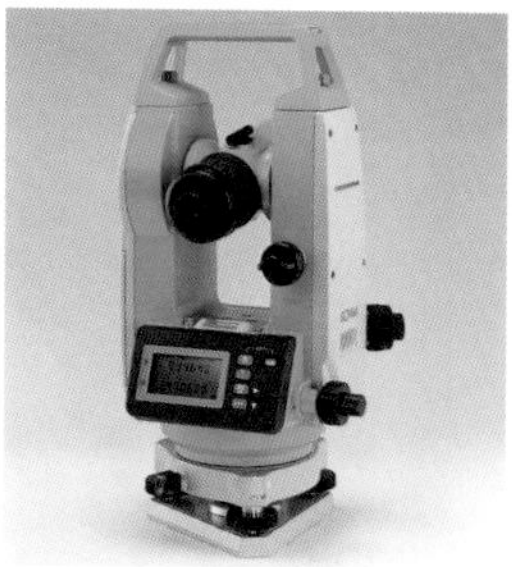

セオドライト　写真：ソキナ

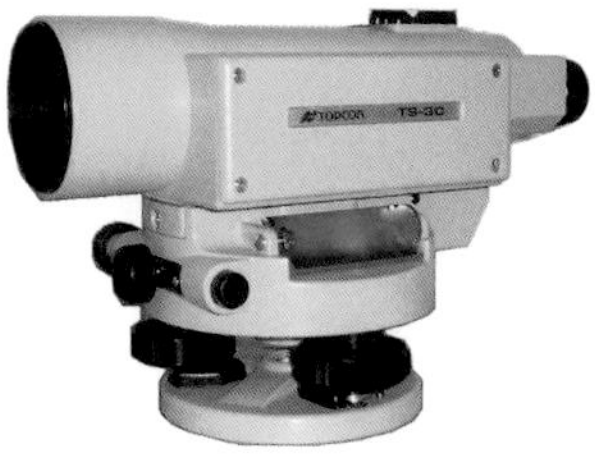

自動レベル器　写真：ソキナ

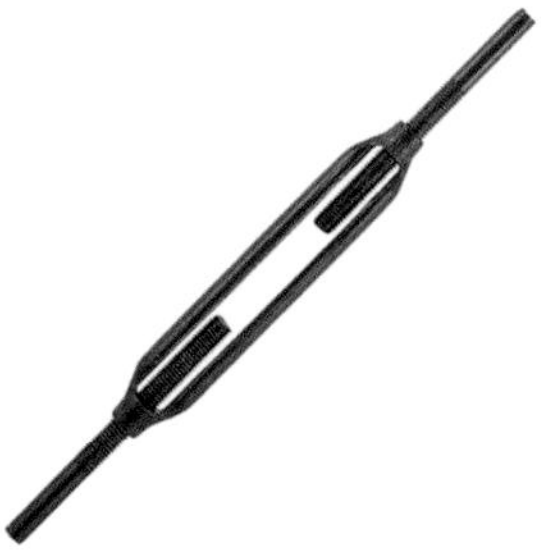

ターンバックル　写真：コンドーテック

レバーブロック

高力ボルトの種類

ボルトの種類	トルシア型高力ボルト	高力六角ボルト	溶融亜鉛めっき高力ボルト
形状・表面処理	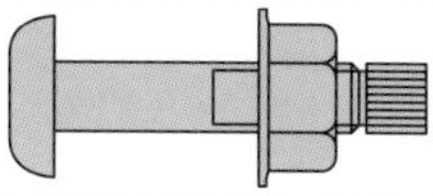	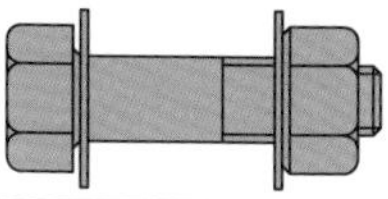	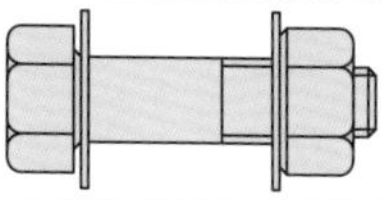
	ナットの座面表面を潤滑処理	ナットの座面表面を潤滑処理	表面は溶融亜鉛めっき処理し、ナット面はめっき後潤滑処理

出典：『鉄骨工事技術指針・工事現場［施工編］最新版』㈳日本建築学会

鉄骨造の溶接

Point 工場溶接・現場溶接など、作業環境に適した溶接機器・検査機器を選択する

溶接の手法

溶接接合には、全応力を母材と同等に負担できる完全溶込み溶接と、主にせん断力のみ負担する隅肉《すみにく》溶接とがある。溶接技法には、主に被覆アーク溶接棒を使う被覆アーク溶接や、溶接ワイヤを自動的に送り込むガスシールド半自動アーク溶接などがある。なお、溶接の施工は、管理技術者［※］を選任して行う。

溶接部の名称

溶接部は主に、余盛《よも》り、のど厚、脚《きゃく》長《ちょう》などから構成され、他にも次のような部位・部材がある。

①開先《かいさき》

母材の溶接面に加工により設ける角度や面のこと。開先形状は、母材溶接条件や母材の板厚から決定する。

②エンドタブ

溶接時に生じやすい溶込み不良や、クレーターなどの溶接欠陥を避けるために溶接端部に取り付ける部材。

③スカラップ

溶接線の交差や多重溶接の入熱による材質劣化を防ぐ目的で、一方の重要な溶接線を通すためにウェブに設ける扇形の切欠き。

検査

溶接部の内部検査では、探触子から発した超音波の反射から溶接部の欠陥の深さ・位置を測定する超音波探傷検査が行われる。また、主に完全溶込み溶接では、溶接内部に発生する欠陥を防ぐため、入熱・パス間温度管理を行う。入熱は靭性に、パス間温度は強度(引張り強さ・降伏点)に影響を及ぼす。パス間温度は、次のパスを溶接する前に温度チョークや表面温度計温度で測定する。

この他現場では、小型硬さ測定器などによる硬さ試験なども行う。

※ 一般的には㈳日本溶接協会で認定された溶接技術者で、特別級・1級・2級がある

第2章

溶接に用いる器具

「被覆アーク溶接」に使用するホルダー（握り）と溶接棒

「ガスシールド半自動アーク溶接」に使用するトーチ

溶接の各部名称

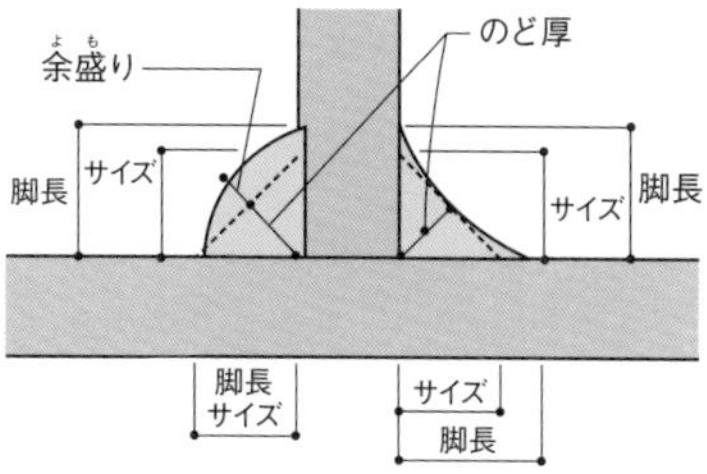

スカラップ

従来のスカラップ

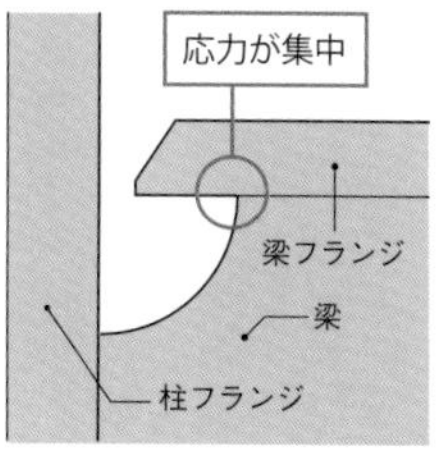

改良スカラップ

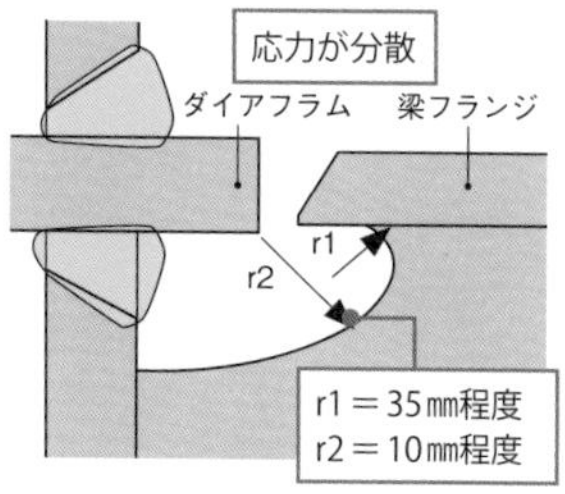

検査に用いる機器類

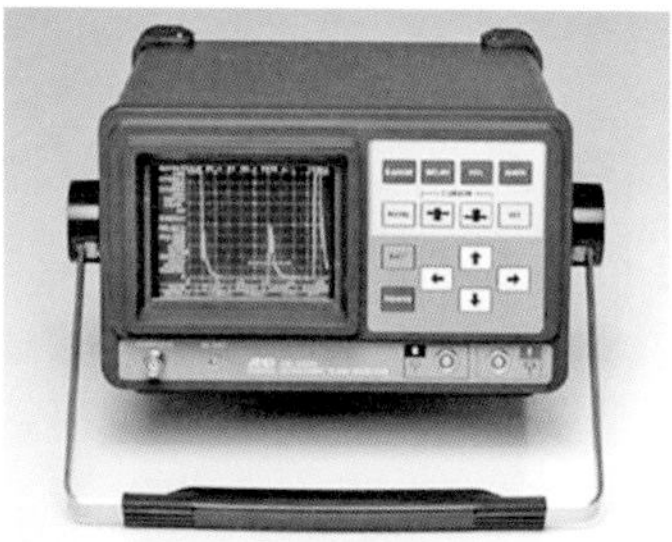

超音波探傷検査に用いる検査器の本体。結果は画面にグラフとして表れる

温度チョーク。加熱された鋼材に何本か当て、溶けるクレヨンの種類で温度を測定する　写真：内外コーポレーション

鉄骨の表面温度を測定する温度計。本体にセンサをつなげて測定する　写真：安立計器

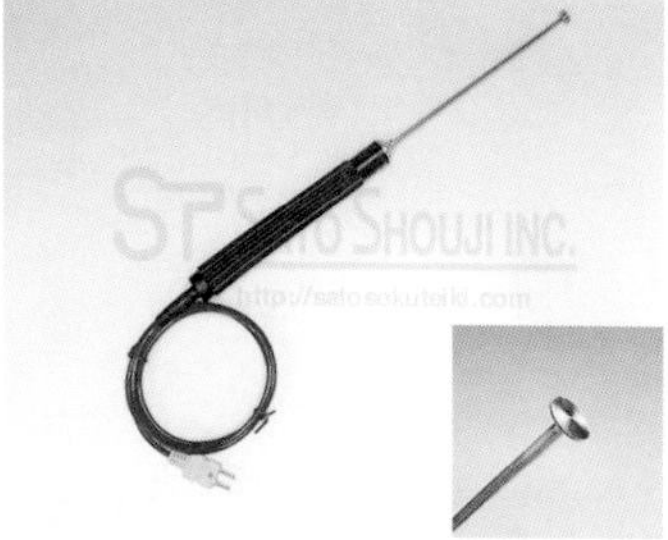

現場測定に便利な小型硬さ測定器。溶接熱影響部や鋼材の強度を確認するための必需品　写真：新明ゼネラル

鉄筋（鉄筋コンクリート用棒鋼）

Point　張力を負担する鉄筋は、適正な種類のものを適正な位置に配筋する必要がある

鉄筋の種類とミルシート

鉄筋は、丸鋼と異形鉄筋に大別される。異形鉄筋は表面に凹凸があるので丸鋼よりコンクリートとの付着性能が高く、引抜きに対して強い。

製造方法によって名称が異なる。高炉鉄筋は溶鉱炉でつくられる鋼材で、原子力発電所や高層建築などに使用が限定される。電炉鉄筋は電気炉でつくられ、主に一般建築に使用される。

製鉄所が鉄筋の品質を証明する鋼材検査証明書をミルシートとよぶ。鉄筋の種類、よび名、径、化学成分、数量、引張り・曲げ試験結果、製造業者名が記載されており、監理者はその確認をする必要がある。

鉄筋の使用部位による名称

主筋は、鉄筋コンクリート構造の柱や梁において、主に引張り力を負担する。帯筋は、鉄筋コンクリート構造で柱のせん断破壊を防ぐために入れる補強筋で、柱の主筋に直角に配筋する。あばら筋は、梁のせん断破壊を防ぐために入れる補強筋で、梁の主筋に直角に配筋する。

施工上の注意事項

型枠と鉄筋の間の距離をかぶり厚さという。かぶり厚さが小さいと建物の耐久性が弱まることがあるので、コンクリート打設時にはかぶり厚さが変化しないようにスペーサー、バーサポートなどで鉄筋を固定する。

鉄筋を延長してつなぐ方法には、主に圧接継手と重ね継手がある。圧接継手はガスで加熱した鉄筋どうしを突き合わせ圧力を加えて継ぐ。重ね継手は、部材の端を一定の長さで重ね合わせて継ぐ。一般的に鉄筋径が19㎜以上の場合は圧接継手とし、それ未満の場合は重ね継手とする。なお、近年では、溶接継手や機械式継手もある。

使用部位による鉄筋名称

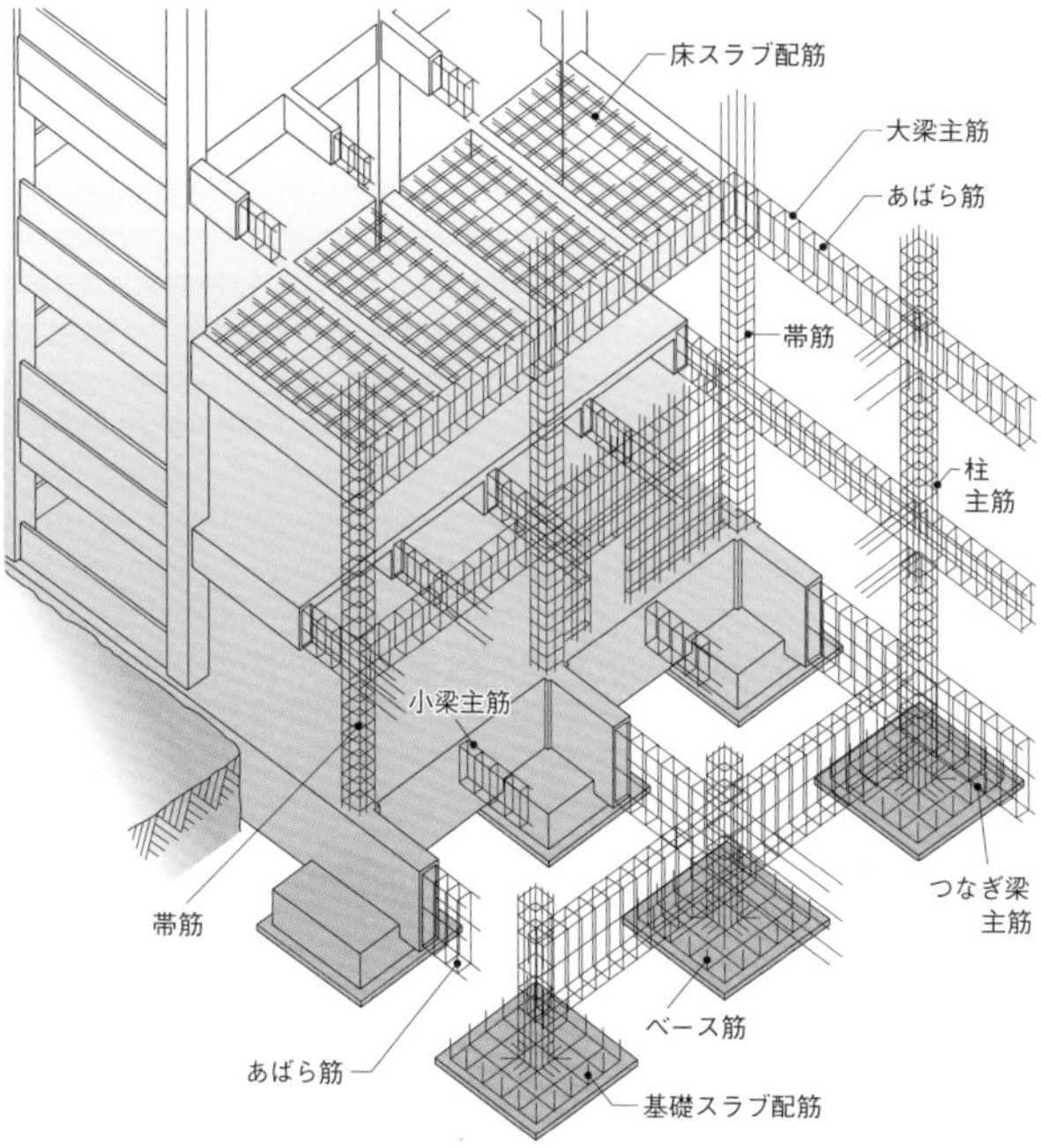

丸鋼と異形鉄筋

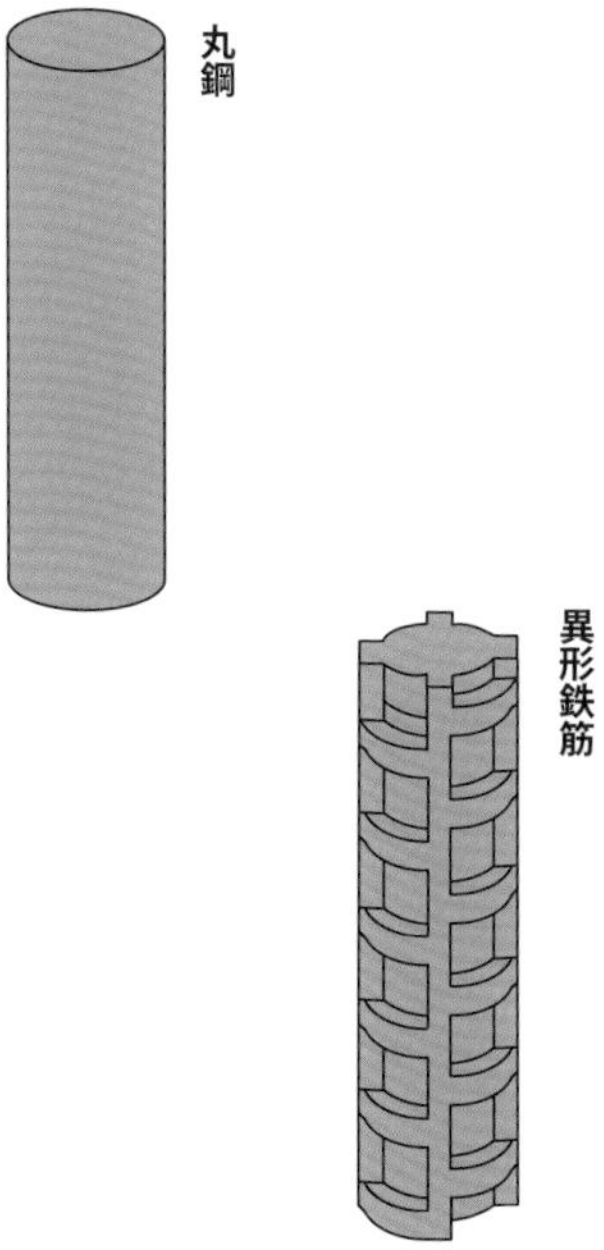

圧接継手

圧接継手部分（拡大）

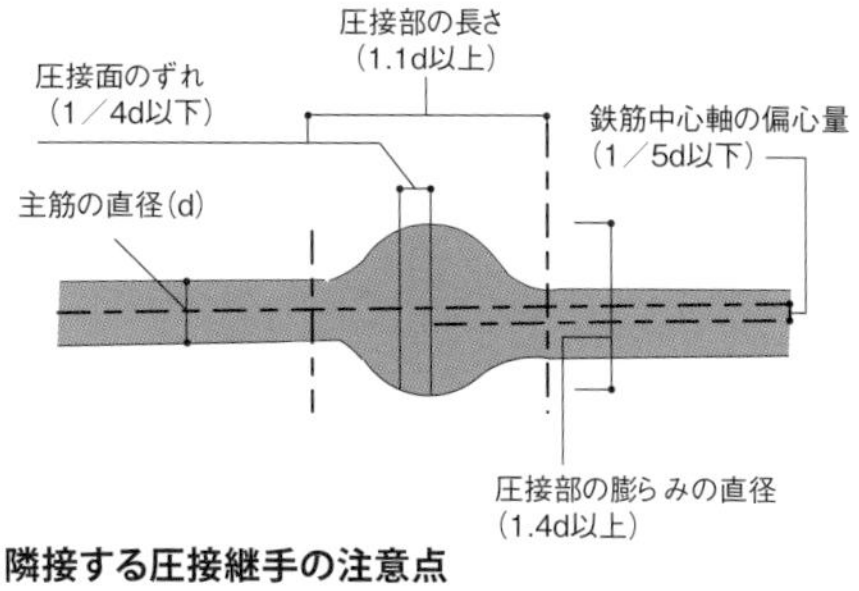

隣接する圧接継手の注意点

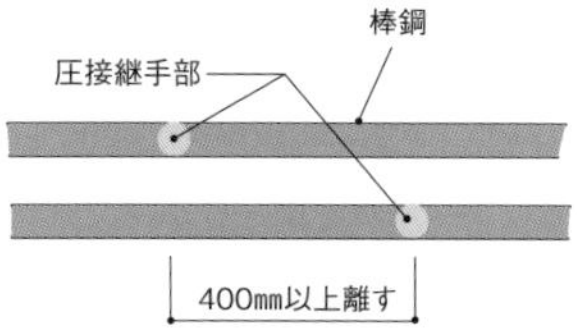

継手の種類

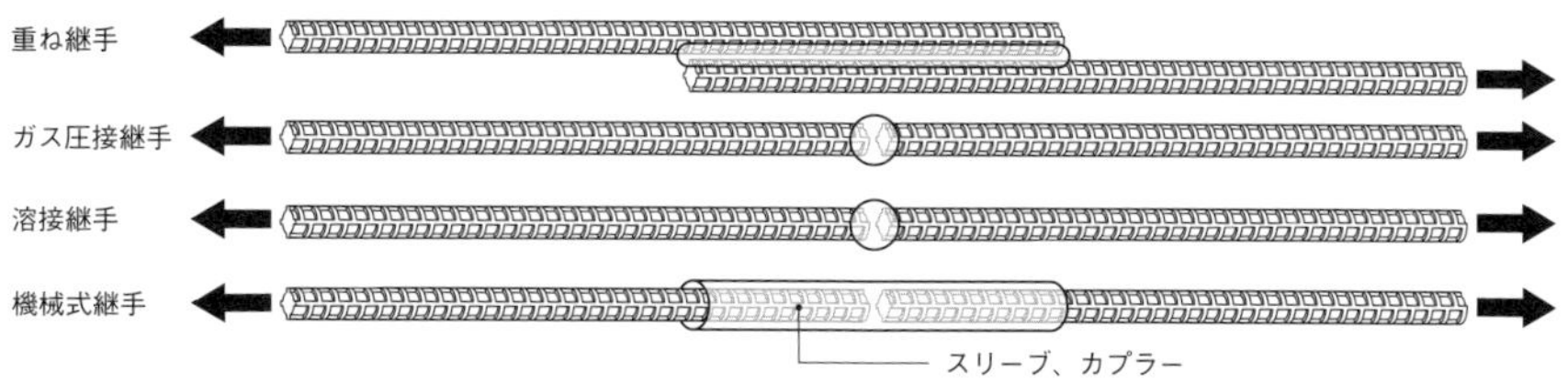

型枠

Point 型枠工事は施行図にもとづいて行われる。施工時は精度の確保が必要となる

型枠の種類と働き

型枠工事で、コンクリートに直接接する板類がせき板［※］である。せき板には、合板（コンパネ）や金属・プラスチック板、繊維板などがある。せき板を所定の位置に固定する仮設構造物は、支保工とよばれる。せき板と支保工を緊結する締付け金物には、セパレータ、フォームタイなどがある。型枠はコンクリートの鋳型で、構造物の形状・寸法を定める。また、コンクリートが初期に必要な強度を発現するまでの仮設物でもある。

型枠の設計と施工

せき板の継目から漏れたモルタルはコンクリートを損傷させるため、施工時は細部まで確認する。また、支柱の倒壊は人身事故につながるので、最大限注意する。型枠の設計、組立ては、『型枠の設計・施工指針案』㈳日本建築学会刊）によることが望ましい。

設計時には、コンクリート打込み時の鉄筋・コンクリートや、型枠重量などの荷重の他、打込み器具・足場・作業員などの重量、資材などの施工荷重も考慮する。また、打込みに伴う衝撃荷重や地震・風圧の荷重も加味する。

施工の手順と注意事項

木製パネルの型枠を使用する場合、組立て手順は次のようになる。

①柱は、鉄筋を組み立てた後に型枠を組み立てる

②床スラブ・梁は、型枠を組み立てた後に鉄筋を組み立てる

③壁は、片側の型枠を組み立て、最後に反対側の型枠を組み立てる

柱型枠の下方には掃除孔を設け、打込み前に型枠内部を清掃しておく。型枠の支柱は鉛直に、かつ、できれば上下階で同じ位置になるように立てる。

※　現場では「せき板」のことを「型枠」とよぶことが多い

型枠の構成部材

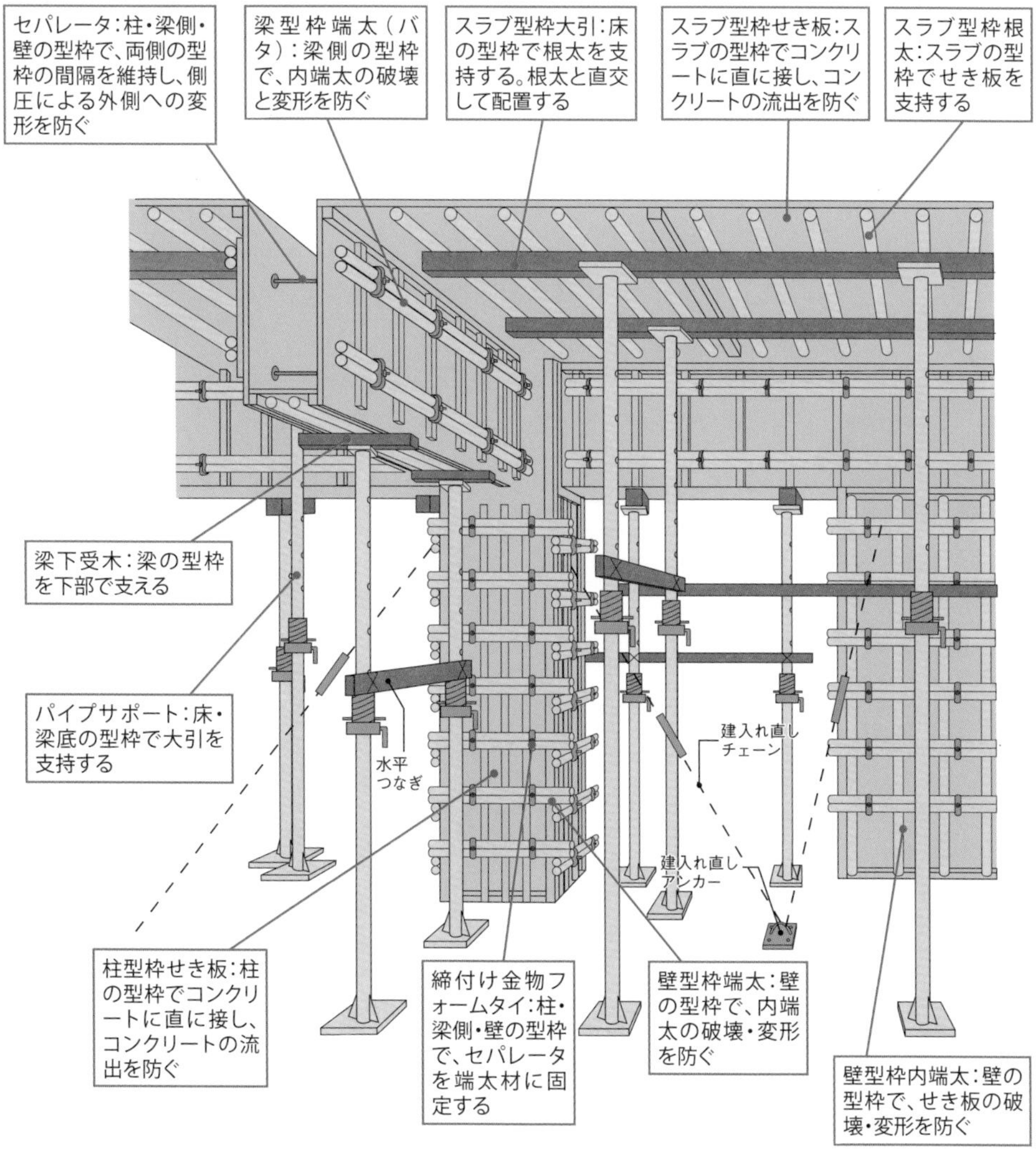
セパレータ：柱・梁側・壁の型枠で、両側の型枠の間隔を維持し、側圧による外側への変形を防ぐ
梁型枠端太（バタ）：梁側の型枠で、内端太の破壊と変形を防ぐ
スラブ型枠大引：床の型枠で根太を支持する。根太と直交して配置する
スラブ型枠せき板：スラブの型枠でコンクリートに直に接し、コンクリートの流出を防ぐ
スラブ型枠根太：スラブの型枠でせき板を支持する
梁下受木：梁の型枠を下部で支える
パイプサポート：床・梁底の型枠で大引を支持する
水平つなぎ
建入れ直しチェーン
建入れ直しアンカー
柱型枠せき板：柱の型枠でコンクリートに直に接し、コンクリートの流出を防ぐ
締付け金物フォームタイ：柱・梁側・壁の型枠で、セパレータを端太材に固定する
壁型枠端太：壁の型枠で、内端太の破壊・変形を防ぐ
壁型枠内端太：壁の型枠で、せき板の破壊・変形を防ぐ

出典：『型枠の設計・施工指針集』㈳日本建築学会

セパレータとフォームタイ

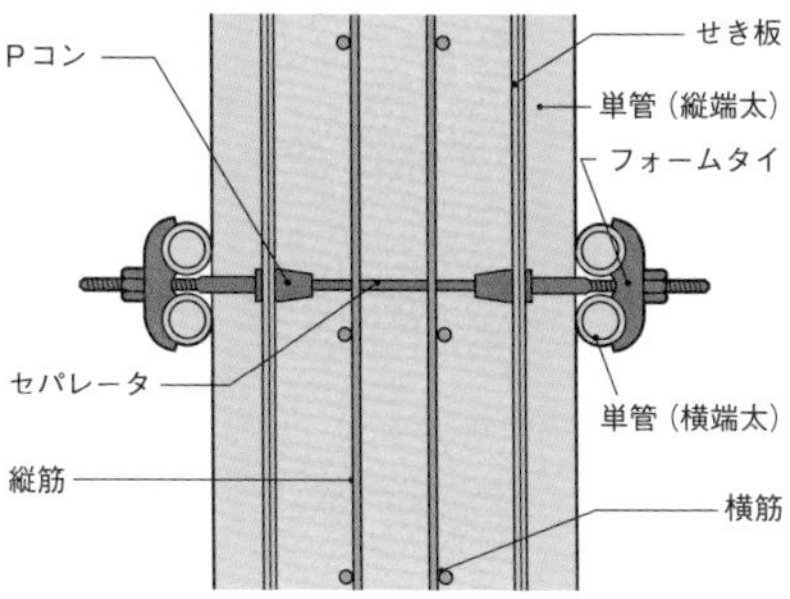
Pコン
せき板
単管（縦端太）
フォームタイ
セパレータ
単管（横端太）
縦筋
横筋

Pコン、セパレータ、型枠までの施工が終わった状態。この後、単管（横端太）がわたされ、フォームタイで締め付ける

コンクリートの種類

Point コンクリートは、セメント・水・骨材・混和剤などからなり、配合の違いで分類される

重量による分類

コンクリートは重量によって、普通コンクリートと軽量コンクリート（一種・二種）に分類される。

普通コンクリートには砂利、砕石、高炉スラグ砕石などが配合され、必要強度は構造設計によって決定される。一般的な設計基準強度は、捨てコン・土間コンで18N/㎟、土間コン・躯体コンで24N/㎟である。

軽量コンクリートは、人工軽量骨材により比重を軽くしたもので、強度は普通コンクリートと変わらないが、たわみが大きくなる。軽量化が必要な個所に使われるシンダーコンクリートや、建築面積に対して建物高さが高い煙突などで使う場合に有効である。

施工環境の違いによる分類

寒中コンクリートは、気温の日別平滑平年値が4℃以下の期間に使用される。打込み直後の養生期間中に凍結しないよう、単位水量や水セメント比を少なくし、適切な気泡を発生させるためにAE剤やAE減水剤を使う。

暑中コンクリートは、気温の日別平滑平年値が25℃を超える期間に使用される（都内では7月14日から9月6日が目安）。セメントの急速な水和反応、水分蒸発などに対応できるよう、骨材や水を低温にしてコンクリート温度を35℃以下に抑えている。また、AE減水剤遅延形や、高性能AE減水剤遅延形などの混和剤も併用される。

その他の特殊コンクリート

部材断面の最小寸法が大きく、かつセメントの水和熱による温度上昇で有害なひび割れが入るおそれのある部分に使われるマスコンクリート、水中や安定液中に打つ鉄筋コンクリート杭、または地中壁などに使用される水中コンクリートなどもある。

主な混和剤の特徴

名称	タイプ	特徴
AE剤	—	空気連行作用をもつ混和剤。コンクリートに多くの微細な空気泡を連行する。連行空気泡のベアリングのような作用によりワーカビリティの改善と単位水量の減少を両立、耐凍害性も改善される
AE減水剤 減水剤	標準形 遅延形 促進形	セメント分散作用と空気連行作用を併用する混和剤。ワーカビリティの向上、単位水量の減少、単位セメント量の減少などの効果がある。遅延形は凝結遅延効果があり夏期に適用。促進形は凝固促進効果より初期強度発現の促進効果が高く、低温時の初期強度発現や型枠存置期間の短縮などに適用
高性能 AE減水剤	標準形 遅延形	高い減水性能とスランプ保持性能をもつ混和剤。セメント粒子を効果的に分散し、凝結の遅延・過剰な空気連行、強度低下などの悪影響なしに高い混入率で使用でき、耐凍害性も改善される。分散・減水効果は練り混ぜたセメントペーストに後から添加した場合のほうが大きい。高流動コンクリートや、同一スランプを得るための単位水量が多い骨材（海砂や砕砂）の単位水量の調節に適用
流動化剤	標準形 遅延形	一般的な減水剤とは成分的に異なり、適量を用いれば、凝結遅延、硬化不良、空気量の過剰連行などの悪影響がない。添加時期は各材料との同時添加より後添加のほうがはるかに効果的。添加量とスランプ増大量はほぼ比例するが、添加量が多すぎると、流動化が進みすぎることもある。流動化コンクリートのスランプは、JASSで21㎝まで認められているものの、流動化前のベースコンクリートの調合に注意
遅延剤	—	暑中コンクリートのコールドジョイント防止や、連続打設を必要とする部位に適用
促進剤	—	初期強度発現の促進、型枠存置期間の短縮、寒冷時の初期凍害防止に適用。塩化カルシウム系のものは、鉄筋の発錆や長期強度の低下を招くおそれがある
急結剤	—	凝結時間を著しく短縮し、強度発現を促進。止水、補修などに適用

注　減水効果などはプレーンコンクリートとの比較

気温によるコンクリートの分類

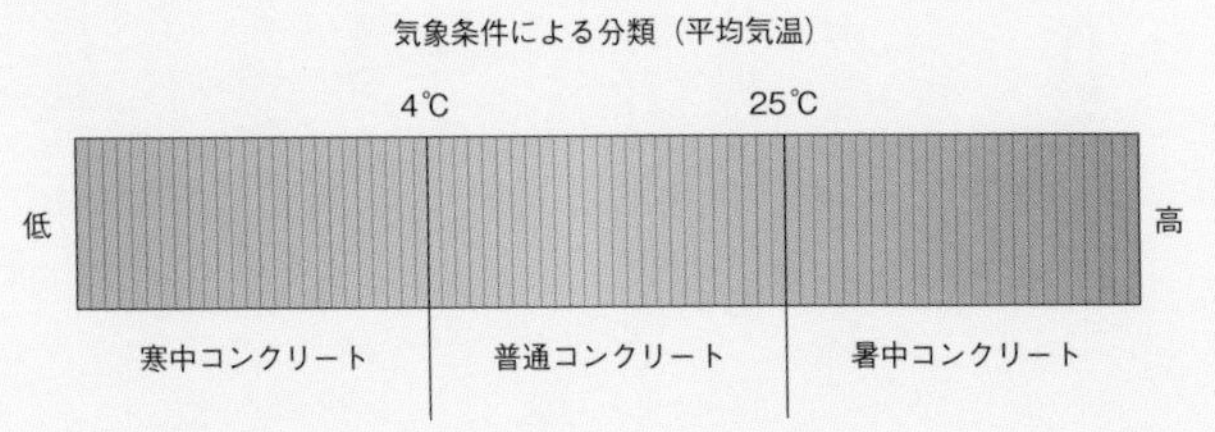

コンクリートの施工

Point コンクリートの打設は、事前準備から打設手順までしっかり計画しておく必要がある

打設計画

仕上がりのよいコンクリートを打つには、事前の打設計画が重要である。特に打放しでは、打設順序が仕上がりに大きく影響するため十分検討する。

打設前の確認事項

型枠や配筋の不備、鉄筋のかぶり厚不足やCD管による支障がないか、現場で確認する。打設前には散水して型枠を十分湿らせておく。また、打設時は型枠に大きな側圧がかかるため、パイプサポートの押しとチェーンの引張りで、型枠を十分補強しておく。打設時に倒れを確認修正できるよう、要所には下げ振りを付けておくとよい。

打設時の注意点

打設時は、コンクリートの落下高さや打込み速度、打継ぎ部、打込み区画などをチェックし、コールドジョイントなどを防ぐ。また、打込み場所以外の鉄筋や型枠にコンクリートが付着しないように注意する。

コンクリートを隅々まで充填して締め固め、未充填個所やジャンカ、亀裂などの発生を防ぐため、バイブレータや突付き木槌での叩きを十分行う。ただし、バイブレータのかけ過ぎはコンクリートと骨材の分離を招くので、1カ所5～15秒程度とする。また打込み中は支保工サポートや型枠のはらみの点検、調整も行う。

打設後の作業

コンクリート上面の高さや勾配が適切か、オートレベルなどで確認する。スラブ上端はレベルを測りながらトンボやコテで平滑にし、終了後はコンクリートの急速な乾燥を防ぐため、打設当日から散水する。型枠の解体は気温によっても型枠の存置養生期間が異なるので、強度を確認しながら行う。

打設計画書

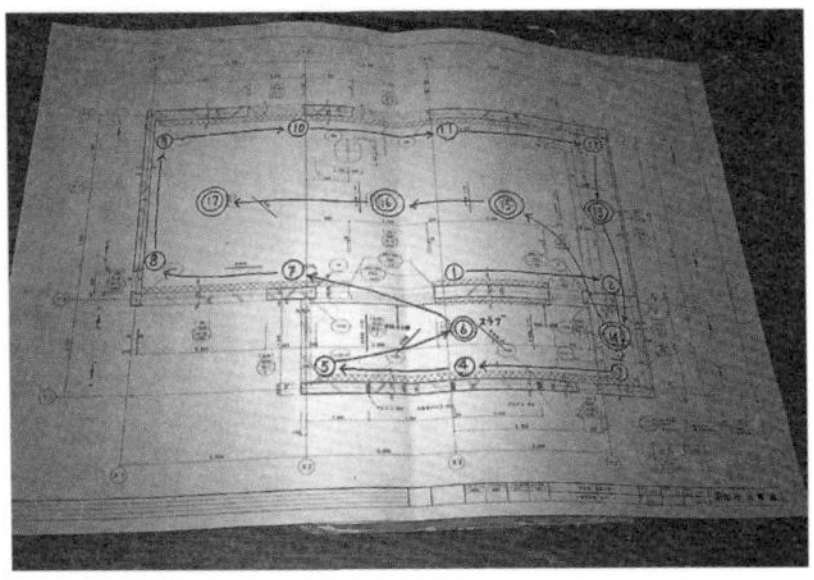

打設計画書には、打設順序、所要時間、打設量（生コン車の台数）、人員配置と役割分担などがまとめられる

柱型枠のチェーン留め

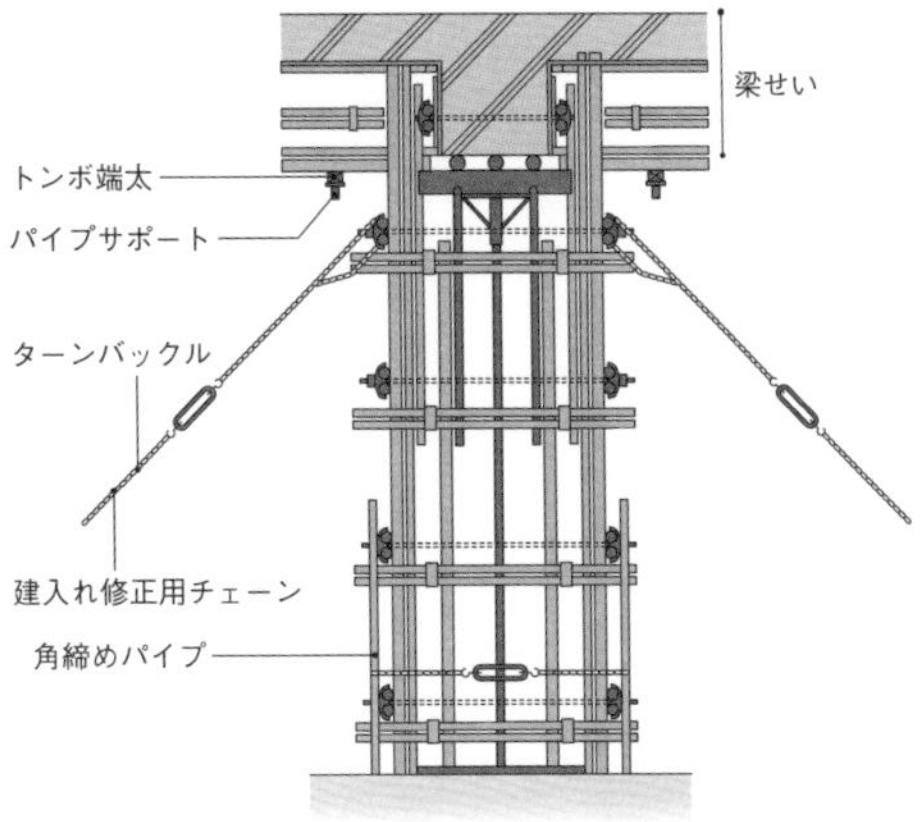

型枠の設置

型枠は片側から建てていく（上）。型枠の下（土台）と隣（型枠）の桟木どうしを釘留めして型枠を固定する（左）

桟木とフォームタイの間に単管を挟んでフォームタイを締める（上）。せき板の継目にはガムテープを張り、ノロ（モルタル）の漏れを防ぐ（左）

コンクリートの打設

打設時にはバイブレータなどを用いてコンクリートを隅々まで充填し、締め固める（左）。スラブ上端はレベルを測りながらトンボやコテで平滑にする（上）

コンクリートの品質管理

Point 品質管理はコンクリートの性能を左右するので、チェックポイントを踏まえて行う

品質管理の重要性

コンクリート工事で施工時の品質管理を怠ると、コールドジョイント、ジャンカ、亀裂などの問題が生じる。これらは単に意匠のみならず、構造（強度）や耐久性（コンクリートの中性化）などにも影響を及ぼすことになる。

スランプ試験

フレッシュコンクリート（生コン）の軟らかさを測る試験。一般に、スランプ値が小さすぎると作業性が低下し、大きすぎるとコンクリート強度の低下、骨材の分離、乾燥時の収縮、均一性の低下を招く。必要なスランプ値と許容差は、JASS5に定められる。

コンクリートの成分値

①空気量

コンクリート内に含まれる、コンクリート全体に対する空気の体積比を空気量とよぶ。一般に、空気量が増すにつれて作業性は上がるが、大きすぎるとコンクリート強度が弱くなる。空気量は4.5％前後とするが、寒冷地では小さくすることもある。

②コンクリート温度

一般に、打設時のコンクリート温度は5～35℃程度が望ましいとされる。温度はコンクリートの硬化速度に影響するので、夏期や冬期には要注意。

③塩化物含有量

コンクリートに含まれる塩化物イオンの総量。塩化物が多いと鉄筋がさびやすくなるので、特に骨材が含む塩化物イオン量の管理は重要である。

圧縮強度

生コンから供試体をつくり、通常は冷却期間（材齢）28日後に圧縮強度試験を行う。1ユニット3個で、材齢7日の強度確認用や型枠解体時期決定用など、計6個、または9個つくる。

コンクリートの各種試験類

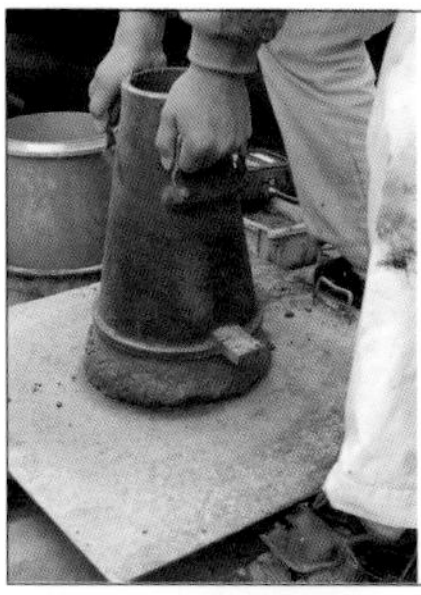

❶スランプ試験
生コンの作業性を確認する試験。生コンを入れたスランプコーンを垂直に外してできた山の頂点の高さが、スランプコーンの頂点の高さ30㎝からどれだけ下がったかにより、軟度（スランプ値）を測る。山の下がり方（スランプ値）が大きいほど軟らかく、一般には15～18㎝で施工する

❷空気量試験
生コン中に含まれる空気量を確認する試験。円筒の容器に生コンを入れ、密閉・加圧したうえで、圧力の減少量から生コン中の空気量を測定する。空気量の値は%で表され、普通コンクリートでは4.5±1.5%と規定されている（JIS A 5308）

❸塩分濃度、温度測定
塩分量の多いコンクリートは鉄筋を腐蝕させやすい環境をつくる。一般には0.3kg／m^3以下と規定されている（JIS A 5308）。また、温度は硬化速度に影響を与えるため、特に夏期や冬期には要チェックである

❹供試体（圧縮強度試験）
供試体とは、コンクリートの強度試験などを行うためのテストピースである。作製後4週を経たコンクリートが基準強度となるため、4週間後に試験を行う

生コン検査の各種判定値

検査項目	検査時期・回数	試験方法	実施者・立会者	合格判定値	
スランプ空気量	圧縮強度試験用供試体採取時	JIS A 1101	実施：生コン会社 立会：施工責任者	指定したスランプ（㎝）	許容差（㎝）
				8未満	± 1.5
				8以上18以下	± 2.5
				18超	± 1.5
	構造体コンクリートの強度検査用供試体採取時	JIS A 1128	実施：施工管理者 立会：工事監理者	空気量	
				区分	許容差（%）
				普通コンクリート	± 1.5
塩化物含有量（塩素イオン量）	1回／1日［※1］	JASS 5T-502（評価を受けた測定器を用いる）	実施：施工管理者 立会：工事監理者	防錆対策がない場合：0.30kg／㎥以下 防錆対策がある場合：0.60kg／㎥以下	
圧縮強度	打込み工区ごと、打込み日ごとに［※2］1回、かつ1回／約150㎥（3回／1検査ロット）	JIS A 1108 標準養生材齢28日	実施：生コン会社 立会：施工管理者	下記（1）（2）をともに満足すること （1）1回の試験結果は、指定した調合管理強度の85%以上 （2）3回の試験の平均値は、調合管理強度以上	

※1　測定は、同一試料から採った3個の分取試料について各1回測定し、その平均値で判定する
※2　1回の試験に用いる供試体は3本で、任意の1運搬車から採取する

組積造・補強CB造

Point 建材を積み上げた構造形式である組積造も、補強により安定した構造になる

組積造とは

組積造とは、建材を積み上げてつくった壁で上部構造物を支える構造形式で、「組積構造」「組積式構造」ともいわれる。レンガ・コンクリートブロック（CB）を積んだだけでは、水平方向の外力を受けて崩壊する危険があるため、近代以降は孔の開いた部材に鉄筋を通してモルタルやコンクリートなどを流し込み、構造的な強化が図られている。

また組積造の建築物に対しては、建築基準法で壁の長さ・厚さが規定され、控壁（組積造の壁に対して直角方向の壁）や臥梁《がりょう》（各階の壁体頂部に設ける鉄筋コンクリート造の水平材）の設置義務、開口部の大きさや形態の制限なども規定されている。近年は臥梁を必要としない鉄筋コンクリート組石造（RM造）などの構法もある。

なお、一般に組積造（補強CB造）の建築物は、高さ13m以下、かつ軒の高さ9m以下のものが主流である。これは、これらを超える建築物では、国土交通大臣が定める構造方法により、鉄筋、鉄骨または鉄筋コンクリートで補強しなければならないことが、建築基準法で定められているためである。

組積造の施工

組積材の施工時には、以下のような点に注意が必要である。

組積造に用いるレンガ・石・コンクリートブロックなどの材は、汚れなどが付着していると強度が低下するおそれがあるため、十分に水洗いする。接着材の役割をなすモルタルは、適切な品質・強度を確保するため、セメント・砂・砂利の容積比を1：2.5：3.5程度とし、スランプ値は20～23㎝（充填部）、15～20㎝（まぐさ部）とする。

また、組積材の縦の目地が揃うように積む芋目地は、耐震性が弱くなるため原則的に禁じられている。

組積造に用いられるCB形状の例（JIS A 5406）

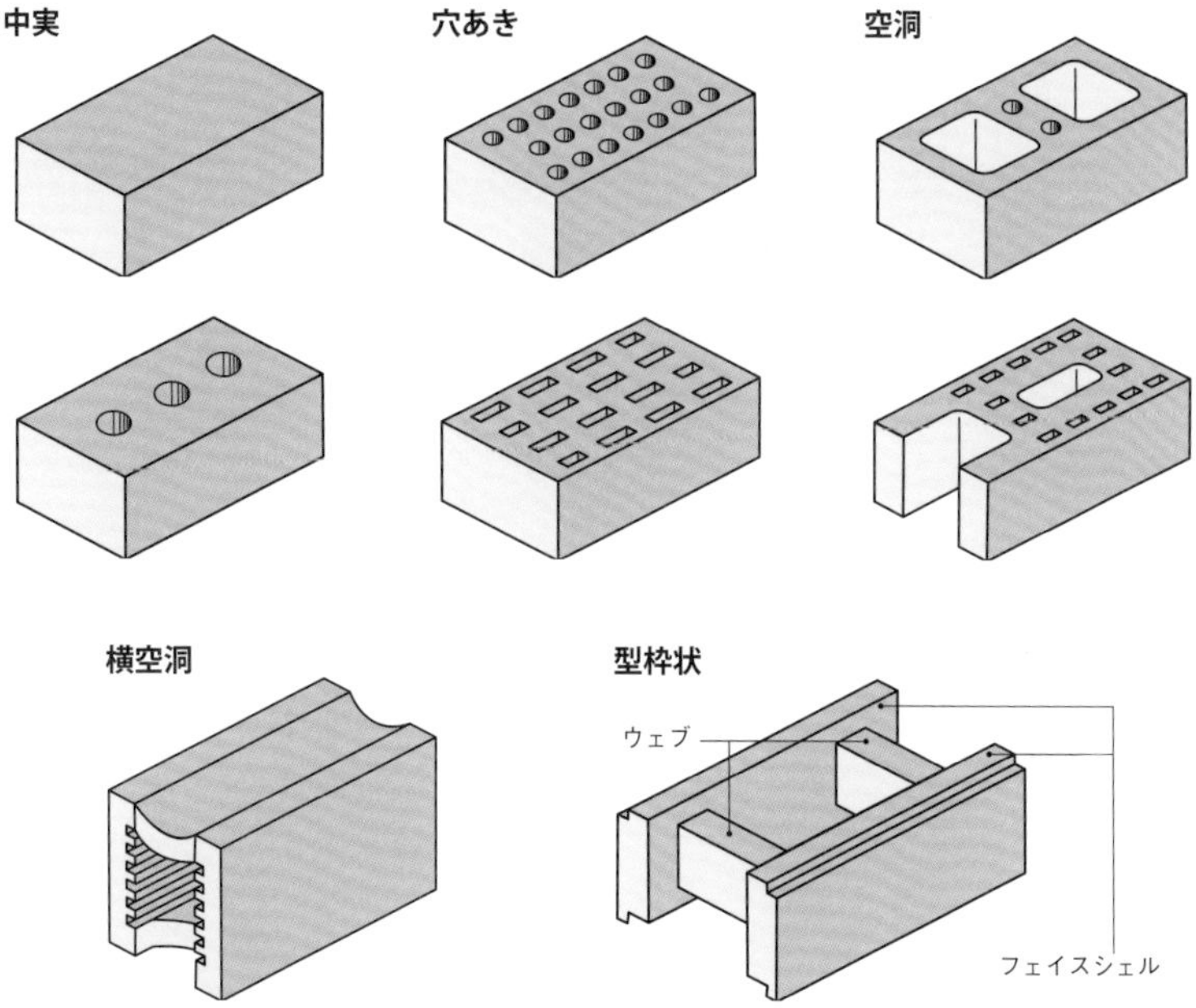

補強CB造の概念

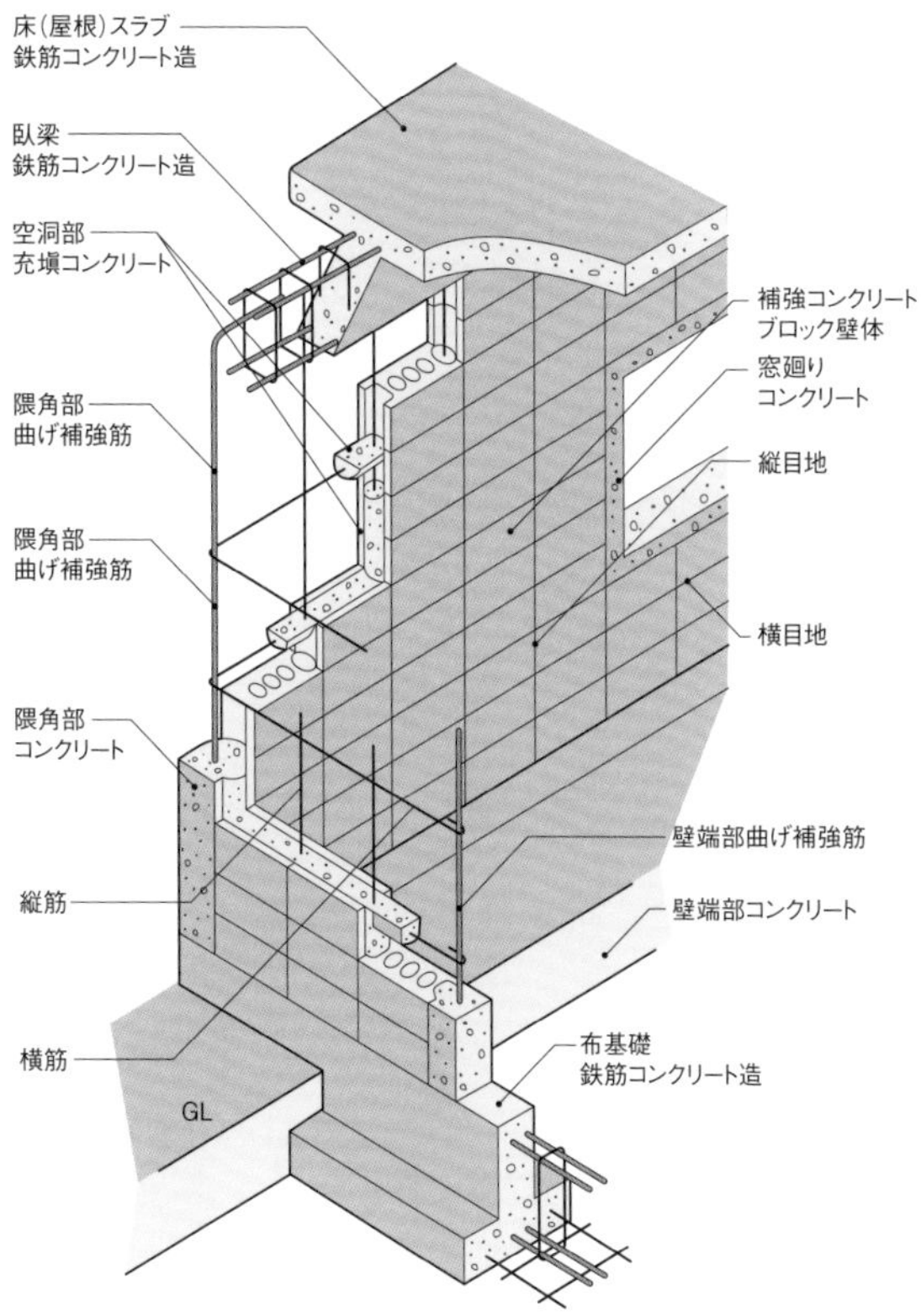

出典：『図説テキスト　建築構造』彰国社

馬目地と芋目地

馬目地

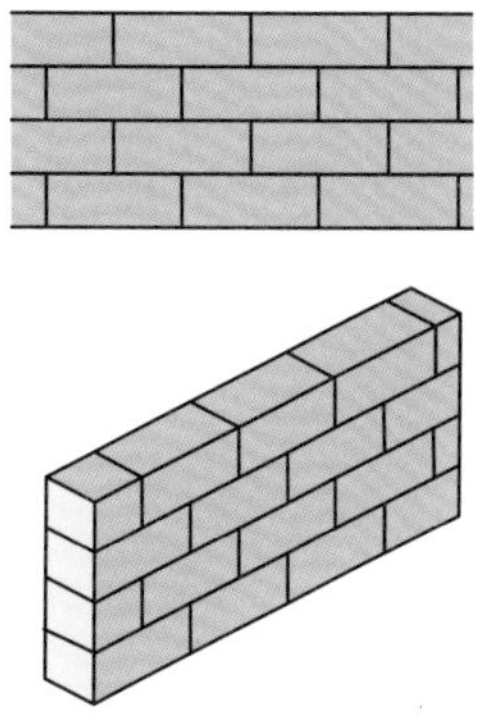

芋目地

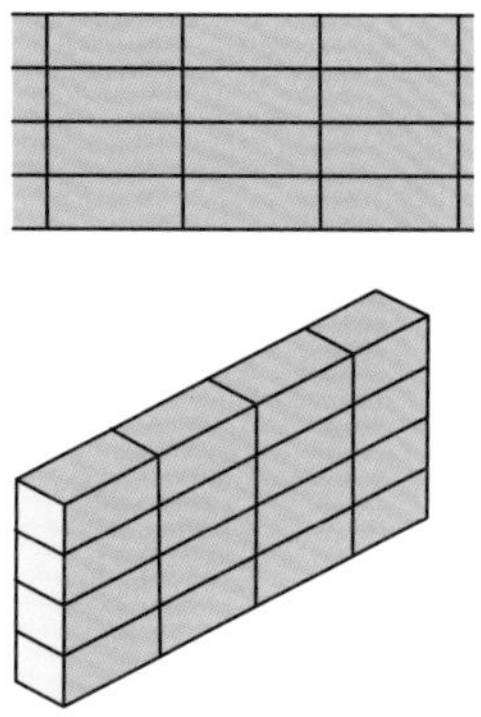

耐震・免震、制振

Point 地震に対し踏ん張るのが「耐震」、受け流すのが「免震」、折り合うのが「制振」

耐震構造・免震構造

耐震構造とは、建物に剛性をもたせたうえ粘り強くすることで、地震力に対抗する構造方法のことである。建築物の構造は、基本的に耐震措置をとることを前提としている。

一方、免震構造は、地震波の破壊的な加速度の影響を免れようとする構造方法である。２０００年の建築基準法の改正で、免震告示［※］による構造計算書を作成すれば確認申請を通せるようになり、戸建住宅でも免震工法を採用した事例が増えてきた。

免震措置の基本的な考え方は、免震装置上の建物と装置下の地面との縁を切ることである。地震時には敷地に対して建物が動くことになるため、設備管の継手にフレキシブル管を用いたり、建物の配置計画では移動分のクリアランスを設ける必要がある。

免震装置には震度５弱以上の揺れでないと効果を発揮しないものもあるが、大地震に対しては、加速度的な動きを減ずるため建物の損傷が少なく、家具の転倒も防ぐことができるなど、建物と人命を守る効果は大きい。ただし、導入費用は高価である。

制振構造

制振構法とは、地震などのエネルギーを建物に設けた制振装置で制御する構造方法をいう。制振装置は、免震装置と異なり、後付けでも設置しやすいものが多く費用も廉価である。

また、微少地震や地震以外に起因する振動にも有効に働くが、一旦は建物が振動を受けることになるので、耐力壁のバランスを損なわないよう偏心に配慮した設置計画が必要である。しかし、現在の建築基準法には制振構造についての基準がないため、建物を制振構法で設計する場合には、大臣認定を取得する必要が生じる場合もある。

※　平成12年建設省告示第2009号

免震構造とその構成

建物の基部に免震支承を挿入して長周期化し、地震入力を低減する工法

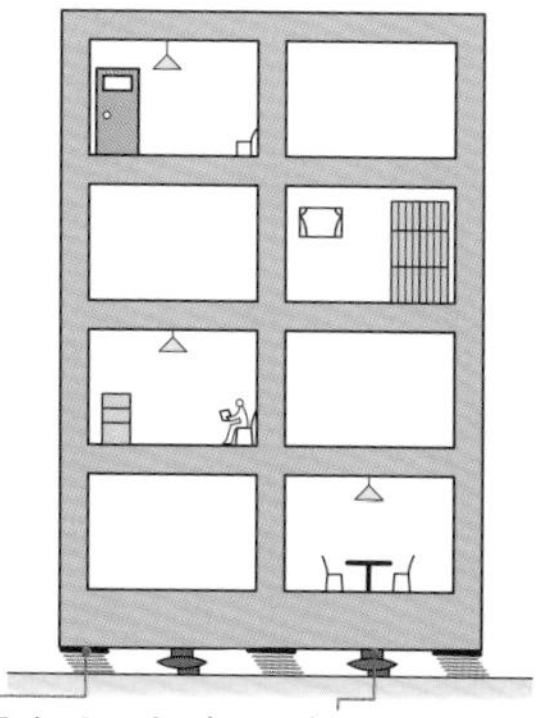

免震支承（アイソレーター）
- 積層ゴム
- 滑り支承
- 転がり支承

ダンパー（エネルギー吸収部材）
- 鉛ダンパー
- 鋼材ダンパー
- オイルダンパー

地面と建物を切り離し建物を長周期化

エネルギーを吸収し変形を抑える

出典：『建築材料用教材』㈳日本建築学会

制振構造とその構成

建物の各層にダンパーを挿入してエネルギーを吸収させ、主構造の応答や損傷を低減する構法

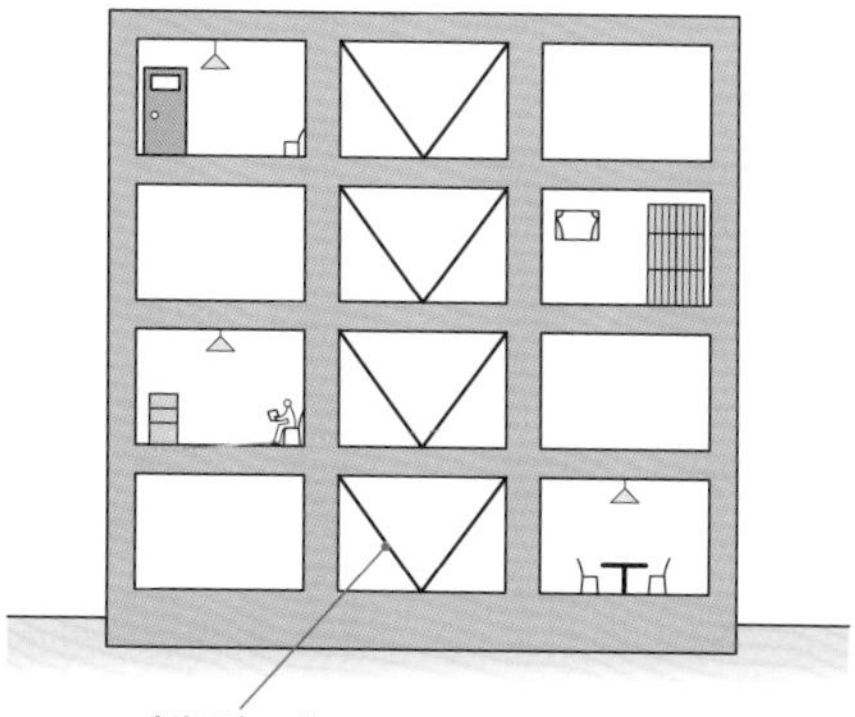

制振ダンパー（エネルギー吸収部材）
- 鋼材ダンパー
- 粘性ダンパー
- オイルダンパー
- 粘弾性ダンパー
- 摩擦ダンパー

エネルギーを吸収し変形を抑える

出典：『建築材料用教材』㈳日本建築学会

免震構造の設計上の留意点

玄関ポーチ・濡れ縁などは、免震装置上部の鉄骨架台に取り付く部分と免震装置下部のベースプレートに取り付く部分を切り離す

配置計画では、建物の移動分（≒300㎜）に、人が挟み込まれないための逃げ（≒300㎜）を加えたクリアランスを要する

地上と地下との設備管の継手はフレキシブル管とする

エアコン室外機・給湯器などはブラケット式にする

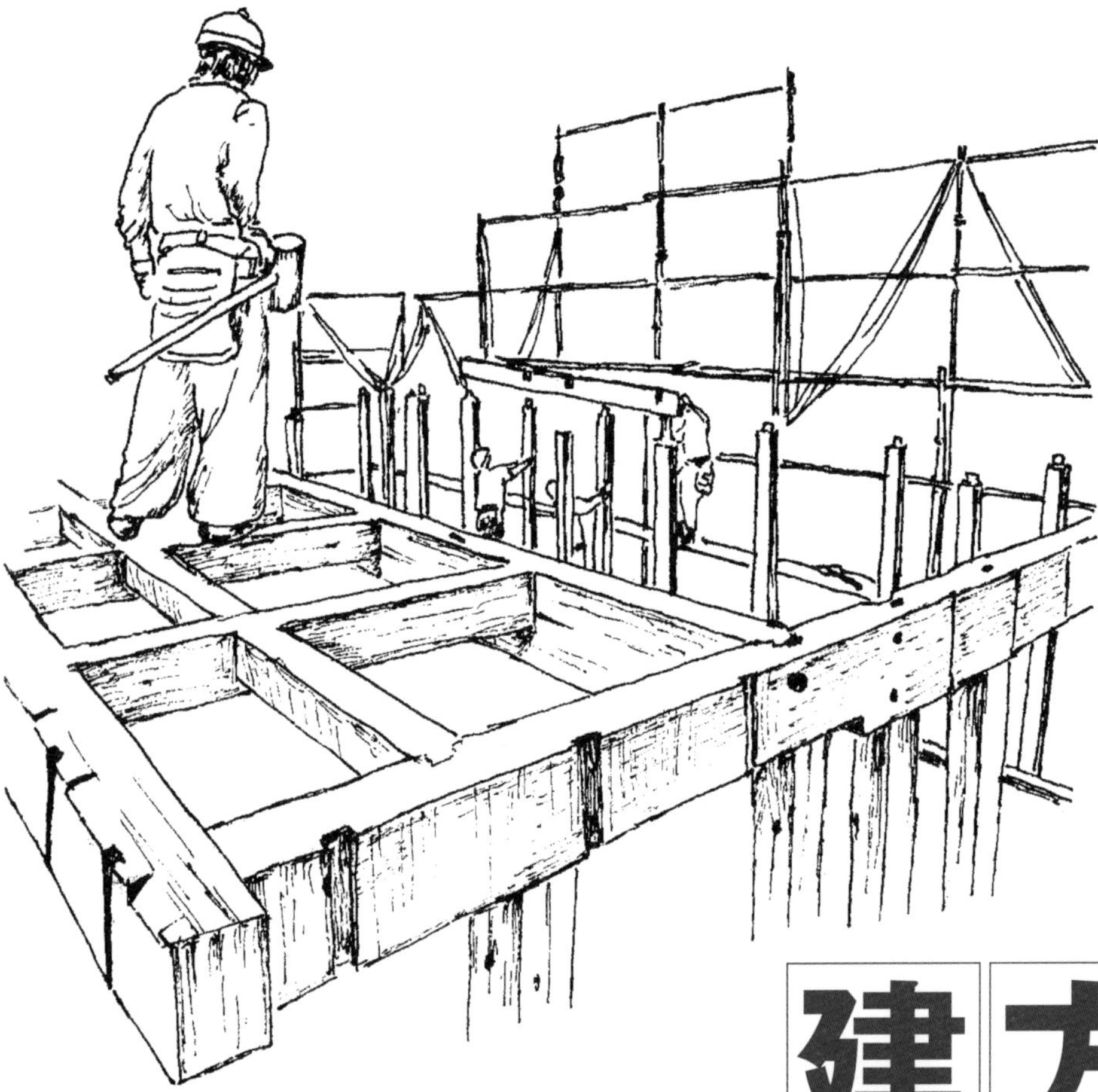

建方

建方の醍醐味

ほぼ1日で建物の骨格が現れる建方。その光景はいつ見ても、何度見ても、躍動感にあふれている。一方で多くの人が群がるようにして、ことを成そうとする様は、見ているほうもわくわくする。落下事故を伴う危険性もあるだけに、安全性には絶えず気を配ることも重要である。

朝から開始した作業も、日の沈むころには縦横の直線によって構成されたデザインが、空を背景に鮮明に浮きあがってくる。

その後は、屋根が架かって空が見えなくなり、側面も壁で囲まれて次第に箱状になり、いつの間にか「普通の」建物になっていく。

直線が浮き上がる建方の光景は、実は建物が一番美しいときのプロセスを楽しむ機会でもある。そして設計者の仕事の醍醐味は、建方時の「美しさ」に勝る完成品を世に出すところにある。

（藤本幸充）

第3章

屋根・サッシ・外装工事

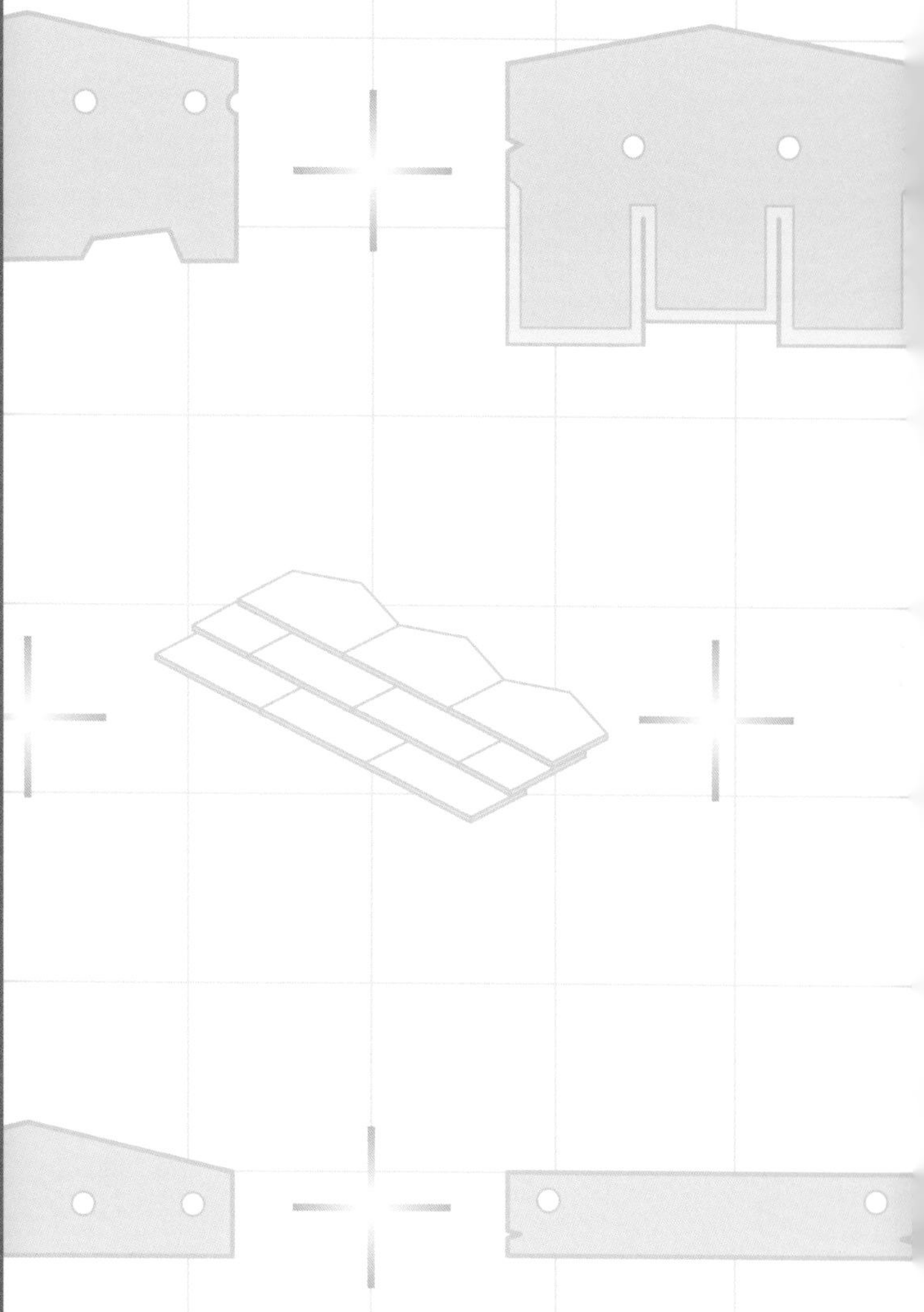

屋根

Point 屋根の性能は、形状、葺き材と工法、屋根勾配が相互に関係し合って決定される

屋根の性能

屋根に求められる性能には、雨仕舞いにかかわる防水性や、屋根自体の形状、機能を保持するための耐風性、耐震性、耐衝撃性、耐候性などがある。また、内部の居住性にかかわる断熱性や遮音性、都市化に伴う防火性、屋上緑化に伴う性能なども新しい課題である。

なかでも重要な防水性は、葺き材と工法、大きさ・厚さ・防水性、下地などに負うところが大きいが、最終的には屋根の形状、葺き材と工法、屋根勾配などの相互関係で決まる。

また、軒・けらば・棟・谷・外壁との取合い、パラペット、庇・樋・トップライトなどは、屋根の意匠的要素でもあり、性能にも大きくかかわるので、材料選び・施工には配慮を要する。

屋根の形状

屋根の形状は、水勾配で雨水を処理する勾配屋根と、水平に近い屋根面に防水層を施して雨水を処理する陸屋根に大別できる。勾配屋根には、平面で構成される片流れ・切妻・寄棟・方形や、曲面をもつヴォールト・ドームなど、さまざまな形状がある。

屋根の葺き材と工法

勾配屋根の葺き材と工法は、自然材を用いる茅葺き・桧皮《ひわだ》葺き・杮《こけら》葺きなどの伝統工法、瓦葺き・金属葺き・スレート葺きといった一般的な工法など多数ある。一方の陸屋根では、アスファルト防水、シート防水、塗布防水などが用いられる。このように、屋根の形状と葺き材は相互にかかわり合う。

屋根の勾配

屋根の勾配は建築の印象を左右する重要な要素だが、雨水を水上から水下へ流すためのものであり、葺き材と工法、気候条件などから決める。

屋根の各部の名称

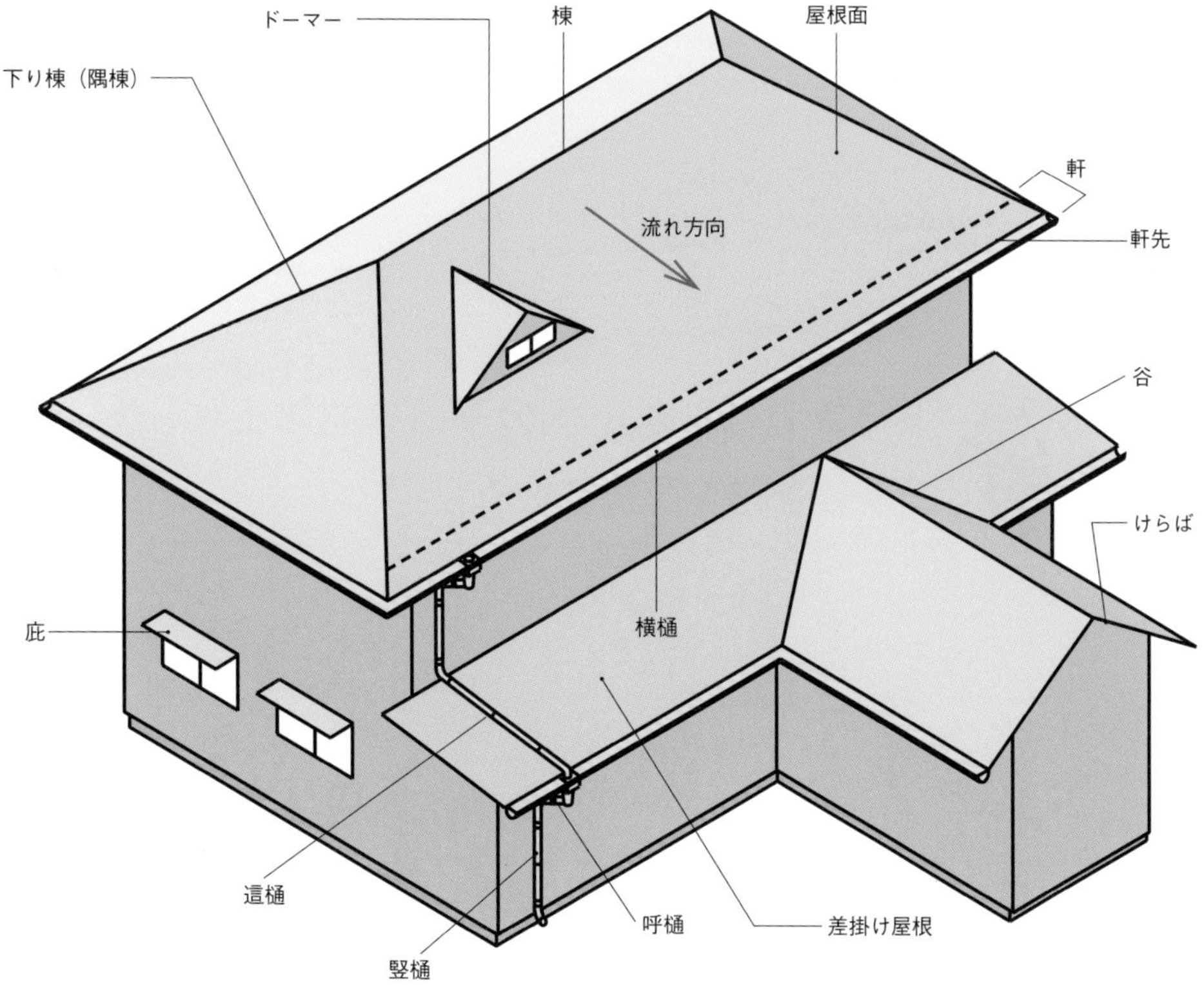

屋根の形状の種類

①陸屋根

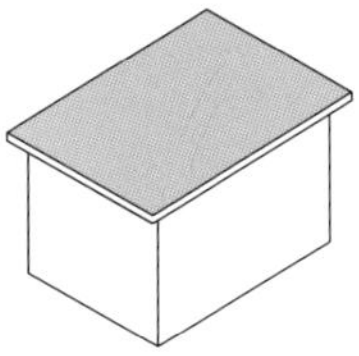

②片流れ

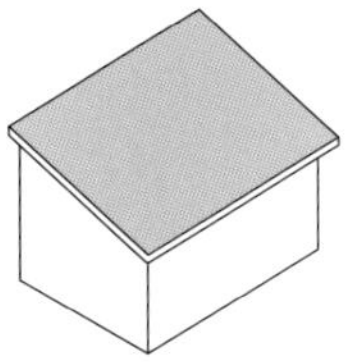

③切妻

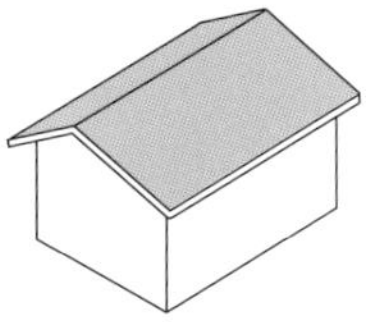

④寄棟

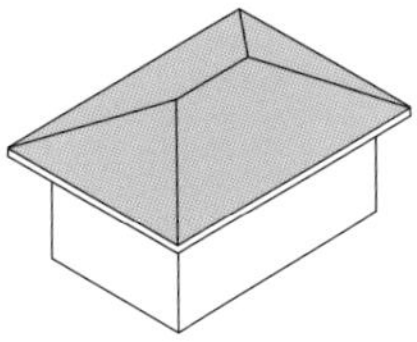

⑤方形

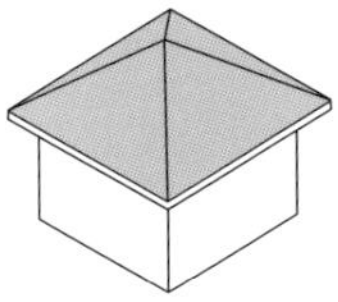

⑥入《いり》母《も》屋《や》

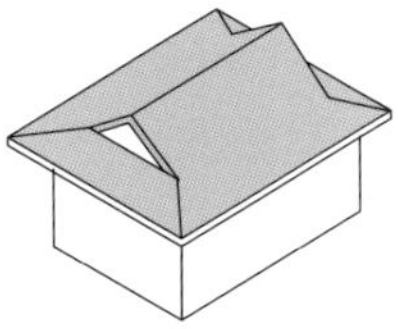

⑦ヴォールト

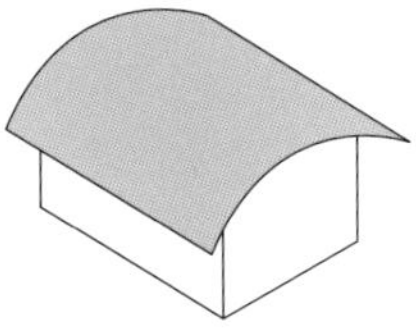

⑧ドーム

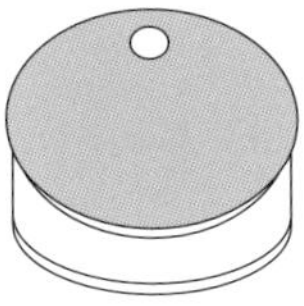

屋根下地

Point 下葺きでは、水下側の下葺き材の上に、水上側の下葺き材を重ねていく

屋根下地の重要性

降雨が激しいと、屋根葺き材の隙間から雨水が入るため、屋根の雨仕舞いでは屋根下地の果たす役割が大きい。

勾配屋根は棟木・母屋・垂木と、野地板・下葺き材、屋根葺き材で構成される。雨仕舞いの観点からは、下葺き材の重ね合わせ（重ね代）、谷部分での捨て張り、壁際の立上げ部の増張りなど、防水補強が重要となる。

野地板

近年、野地板には合板類が使われることが多い。ただし、小屋組が鉄骨の耐火建築物では、硬質木片セメント板などの耐火野地板が使われ、ＲＣ造では、釘打ち可能なパーライトモルタル下地が野地となることもある。

下葺き材

下葺き材には、アスファルトルーフィング、アスファルトフェルト、合成高分子系シートなど、幅１ｍ程度の長尺シートが使われることが多い。

また、アスファルトルーフィング類を改良し、耐久性・耐熱性を強化して裏面に粘着層を付けたものや、透湿性能をもたせたものなどもある。

下葺きの工法

下葺き材は、軒先から平行に張り始め、隣接するシートを重ねながら、順次棟側へと張り進める。隣接シートとの重ね代は、幅方向で200㎜、流れ方向で100㎜程度とするのが標準である。ステープル、タッカー釘などを用い、300㎜程度の間隔で留め付けていく。

シートにたわみやしわがあると、シートの破損や重ね部分の口開きを生じさせて雨仕舞いを悪くするので注意する。また、必要以上の留付けも、シートを貫通する孔が増えるだけなので避けるべきである。

一般的な下葺き工法

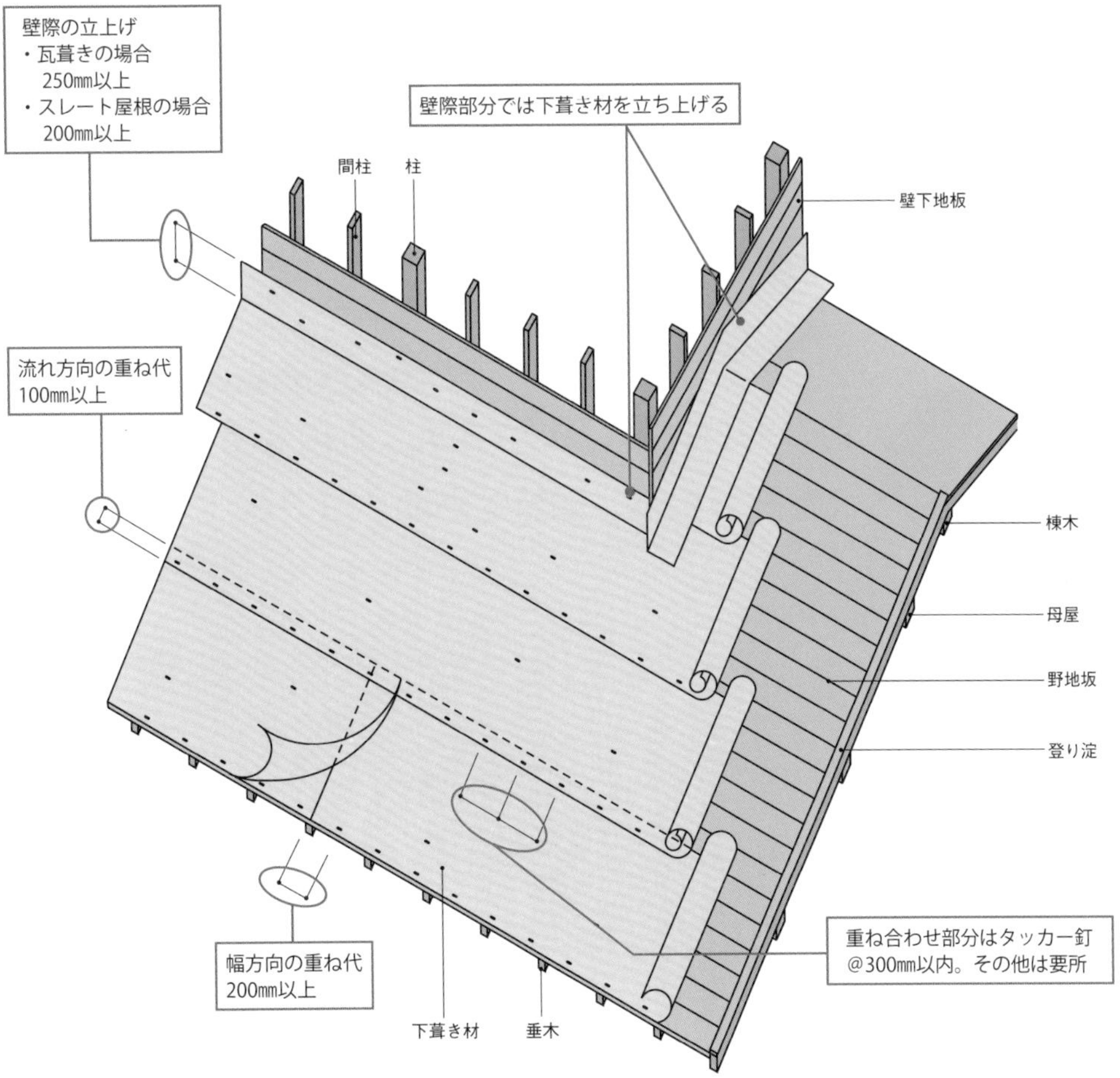

下葺き材の施工

下葺き材の施工の様子。下葺き材は、屋根への水の浸入や結露を防ぐため、屋根葺き材の下に敷かれる

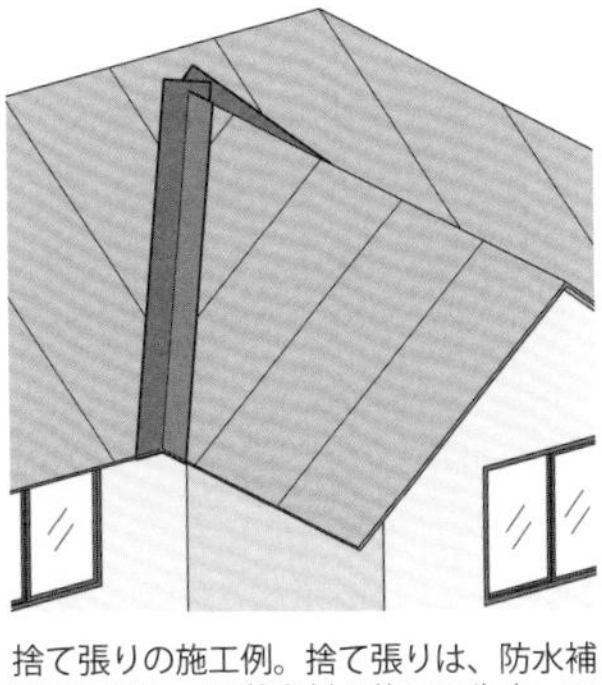

捨て張りの施工例。捨て張りは、防水補強を目的に、下葺き材の施工に先立って屋根の谷部などに敷かれる

増張りの施工例。増張りは、防水補強を目的に、下葺き材の施工後に壁との取合い部などに重ね張りされる

瓦葺き

Point 瓦の割付けは、野地寸法、瓦の利き寸法、瓦の出から算出し、調整は野地寸法で行う

瓦葺きは、粘土瓦やセメント瓦、厚型スレート瓦などを用いる屋根仕上げである。本瓦葺きを構成する平瓦と丸瓦の他、日本で伝統的に使用されてきた和瓦や、西欧から導入されたスパニッシュ瓦といった洋瓦など、一口に瓦といっても、形状・寸法・製法（仕上がり）・生産地などにより、その種類は多岐にわたる。また、最も多く使用されている和形桟瓦でも、使用部位により軒瓦、袖瓦、のし瓦、鬼瓦と、さまざまな形状・名称の瓦部材がある。

瓦葺きは、屋根の固定加重が大きいことが地震対策上問題視されることもある。現在、葺き工法の軽量化や、軽量瓦の研究・開発なども行われている。

瓦の葺工法

伝統的な葺き方として、野地板に土を盛りその上に瓦を葺く土葺き工法があるが、現在は、引掛け桟を桟木に掛け、所定の瓦枚数ごとに釘留めや緊結線で固定する乾式工法の桟葺き工法が普及している。桟葺き工法では、桟木の位置を決めるための瓦割付けと、瓦の固定方法を十分検討する。

瓦割付け

瓦の割付け時は、下地となる野地板の寸法、流れ方向の見え掛かり寸法である瓦の利き足、幅方向の見え掛かり寸法である利き幅、軒瓦の出寸法にもとづき、瓦の種類・枚数を決める。割付けの調整は、利き足・利き幅を安易に変更すると雨漏りの原因になるので、野地板の寸法で行う。

瓦の固定（緊結）

瓦の固定方法には、釘打ち法・緊結線締め法・トンボ釘打ち法・接着法などがある。強風・積雪・地震などで瓦が飛散・落下しないよう、建物の形状、現場の風土、瓦の種類などに応じて使い分けることが重要である。

本葺き瓦と和形桟瓦

①本葺き瓦（丸瓦と平瓦の葺上げ）

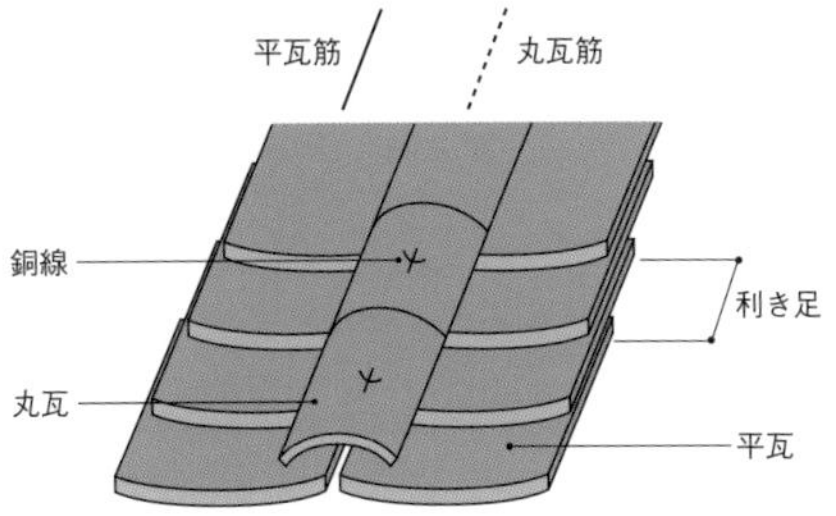

②和形桟瓦（各部の名称）

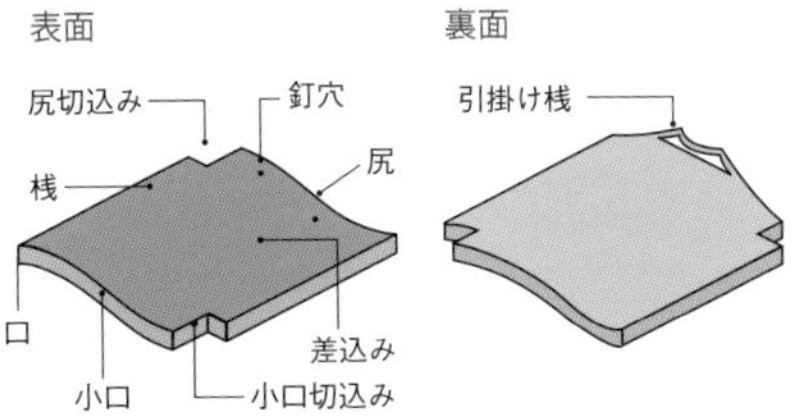

製法別による瓦の種類

名称	製法
陶器瓦・釉薬瓦	最も多く見られる和瓦の種類で瓦の表面に釉薬を塗って焼き上げたもの。色が多彩で耐久性に優れ、瓦のなかでは比較的安価
燻し瓦（黒瓦）	焼成の最終段階で燻し、表面に炭素を主成分とする皮膜を形成した銀色の瓦。昔は生松の枝や葉で燻すことで表面に炭素の焼きムラができ、それが灰色や黒色のムラとなった。近年では機械化が進み均一の光沢がある銀色が多い。値段は陶器瓦の2割前後増し
塩焼き瓦（赤瓦）	塩を使って表面を独特の赤褐色に焼き上げた瓦
無釉薬瓦	釉薬を使わずに焼き上げた瓦で、窯中での生地に粘土以外の物質を混ぜて練り込む方法や、窯中での自然な変化を追求した窯変瓦などがある。価格は瓦のなかでは安いほうだが、吸水率が高いので寒冷地には不適

引掛け桟葺き工法

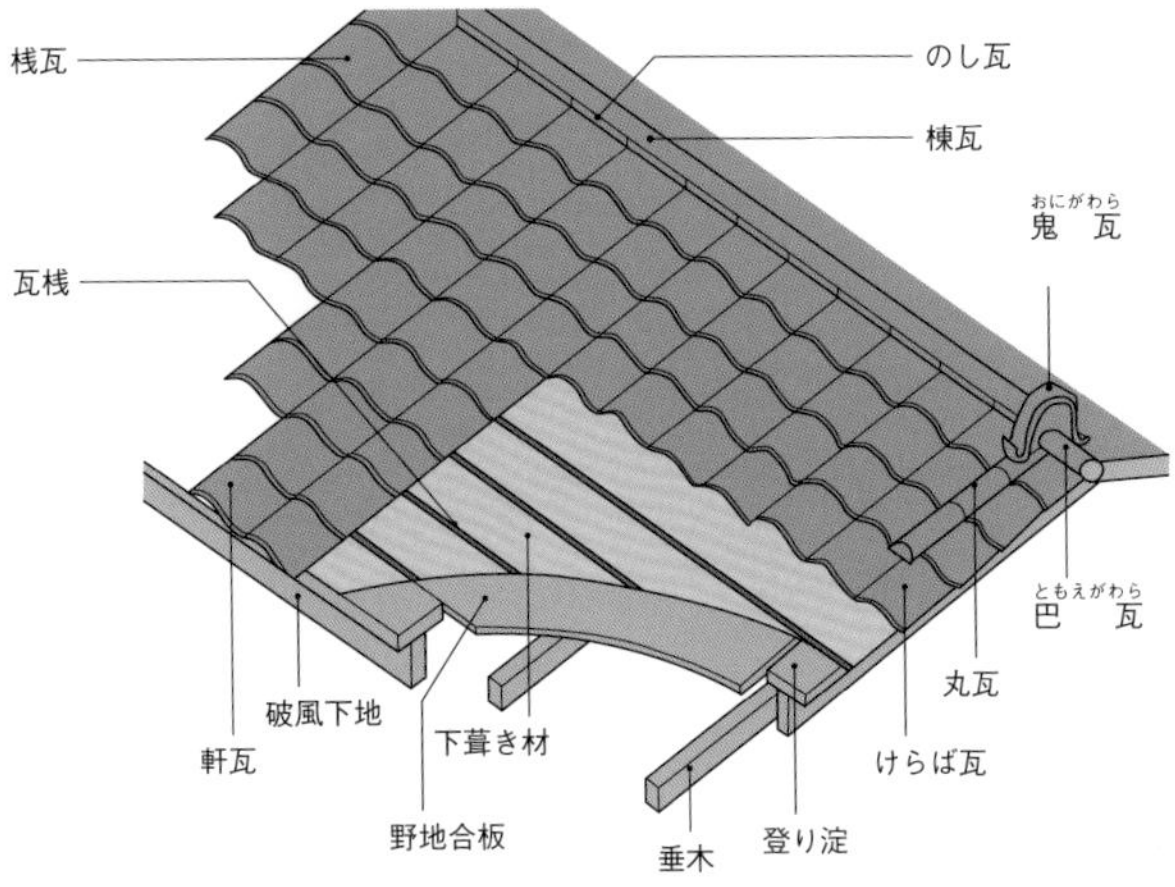

利き足・利き幅

流れ方向（軒先）の寸法の考え方

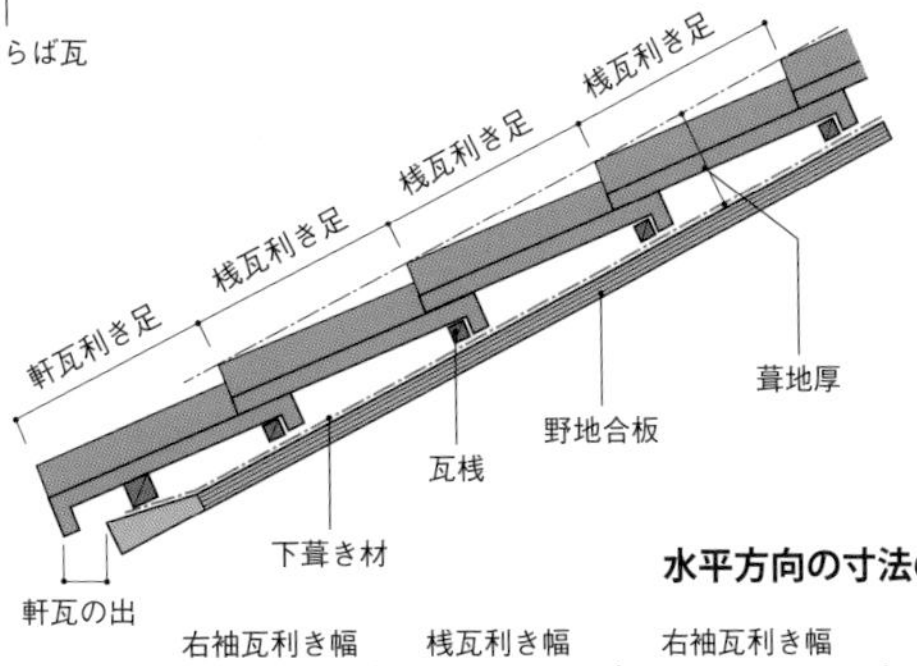

水平方向の寸法の考え方

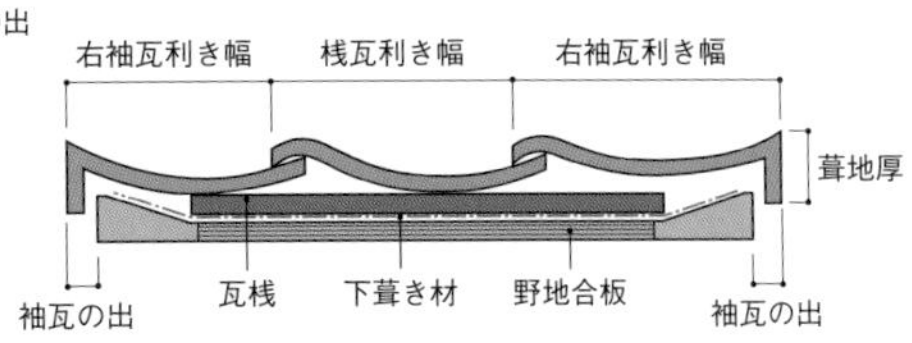

スレート葺き

Point スレートは、流れ方向で重ね合わせて防水性を確保し、幅方向は突き付けで葺く

スレートの種類

本来スレートとは、粘板岩を薄く剥いで板状にした天然材料のことだが、現在では、セメントや補強繊維などを主原料として成形・着色した製品を指すことが多い。

スレートはその形状から、平形スレートと波形スレートに分けられる。平形は、意匠性・軽さ・施工性・コストの面から、一般住宅を中心に多く使用され、バリエーションも多い。また、商品名である「コロニアル」「カラーベスト」でよばれることも多い。一方の波形には、駅舎などに使われる大波スレート、戸建住宅で用いられる小波スレートがある。

形状・工法（平形スレート）

平形スレートには、葺き足が横一直線に見える一文字葺き用と、小幅板をランダムに葺いたように見える乱葺き用とがある。スレート屋根は、屋根材を流れ方向で重ね合わせて防水性を確保し、幅方向は突き付けで葺く。留付けは、屋根材の合わせマークに従い、1枚ずつ専用の屋根釘で野地板に固定する。葺き形状ごとに、屋根勾配と最大流れ長さも規定されている。

各部納まり（平形スレート）

材の切断が容易な平形スレートでは、瓦葺きのような割付けは不要である。ただし幅方向では、けらばや軒先部分で釘打ちできない小幅ものが出ないように注意する。流れ方向の長さ調整は棟下の最上段で行うが、最上段とその直下の段の働き長さに注意する。

軒先は一般の平葺き部分と異なり、まず野地板先端に軒先水切を設け、屋根スレート本体と同質材の軒板（スタータ一）で納める。けらば水切・谷板・棟笠木などの役物には、板金か、スレートと同材質のものを用いる。

平形スレートの寸法

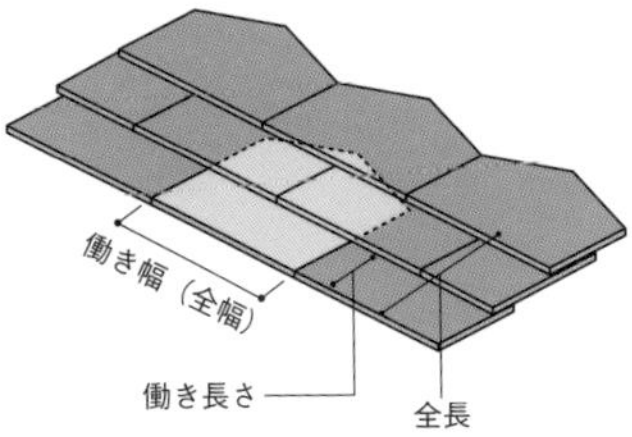

平形スレートの形状例

タイプA：一文字葺き用

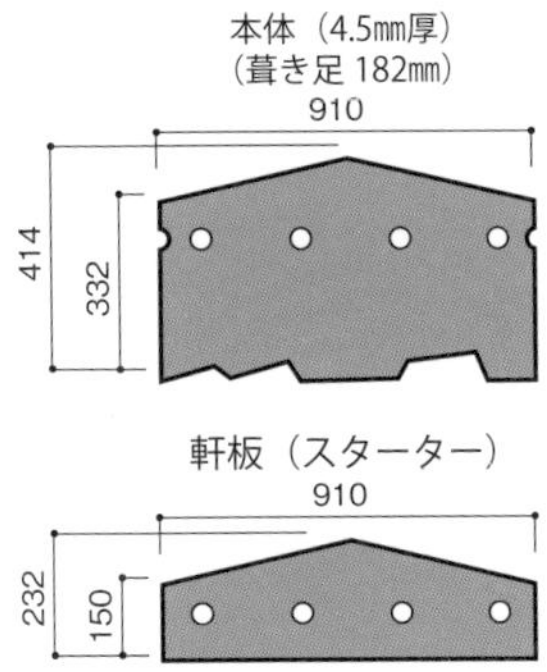

タイプB：乱葺き用

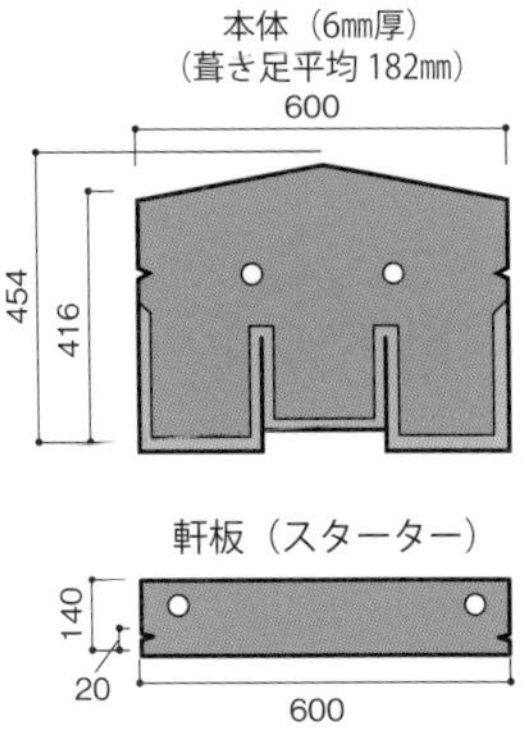

屋根勾配と最大流れ長さの基準例（上記タイプA・Bの場合）

屋根材種類 ＼ 勾配		3／10	3.5／10	4／10	4.5／10	5／10	5.5／10以上
タイプA（一文字葺き用）	切妻	7m	10m	13m	16m	20m	
	寄棟	5m	7m	10m	13m	16m	
タイプB（乱葺き用）	切妻	—	—	10m	13m	16m	20m
	寄棟	—	—	7m	10m	13m	16m

平形スレートの軒先・棟の納まり

①軒先

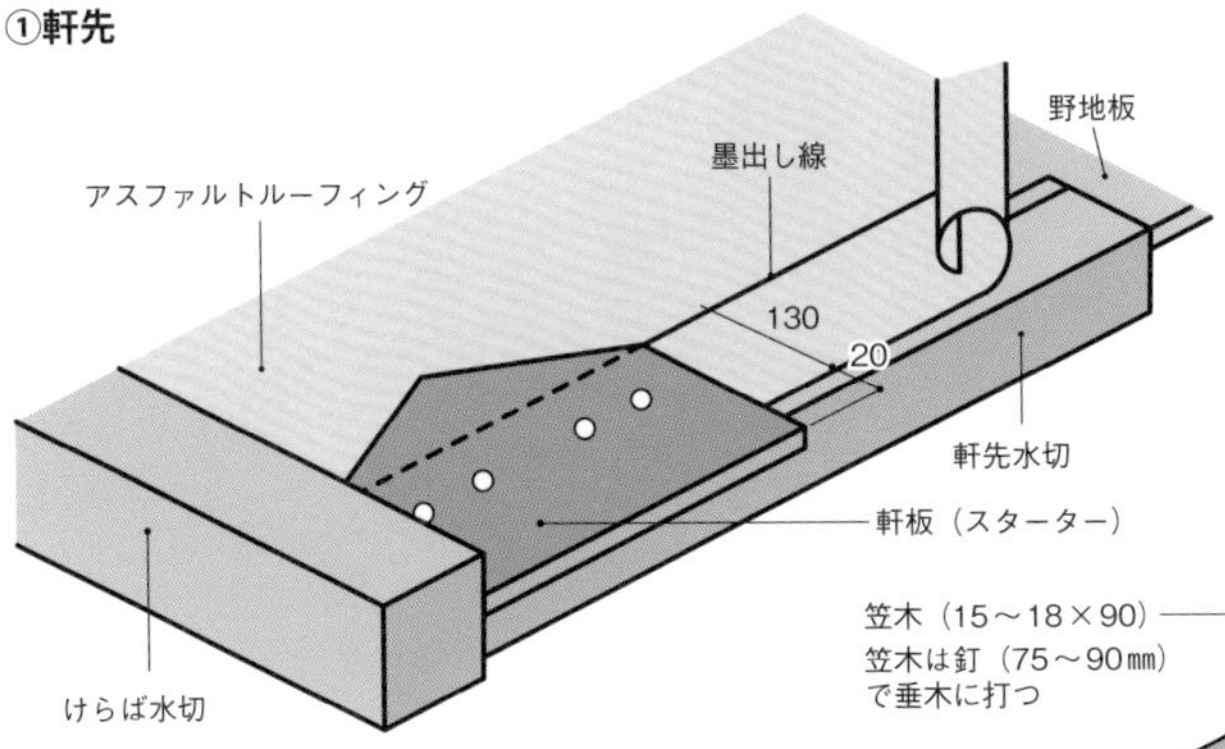

（スターターは軒先水切から 20㎜出す）

②棟

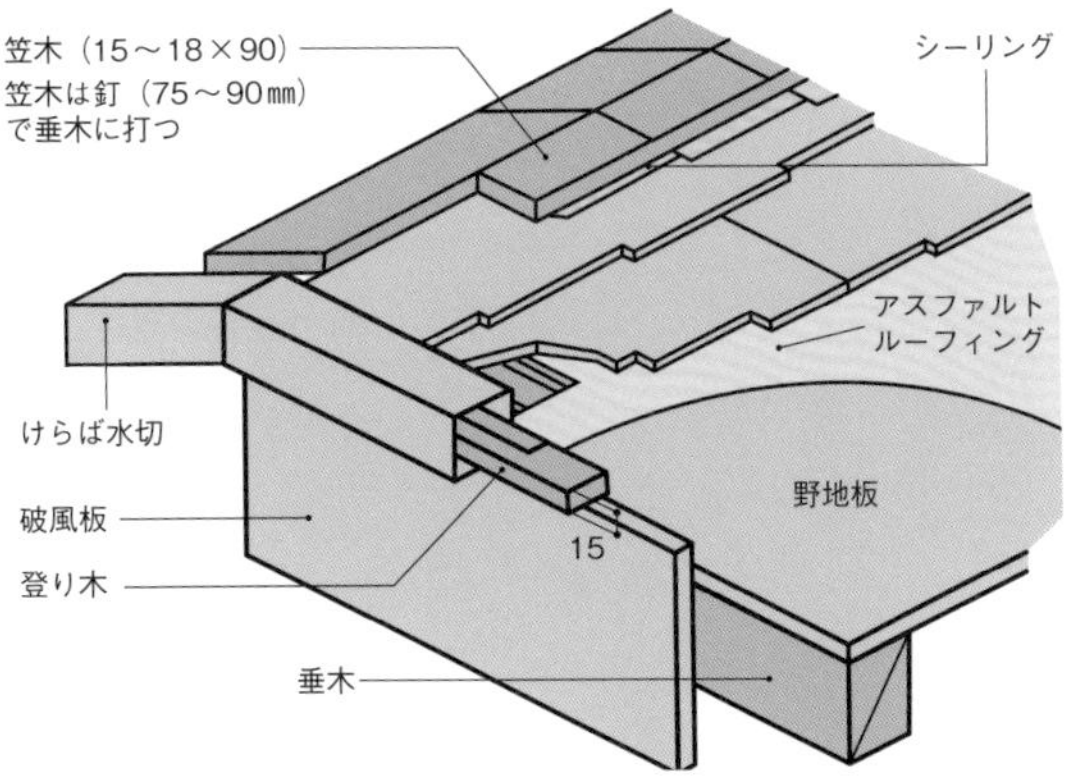

金属葺きの屋根の材料

Point 「貴の金属」と「卑の金属」を接触させた場合、卑の金属が腐食する

金属葺き材の特徴

屋根に使われる金属板の種類は多く、葺き工法も多様である。金属葺き材は総じて軽量で、防水性・防火性・加工性に優れ、材料、葺き工法を選ぶことで幅広い屋根形状に適用できる。

金属屋根は屋根自重を軽減し、建物の構造的負担を小さく抑え、運搬・取付け作業も効率化できる。反面、単体では断熱性が低く、また薄く硬い材料のため、遮音性にも劣る。これらの点は、屋根下地・小屋裏・天井など、屋根全体で補う必要がある。

葺き材の種類

葺き材料としては、チタン板やガルバリウム鋼板などの耐蝕性の高い金属の他、鋼板やステンレス鋼板、アルミ合金板、銅板などにさまざまな表面処理を施したものなどが流通しており、耐久性の選択の幅は広がっている。

さび・腐食

金属屋根の最大の弱点は、さびや腐食である。海岸地帯や温泉場、工場地帯で問題視されてきたが、一般地域でも酸性雨などへの耐食性に考慮したい。

また、釘や金属役物は異種金属どうしが触れ合うため、そこに水分が介在すると電気化学的な腐食、いわゆる「電蝕」が発生する。電蝕は化学的に活性の高い（イオン化傾向の高い）卑な金属と、安定している（イオン化傾向の低い）貴な金属が接触すると、卑の金属が腐食する現象である。腐食は両金属間のイオン化傾向の差（電位差）が大きいほど激しくなる。

電蝕対策には、たとえば銅屋根なら、釘や座金類にも同質金属を選ぶ。ただし、強度が必要な場合は、ステンレス製のものを使えば電蝕の心配はない。同様に樋材も、屋根材との電蝕を考慮しなければならない。

金属葺きの屋根の材料

凡例：○＝適用可能、△＝適用可能だが施工に注意、×＝不適

葺き工法			平葺き		立ハゼ葺き		瓦棒葺き		波板葺き	折板葺き	横葺き			
	葺き材料	材料の特徴	一文字葺き	菱葺き	立ハゼ葺き	立平葺き	心木あり	心木なし	波板葺き	重ね式折板葺き	段葺き	横葺き	金属瓦葺き	溶接葺き
表面処理鋼鈑	❶溶融亜鉛めっき鋼板（トタン）	亜鉛化鉄の被膜が耐食性を有する。軽量・安価で加工性もよい。塗装の良否が耐久性を左右する	△	△	○	○	○	○	○	○	△	○	○	×
表面処理鋼鈑	❷塗装亜鉛めっき鋼板（カラー鉄板）	工場塗装されたもので、❶と似た特性をもち、より耐食性に優れ、美観もよい。塗膜の質によって耐久性が決まる	△	△	○	○	○	○	○	○	△	○	○	×
表面処理鋼鈑	❸亜鉛・アルミ合金めっき鋼鈑（ガルバリウム鋼板）	亜鉛の耐食性とアルミの熱反射性を生かしたもの。安価で性能もよいため、屋根に限らず外装材として人気が高い。❶の3～6倍の耐久性があり、加工性・塗装性は❶と同等。合成樹脂を塗装したカラーガルバリウム鋼板もある	△	○	○	○	○	○	○	○	△	○	○	×
特殊鋼鈑	❹冷間圧延ステンレス鋼板	耐久性・耐食性・耐熱性に優れ、高強度である。炭素量が少ないほど耐食性が高く、かつ加工性もよくなるが、もらいさびの対策を要する	△	△	△	○	○	○	○	○	△	○	○	○
特殊鋼鈑	❺塗装ステンレス鋼板	ステンレス鋼鈑を工場塗装し、もらいさびの防止、耐久性・美観の向上が図られている。塗膜の劣化とともに点さびが生じることもある	△	△	△	○	○	○	○	○	△	○	○	△
アルミ合金板	❻アルミ板・アルミ合金板	耐熱性が高く、酸性環境にも強い。また、軽量で耐食性・加工性にも優れる。ただし耐荷重性能は鉄に劣る	○	○	△	△	△	△	△	△	△	○	○	×
銅板	❼銅板・銅合金板	伸展性・加工性に優れた材で、表面に形成される緑青色の酸化膜によって耐久性が高まる。弾性が低く、たわみが大きいので折板、波板には不適。亜硫酸ガスや硫化水素による腐食が発生することもあるため、温泉地には不適	○	○	○	○	○	△	×	×	○	○	○	×
銅板	❽表面処理銅合金板	あらかじめ銅板表面を化成処理して、人工的に緑青色、あるいは硫化いぶしの黒色にした材	○	○	○	○	○	△	×	×	○	○	○	×
その他	❾亜鉛合金板	加工性がよく、自然発生する保護膜により、一般的には耐久性が高いといえる。ただし、工業地域・海岸部などでは腐食のおそれがある。また、電蝕、低温で施工した場合の板のクリープ、低融点ゆえの防火性などに注意が必要	○	○	○	○	○	○	×	×	○	○	○	×
その他	❿チタン板	耐久性・耐食性・耐塩性・強度・熱反射性の高さなど性能的に非常に優れた材で、しかも軽量。すべての工法に適用するが、高価なことと、強度の高さゆえ加工性に劣るのが欠点	△	△	○	○	○	○	○	○	○	△	○	○

金属葺きの工法

Point 長尺材では、熱による「あばれ」を抑える「エキスパンション」が必要な場合がある

金属板葺き工法には、古くから多くの種類がある。現在では工業化に伴いロール成型の長尺鋼板が流通するようになっており、立ハゼ・平ハゼなどの折曲げ継手や、シーム溶接で仕上げる工法など、新しい工法も考案・実行されている。各葺き工法は、葺き方向と野地板の要・不要で大別できる。

葺き方向（長尺材・矩形材）

縦葺きは、長尺鋼板を屋根の流れ方向に溝板として使い、巻きハゼを設けて葺いていく工法で、縦の線が強調される。

一方の横葺きは、一文字葺きのように、矩形の葺き板がレンガ積みの目地のような外観となる。水平方向のラインを通すことで横の線が強調される。1枚ごとの材料が比較的小さい一文字葺きは、片流れやドーム屋根、反り屋根、さらに複雑な曲面まで、幅広い屋根形状に適用できる。

長尺板を使う瓦棒葺きなどの縦葺きでは、葺き材の熱伸び（「あばれ」）を抑えるエキスパンションが必要な場合がある。また横葺きは、長尺板を使う継目個所の少ない工法と比べ、雨仕舞いの確実さに劣る短所もある。

このように金属板葺き工法では、材料と工法の適応性と、屋根形状と葺き方向の適合性が重要である。

下地（野地板）工法

金属板葺き工法の下地は、葺き方向、部品形状、継ぎ（ハゼ）方法、強度に加え、下地への留付け方によっても選択可能な工法が制限される。

平葺きでは、葺き材料を屋根全面に吊子で留めるため、下地には釘が利く材料を用いる。また、折板葺き・波板葺きなどの成形板を用いる工法では、板そのものに剛性があるため、野地板などの下地を省いて直接母屋に取り付けられ、経済的な施工が可能となる。

金属屋根の工法

葺き方向	下地	工法	
横葺き	野地あり	平葺き	一文字葺き
			菱葺き
			亀甲葺き
		横葺き	段葺き
			横葺き
		金属成形瓦	横葺き
縦葺き			縦葺き
		溶接葺き	ステンレス防水
		瓦棒葺き	心木あり瓦棒葺き
			心木なし瓦棒葺き
			重ね式瓦棒葺き
		立ハゼ葺き（スタンディングシーム）	立ハゼ葺き
			立平葺き
			蟻掛葺き
	野地なし	波板葺き	波板重ね葺き
			波板ハゼ葺き
		折板葺き	重ね式折板葺き
			ハゼ式折板葺き
			嵌合式折板葺き

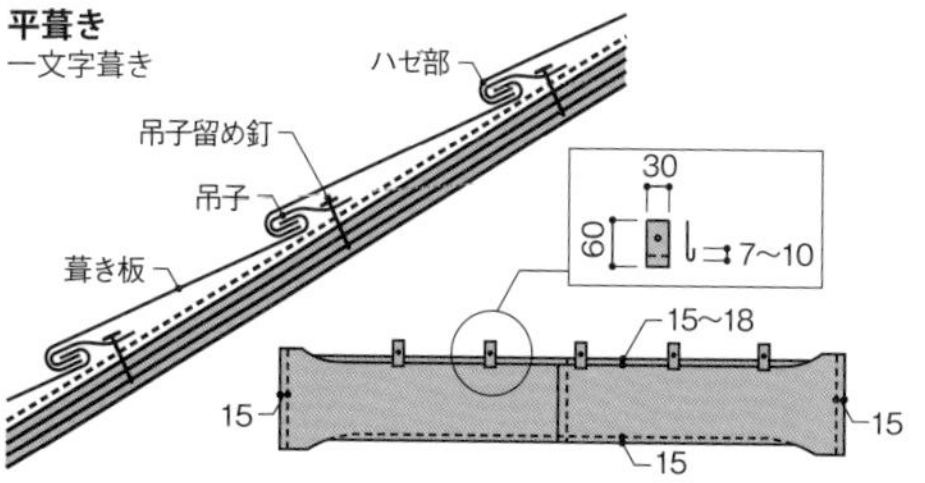

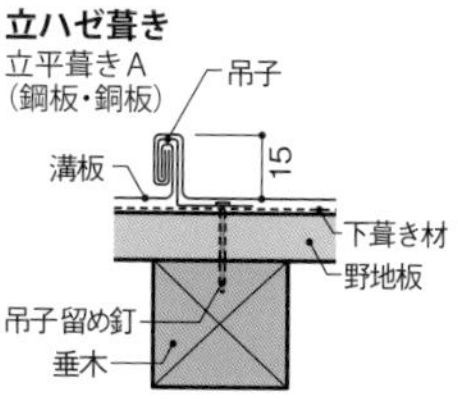

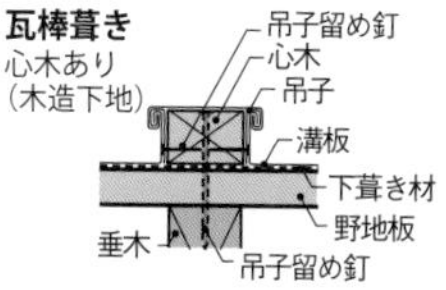

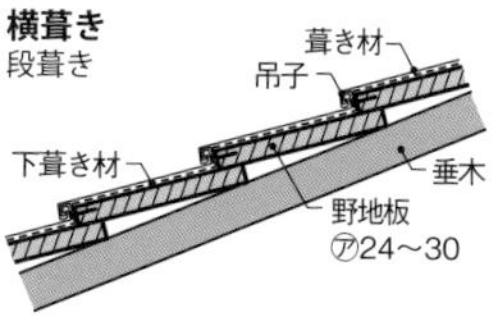

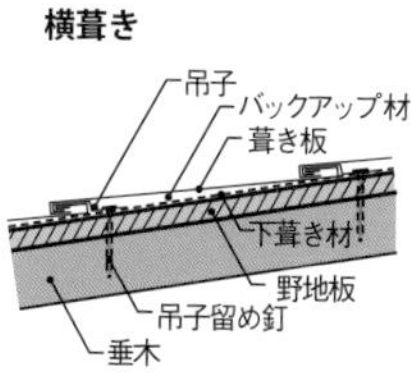

金属屋根の種類と性能

葺き方	心木あり瓦棒	心木なし瓦棒		平ハゼ葺き
		部分吊子	通し吊子	
	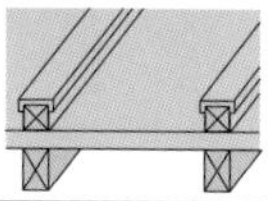	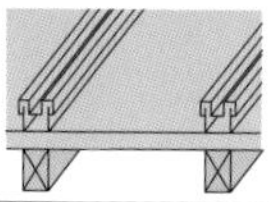	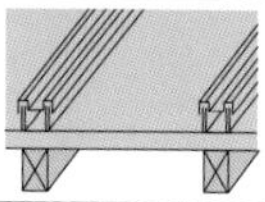	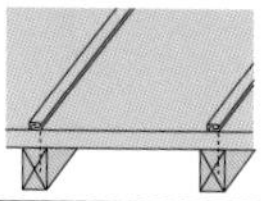
勾配	10／100以上	5／100以上	5／100以上	4／10（1重ハゼ）、3.5／10（2重ハゼ）以上
流れ寸法	10m以下	30m以下	40m以下	10m以下
アーチ状屋根の曲げ半径	30m以上	20m以上	20m以上	5m以上
反り屋根の半径	200m以上	200m以上	200m以上	5m以上
下地構造	木造	木造・RC造	木造、鉄骨造、RC造	木造

葺き方	立ハゼ葺き	一文字葺き	菱葺き	横葺き
	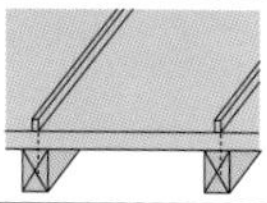	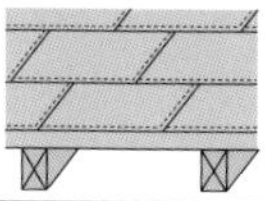		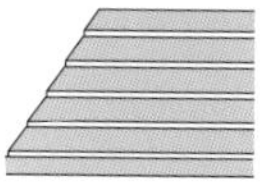
勾配	5／100以上	30／100以上	30／100以上	20／100以上
流れ寸法	10m以下	10m以下	10m以下	20m以下
アーチ状屋根の曲げ半径	15m以上	5m以上	5m以上	1m以上
反り屋根の半径	200m以上	5m以上	5m以上	1m以上
下地構造	木造（RC造）	木造、RC造	木造、RC造	木造、鉄骨造

アスファルトシングル

Point 野地板や釘打ちモルタルに、釘と接着剤を併用して、重ねながら葺き上げていく

屋根材としての特徴

アスファルトシングルは、通称「シングル」といわれる。無機質繊維の基材をアスファルトで塗覆し、表面に細かい砂利を付着させて着色した薄板状の屋根材である。曲面や複雑な屋根にも施工しやすいのが特徴で、金属板同様に軽く、施工性に優れる。表面を色砂で着色をしているため、金属板とは違った落ち着きと軟らかさをもつ。

シングルは1860年代にアメリカで考案されたとされる。日本では昭和30年代に登場したが、当初は不燃認定材でなかったため、木造を中心とする一般住宅への普及は進まなかった。しかし、1970年代に不燃シングルが認定され、2000年の法改正以降は、屋根飛び火認定品も流通している。

葺き工法

工法としては、下地に野地板や釘打ちモルタルを用い、シャドウ部にタブ部を重ねながら専用釘と接着剤を併用して葺く釘打ち工法と、RC造などの釘打ちに向かない下地に対して、シングルセメントで張り付けて仕上げる接着工法がある。また、下地に硬質ポリウレタン系断熱材を使い、断熱性能を付加する断熱工法などもある。

下葺き

木造・木質系構造の下葺きには、アスファルトルーフィングを用いる。

RC造のモルタル、ALC板、各種ボードなどの下地への下葺きには、粘着層付きの改良アスファルトルーフィングを張り付けるアスファルト冷工法が一般的である。このとき、躯体コンクリート中の水分が水蒸気となり防水層とコンクリートの間に溜まるふくれや、熱収縮によるしわ、下地の不陸などがないように注意することが雨漏り防止につながる。

アスファルトシングルの例

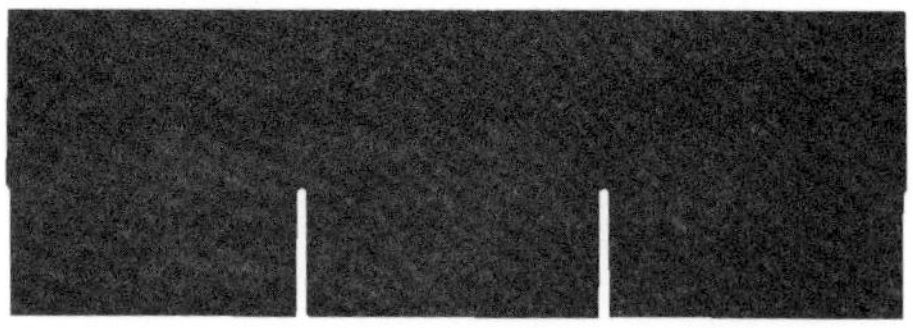

寸歩安定性のよいガラス不織布に、耐熱・耐寒性に優れたアスファルトをコーティングし、表面に特殊砕石を圧着してある　（「マルエスシングル」日新工業）

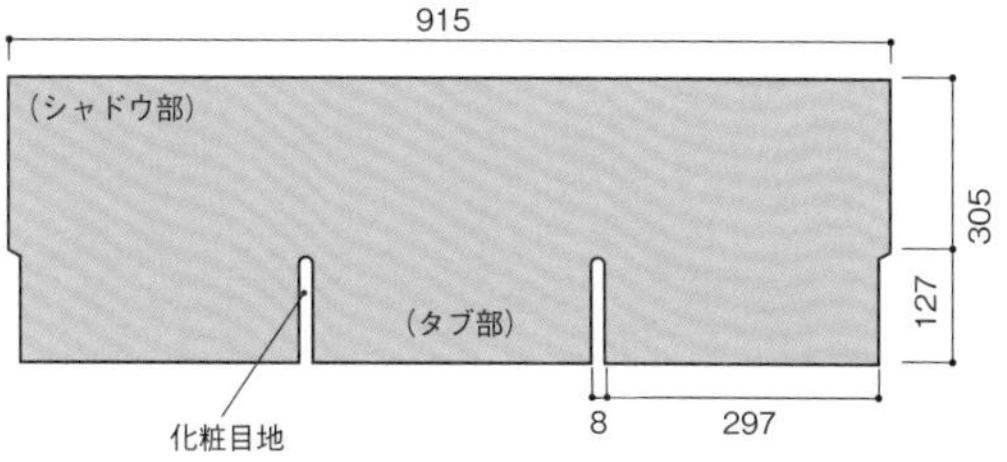

釘打ち工法によるアスファルトシングルの施工例

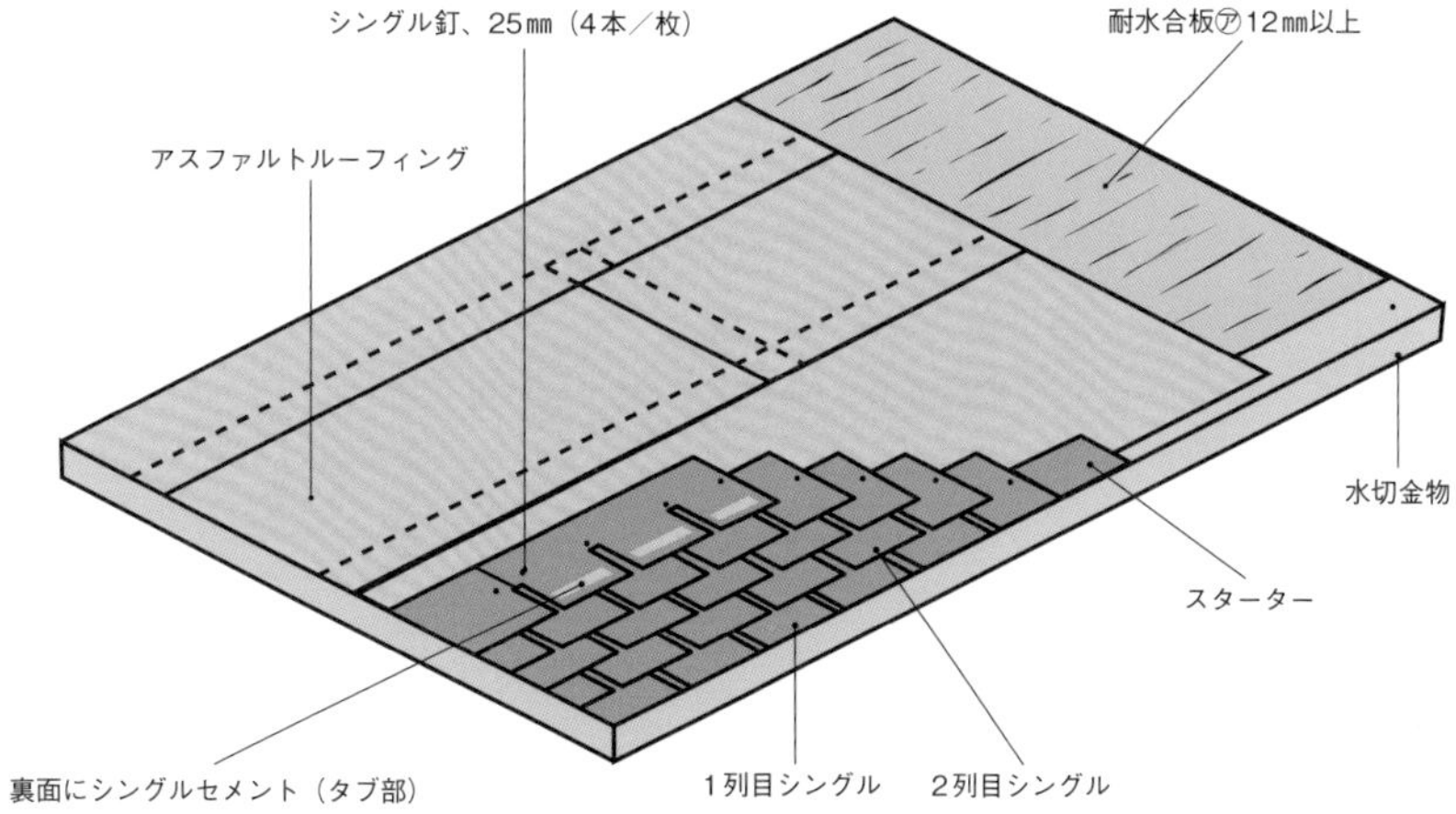

接着工法によるアスファルトシングルの施工例

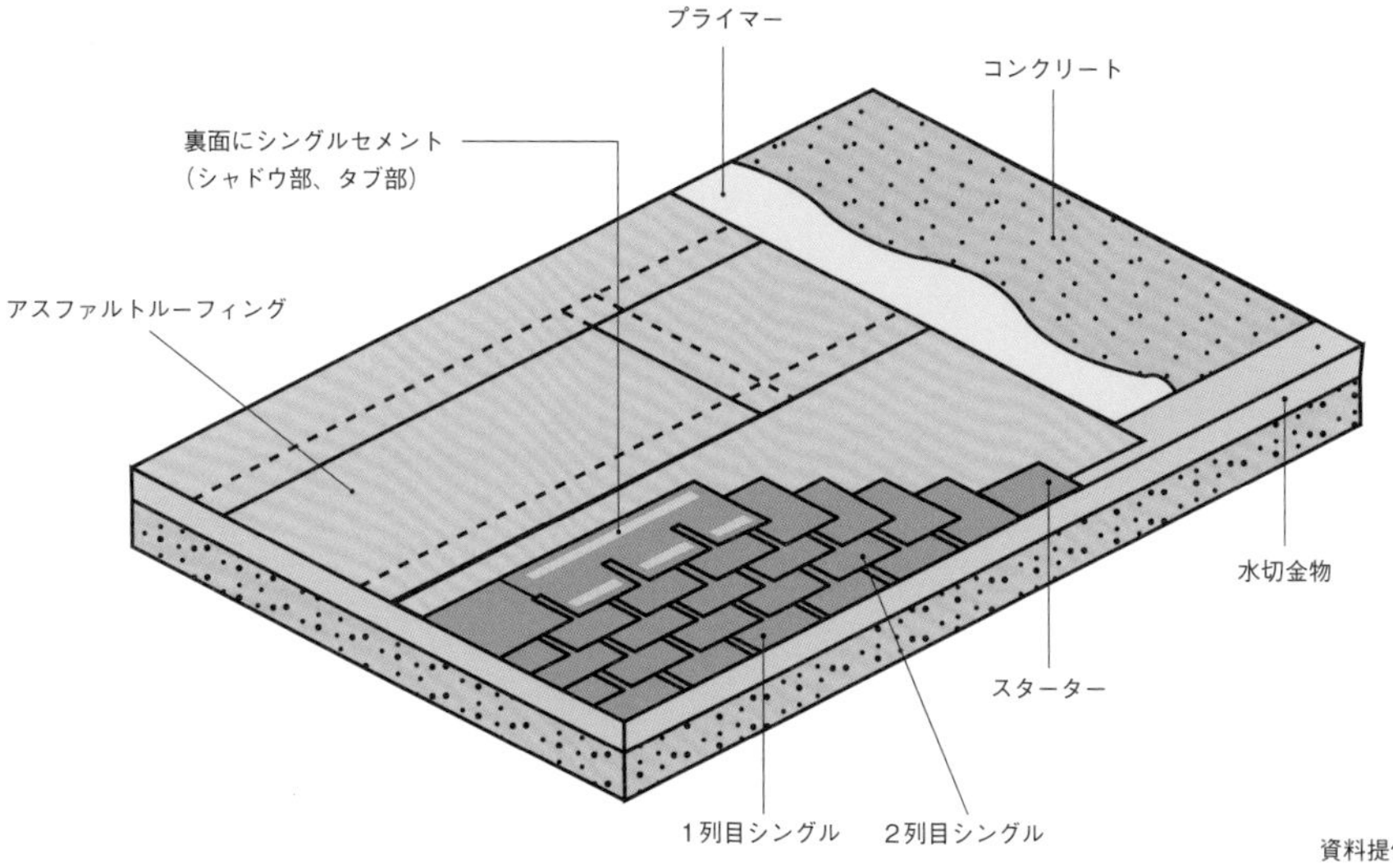

資料提供：日新工業

防水工事の種類

Point 防水工事の工法は多数あるが、部位や状況に応じて適切に選定しなければならない

防水層を設ける防水方法をメンブレン防水という。メンブレン材の種類により、アスファルト防水、シート防水、塗膜防水に大別される。その他にも、ステンレスシートによる防水や防水モルタルがある。

アスファルト防水

溶融アスファルトを接着剤としてアスファルトルーフィングを2〜3層張り重ねて防水層をつくる。性能は比較的安定するが、作業工程が多く現場に溶融炉を設置しなければならない。RC造・鉄骨造の屋根、浴室などに使用されることが多い。

シート防水

合成ゴム系、塩化ビニル樹脂系、ポリオレフィン系などのメンブレン材をシート状に加工し、接着または機械的に固定して防水層をつくる。アスファルト防水と比べ、工程が少なく施工が速い。割れなどの下地の動きによく追従するが、接合部の施工は入念に行うことが必要である。

塗膜防水

ウレタンゴム系、アクリルゴム系、ゴムアスファルト系などの液状の樹脂を、下地に刷毛やローラーで塗布して硬化させ、防水層とする工法。一定の厚さの連続した防水層をつくることが可能で、強度・耐久性に優れる。FRP防水も塗膜防水の1つで、ガラス繊維のマットに防水用ポリエステル樹脂を含浸させるように塗布して、防水層とする。

防水モルタル

バルコニー床などの防水に使用される。メンブレンを設けず、モルタルに塩化カルシウム系、ケイ酸質系、高分子エマルション系の防水剤を調合したものを用いる。

メンブレン防水工法の分類と特徴

材料	工法名	長所	短所
高分子材料系防水	アスファルト防水	・アスファルトが数層に積層されているため、継目のないメンブレン層を形成する ・防水層が厚いため、性能が比較的安定している	・施工に際して作業工程が多く、完成までに手間がかかる ・アスファルト溶接に際し、火を使用し、煙やにおいが発するため、大都市内では採用できない場合がある
	シート防水	・材料の変形能力が大きいものが多く、下地の動きに対して比較的安全である ・接着剤もしくは機械的固定によるため、火を使用しなくてもよい ・施工が速い	・シートどうしの接合部が弱点となりがちであり、入念な施工が必要である ・接着剤には溶剤を含むものがあり、閉鎖空間での作業では、中毒と火災の危険性がある
	塗膜防水	・塗布によって防水層をつくるため、自由な形状の屋根に対応できる ・完全に連続した防水層をつくることができる	・品質・厚さが均一な防水被膜をつくるためには、特に入念な施工管理が必要である。そのため補強布を入れることも多い ・溶剤を含むものでは、中毒と火災の危険性がある
金属材料系防水	ステンレスシート防水	・溶接によって接合部を一体化するため、完全に水密的な防水層をつくることができる	・複雑な納まり部分では施工が難しい

出典：『建築材料用教材』㈳日本建築学会

部位別適用防水工法一覧

防水層の種別		アスファルト系			合成ゴム系	
防水工法の種別 / 防水工法の種別		熱工法	トーチ工法	常温工法	加硫ゴム系シート接着工法	加硫ゴム系シート機械的固定工法
屋上非歩行用防水工法	保護仕上げ	○	○	○	—	—
	露出仕上げ	○	○	○	○	○
屋上歩行用防水工法	保護仕上げ	○	○	○	—	—
	露出仕上げ	—	—	—	—	—
勾配屋根用防水工法	保護仕上げ	—	—	—	—	—
	露出仕上げ	—	△	△	○	○
屋内一般用防水工法	保護仕上げ	○	○	○	—	—
	露出仕上げ	—	—	—	—	—

防水層の種別		合成樹脂系			ウレタン系	
防水工法の種別 / 防水工法の種別		塩化ビニル樹脂系シート接着工法	塩化ビニル樹脂系シート機械的固定工法	エチレン酢酸ビニル樹脂系シート接着工法	塗付け密着工法	吹付け工法
屋上非歩行用防水工法	保護仕上げ	—	—	○	—	—
	露出仕上げ	○	○	—	○	○
屋上歩行用防水工法	保護仕上げ	—	—	○	—	—
	露出仕上げ	○	—	—	○	○
勾配屋根用防水工法	保護仕上げ	—	—	—	—	—
	露出仕上げ	○	○	—	—	○
屋内一般用防水工法	保護仕上げ	—	—	○	—	—
	露出仕上げ	△	—	—	○	△

防水工事の工法

Point 1カ所に不備があれば防水工事は失敗する。数多い工程での入念な施工が求められる

アスファルト系防水の工法

溶融アスファルトで、下地に複数枚のアスファルトルーフィング類を張り重ねる熱工法が代表的工法だが、施工時に煙や臭気が発生する欠点がある。これを改良したトーチ工法は、改質アスファルトルーフィングシートを大きなトーチ（バーナー）を用いてあぶり融かしながら張り重ね、防水層をつくる。また、熱を使わない常温工法には、粘着層でルーフィングを張り付け、ローラー転圧して接着させる工法や、常温で液状のアスファルト系材料を用い、ルーフィングを密着させて張り付ける工法などがある。

シート系防水の工法

接着工法は、下地にプライマー（シーリング材と被着体を接着させるための付与剤）および接着剤、あるいはプライマーか接着剤のいずれかを塗布し、合成ゴム系シート、粘着層付きアスファルトルーフィングを張り付ける工法のことを言う。

密着工法は、下地にプライマーを塗布して液状の材料を張り、防水層を下地に密着させる工法。液状の材料を塗布して補強布、ルーフィング類、シート類を張り付けて、防水層をつくる方法（シート防水工法）もある。

この他、シートやルーフィングを金物で下地に固定し防水層をつくる、機械的固定工法がある。

塗膜防水の工法

ウレタンゴム系、ゴムアスファルト系、アクリルゴム系などの液状の塗膜防水材料を、コテや刷毛、ローラーで塗布し、防水層をつくる工法を指す。防水材料を専用の吹付け機で下地に吹付け、一定の厚さの防水層をつくる吹付け工法もあり、防水改修工事などでも多用されている。

防水工法別工程

工法名＼工程	アスファルト防水熱工法	アスファルト防水トーチ工法	アスファルト防水常温工法	合成ゴム系シート防水接着工法	塩化ビニル樹脂系シート防水工法	加硫ゴム系シート防水工法（機械的固定工法）
1	アスファルトプライマー塗布	アスファルトプライマー塗布	アスファルトプライマー塗布	プライマー塗布	接着剤塗布	増張り
2	（塗付したプライマーの乾燥を確認後）増張り	（塗付したプライマーの乾燥を確認後）増張り	（塗付したプライマーの乾燥を確認後）増張り	（塗付したプライマーの乾燥を確認後）増張り	塩化ビニル樹脂系シート張付け	平場への加硫ゴム系シート敷込み
3	アスファルトルーフィング流し張り	改質アスファルトルーフィングシート張り	絶縁用粘着層付き改質アスファルトルーフィングシート張り	（塗付したプライマーの乾燥を確認後）接着剤塗布	出隅・入隅・角への成形役物張付け	立上りへの加硫ゴム系シートの張付け
4	ストレッチルーフィング流し張り	改質アスファルトルーフィングシート張り	露出用粘着層付き改質アスファルトルーフィングシート張り	合成ゴム系シート張付け（加硫ゴム系または非加硫ゴム系シート）	—	塗装仕上げ
5	アスファルトルーフィング流し張り	絶縁用シート敷き	—	塗装仕上げ	—	—
6	アスファルト塗り（1回目）	—	—	—	—	—
7	アスファルト塗り（2回目）	—	—	—	—	—
8	絶縁用シート敷き	—	—	—	—	—

防水工法の施工例

アスファルト防水熱工法

アスファルト防水トーチ工法

塩化ビニルシート防水工法

外部建具(サッシ)の種類

Point 開口の寸法W（幅）とH（高）は、木造用は外法寸法を指すが、ビル用は内法寸法を指す

サッシとは、一般に建具枠と建具がセットになった工業製品を指す。最も一般的なアルミ製の他にも、鋼製（スチール・ステンレス）、木製、樹脂製と材料もさまざまなものがあり、性能別、開閉形式別の特性を生かした豊富な種類のサッシがある。

取付け（納まり）

取付け方法の違いは、外付け、半外付け、内付けに大別できる。

外付けは、サッシを外壁側から取り付ける。主に真壁納まりに用い、内外ともに枠が不要で意匠的にすっきり納まるため、紙張り障子が入る場合に使うことが多い。ただし、サッシの荷重をビスのみで支えるため、大型サッシは経年により下がる場合もある。

半外付けは、外壁がサッシの枠に納まるように、枠の一部を外壁面から外側に出して納める。室内側に枠が必要で、木造住宅ではこれが主流である。外張り断熱などで外壁の仕上げが厚い場合には、枠の出寸法に注意を要する。

内付けは、サッシの見込みを壁厚内に納める。室内側に枠が必要で、外壁側は枠を回すか左官施工で納める。鉄骨造やＲＣ造で広く用いられ、アンカー金物を用いて現場溶接される。

開口部の大きさは、Ｗ（幅）・Ｈ（高）で表す。木造用サッシでは外法寸法を指すが、ビル用サッシでは内法寸法を指し、かつメーカーや製品により寸法の押さえが異なる場合があるので、注意が必要である。

意匠上の特性

サッシは単体で取り付ける以外に、数種類のサッシ・方立《ほうだて》を介して横方向に連続させた連窓、無目《むめ》を介して縦に連続させた段窓などもある。また、開閉形式の異なるサッシの組み合わせなどにより、バラエティーに富む開口部をつくることができる。

主なサッシの材質

アルミ	軽く、加工性に富むアルミは、押出し成形により気密性や水密性を確保するための断面形状が追求され、外部開口部の主流素材となっている。熱伝導率は鉄の4倍ほどと高い
鋼製（スチール）	鋼材はさびの問題が避けられないため、雨掛かり部分ではあまり使われない。外部開口部には、焼付け塗装などを施して意匠的に使われる
木製	従来の木製建具と異なり、金物や断面形状の工夫により気密性を高めている。木材の熱伝導率はアルミの1／1,500以下と低いため、断熱性が高い
ステンレス	通常は、最も耐食性に優れたSUS304でつくられる。アルミに比べて強度・耐久性ともに優れ、店舗やオフィスビルなどの外部出入口の他、住宅で使用されることもある
樹脂	高耐候性硬質塩ビ（PVC）を型材にした部材でつくられたサッシ。PVCの熱伝導率はアルミの1／1,000以下で、断熱性が高い
複合	異素材を組み合わせたサッシ。アルミの耐候性と樹脂の断熱性を組み合わせたサッシが多い。木製サッシの表面をアルミで保護したものもある

主なサッシの開閉形式

引違い窓	縦滑り出し窓	上げ下げ窓
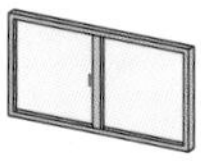	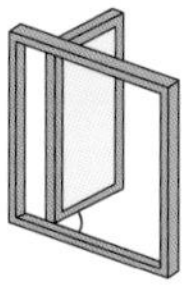	
左右2枚のガラス障子をスライドして開閉する窓。換気・採光に有効	窓の軸がスライドし、左右どちらか一方に回転するように開閉する窓	ガラス障子が上下にスライドして開閉する窓
はめ殺し窓	**内倒し窓**	**ルーバー窓**
		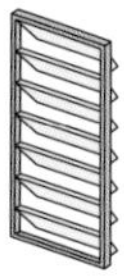
採光を目的にガラスを窓枠にはめ込んだ窓。開閉はできない。FIX窓ともいう	ガラス障子の下を軸に、上側が室内側に倒れる窓	数枚の羽根板状になった可動式のガラスを、ハンドルなどで開閉する窓

サッシの取付け（納まり）の種類（アルミサッシの例）

①外付け

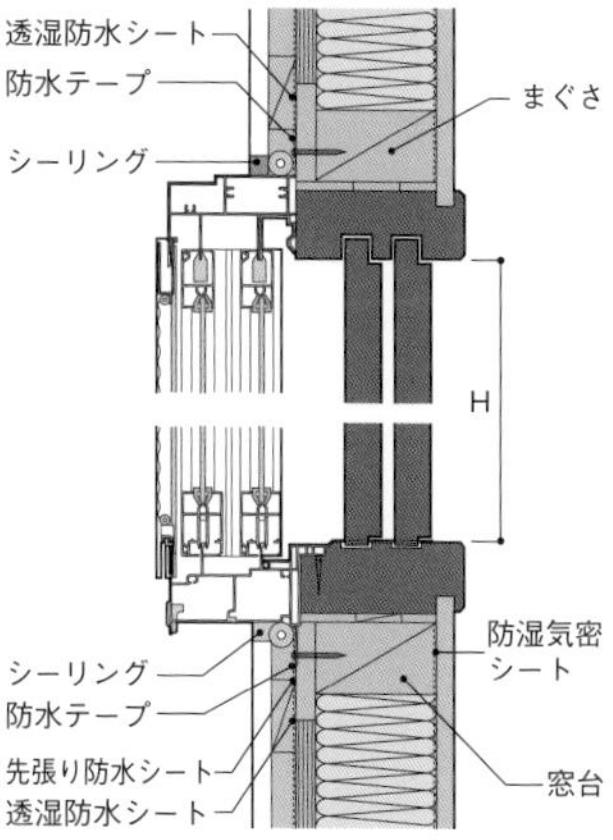

②半外付け

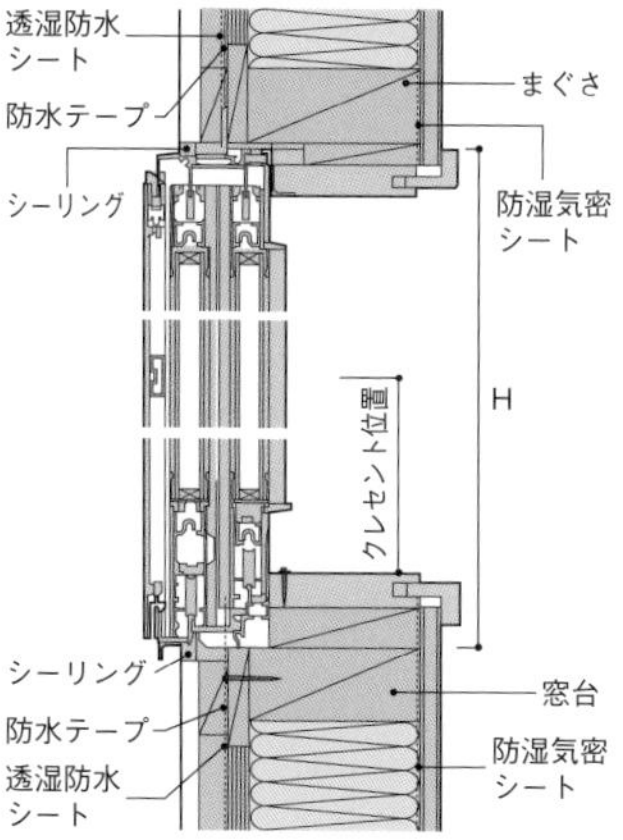

③内付け

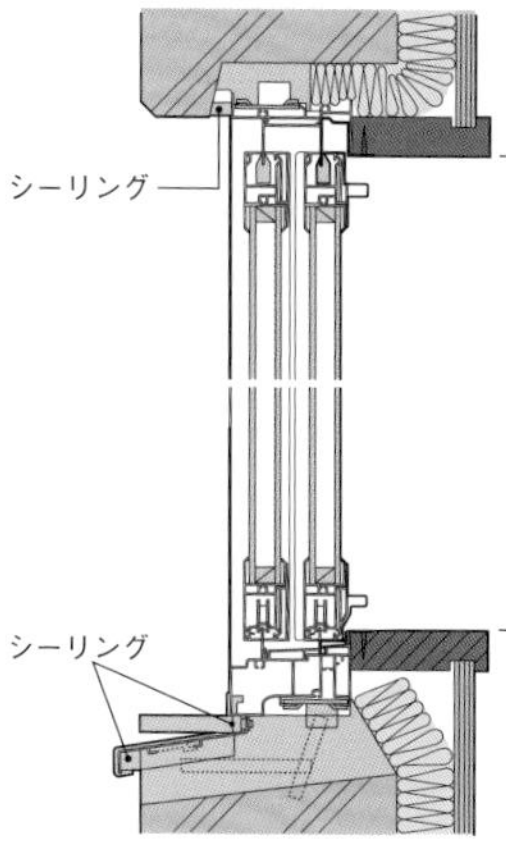

外部建具(サッシ)の性能

Point 断熱性能を決定するのは、面材(ガラス面)、枠の形状(隙間)、枠の材質の3要素

サッシに求められる性能

サッシには、採光や換気・排煙などの各種機能や、水密性、気密性、遮音性、断熱性、耐風圧性、防露性、防火性、防犯性といった各種性能など、多様な機能・性能が求められる。そのなかのいくつかは、JIS(日本産業規格)で性能の等級が規定されている。

また、JASS16(建築工事標準仕様書建具工事)では、水密性、気密性、耐風圧性などの性能が付加されていないものを一般サッシとよび、各性能を付加したものは遮音サッシや断熱サッシなどとよぶ。

遮音サッシ

音の通りにくさの指標である遮音性を向上させたもので、騒音の多い道路に面した建物の窓、オーディオルームの出入口などに用いられる。遮音性は、単位面積当たりの重量が重いものほど高くなるため、同面材なら厚みがあるものが有利になる。また、面材に加え枠の形状(気密性)の影響も受ける。

断熱サッシ

熱の伝わりにくさの指標である断熱性を向上させたもので、熱貫流抵抗値が大きいほど断熱性が高い。断熱性能は、面材(ガラス面)、枠の形状(隙間)、枠の材質の3要素で決定される。気密性の高いサッシにペアガラスを入れる、さらに枠材を樹脂などで熱絶縁するなどしたものがある。

防犯サッシ

面格子や電気錠などのCP部品で防犯性を高めたサッシ。CP部品とは、開口部などに用いられる防犯建築部品で、侵入までに5分以上の時間を要するなど、一定以上の防犯性能があると評価されたものを指す。防犯建築部品の認定品には、CPマークが付く。

サッシの性能項目と等級

性能項目	等級	等級との対応値	対応値の意味と性能
水密性	W-1	100Pa	・圧力差。数値が大きいほど水密性がよい ・加圧中、JIS A 1517に規定されている枠外への流れ出し、しぶき、吹出し、あふれ出しが発生しないこと
	W-2	150Pa	
	W-3	250Pa	
	W-4	350Pa	
	W-5	500Pa	
気密性	A-1	120等級線	・気密性等級線。等級線の数値が小さいほど気密性がよい ・通気量が、別途規定されている気密性等級線を上回らないこと
	A-2	30等級線	
	A-3	8等級線	
	A-4	2等級線	
遮音性	T-1	25等級線	・遮音等級線。等級線の数値が大きいほど遮音性がよい ・別途規定されている遮音等級線に適合すること
	T-2	30等級線	
	T-3	35等級線	
	T-4	40等級線	
断熱性	H-1	0.215㎡・K／W	・熱貫流抵抗値。数値が大きいほど断熱性がよい ・該当する等級の熱貫流抵抗値を上回ること
	H-2	0.246㎡・K／W	
	H-3	0.287㎡・K／W	
	H-4	0.344㎡・K／W	
	H-5	0.430㎡・K／W	
耐風圧性	S-1	800Pa	・最大加圧圧力。数値が大きいほど耐風圧性がよい ・加圧中、破壊のないこと。建具各部の最大変位、最大相対変位、たわみ率が規定されている数値以下であること。除圧後、建具に機能上の支障がないこと
	S-2	1,200Pa	
	S-3	1,600Pa	
	S-4	2,000Pa	
	S-5	2,400Pa	
	S-6	2,800Pa	
	S-7	3,600Pa	

遮音サッシの例

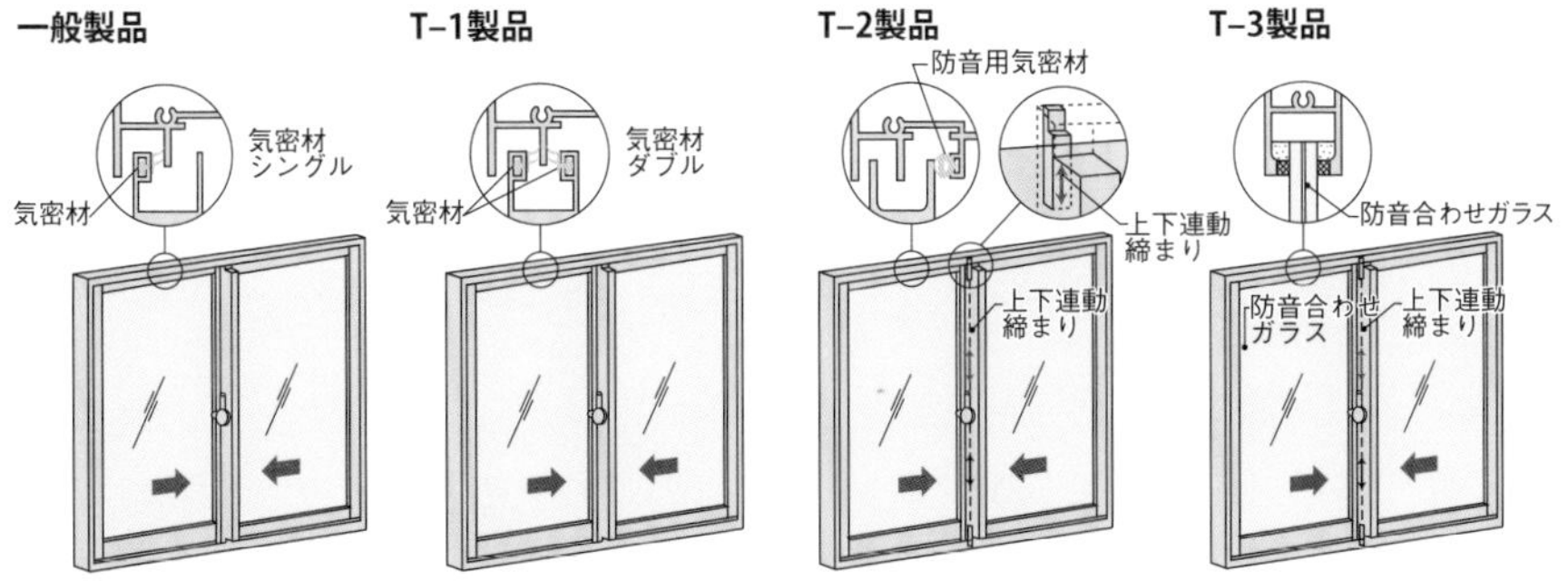

CPマークと対象建物部品17種

1.ドア関係	2.窓関係	3.シャッター関係
❶ドア（A種）［※1］、❷ドア（B種）［※2］、❸ガラスドア、❹上げ下げ内蔵ドア、❺引戸、❻ガラス引戸（自動を含む）、❼錠、シリンダーおよびサムターン	❶サッシ、❷ガラス、❸ウィンドウフィルム、❹雨戸、❺面格子、❻窓シャッター	❶重量シャッター、❷軽量シャッター、❸オーバーヘッドドア、❹シャッター用スイッチボックス

※1　主として3階建て以下の低層住宅用ドア　※2　主としてビル・マンション用のドア

ガラス・シート

Point ガラスは変形せずに破壊に至る。特定の「傷」に応力を集中させないことが重要

ガラスの機能性

一般にガラスとは、無色透明で高い平滑性をもつフロートガラスを指す。基本機能として、光・熱は透過し、風雨は通さないという選択透過性がある。このフロートガラスをベースに、特定のものを透過、または遮蔽する機能を付加した多様なガラスがある。また、安全性の観点から機能を付加したり、意匠性を高めたガラスもある。

強度

ガラスは、外力に対してあまり変形せずに破壊に至る。破損原因の1つが傷で、微細な傷でも特定の傷に応力が集中すると、一気に壊れる。

強さは厚みに比例するが、重量も大きくなるので、これをカバーする強化ガラス、合わせガラスなどがある。また、防火や防犯を考慮した網入りガラス、防犯ガラスなどもある。

選択透過性（快適性）

ガラスのもつ選択透過性を有効に利用することで、快適な室内環境が得られる。たとえば、複層ガラスや遮熱ガラス、真空ガラスによる断熱・省エネ、くもりガラスなどの外部からの視線の遮断によるプライバシーの確保、遮音ガラスによる騒音の遮断、UVガラスのUVカット効果などがある。

意匠性

意匠性の高さもガラスの重要な機能の1つである。着色ガラスやフロストガラス、和紙調ガラスなど、さまざまな装飾を施したガラスがある。

また、ガラスに樹脂接着膜による各種機能性シートを後から張ることでさまざまな機能を付加できる。養生、飛散防止、日照調整、断熱、視線遮断といった機能の他、着色・装飾などの意匠性の付加も可能である。

ガラスの種類と特徴

フロートガラス	型板ガラス	網入りガラス	強化ガラス
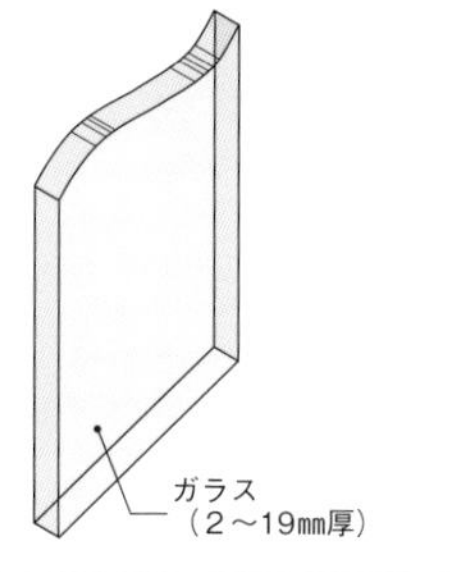	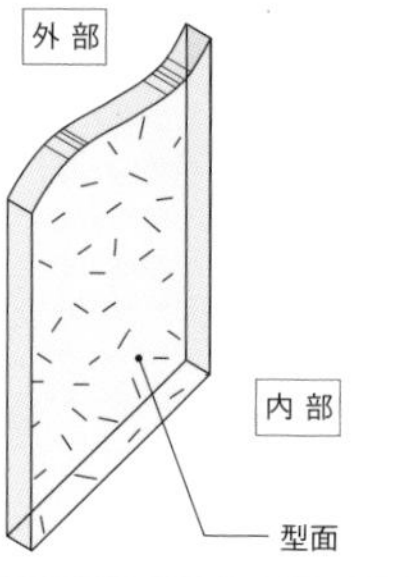	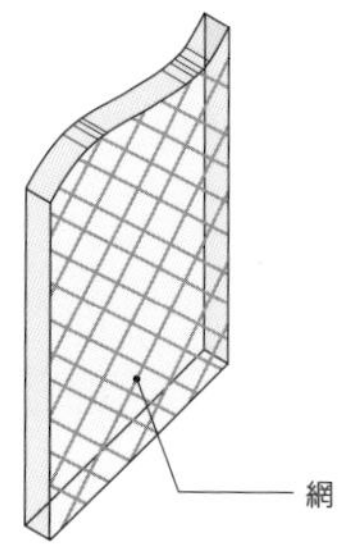	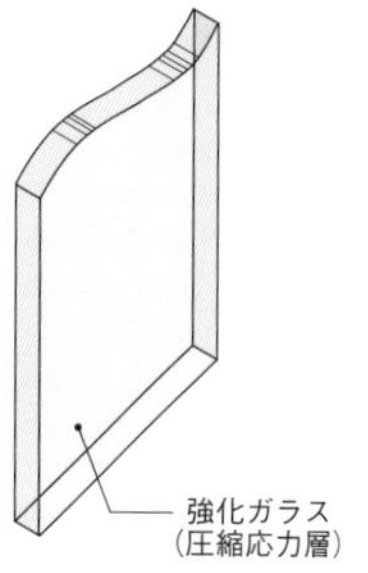
フロート製法による板ガラス。現在最も一般的な透明ガラス。複層ガラスや合わせガラスの素板	ガラス製造時に型ローラーを通し、片面に型模様をつけたもの。光を拡散、視線を遮り、装飾効果がある	金網の入ったガラス。飛散防止効果があり、天窓や防火設備に使用する。熱・さびによる割れに注意する	板ガラスを加熱して、フロートガラスの3～5倍の強度を付与したもの。製造後の孔あけ、面取りなどの加工は一切できない。通称「テンパー」
合わせガラス	**複層ガラス**	**高遮蔽性能熱線反射ガラス**	**真空ガラス**
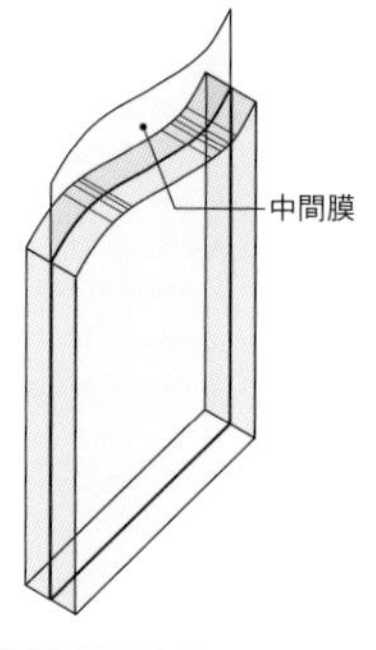	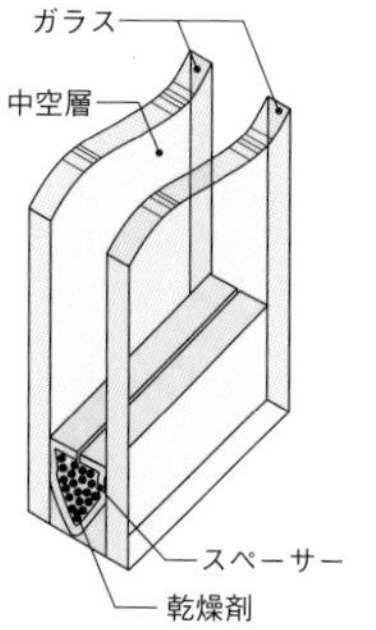	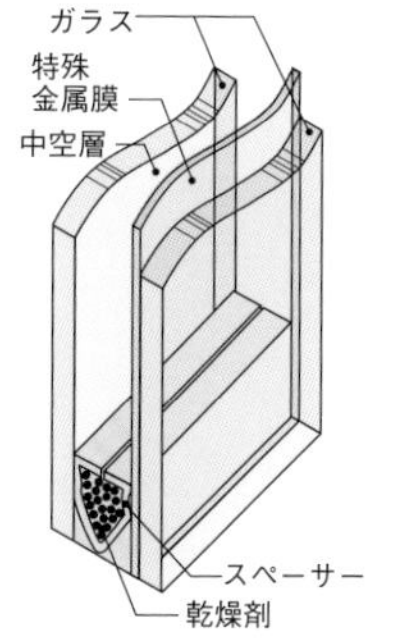	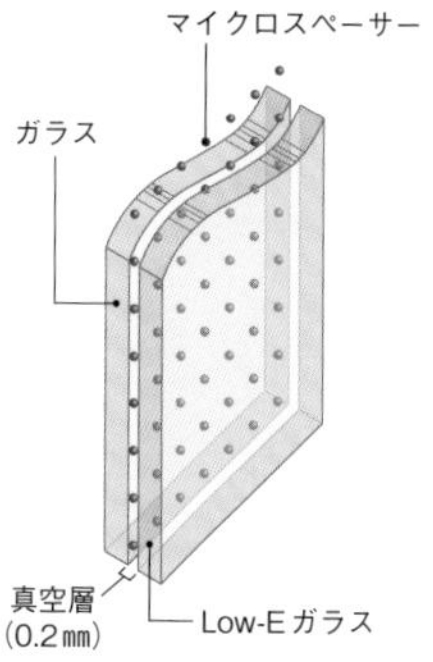
2枚あるいはそれ以上のガラスを強い接着フィルムで加熱圧着して張り合わせた安全性の高いガラス。飛散防止、防犯、装飾などを目的に使われる	2枚のガラスの間に密封した空気層をつくり、断熱性を向上させたガラス。結露防止に有効	現在の熱遮蔽ガラスの主流。フロートガラス表面に金属を蒸着させている。可視光線の反射によるミラー効果、日射熱・紫外線の遮蔽効果がある	板ガラスとLow-Eガラスを重ね、その間を0.2㎜の真空にする

主なガラスの日射侵入率

（ガラス面に入射する日射を1とした場合の室内に流入するエネルギーの比率を表す）

透明単板ガラス　0.82
(8mm)

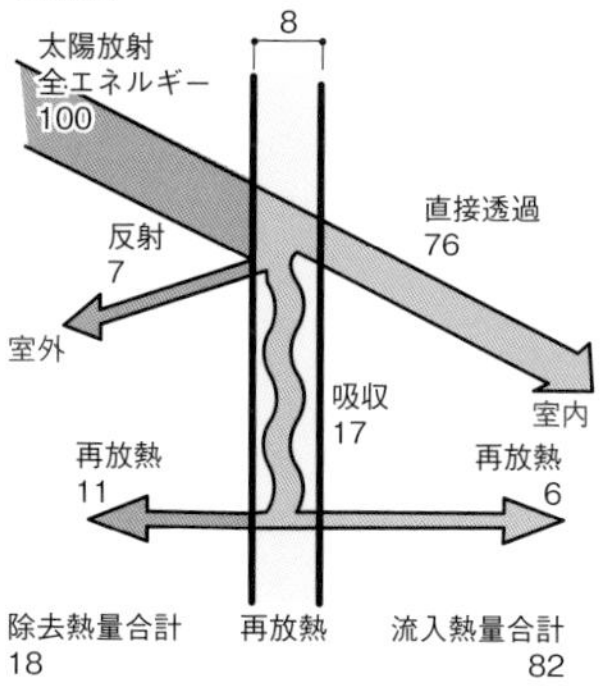

透明複層ガラス　0.73
(6mm + A12mm + 6mm)

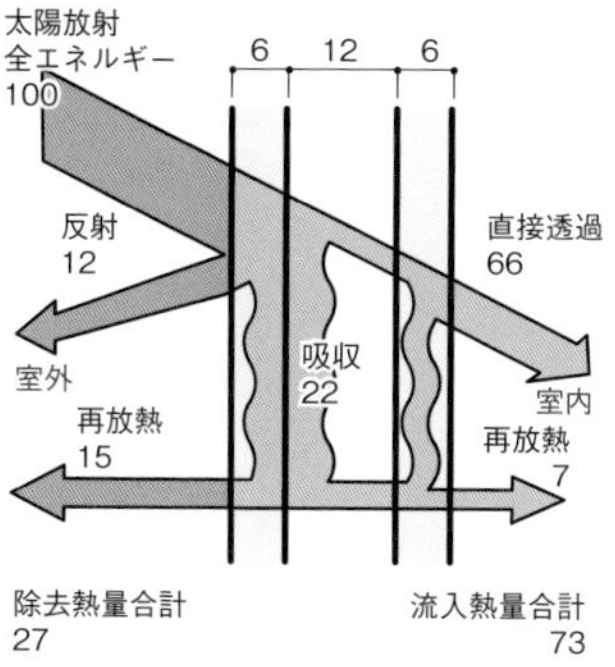

遮熱 Low-E 複層ガラス　0.4
(6mm + A12mm + 6mm)

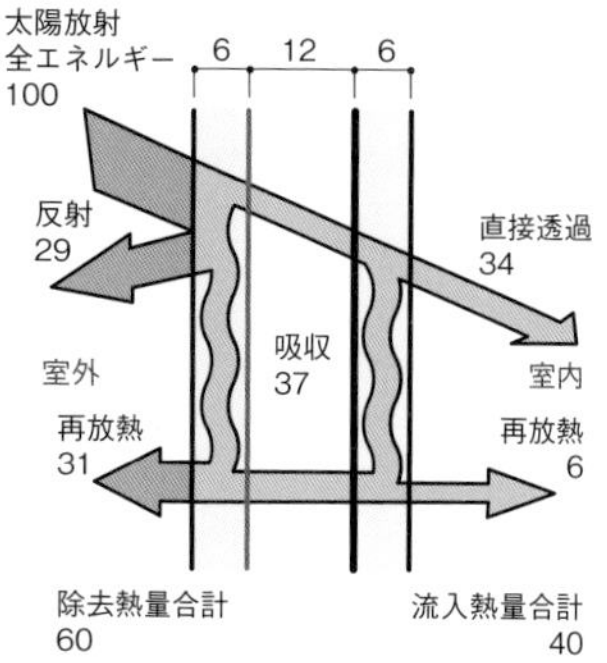

透過性材料

Point 透過性材料の代表はガラスだが、それ以外にも樹脂製材料が利用されている

さまざまな透過性材料

最も一般的な透過性材料といえばガラスだが、それ以外にも、各種の樹脂製品が建築材料として利用されている。板ガラスにはない機能・性能をもつこれらの素材は、使用条件・用途を十分検討して選択すれば、経済性や意匠性で優れた材料となる。

ガラスブロック

プレス成形された2個の箱形ガラスを加熱溶着して製造される。内部が真空状態に近いため、音響透過損失が大きく、優れた遮音性を発揮する。また、断熱性・耐火性にも優れる。近年ではパネル工法の発達により、大壁面への施工も可能になっている。

プロフィリットガラス

溝型ガラス成形材で、半透明の素材面による外光の透過や拡散などデザイン性に富み、方立なしでも壁面を構成できる経済的メリットもある。さらに、ダブル構成にすることで断熱性や遮音性が期待でき、ボックス型袖使いにすると耐風圧力が向上する。

アクリル板

さびない、腐らないといったプラスチックの特性に、透明性や加工のしやすさ、耐候性が加わったアクリル樹脂を主成分とする。全光透過率は93％で、ガラスの92％をしのぐ。中空アクリル板などもあり、看板・店舗外装や建具素材などとして利用される。

ポリカーボネート

ガラスの半分近い比重で、透明度や平滑性も高く、加工も容易である。平板・中空板・波板などがあり、ガラスの代用や間仕切、建具、屋根材などに使われる。耐衝撃性や断熱性に優れる反面、静電気汚れや傷がつきやすい。

主な透過材料の比較表

材料名	アクリル	ポリカーボネート	ガラス
長所	最高の透明性 優れた耐久性 加工性の良さ	割れにくい 燃えにくい	傷つきにくい 耐久性が高い 燃えない
短所	高温で変形 燃えやすい	傷つきやすい 加工しにくい	割れやすい 加工が困難 重い
透明度	93％	86％	92％
加工性	良	良	難
耐候性	良	難	高い
強度	強い	非常に強い	破損しやすく、破損個所が危険
硬さ（ポリカーボネートを1として）	3～4	1	10
燃焼性	可燃	自己消火	不燃
比重	1.19	1.2	2.5（重い）

ガラスブロックの構造

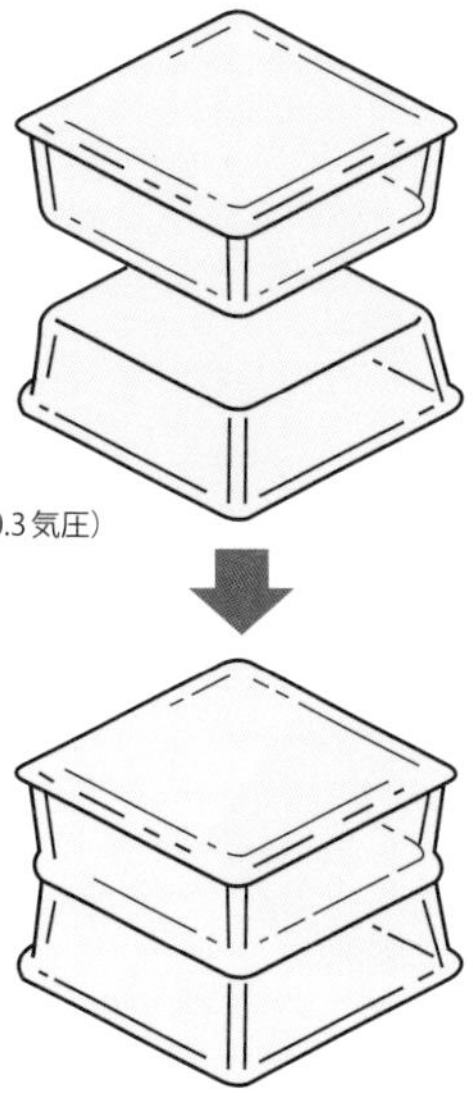
中空（約0.3気圧）
2つのピースを溶着して1つにする

プロフィリットガラスの施工方法

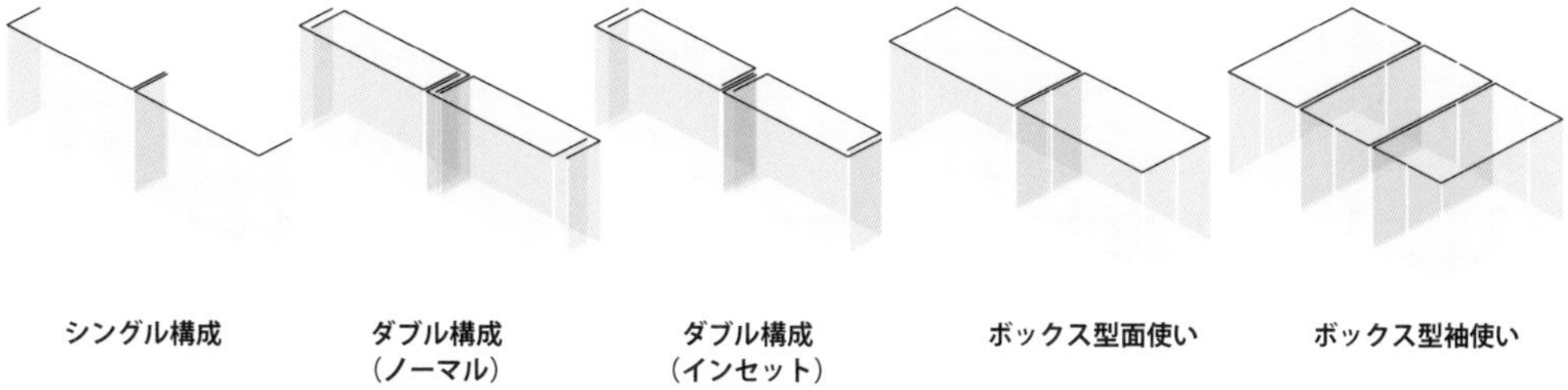

資料提供：日本板硝子 プロフィリットカタログより

アクリル板

アクリル樹脂板「アクリライト」（三菱ケミカル）

ポリカーボネート

中空ポリカーボネート板「ツインカーボ」（AGC）

シーリングの種類（組成、形状）

Point ワーキングジョイントは2面接着、ノンワーキングジョイントは3面接着

シーリング材の分類

シーリングとは、水密性や気密性の確保を目的に、サッシ・ガラス廻り、およびカーテンウォール、外装材などの接合部に施される工事を指す。

シーリング材には不定形シーリング材と定形シーリング材がある。一般的にシーリングとは、ペースト状の充填材による不定形シーリング材のことを指す。一方の定形シーリング材は、ガスケットやグレイジングチャンネルなどのひも状に成形されたもので、充填部の断面が一定の場合に、被着体に押し付け、密着させて用いる。

さらにシーリング材は、施工直前に主成分となる基材と硬化剤を調合・練り混ぜて使う2成分形シーリング材と、あらかじめ混合され、空気中の湿気や酸素などで硬化する1成分形シーリング材に分かれる。双方で、伸縮性や接着性、硬化特性などに差がある。

2面・3面接着

ワーキングジョイント（熱や地震などで動く目地）は2面接着（1面はフリー面）としてシーリング材が動けるようにする。その際、3面接着とならないようバックアップ材やボンドブレーカーを用いる。

ノンワーキングジョイント（動きが非常に小さい目地）では、目地幅と充填深さが許容範囲を満たし、かつ3面接着でシーリング材の接着性が十分確保できるようにする。接着性の確保には、プライマーの選択が重要になる。

先打ち・後打ち

シーリングには、塗装工事が施される前にシーリング材を充填する先打ちと、塗装工事終了後にシーリング材を塗膜の上に充填する後打ちとがある。先打ちの場合、塗装の乾燥不良や剥離・割れ・汚れに注意する。

不定形シーリング材の分類

シーリング材	2成分形［※1］	混合反応硬化		シリコーン系、変成シリコーン系、ポリサルファイド系、アクリルウレタン系、ポリウレタン系
	1成分形	湿気硬化		シリコーン系、変成シリコーン系、ポリサルファイド系、ポリウレタン系
		酸素硬化		シーリング材
		乾燥硬化	エマルジョンタイプ	アクリル系、SBR系
			溶剤タイプ	ブチルゴム系
		非硬化		シリコーン系マスチック［※2］、油性コーキング材

※1　着色剤を別にしたタイプがある
※2　シリコーン系マスチックには3成分形もある

定形シーリング材の種類

目地ガスケット

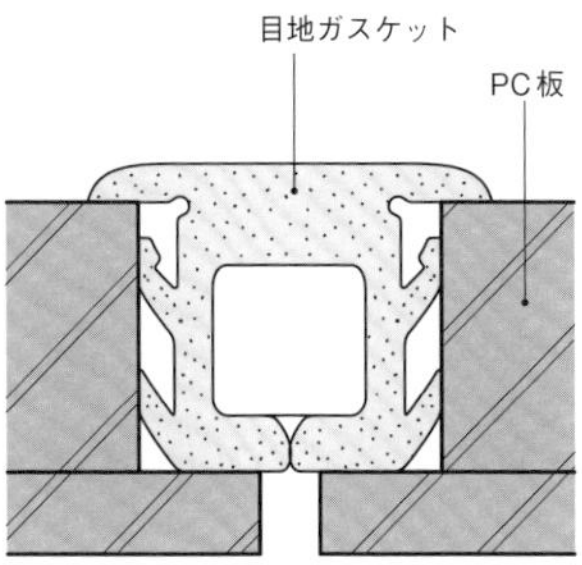

目地部分に使用して気密性と水密性を保持する

構造ガスケット

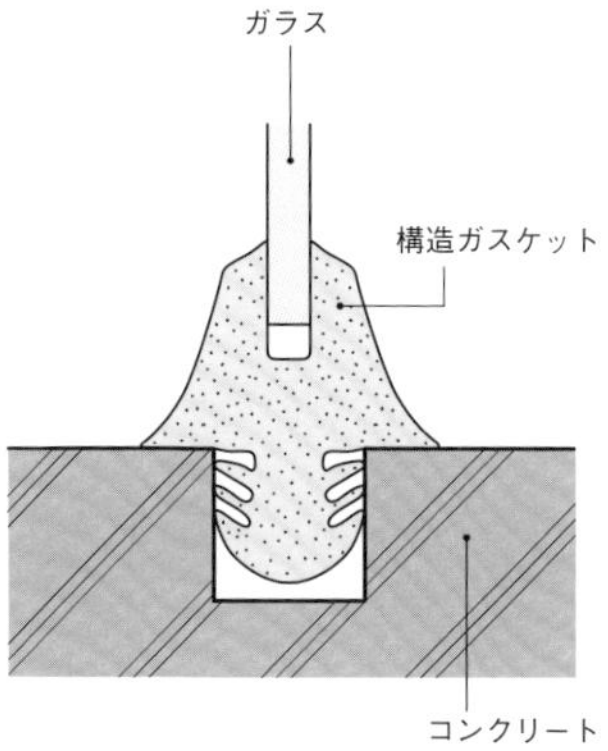

開口部に取り付けガラスなどを直接支持する

グレイジングチャンネル

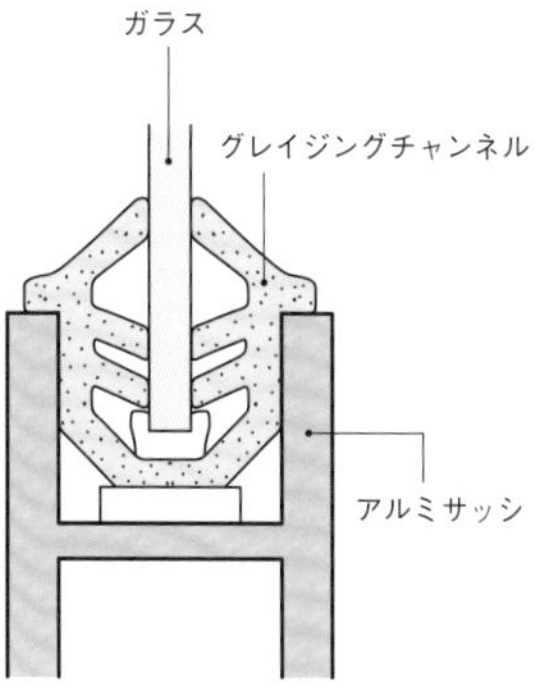

ドアセットやサッシにガラスなどを取り付けるための定形シーリング

2面接着と3面接着

2面接着

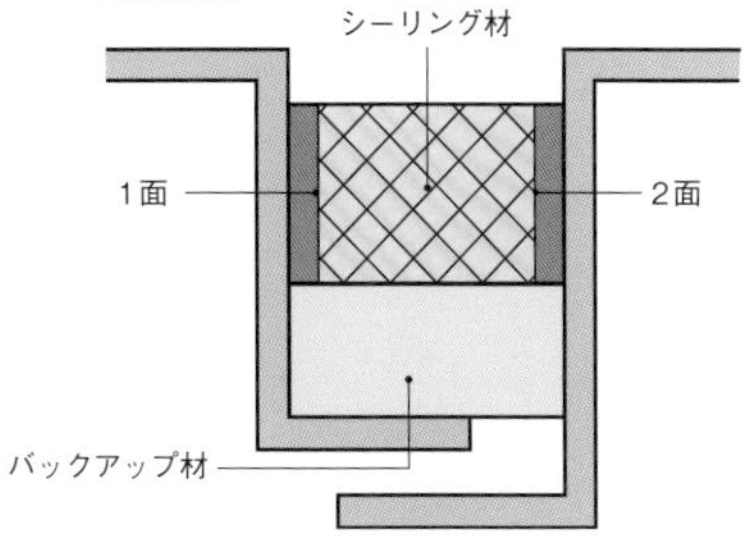

3面接着

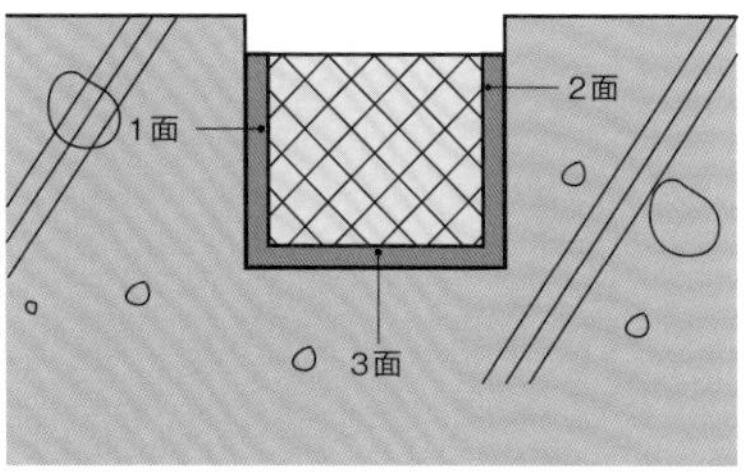

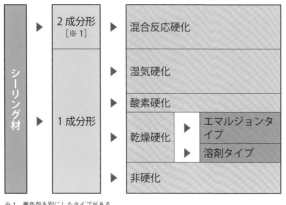

外部建具廻り

Point サッシだけでは満たしきれない要求を補完するために、カーテンやブラインドを用いる

外部建具廻り部材の機能

サッシだけで満たしきれない窓廻りへの要求を補完するのが、カーテンやブラインドに代表される外部建具廻りの建築部材である。その機能は大きく分けて、日射や明るさ、視線を調節する調節機能、窓ガラスだけでは足りない断熱性や遮音性を補完する遮断機能、色やかたち、材質などで窓を演出する意匠機能がある。

また設置個所からも、内部エレメントと外部エレメントに大別できる。

調節機能

日射を調節する調光は、カーテンの開閉や生地などの違いでも変化する。遮光カーテンや内戸では外光が完全に遮蔽され、ブラインドでは羽根の角度で日射を調節できる。

また、外光や外気を取り入れながら、外からの視線を遮るのが調視である。レースのカーテンで室内を見えにくくする、ブラインドの羽根角度や内戸の雪見障子で視線をコントロールするなどがこれにあたる。

断熱・遮熱機能

外部建具廻りでは、室内の暖房効率を高める断熱性能を補完するために使われるものも多い。簡単な方法としては、厚手のカーテンや紙障子などを採用するとよい。直射日光による暑さを防ぐ遮熱では、窓の内側より外側にブラインドを設置すると効果が高い。さらに、雨戸やシャッターは、防犯に加え窓面の放射冷却を防ぐ効果もある。

意匠機能

布素材は織り・色・柄が豊富で、造形・加工も容易である。カーテンを代表に、近年はロールスクリーンやパネルスクリーンの布地でも、意匠性の高いものが多くなっている。

外部建具廻りの建築部材の分類

内部エレメント

カーテン	ローマンシェード	プリーツシェード	ロールブラインド
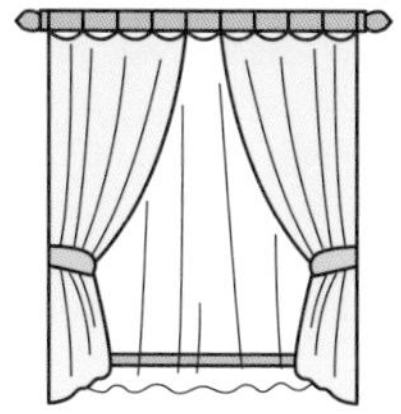	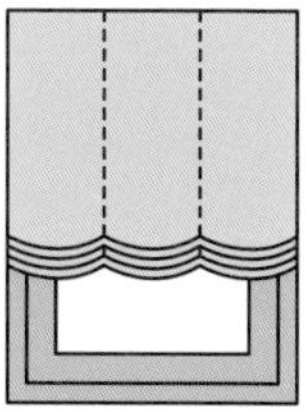	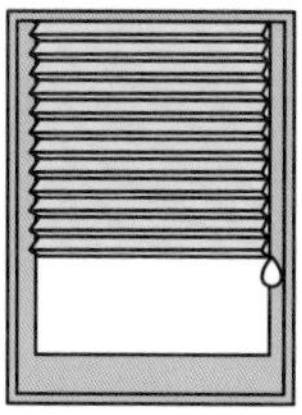	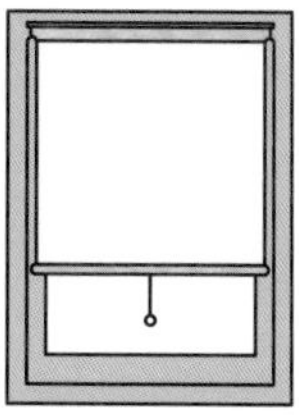
	たくし上げ式スクリーン	折上げ式スクリーン	巻上げ式のスクリーン
ベネシアンブラインド	**バーチカルブラインド**	**パネルスクリーン**	**内戸**
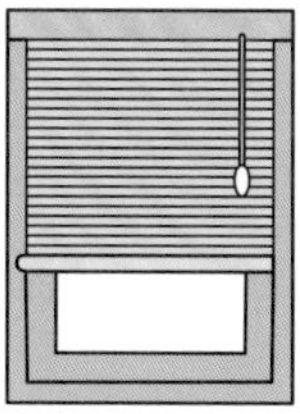	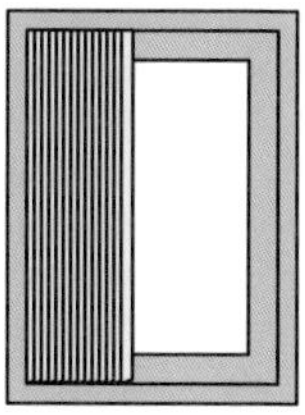	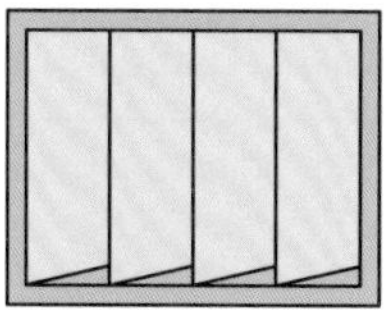	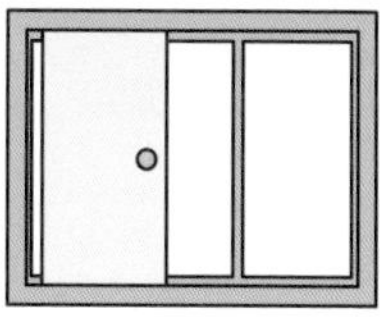
横型のブラインド	縦型のブラインド	横引き式スクリーン	横引きまたは開き戸

出典：『ウィンドートリートメント』日本インテリアファブリックス協会

外部エレメント

エクステリアブラインド（ルーバー）	オーニング	シャッター	雨戸
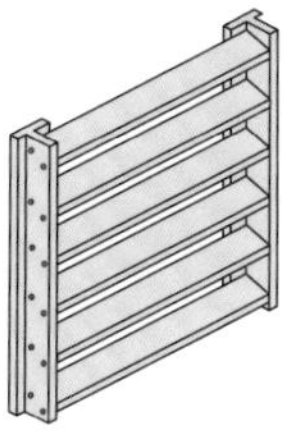	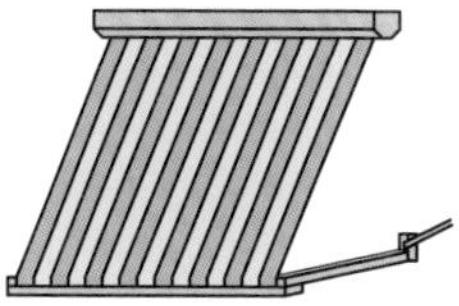	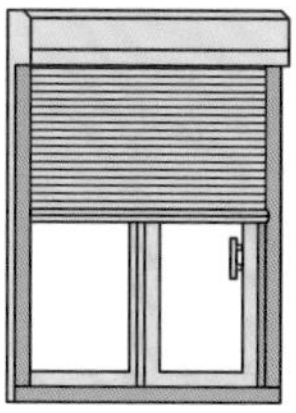	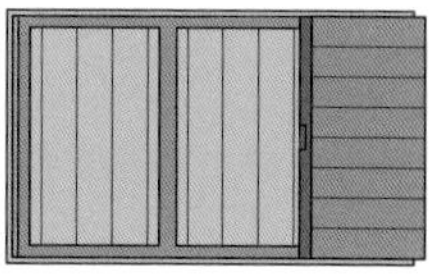
横型の大型ブラインド	突出し庇式、または巻取り式のスクリーン	巻取り式、または折上げ式の戸	木・アルミ製の引き戸。戸袋に納める

ブラインドの日射熱遮蔽効果の比較

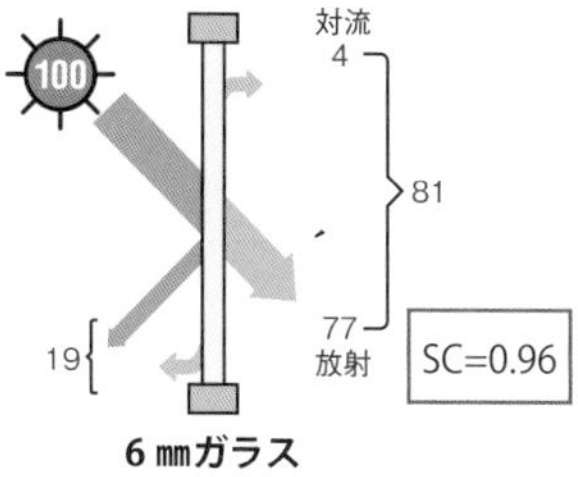

6㎜ガラス

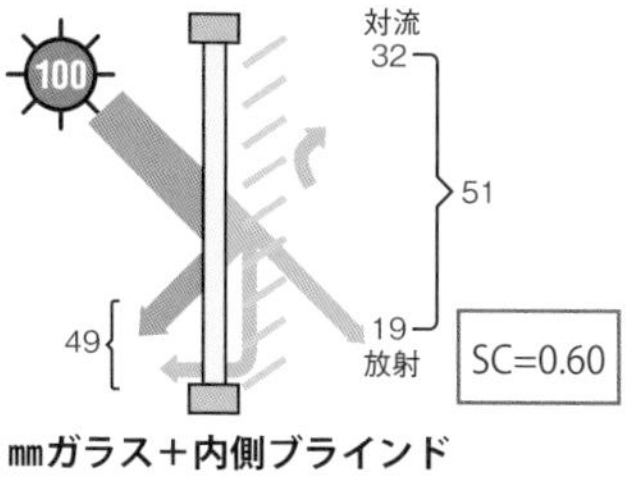

6㎜ガラス＋内側ブラインド

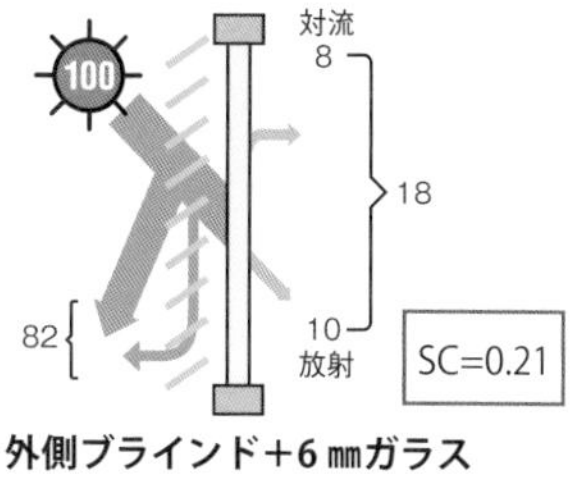

外側ブラインド＋6㎜ガラス

注　SC：日射遮蔽係数。3㎜厚透明ガラスを1として、数値が低いほど日射遮蔽効果が高い

出典：『住居環境学入門』（彰国社）

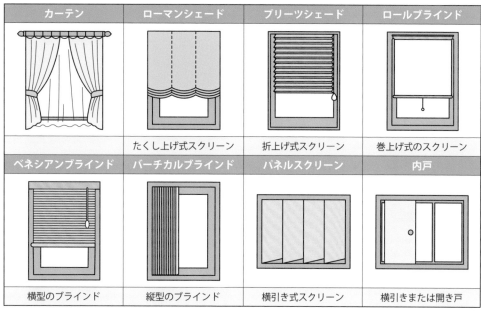

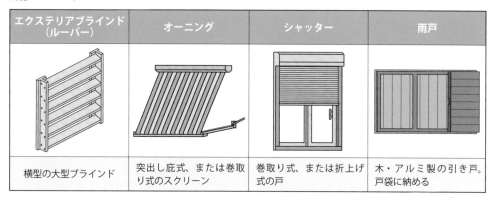

サイディングの性能

Point 防火構造は、サイディングの性能と、内装材・壁内部の構造および施工の仕様で規定される

サイディングの性能

①耐震性

地震発生時に、建物の躯体にかかる負担を左右する要素の1つが、外壁の重量である。サイディングを採用した建物は、モルタル仕上げの建物に比べて1棟当たりの重量が軽いため、地震時に建物にかかる負担が軽減される。また、接合部がワーキングジョイント[※]のため揺れにも追従し、破損しにくい特性ももつ。

②防火性

外壁は、その建物が建つ地域や、建物の規模・用途により、防火性能の規制を受ける。サイディングの防耐火構造の仕様には、準耐火構造（45分準耐火）・防火構造・準防火構造（準防火性能）があるので、その建物に求められる性能に合った製品を選ぶ。

③断熱性

熱伝導率で比較すると、窒素系サイディング（0・22w／m・k）は、モルタル壁（約1.3w／m・k）の約6倍の断熱性能を示す。また、断熱材を挟み込んだ金属系サンドイッチパネルのサイディングでは、モルタル壁の約45倍の断熱性能を示すものもある。このように、サイディングには高い断熱性能を示すものもある。

④耐候性

外壁は自然条件の影響で経年劣化する。近年、金属系サイディングではフッ素焼付け塗装をされたものや、窒素系サイディングではUVカット機能を備えた製品が出るなど、表面の色褪せなどへの対策が進められている。

⑤防汚性

光に当たることで外壁面の汚れを分解し、かつ雨で浮かして流す作用をもつ光触媒をコーティングしたものなど、防汚性能を高める機能が付加されたサイディングも製品化されており、徐々に普及が進んでいる。

※ 動きが比較的大きい目地のこと

地域・規模による戸建住宅への防火規制の概要

地域	用途	階数	延べ床面積（㎡） S≦010	100＜S≦ 500	500＜S≦ 1,000	1,000＜S≦ 1,500	1,500＜S≦ 3,000	構造・諸条件
防火地域（法61条）	戸建住宅 木造共同住宅	1、2階建て	○					準耐火構造45分
準防火地域（法62条）	木造共同住宅	1、2階建て	○	○				耐火構造
			○	○	○	○		準耐火構造45分
		3階建て	○	○	○	○		準耐火構造60分
	戸建住宅	1、2階建て	○	○				防火構造
		3階建て	○	○	○	○		準耐火構造45分
法22条指定区域	木造共同住宅	1、2階建て	○	○				準防火構造
			○	○	○	○	○	2階が300㎡以上で準耐火構造45分
			○	○	○	○	○	防火構造（2階建てで200㎡以上かつ2階が300㎡未満）
		3階建て	○	○	○	○	○	準耐火構造60分
	戸建住宅	1、2階建て	○	○	○			準防火構造
			○	○	○	○	○	防火構造
		3階建て	○	○	○			準防火構造
			○	○	○	○	○	防火構造

延焼のおそれのある部分とは？

隣地境界線などから1階部分で3m、2階部分で5m以下の部分

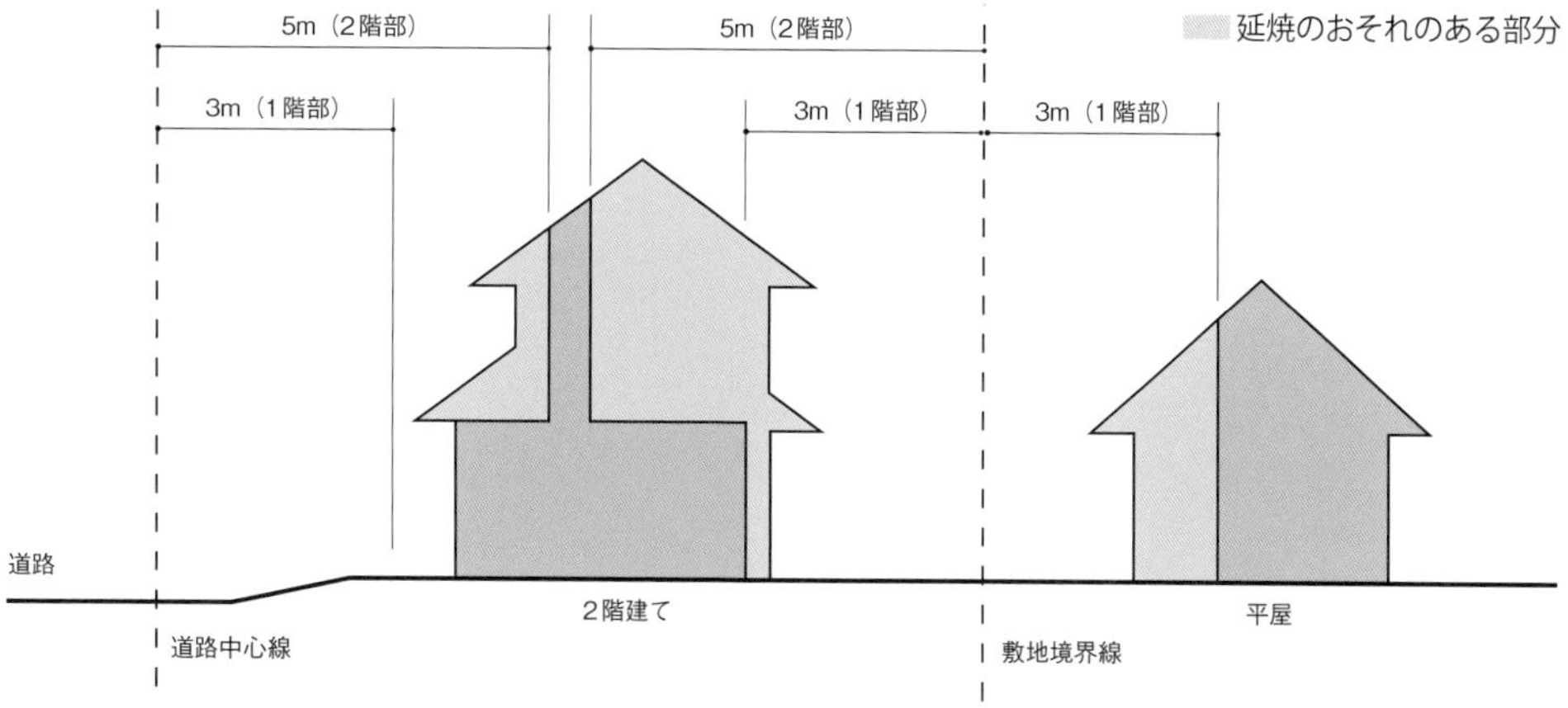

サイディングの種類

Point 工業製品としてのサイディングは、窯業系・金属系・樹脂系に分類される

現在普及しているサイディングは、材質の種類から大きく次の3種類に分類される。

窯業系サイディング

窯業系サイディングは、主にセメントに木材繊維などを加えて、板状に加工し、窯の中で高熱処理された建材である。コストが低く、耐火性に優れているのが特徴である。窯業系サイディングは、他のサイディングよりも重量があり、熱を蓄える性質がある一方で、耐水性はないので、表面塗装やシーリングの定期的なメンテナンスが必要である。木繊維補強セメント系・繊維補強セメント板系・繊維補強セメントケイ酸カルシウム系に分けられる。

金属系サイディング

金属系サイディングは、柄付けされた金属板と断熱性のある裏打ち材で構成される。工場でライン生産されるため、仕上がりが均一になる。塗装仕上げの必要がなく、軽量で、断熱性に優れ、ひび割れや凍害を受けないという利点がある。金属の種類としては、ガルバリウム鋼鈑・溶融亜鉛めっき鋼鈑・アルミニウム合金版・ステンレス鋼鈑がある。

樹脂系サイディング

樹脂系サイディングは、塩化ビニル樹脂に顔料が練り込まれているため、塗装が剥げることがなく、塗替えを必要としない。また塩化ビニル樹脂自体に撥水性があり水や湿気を吸わない。この他、塩害・酸性雨・火山灰によるサビや腐食がなく、軽量であるという特徴がある。

サイディング材の張り方

張り方には、横張りと縦張りがある。部材の最大長さが3ｍ前後のため、接続箇所には見切材が必要になる。

第3章

サイディングの張り方

①横張り

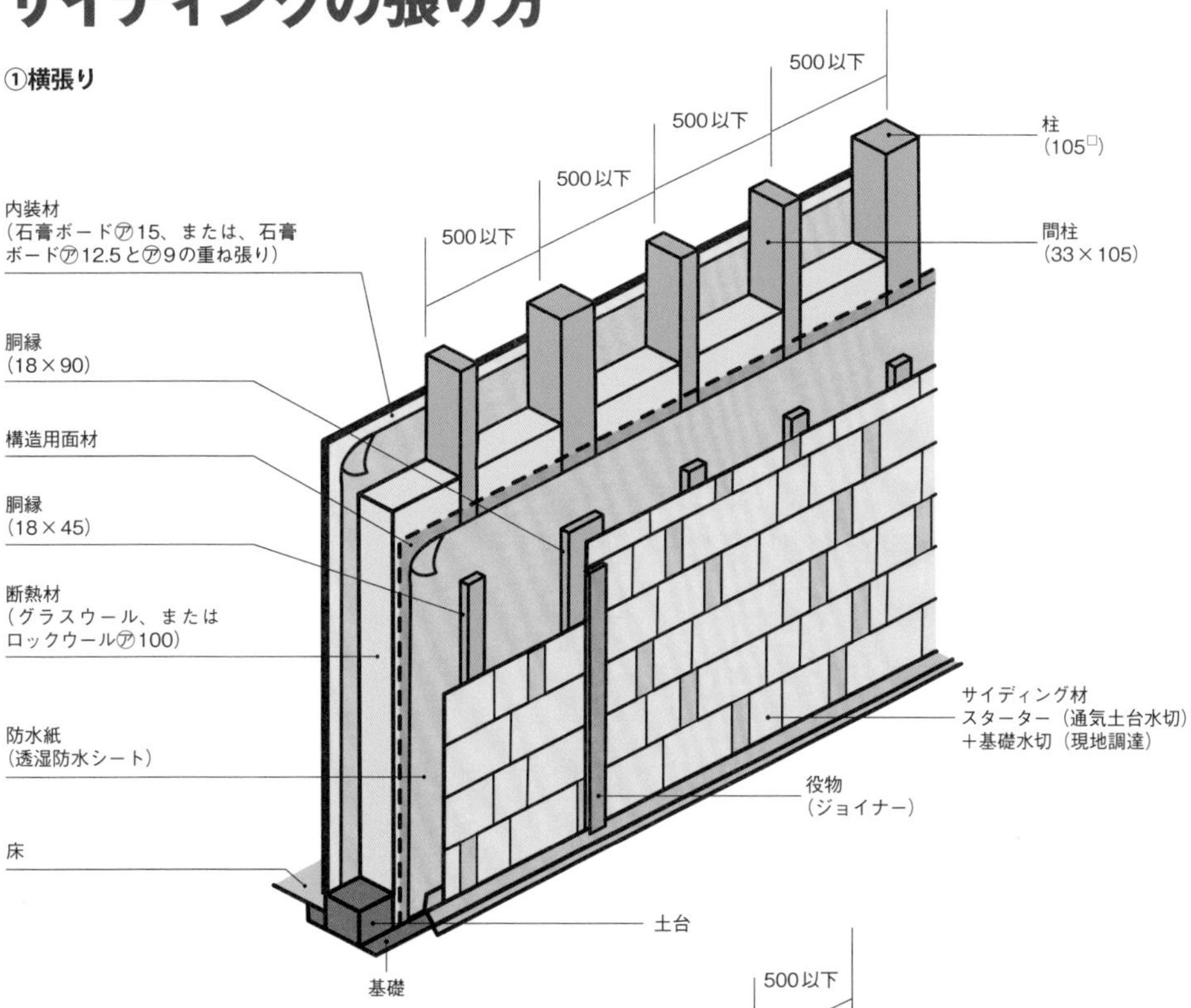

②縦張り

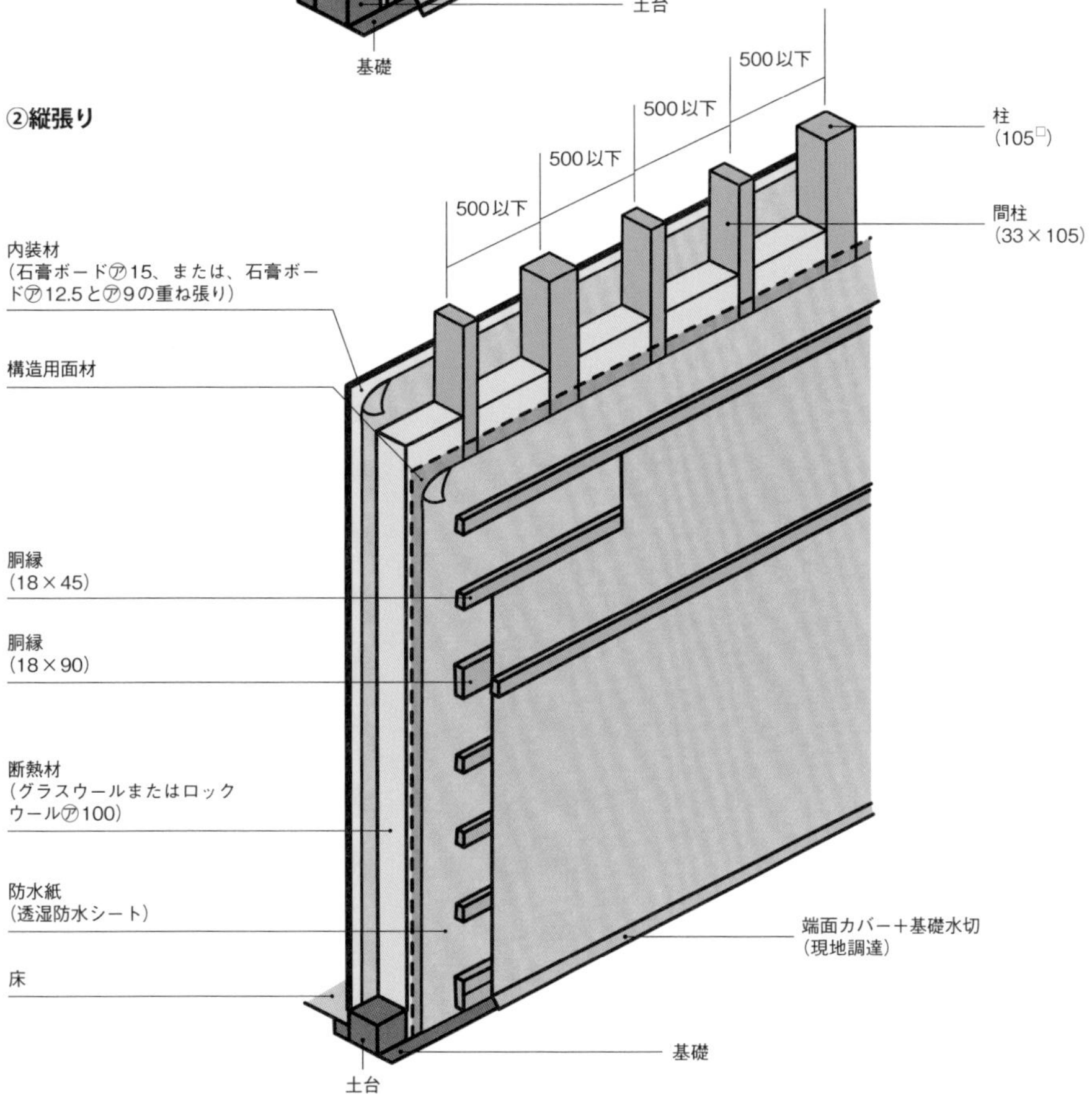

サイディングの部材

Point 壁体内の通気を確保したり、意匠性を向上させたり、さまざまな用途の部材がある

下地の施工

①透湿防水シート

外部からの水を防ぎ、室内側からの湿気は透す防水紙で（84頁参照）、張り方は横張りとし、下から上へと張り上げる。上下の重ね代は100㎜以上とする。左右の重ね代は300㎜以上とり、重なりは必ず柱か間柱のあるところに設ける。また、ジョイント部は上下で同じ位置にならないようにする。出隅・入隅部は雨水が浸入しやすいので、必要に応じて透湿防水シートを2重張りする。

②縦胴縁・横胴縁

サイディングを留める下地材で、通気胴縁を兼ねることも多い（84頁参照）。胴縁の厚さは、サイディング材の反り、たわみなどによる引抜き力に対抗するための釘の利きを考え、15㎜以上とする。なお、通気層の幅を考慮すれば18㎜は確保したい。

サイディング壁の役物

①コーナー材

隅部をきれいに納めるための専用部材で、仕上材と同材のものが用意されている。

②水切材

壁内への雨水の浸入を防ぐ部材で、通気層への空気の給気孔を兼ねるものもある。ステンレス製、ガルバリウム鋼板製などがあり、仕上材と同系色のものも用意されている。外壁下部に付く基礎水切、サイディングの上下ジョイント部で使う中間水切などがある。

③シーリング材

雨水の浸入を防止するため、サイディング材のジョイント目地、外壁開口部周囲、外壁貫通部周囲などにはシーリング材を充塡する。

④その他の部材

この他、軒天井通気見切　開口部水切や、意匠部材などがある。

透湿防水シートの施工

透湿防水シートの施工の様子。下から順に張り上げていく様子が分かる

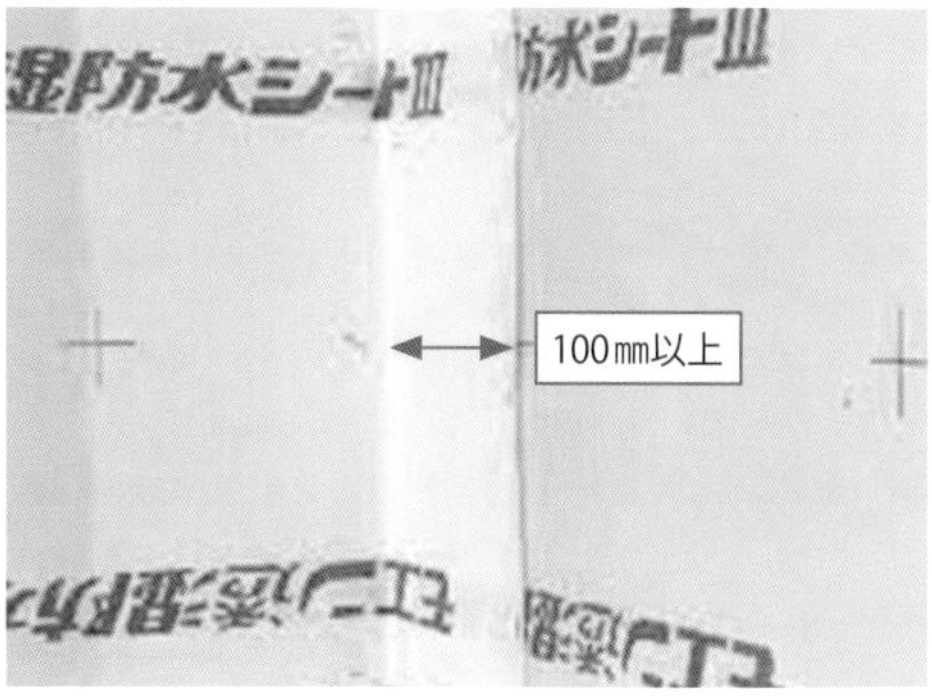

透湿防水シートの上下重ね代。100㎜以上の重ね代をとるようにする

サイディング壁の役物の例

役物の施工個所

コーナー材

水切材

軒天井見切材

板金による役物

木質サイディング

Point 天然素材の木質サイディングは、耐震性、断熱性などの性能に優れた外壁材である

板の種類と寸法

法規上の防火規制の点から、外壁に木材を使用できる機会は減っている。しかしこれを除けば、木材は耐震性、断熱性などに優れた外壁材である。

国産材では、比較的水や湿気に強いスギ、ヒノキ、ヒバの使用例が多い。地方によってはカラマツを使うこともある。輸入材では、ヒノキ科のウエスタンレッドシーダーが一般的である。

板厚は、張り方によって最低厚さが異なるが、仕上がり寸法が7.5〜18㎜の場合、板幅は105〜180㎜前後が標準である。長さは1・82m、2m、3m、3・64m、4mのものがある。

張り方の種類

①縦に張る（縦羽目板）

縦に板を張る場合、18×45㎜以上の胴縁をおおむね450㎜以内のピッチで入れ、防水シートを施工した上に張り上げていく。張り方には、実《さね》加工された部材を張る本実《ほんざね》張りや雇実《やといざね》張り、合《あい》決《じゃく》り張り、押し縁を使用する縦羽目板打ち、縦羽目押し縁留め、大和張りなどがある。

②横に張る（横羽目板、下見板）

板を横張りする場合、間柱の面を柱や胴差などとそろえ、防水シートを施工した上に張り上げる。継ぎ目は、間柱位置で目違い継ぎとすることもあるが、一般的には突付け継ぎとする。張り方には押し縁下見板張りやささら子下見板張り、南京下見板張り、ドイツ下見板張りなどがある。

木質系防火材料

法規上の防火規制に対応する、木の内部に防火薬剤を加圧注入した木質サイディングも開発されている。薬剤注入されているため、釘は薬剤耐性の高いステンレススクリュー釘や真ちゅうスクリュー釘を使用する。

縦羽目板張り

縦羽目板合決《あいじゃく》り張り

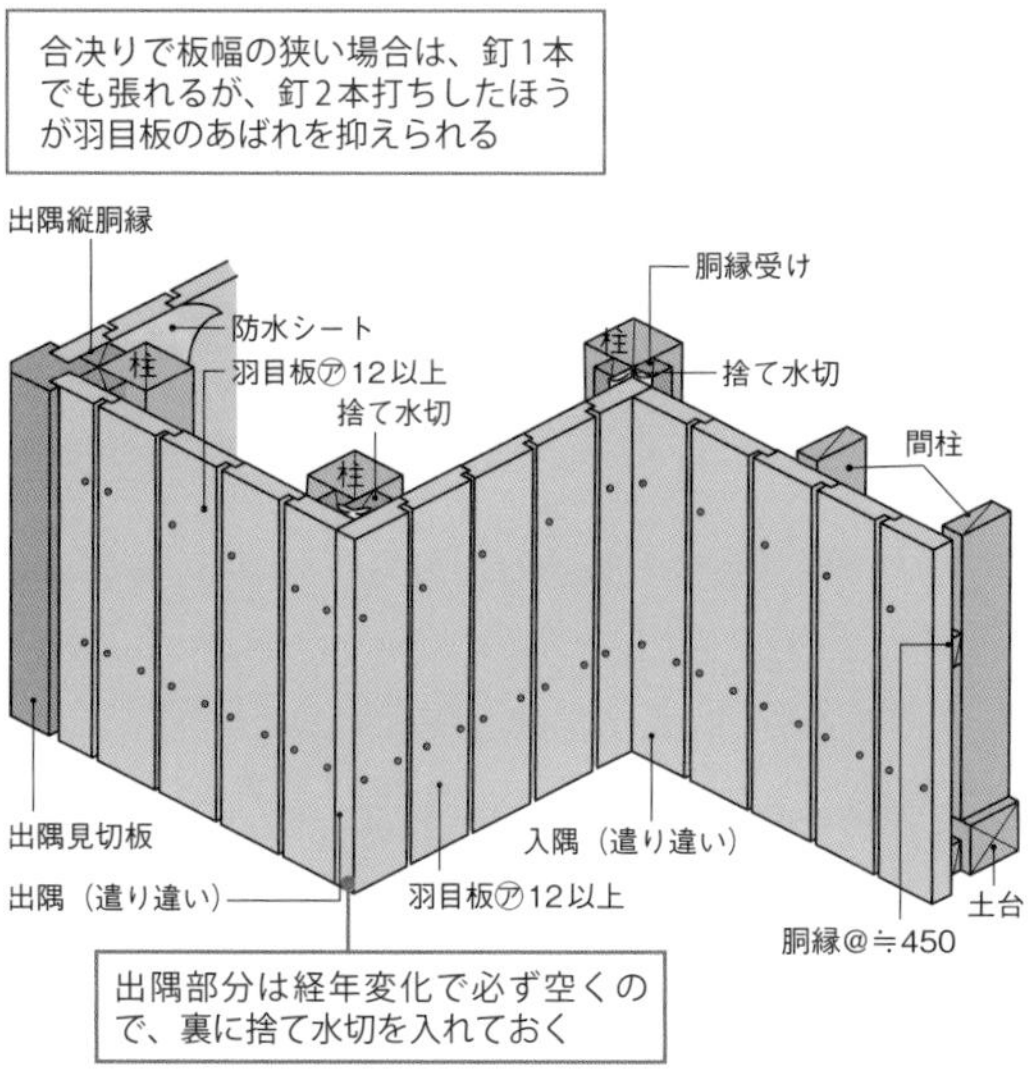

その他の縦羽目板張りの種類

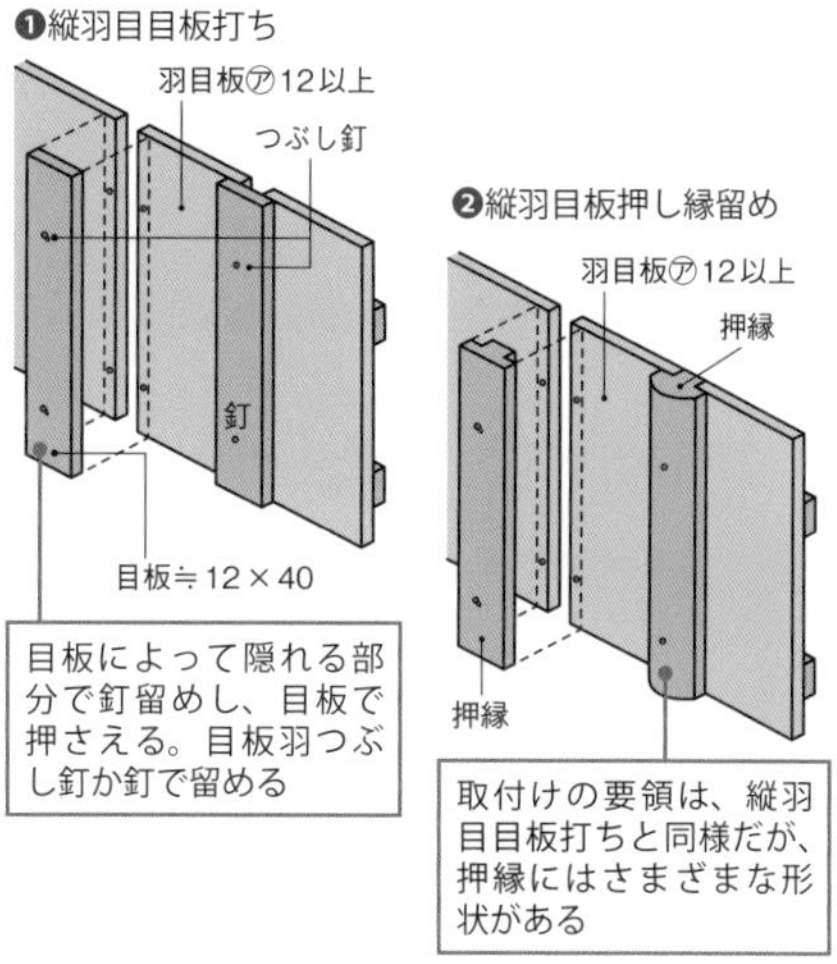

下見板張り

押し縁下見板張り

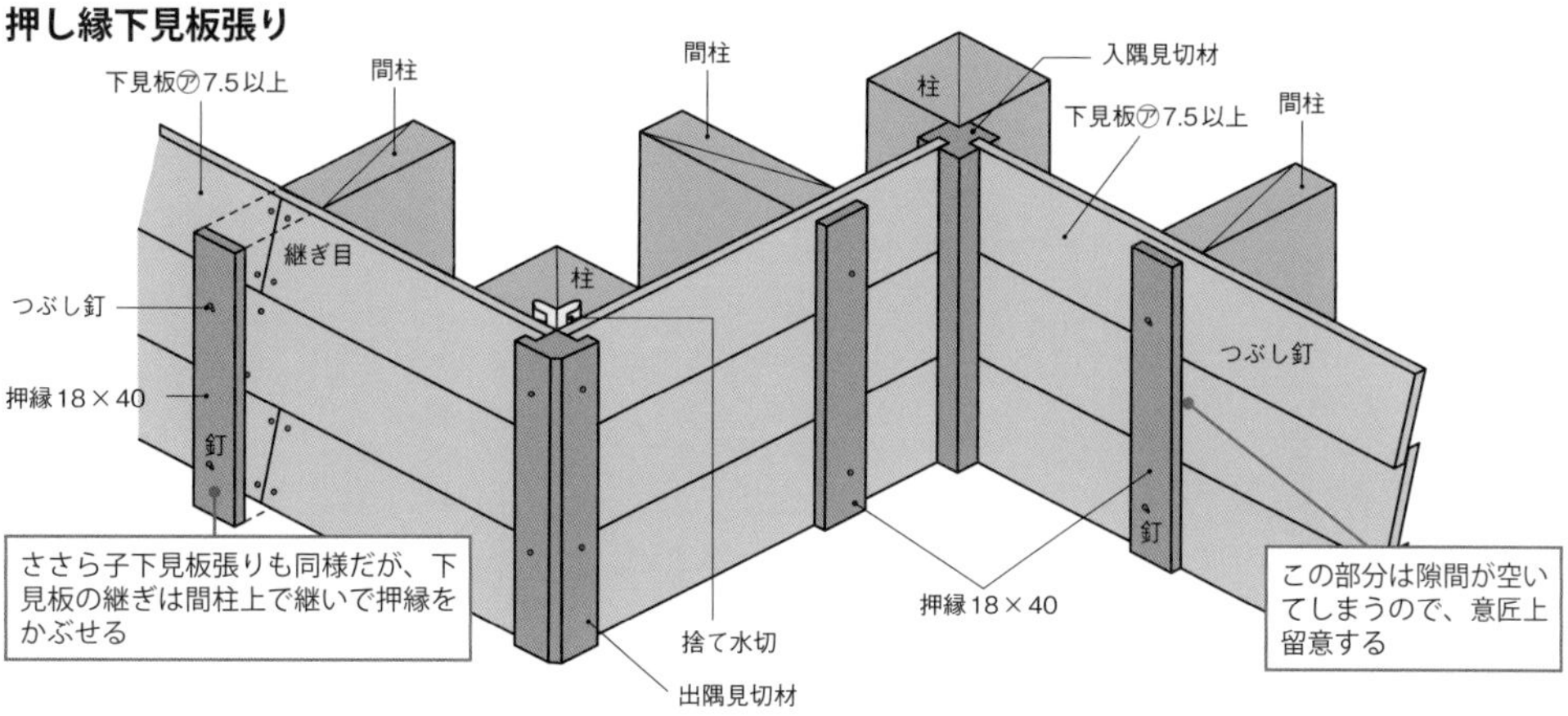

南京下見板張り

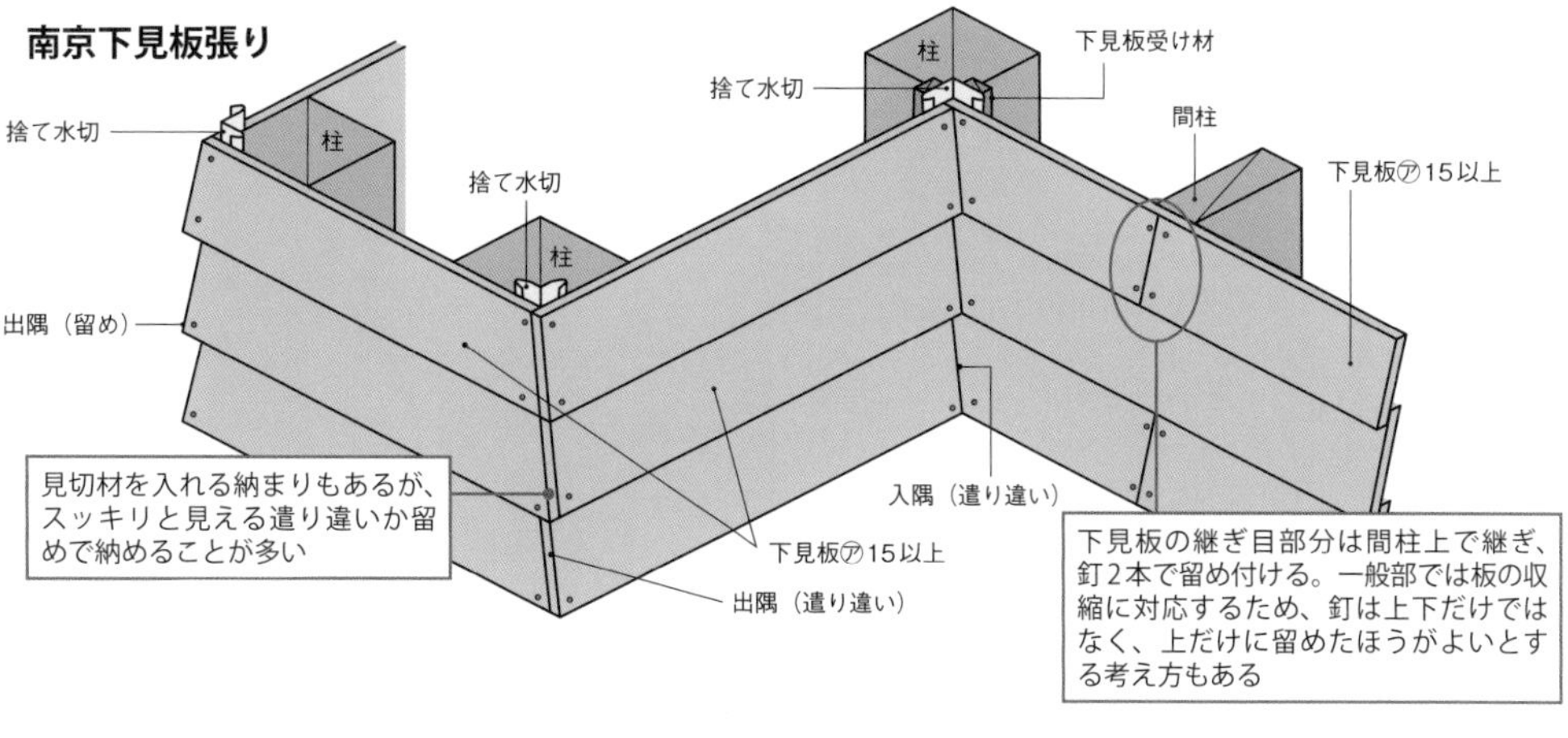

金属の種類

Point 耐候性・加工性・形状など、さまざまな特性をもつ金属から、適正な種類を選択する

金属の種類

金属の種類は、鉄と、鉄以外の金属である非鉄金属（アルミ・亜鉛・チタンなど）とに大別できる。

主な金属材としては、炭素を含有する鉄と、炭素の合金である鋼の塊を圧延した鋼板や、耐候性を向上させた溶融亜鉛めっき鋼板の他、ステンレス鋼板、アルミ合金板、ガルバリウム鋼板などがある。

金属材の形状

鋼板の他、帯状断面のフラットバー、L形断面のアングル、四角形断面の角パイプ、丸形断面の丸パイプ、C形断面のリップ溝形鋼、コの字形の溝形鋼、四角形や丸形の鋼材角鋼・丸鋼など、さまざまな形状がある。

金属の加工方法

金属の主な加工方法には、プレス機械を用いて行う板金加工のプレス加工、加熱軟化した金属素材を容器に入れ、圧力を加えて先端の孔から押し出す押出し加工、ある径の孔を通し、金属を引っ張る引抜き加工、金属を溶かして型に流し込み、冷却して固める鋳造、タレットパンチャーでパンチ抜きするせん断加工などがある。

金属の加工品

それぞれの加工技術によって、さまざまな製品がつくられる。金属板に打抜き加工したパンチングメタル、金属製線材によって組まれた網状のメタルレース、波型断面の波板、角形波状のスパンドレル、1枚の板に切り込みを入れて引き伸ばした、菱網状のエキスパンドメタル、蜂の巣形に加工された芯材をパネルで挟み、強度を向上させたハニカムコアなどがある。金属の加工品はいずれも加工性がよく、量産が可能である。

金属の主な種類

種類	特徴	種類	特徴
鋳鉄	鉄と炭素の合金のうち、炭層含有量が1.7%以上のもの。圧延はできないが、鋳造性に富み、複雑な形状も容易につくれる	ステンレス鋼板	鋼にクロムやニッケルなどを配合した合金で、SUSと表記される。建築材としてよく使用されるものにSUS304がある
鋼板	炭素を含有する鉄と、炭素の合金である鋼の塊を圧延加工して板状にしたもの。3㎜厚未満を薄鋼板、3㎜以上を厚鋼板という	アルミ合金板	アルミは軟かいため種々の元素を加えた合金として使用される。大気中で酸化皮膜を形成するので耐食性がよく、軽量で加工性がよい
高耐候性圧延鋼板	初期に発生したさびが次第に安定した酸化皮膜となり、腐食の進行がほぼ停止するため、無塗装でも長期使用が可能な鋼板	銅板	大気中で安定した保護膜を形成するため耐候性に優れ、長い年月を経て緑青色に変化する。加工性や展伸性がよく、屋根や外壁の他、細かな造作にも使われる
溶融亜鉛めっき鋼板	薄鋼板に溶融亜鉛めっきを施し、亜鉛の犠牲防食性によって鋼板を保護する鋼板	真ちゅう	銅に亜鉛を加えた合金。黄銅ともいう

金属材の形状一覧

名称	フラットバー	アングル	角パイプ	丸パイプ	リップ溝形鋼	溝形鋼	角鋼	丸鋼
形状								
主な用途	手摺やルーバーなど	2次部材の受材など	胴縁や金属家具の支柱など	手摺や金属家具の支柱など	間柱や母屋など	2次部材や母屋など	手摺や金属家具の支柱など	手摺や金属家具の支柱など

金属の加工品の例

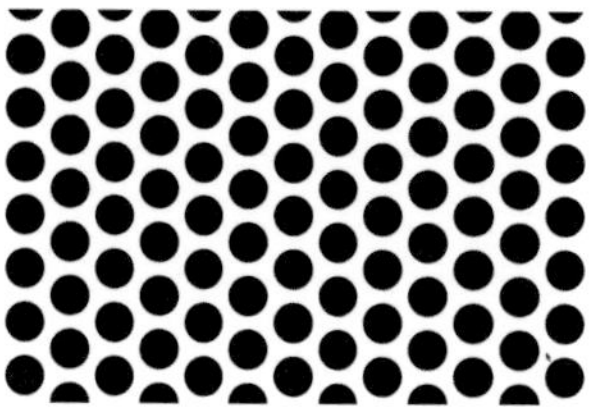

❶パンチングメタル　視線の透過を押さえつつ、通風を得られる。目隠しパネルに有効

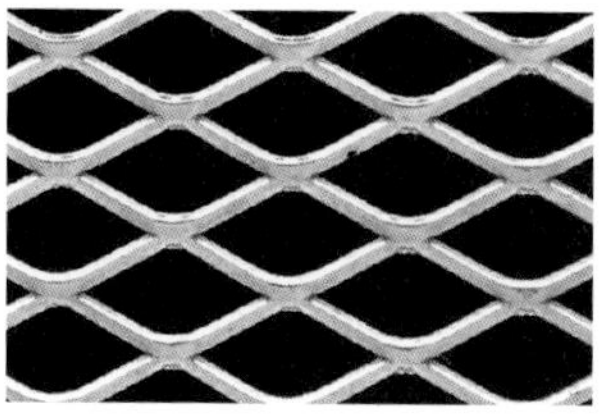

❷メタルレース　化粧材として、薄い皮膜のような表現を得られる

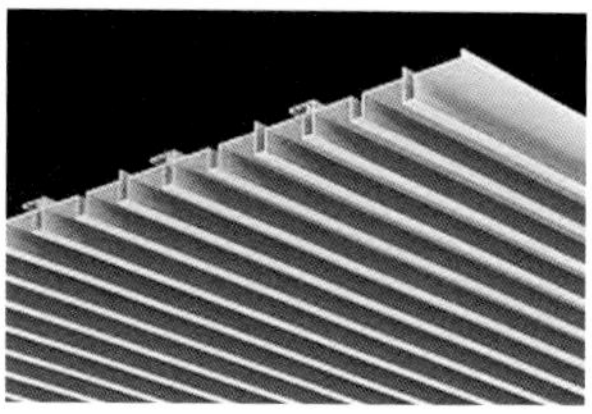

❸スパンドレル　天井や外壁などで、合理性に優れた軽快な表現を得られる

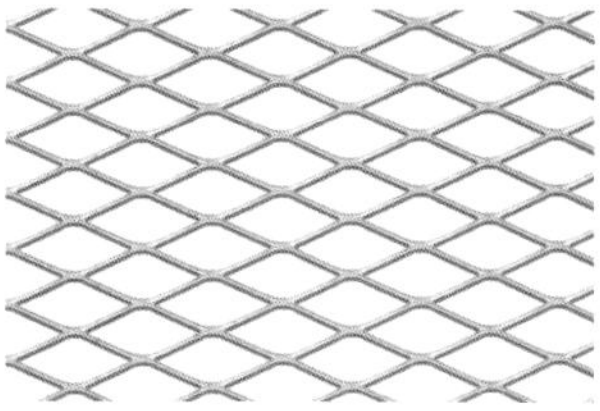

❹エキスパンドメタル　剛性に優れ経済的で、フェンスや床材にも利用される

❺ハニカムパネル　軽量で剛性・経済性に優れ、家具の天板や面材に使われる

金属の仕上げ・めっき

Point 金属は、その特性を生かした仕上げや処理により、さまざまな表現方法が可能となる

金属と熱

金属は、熱膨張係数が非常に高いため、年間の温度差50℃以上の環境にさらされる外装材に用いると、あばれや持ち上がりなどが発生する。そのため薄い部材などは、断面形状を折板形・波形などにして材料自体の強度を高めたり、端部を曲げて材料幅を縮め固定間隔を狭くしたりするなどにより、あばれを防ぐ必要がある。

また金属は熱伝導率も高く、外装の熱負荷を増大させたり結露を発生させたりする。そこで、各種合成樹脂や断熱材の裏打ちによる複合化や、断熱層・通気層を設けることで対応する。

金属の防食

金属のさびには経年的なさびの他、異種の金属との接触によって起きる電蝕などもある（126頁「金属葺きの屋根の材料」参照）。

対処方法としては、亜鉛を溶解しためっき槽に金属を浸漬させ、合金層で防食効果をもたせた溶融亜鉛めっき処理や、アルミ素材の表面に陽極酸化被覆を生成させて耐食性を高めるアルマイト処理などがある。

また薄板材では、ガルバリウム鋼板や、表面に塗装・ビニルシートなどを施した被覆材なども一般的に使われている。

金属の表面処理

素材自体に耐候性があるステンレスやアルミなどの場合は、素地に表面処理したものを意匠的に使うことも多い。金属の表面処理には、機械的にブラストをかける、細かい筋目を入れるなど、さまざまな表現方法がある。

一般的には、表面処理は事前に工場で施されるため、制作方法をよく検討しておかないと現場での作業や溶接で傷が付くことになるので注意したい。

金属の主な表面処理

仕上げの種類	特徴
エアブラスト仕上げ	コンプレッサーによる圧縮空気やプロペラを用いた遠心力などで、粒状の研磨材を加工物に吹き付けて加工する方法
バレルブラスト仕上げ	材料を研磨剤とともに容器に入れ、回転・振動させて研磨する方法。均質な研磨が可能
バフ仕上げ	砥粒を付着させた柔軟なバフを回転させながら、材料に押し当てて表面を磨く方法
ヘアライン仕上げ	1方向に筋目を入れる方法
バイブレーション仕上げ	不規則で繊細な回転傷をつける方法。光沢を抑えたマットな仕上がりとなる
ダル仕上げ	ダルロールで圧延し、微細な凹凸を表面に付ける方法
エンボス仕上げ	プレス機を用いて板材を図柄状にくぼませて立体感を出す方法
エッチング	金属の表面や形状を、化学的あるいは電気化学的に溶解除去する方法。金属プレスや板金では困難な、薄板への加工や微細なパターンの加工を施せる

ヘアライン

ダルクローム

エッチング（梨地）

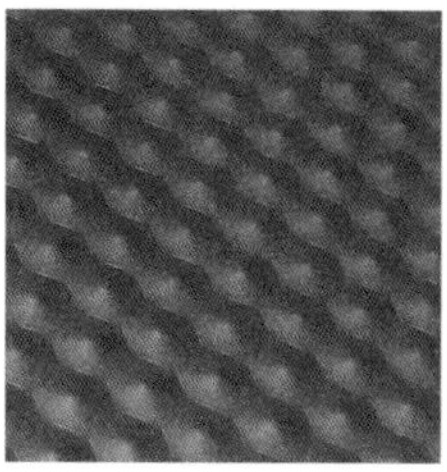
サンドブラスト

金属の表面処理に使われる主な道具

金属研磨剤

ディスクグラインダー

グラインダー

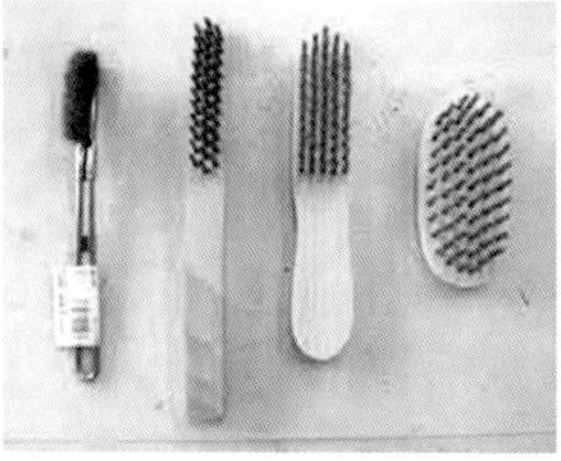
金ブラシ

スチールウール

タイル・石材

Point タイル・石材の外装仕上げでは、凍害・剥離・クラック・汚れに注意する

タイル・石材の注意点

耐久性に優れるタイル・石材は、躯体を保護する外装材として広く用いられ、形状、色彩、質感などに富む点が特徴である。

一方、目地の幅・深さ、割付け、出隅・入隅の役物など、設計・施工時の検討項目は少なくない。また、施工後の凍害・剥離・クラック・汚れ対策にも注意を要する。

①凍害

凍害は、タイル・石材の生地が吸収した水分が、凍結により膨張・融解を繰り返すことで発生する。発生率は生地の吸水率に左右されるため、十分に焼き締めたせっ器質や磁器質のタイルでは凍害のおそれはないが、吸水率の高いせっ器質や陶器質のタイルでは十分な検討が必要である。

②剥離

剥離は、主に下地モルタルやコンクリート躯体との境界面で起こるため、工法の検討が重要となる。材料裏面の形状は裏足とよばれ、境界面の嵌合を得るために極めて重要である。また、深目地も剥離の原因になる。

③クラック

クラックは、モルタル下地やコンクリート躯体のひび割れに伴い発生する。開口部の隅、大壁面の中央、柱・梁形の脇など、発生が集中する個所の下地にあらかじめ伸縮目地を設け、仕上げ面の伸縮調整目地、コンクリート躯体の亀裂誘発目地と一致させて防止する。

④汚れ

汚れには、内部から滲み出すように生じるものと、外部から付着するものとがある。前者には、目地やタイル表面に、張付けモルタルのあくが付着したりする白華（エフロレッセンス）や、タイル表面にだけ白っぽい粉状のものが付着する粉吹きなどがある。

建築用石材の分類

建築用石材

- 自然石
  - 水成岩：砂利、砂、粘土、生物の残屍などが風や流水の作用で湖や海底に沈み、上からの圧力で固結したものや、火山の噴出物が積み重なってできたもの。堆積岩ともいう
    - 粘板岩《ねんばんがん》、砂岩《さがん》、凝灰岩《ぎょうかいがん》、石灰岩《せっかいがん》
  - 火成岩：火山作用によってマグマが地中から噴出されるとき、地中または地表で凝結したもの
    - 深成岩：地中の深いところで熱と圧力を受けながら固まったもの
      - 花崗岩《かこうがん》、閃緑岩《せんりょくがん》、斑糲岩《はんれいがん》、橄欖岩《かんらんがん》、石英斑岩《せきえいはんがん》（半深成岩）
    - 火山岩：地表、または地表に近いところでマグマが固まったもの
      - 石英粗面岩《せいえいそめんがん》、安山岩《あんざんがん》、玄武岩《げんぶがん》
  - 変成岩：水成岩、あるいは火成岩が大きな地殻変動によって熱圧力を受けて変質したもの
    - 大理石（水成岩系）：石灰岩が熱変成作用を受けたもの
    - 蛇紋岩《じゃもんがん》（火成岩系）：斑糲岩などが熱変成作用を受けたもの
- 人造石
  - テラゾ：大理石などの種石を、配合セメントで板状にし、磨き仕上げしたもの
  - 擬石《ぎせき》：テラゾを叩き仕上げにしたもの

タイルの主な工法

①乾式工法

目地なしタイプ（ブリックタイプ）

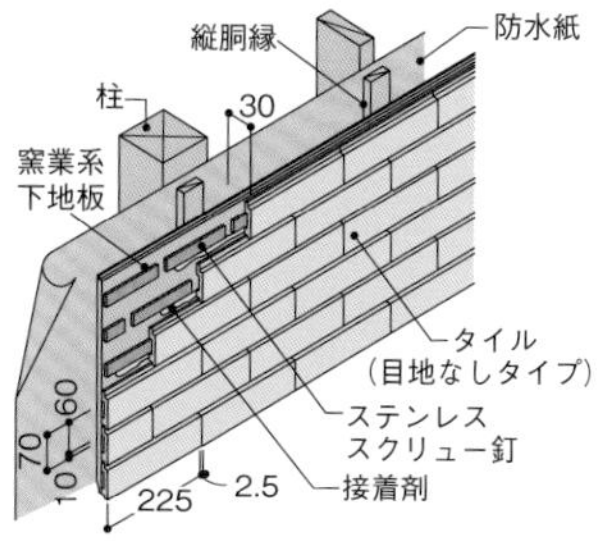

②湿式工法

改良圧着張り工法

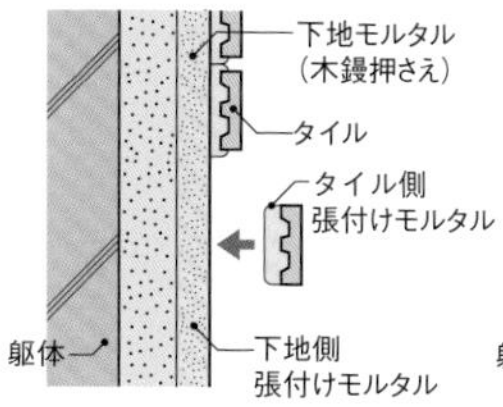

接着張り工法

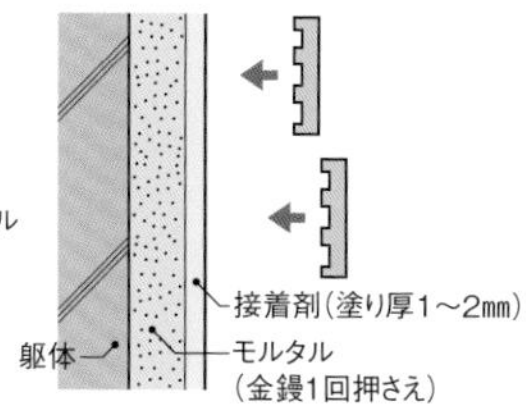

湿式工法資料提供：INAX

陶磁器の分類と主な特徴

	特徴	素地の状態（吸水率）	釉の有無
磁器質	素地は透明性があり、緻密で硬く、叩くと金属製の清音を発する。破砕面は貝殻状を呈する	ほとんど吸水しない（1％以下）	施釉 無釉
せっ器質	磁器のような透明性はないが、焼き締まっており吸水性が少ない。土ものタイルはこの区分に入る	やや吸水する（5％以下）	施釉 無釉
陶器質	素地は多孔質で吸水率が高く、叩くと濁音を発する	かなり吸水する（22％以下）	多くが無釉
土器質	素地は有色、多孔質で吸水率が高い	かなり吸水する（大）	多くが無釉

注　施釉タイル：釉薬をかけたもの、無釉タイル：釉薬をかけていないもの

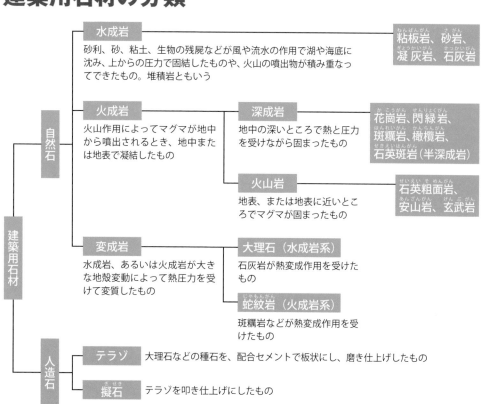

左官材の分類

Point 一時期減少していた左官工事だが、空気環境への配慮から、近年再注目されている

左官材料の種類と性質

水を使う湿式工法の代表ともいえる左官材には、空気中の炭酸ガスにさらされて化学的に硬化する気硬性材料と、水練するときの水分との化学反応により硬化する水硬性材料とがある。

①モルタル

水硬性材料のモルタルは、セメント質材料と川砂などの細骨材を水で練ったものである。一般的にはポルトランドセメントを用いるが、白セメントを使った白色モルタルや、顔料を加えたカラーモルタルなどもあり、仕上げや下地材に広く使われる。また、合成樹脂類を加えた樹脂モルタルは、下地によく付着し防水性もあるため、コンクリートの保護・防水や、欠損部の補修・補塡に使われる。

②混合石膏プラスター

消石灰、ドロマイトプラスター、凝結遅延剤が既調合された混合石膏プラスターに、施工時に砂などを加えて水練する水硬性材料で、硬化後は耐水性がある。乾燥が早く短期間に強度を得られ、硬化時の容積変化が少なく割裂が発生しにくい。

③漆喰

石灰岩・貝殻を焼いてつくられる気硬性材料。粘性が低いため、糊（従来は海草を用いたが、現在では高分子化合物など）やスサ（マニラ麻の繊維を細分したもの）を加えて亀裂を防ぐ。

④土壁・砂壁

伝統的に用いられてきた壁で、下塗り、中塗り、仕上げの上塗りの3層からなる。仕上げの土は地域によりさまざまな種類がある。

⑤珪藻土

藻類（プランクトン）の死骸が堆積してできた粘土状の泥土。超多孔質の構造をしており、呼吸性と吸着性に優れる。近年では優れた機能をもつ水硬性の左官材料として多用されている。

モルタルの調合（容積比）

下地	下塗りまたはラスこすり	むら直し・中塗り	上塗り	施工個所
	セメント：砂	セメント：砂	セメント：砂	
コンクリート PCパネル	— — 1：2.5 1：2.5 1：2.5	— — 1：3 — 1：3	1：5 1：2.5 1：3 1：3 1：3.5	張りもの下地の床 床の仕上げ塗り 内壁 天井・庇 外壁・その他
コンクリートブロック	1：3 1：3	1：3 1：3	1：3 1：3.5	内壁 内壁・その他
メタルラス ワイヤラス 鉄板ラス 金網	1：3 1：2.5 1：2.5	1：3 1：3 1：3	1：3 1：3.5 1：3.5	内壁 天井 外壁・その他
木毛セメント板 木片セメント板	1：3 1：3	1：3 1：3	1：3 1：3.5	内壁 外壁・その他

土もの壁に使用する主な色土

名称	色	産地	用途	備考
浅葱土 ［あさぎつち］	淡青色	淡路（徳島） 伊勢（三重） 江州（滋賀）	糊捏ね、水捏ね、糊差し、大津磨き	少量の灰墨を加えて色を整える
稲荷黄土 ［いなりきつち］	黄色	伏見（京都）	糊捏ね、水捏ね、大津磨き、ちり土、貫伏せ、糊差し	今治、豊橋など黄土の産地は多い
京錆土 ［きょうさびつち］	茶褐色	伏見（京都） 山科（京都）	糊捏ね、水捏ね、糊差し	豊橋なども錆土を産出する
九条土 ［くじょうつち］	灰色 深黄色	九条（京都）	糊捏ね、水捏ね、糊差し、大津磨き	濃褐色の聚楽に灰墨を入れて代用可能
江州白 ［こうしゅうじろ］	白色	江州（滋賀）	糊捏ね、水捏ね、糊差し、大津磨き	山形なども白土を産出する
聚楽土 ［じゅらくつち］	淡褐色 濃褐色	大亀谷（京都） 西陣（京都）	糊捏ね、水捏ね、糊差し	淡褐色のものを黄聚楽、濃褐色を錆聚楽という
紅土 ［べにつち］	淡赤色	内子（愛媛） 沖縄（沖縄）	糊捏ね、水捏ね、糊差し、大津磨き	白土にべんがらを加えたものもある

左官材の下地

Point 下層より上層の塗り材の粘性が高いと、亀裂や剥離の原因となる。下層ほど富調合とする

左官材の下地の種類

①モルタル塗りの下地

モルタル塗りの下地は、小幅の木摺板に、金属製で網状のラス網や、メタルラスを取り付けたものを用いるのが一般的であった。しかし近年では、平滑な面をつくるという観点から、表面に凹凸層を施して直にモルタルが塗れる、耐力面材の「ラスカット」などが多用される。

②土壁の下地

土壁や漆喰などの伝統的な下地には、マダケやシノダケをシュロなどの細縄で組んだ小舞が使われてきた。

小舞には、まず下塗りとして最も粘性の高い富調合［※］の荒壁土（荒木田土）を塗り、十分に乾燥・硬化させる。中塗りには粒度がより細かく、下塗りより粘性が弱い荒壁土を用いる。中塗りの工程に、目の粗い麻織物の寒冷紗を塗り込むと、活着性が高まり亀裂の防止となる。

③内装壁の下地

内装の左官下地には、ボード類などが多用される。石膏ボードの継ぎ目には、寒冷紗を用いて亀裂を防止する。

下地材と塗り材の相性

下地材と塗り材の化学的な相性も大切である。石膏プラスターなどの酸性の塗り材は、金属製のラス下地を傷める。アルカリに弱い石膏ラスボードに強アルカリ性のドロマイトプラスター、木製下地にアルカリ性で水を含みやすいモルタルも不適切である。また、石膏プラスターはわずかなアルカリの混入でも硬化不良を起こし得る。

左官下地の施工上の注意

各工程の塗りは、硬化時間内に完了しなければならない。特に水硬性の材料は凝結・硬化の時間が限られており、練り返して使用することはできない。

※　下地への接着性を高めるために結合材を多くし、粘性を高く調合すること

小舞下地の標準工法

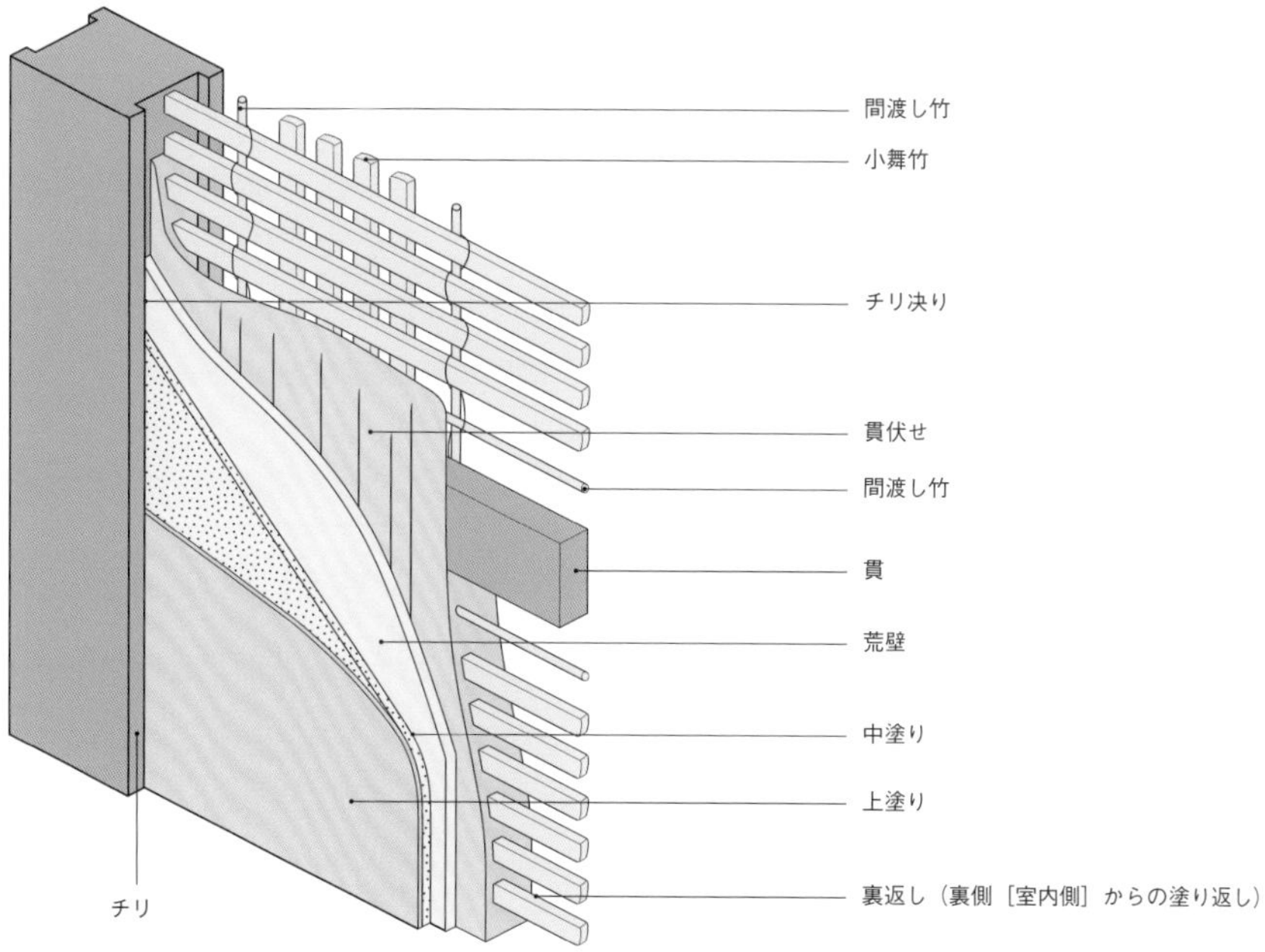

木摺下地の標準工法

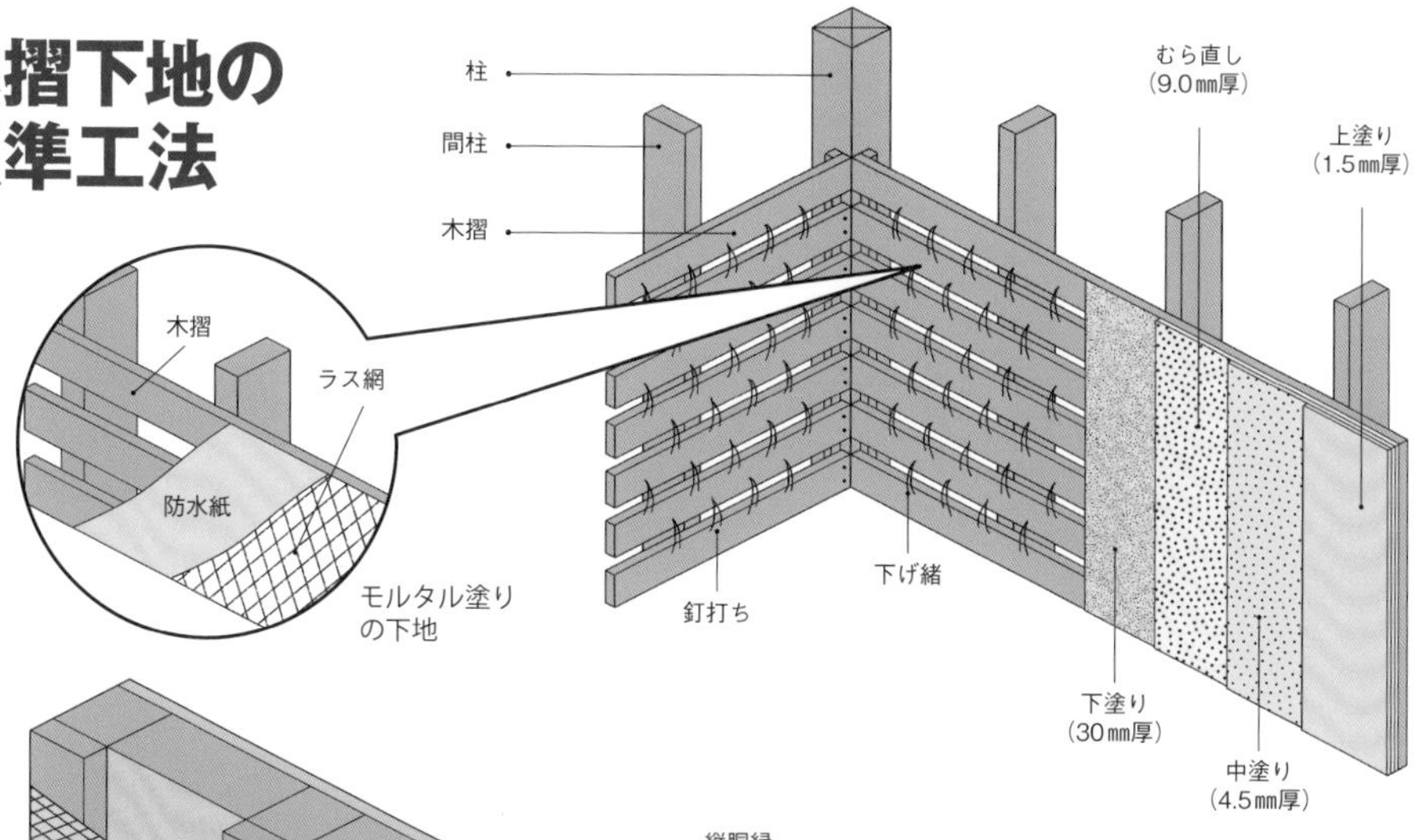

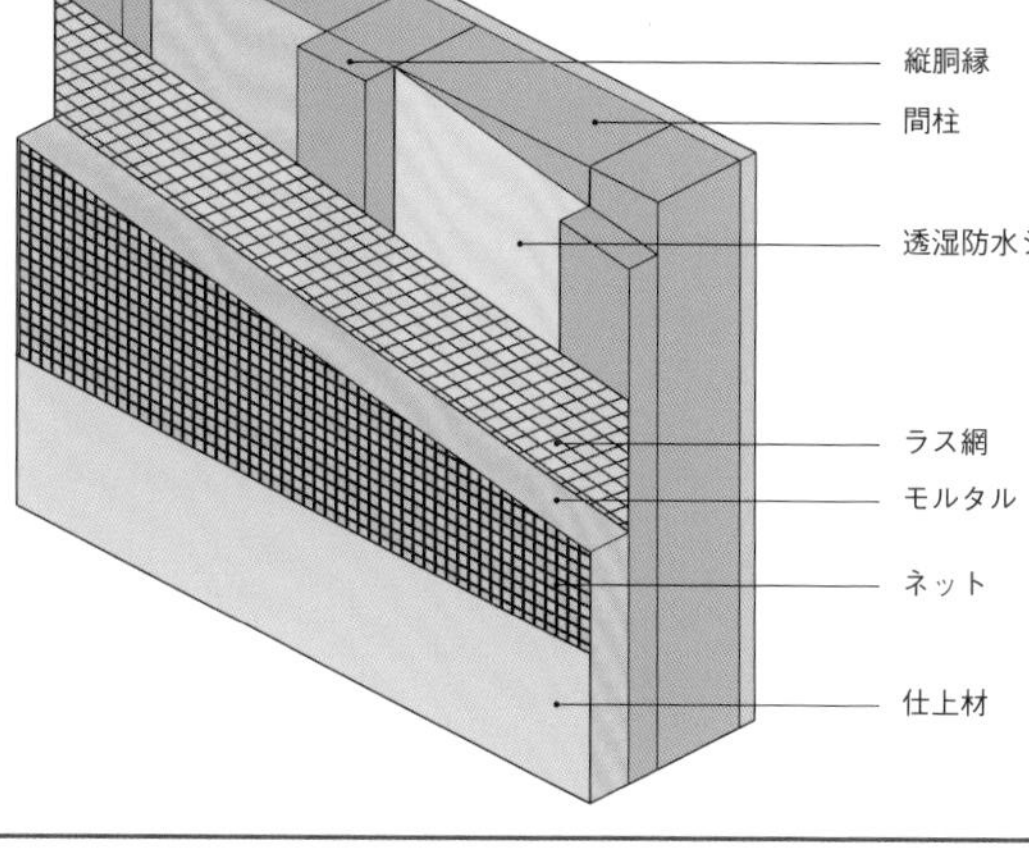

ラスモルタル下地の標準工法

左官材の仕上げ

Point 施工の手間はかかるが、手仕事によりさまざまな意匠をつくり出せるのが左官の魅力

左官仕上げの手法

塗って仕上げる左官の仕事は、どのような手法で仕上げるかにより、さまざまな意匠が得られる。

①押さえ

材料を鏝《こて》で押さえ込む基本的な手法。中塗りや下塗りには表面を木鏝で均《なら》して厚さを整える木鏝押さえ、上塗りには金鏝でさらに密実に均す金鏝押さえが一般的である。

②撫で

中塗りまでの塗り放しで仕上げとするものをいい、元来、押さえ仕上げより簡便な手法である。中塗りの砂漆喰の表面を施工直後に鏝で撫でて、骨材のテクスチャーを引き出す砂漆喰撫で切り仕上げのように、手間をかけてラフな仕上がりとするものもある。

③磨き

水を含んだ上塗りの材料を押さえ込み、鏝や布・手で光沢が出るまで磨く高級な手法。日本の伝統的な手法としては、紙スサを用いる本漆喰磨きの他、灰土と引土の2種の上塗り材を用いて磨き込む大津壁磨き、ノロを光沢が出るまで鏝押さえし、さらにきら粉（雲母）を散布して磨き上げる土佐漆喰磨きなどがある。また、石灰クリームを用いるイタリア磨きは古くからヨーロッパで使われてきた手法だが、現在は既製調合品が新たなテクスチャーとして用いられている。

④荒らし

上塗りのほどよい硬化を待ち、表面を櫛、刷毛、ワイヤ、押出し発泡ポリスチレンフォームなどで意匠的に荒らす手法。仕上がりは職人のセンス次第であり、施工前に具体的な打ち合わせが必要である。

また、主にモルタルに種石を混練した塗り材を塗り付けた後、硬化直前に表面を水洗いし種石を露出させる手法を洗出しという。

左官仕上げの例

鏝押さえ

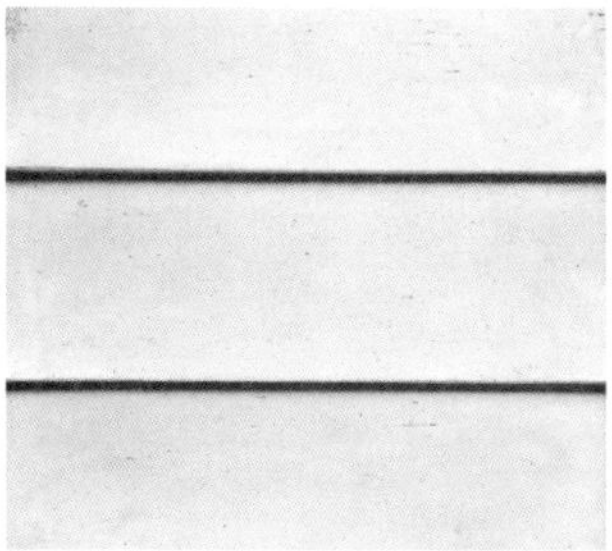

磨き仕上げ

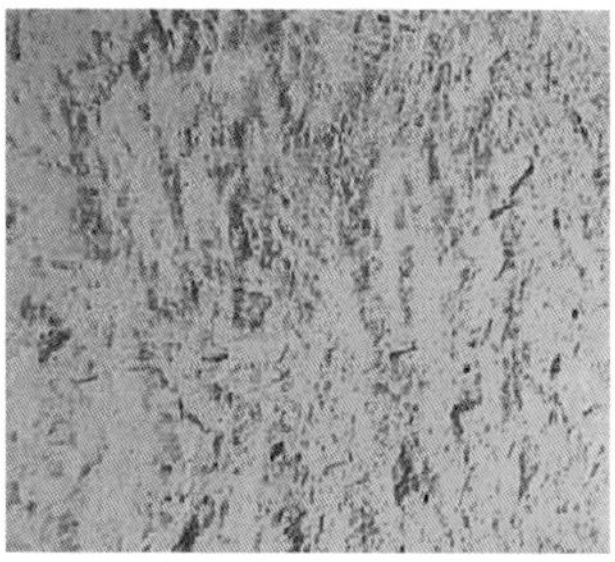

撫で切り

櫛引き

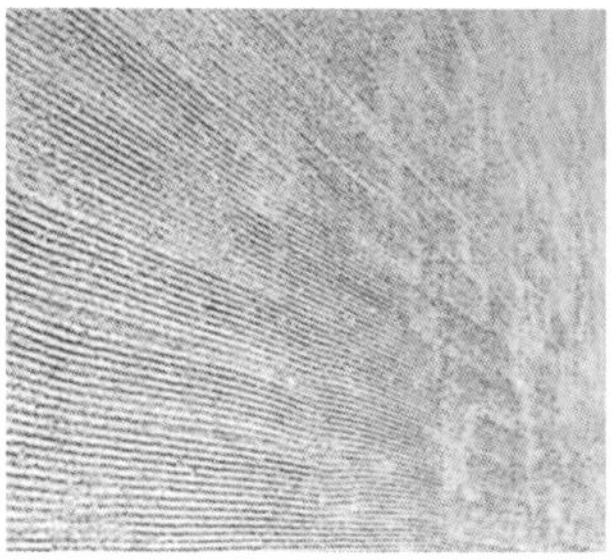

刷毛引き

リシン掻き落とし

引摺り仕上げ

鏝仕上げスタッコ調

洗出し仕上げ

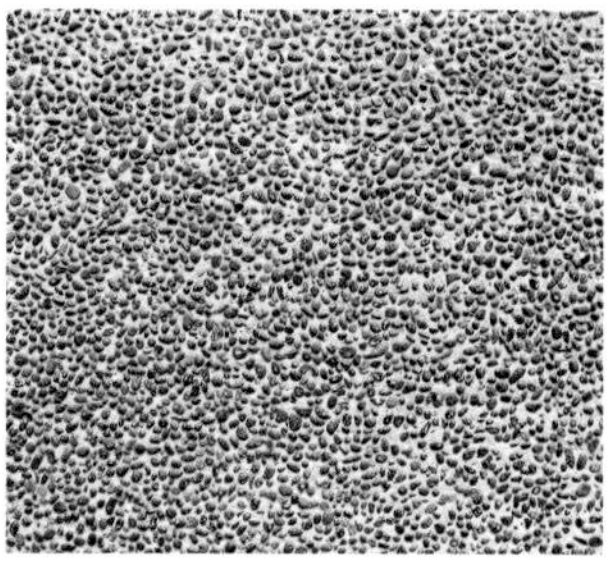

左官仕上げによる装飾の例

ナマコ壁

漆喰装飾

関東では、関西に比べ良質の色土が入手しにくいため、漆喰仕上げの手法が洗練されたと考えられている

塗装材の種類

Point 材料を保護し、意匠性を付加する塗装材は、外部にも内部にも幅広く施工され、種類も多い

一般塗料の分類

塗料は、主に樹脂・顔料・添加剤・希釈剤を原料としており、希釈剤の種類から溶剤系塗料と、水系塗料に大別される。近年では溶剤に含まれるVOC（揮発性有機化合物）の、施工中における労働安全衛生上の問題や、大気汚染、室内空気への配慮から、水系塗料への移行がみられる。

また、耐候性などの性能を決定する樹脂による分類としては、アクリル樹脂系、ウレタン樹脂系、アクリルシリコーン樹脂系、フッ素樹脂系などがあり、一般に後者ほど耐候性に優れる。

溶剤系塗料（OP・SOP・VP）

揮発性の強いシンナーなど、強溶剤を使用するものと、引火点の高い弱溶剤を使用する弱溶剤系塗料とがある。溶剤系塗料は低温でも作業性がよく、乾燥時間が短いなど施工性に優れ、耐久性の点でも水系塗料に勝っている。

オイルペイント（OP）は元来、植物性オイルを溶剤としたが、乾燥時間が長いため、現在では弱溶剤系の合成樹脂調合ペイント（SOP）が替わって用いられ、施工しやすく廉価でもある。

塩化ビニル樹脂塗料（VP）は、塗膜面に着火しても火を遠ざければ自己消火する性質から、ガソリンスタンドの外壁に使用される。

水系塗料（EP）

合成樹脂エマルションペイント（EP）は、水のなかに合成樹脂が乳化混合された状態の塗料で、水で希釈することができる。空気環境を害さない塗料としてエマルション技術の進歩が促され、従来からのアクリル樹脂系（AEP）、酢酸ビニル系の他、ウレタン樹脂系、アクリルシリコーン樹脂系、フッ素樹脂系などの外装用の高耐久性のものも開発されている。

塗装材料特性一覧

塗装材料名	適用素地	屋外使用	耐久性・塗り替えの目安	その他の特徴	コストの目安（円／㎡）［※3］
漆（摺り漆）	木質	×	耐水性・耐薬品性・耐擦傷性に優れる	紫外線に弱い。乾燥には高湿度な環境が必要	20,000～30,000（摺り漆4回）
カシュー樹脂塗料	木質	×	ポリウレタン樹脂塗料と同等。耐擦傷性良好	紫外線で退色する。乾燥に時間がかかる	3,500～5,500（塗着効率50％）
オイルフィニッシュ	木質	×	他の塗料より劣るが、塗膜割れなどは生じない。2年	塗装の作業効率はやや悪いが、素人でも塗装可能	2,000～2,500（ワトコオイル）
ワックス	木質	×	撥水作用はあるが防湿性は劣る。半年	乾燥が極めて速く、作業性はよい	800～1,000
木材保護着色材	木質	○	初回の2年後、2回目からは5年ごと	スプレー塗りは不適	1,500～1,700（2回塗り）
ラッカー	木質	×	ウレタン樹脂塗料に比べてやや劣る	乾燥が速い（通常1～2時間）	1,500～2,500（3回塗り）
フタル酸樹脂塗料	木質	△［※1］	耐水性・耐酸性・耐油性がよい。4～5年（屋外）	乾燥に時間がかかる。刷毛塗り作業性がよい	1,800～2,700（3回塗り）
	金属	○			—
2液形ウレタン樹脂塗料	木質	△［※1］	優れている。9～10年（屋外）	高級仕上げ。アクリルシリコーン樹脂塗料に次ぐ塗膜性能	2,500～3,000（3回塗り）
	金属	○			—
	セメント				—
アクリル樹脂塗料	金属	○	比較的優れている。6～7年（屋外）	乾燥が速く、作業効率がよい	1,900～2,200（3回塗り）
	セメント				—
アクリルシリコーン樹脂塗料	金属	○	非常に優れている。10～12年（屋外）	塗膜性能はフッ素樹脂塗料にかなり近い	3,700程度（4回塗り）
	セメント				—
フッ素樹脂塗料	金属	○	非常に優れている。12～15年（屋外）	現在、最も耐候性に優れた建築用塗料	4,600程度（4回塗り）
	セメント				—
合成樹脂調合ペイント	木質	○	耐久性を要する場合は不適。2～5年	乾燥は遅いが、作業性は極めてよい	1,800～2,000（3回塗り）
	金属				—
合成樹脂エマルションペイント	木質	△［※2］	耐久性を要する場合は不適。5～6年（屋外）	工程が単純で、作業性がよい	1,600～2,000（3回塗り）
	セメント				—
塩化ビニル樹脂塗料	木質	○	合成樹脂調合ペイント・合成樹脂エマルションペイントより優れている	耐水性・防カビ性を要する部位でも使用可	1,800～2,100（3回塗り）
	金属				—
	セメント				—

凡例 ○：可、△：条件付き可、×：不可

※1　クリヤー（ワニス）塗料による屋外木部への塗装は不適

※2　屋外に使用できるタイプがあるが、実際に用いられる用途は圧倒的に屋内が多い

※3　素地調整費、養生費、足場代などを除く材工設計価格（参考価格）

外壁吹付け塗装材

Point 施工上は、左官工事と塗装工事の両方で扱え、さまざまなテクスチュアをつけられる

吹付け仕上げ塗装材は塗装材でありながら塗り厚があり、さまざまなテクスチュアの表現が可能なことから、昭和30年代ごろより当時の住宅公団の外壁仕上げに採用され、外装材として定着した。その後も耐久性、耐候性、防汚性などが改良され、現在でも新築や改修工事に幅広く活用されている。

外壁吹付け塗装材の種類

外壁に吹き付けるタイプの外壁塗装材は、単層のものでは塗り厚3㎜ほどの薄付け仕上塗り材と、塗り厚4～10㎜ほどの厚付け仕上塗り材がある。また、下塗り・主材塗り・上塗りの3層で仕上げる複層仕上塗り材は、塗り厚1～5㎜だが耐候性・耐久性に優れる。これらは一般に「吹付けタイル」ともよばれるもので、セメント系（C）、アクリル樹脂系（E）、シリカ系（Si）などに大別される。

防水形複層仕上塗り材は弾力性に富み、下地にクラックが入っても塗膜が切れず、「弾性タイル」とよばれる。いずれもRCの他、モルタルやコンクリートブロックなどに塗装できるが、エポキシ系の複層仕上塗り材は硬化時の収縮力が強く、ALC板やケイ酸カルシウム板など表面強度の弱い材には適さない。

外壁塗装材の表面仕上げ

薄付け仕上塗り材は、吹き付けた状態で左官仕上げのリシン掻き落としのような意匠表現ができるため吹付けリシンとよばれ、コストパフォーマンスに優れる。厚付け塗り材は吹放し模様の他、吹き付けた表面を各種の鏝やパターンローラーで加工し立体的な模様を施すことができる。通称「スタッコ」とよばれるものである。

複層仕上塗り材は、吹放しゆず肌、クレーター状、ローラー加工などの仕上げの他、鏝塗りも可能である。

外壁吹付け塗装材の表面仕上げ

薄付け仕上塗り材

吹放し模様（リシン）

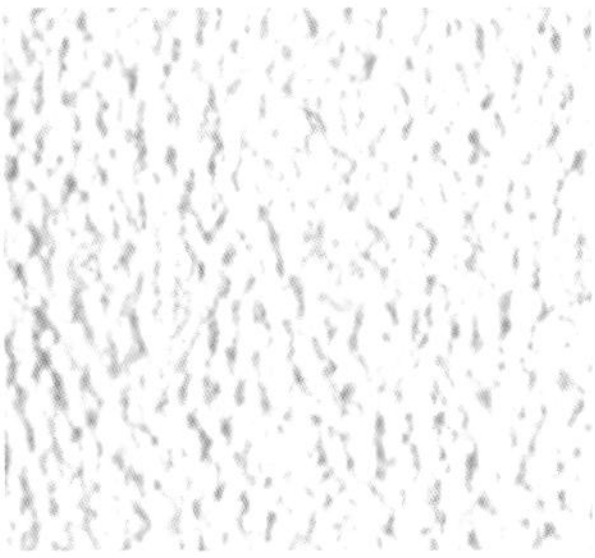

ゆず肌模様

ステップル仕上げ

厚付け仕上塗り材

吹放し模様（スタッコ）

吹付け凸部処理加工

鏝仕上げ模様

櫛仕上げ模様

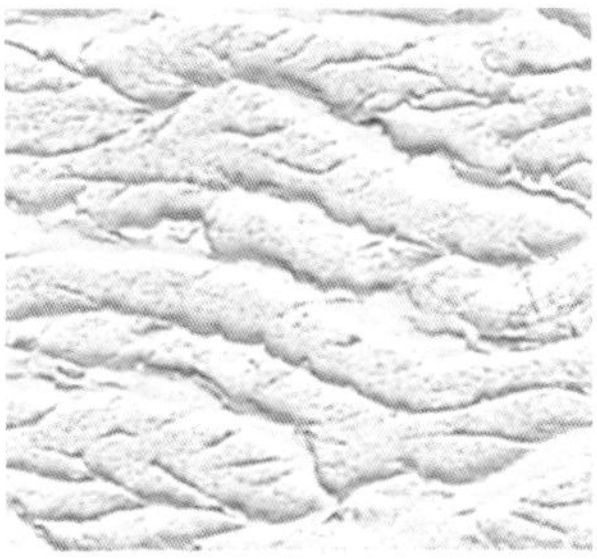

パターンローラー仕上げ

パターンローラー仕上げ

複層仕上塗り材

吹放し凹凸模様

ゆず肌模様

クレーター模様

素地調整の要点

Point 素地調整は塗装仕上げの良否にかかわる重要で、不可欠な工程である

素地調整は、塗料を密着させるために、素地面から汚れ・付着物などを除去し平滑化するもの（ケレン処理）と、欠損個所を補填して平滑化するもの（パテ処理）とに大別される。国土交通省の「公共工事標準仕様書18・塗装工事素地ごしらえ」に詳述されている。被塗物の種類別の要点を次に示す。

木質系素地と目止め

溶剤などで汚れや付着物を除き、ヤニ処理を行う。ラワン、シオジなど、導管の発達した樹種では、導管を埋め、塗料の吸い込みや、下塗り・中塗りでの発泡を防止するために目止め剤を塗布する。その後、鉋目《かんな》、逆目、ケバなどの研磨処理、節止め、パテ処理を経て、全体を平滑に研磨する。

金属系素地とさび止め

鉄鋼面では、スクレーパー、ワイヤーブラシなどで塗装面の汚れや付着物を除き、溶剤で油脂分を除去した後、さび落としを行う。さび落としは酸による化学的処理方法と、ブラスト法・サンダー掛けなどの物理的方法がある。最も高品位の仕様では、その後さらに化成皮膜処理を施す。素地と塗膜を密着させる下塗りには、さび止めペイントを用いる。亜鉛めっき鋼面では、汚れ・油脂分の除去までは鉄鋼と同様だが、その後化成皮膜処理を行い、エッチングプライマーを下塗りする。

セメント系素地とシーラー塗布

セメント系素地は水分を含み、アルカリ性で吸水性があるなどの性質をもつため、必要に応じてケレン処理をした後、吸込み止めのシーラーを全面に塗布する。その後、素地の目違いや凹凸を削り取り、パテ処理を施す。さらに、ボードの目地やコンクリート面に目の粗いガーゼ状の寒冷紗を張って下地とする場合もある。

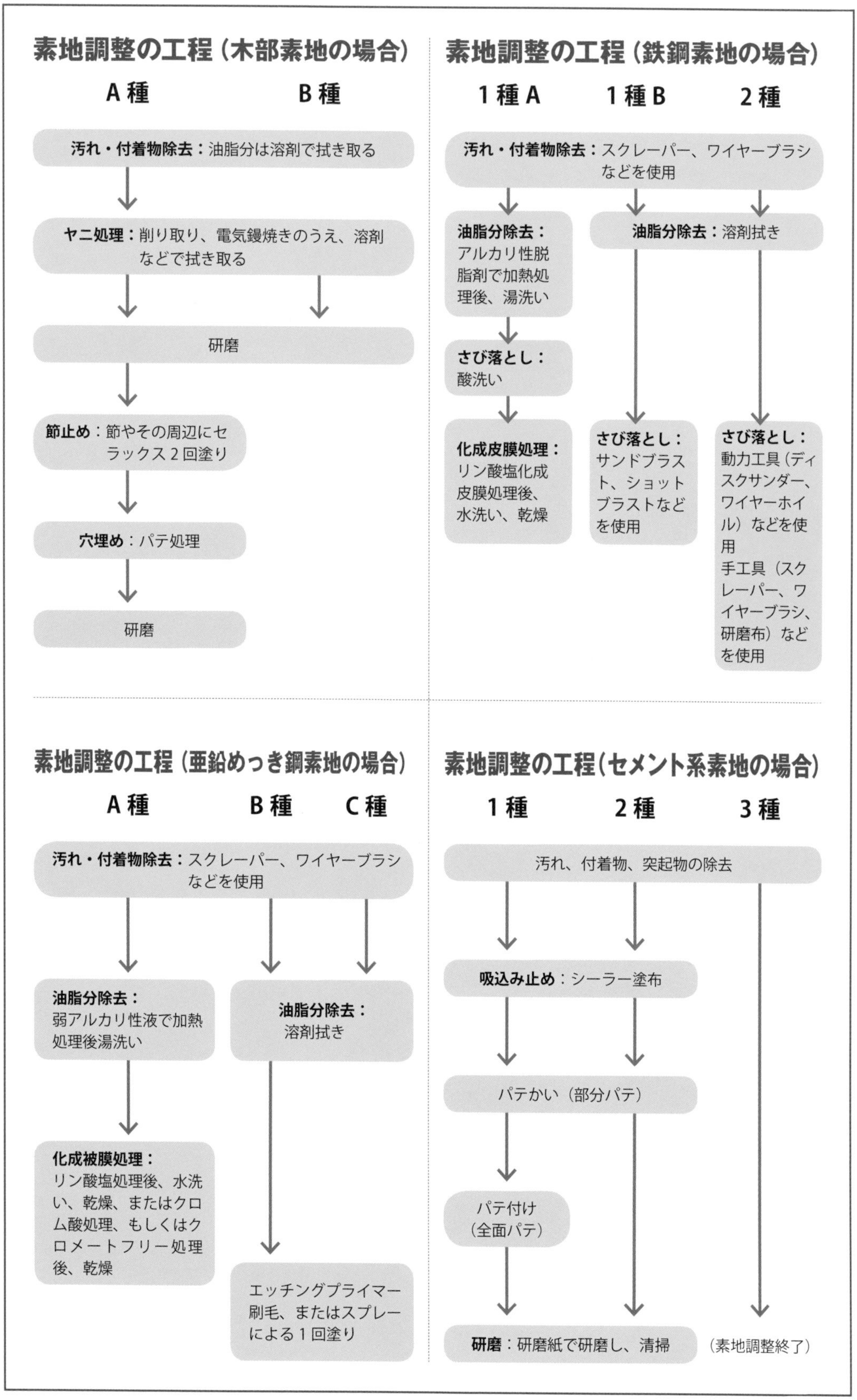
素地調整の工程（木部素地の場合）
A種
B種
汚れ・付着物除去：油脂分は溶剤で拭き取る
ヤニ処理：削り取り、電気鏝焼きのうえ、溶剤などで拭き取る
研磨
節止め：節やその周辺にセラックス2回塗り
穴埋め：パテ処理
研磨
素地調整の工程（鉄鋼素地の場合）
1種A
1種B
2種
汚れ・付着物除去：スクレーパー、ワイヤーブラシなどを使用
油脂分除去：アルカリ性脱脂剤で加熱処理後、湯洗い
油脂分除去：溶剤拭き
さび落とし：酸洗い
化成皮膜処理：リン酸塩化成皮膜処理後、水洗い、乾燥
さび落とし：サンドブラスト、ショットブラストなどを使用
さび落とし：動力工具（ディスクサンダー、ワイヤーホイル）などを使用
手工具（スクレーパー、ワイヤーブラシ、研磨布）などを使用
素地調整の工程（亜鉛めっき鋼素地の場合）
A種
B種
C種
汚れ・付着物除去：スクレーパー、ワイヤーブラシなどを使用
油脂分除去：弱アルカリ性液で加熱処理後湯洗い
油脂分除去：溶剤拭き
化成被膜処理：リン酸塩処理後、水洗い、乾燥、またはクロム酸処理、もしくはクロメートフリー処理後、乾燥
エッチングプライマー刷毛、またはスプレーによる1回塗り
素地調整の工程（セメント系素地の場合）
1種
2種
3種
汚れ、付着物、突起物の除去
吸込み止め：シーラー塗布
パテかい（部分パテ）
パテ付け（全面パテ）
研磨：研磨紙で研磨し、清掃
（素地調整終了）

機能性塗料

Point 材料の保護や美装以外の特化された機能をもつ塗料を、「機能性塗料」という

超耐候性塗料・低汚染型塗料

外部に用いられる塗料には、耐候性が求められる。ＪＩＳに規格を規定された超耐候性塗料であるフッ素樹脂塗料は、価格は高いが安定性が高く、耐候性にも優れ、ライフサイクルコストの観点では高いパフォーマンスを発揮する。また、外部塗装には耐汚染性も求められる。表面に付着する汚れに対して開発された低汚染型塗料は、塗装面に親水性をもたせ、汚れが付着しにくく取れやすくしてある。さらに、塗料の成分に光触媒を用い、雨水で汚れが洗い流される自己洗浄型の塗料もある。

耐火塗料・防火塗料

耐火塗料は、鉄骨を火災時の熱から守る耐火被覆用の塗料で、受熱により塗膜成分が分解、発泡して断熱層を形成する。一方、防火塗料とは、木材に塗装して引火や燃焼を困難にする塗料をいう（ただし、木部が不燃材料となるわけではない）。塗装面はニスを塗ったような艶を有し、木部の素地仕上げとは異なる風合いになる。

遮熱塗料・断熱塗料

塗料の成分にセラミックスを用いて赤外線を反射するもので、主に夏期の日射対策を目的としたものである。遮熱材料と同様に、冬期の太陽熱利用では不利になる。

木部保護塗料

木材は多孔質な素材であるため、塗装しなければ、汚れが染み込む、カビが生える、表面の繊維が毛羽立つ、などの変化を生じやすい。これを抑制する木部保護塗料には、塗膜を形成するタイプと、含浸性のタイプがある。木部の吸放湿性を損なわないためには、含浸性塗料を選びたい。

低汚染のメカニズム

従来型の塗膜（疎水性・親油性）

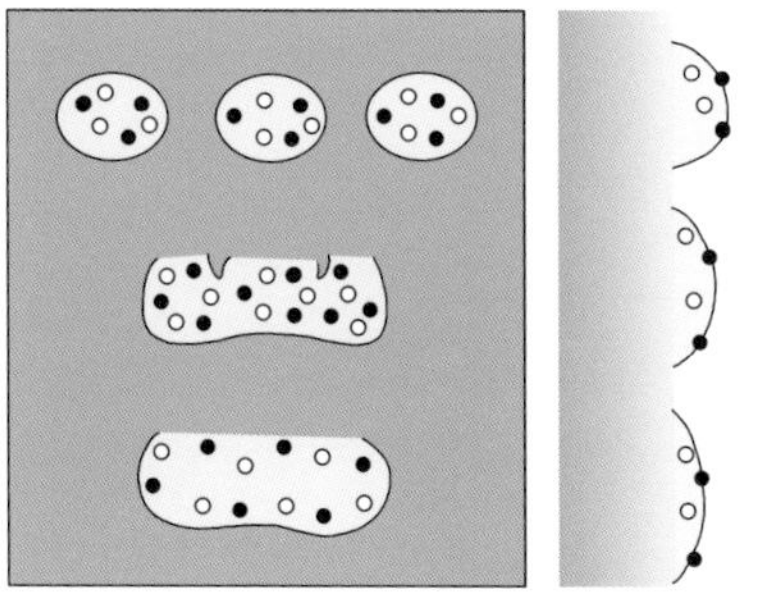

水滴が塗膜表面を転がり落ち、汚れが雨筋状に残る

低汚染型の塗膜（親水性・撥油性）

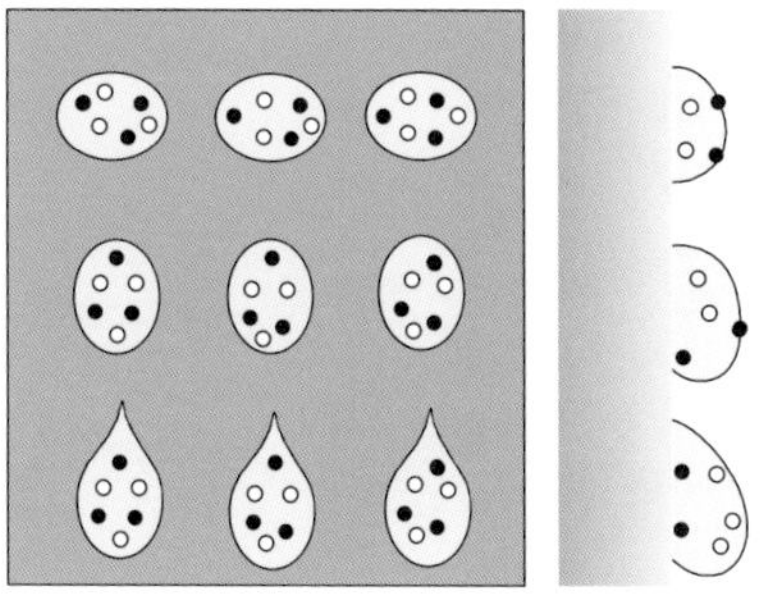

水膜が形成され、汚れは水に流される

耐火塗料の発泡メカニズム

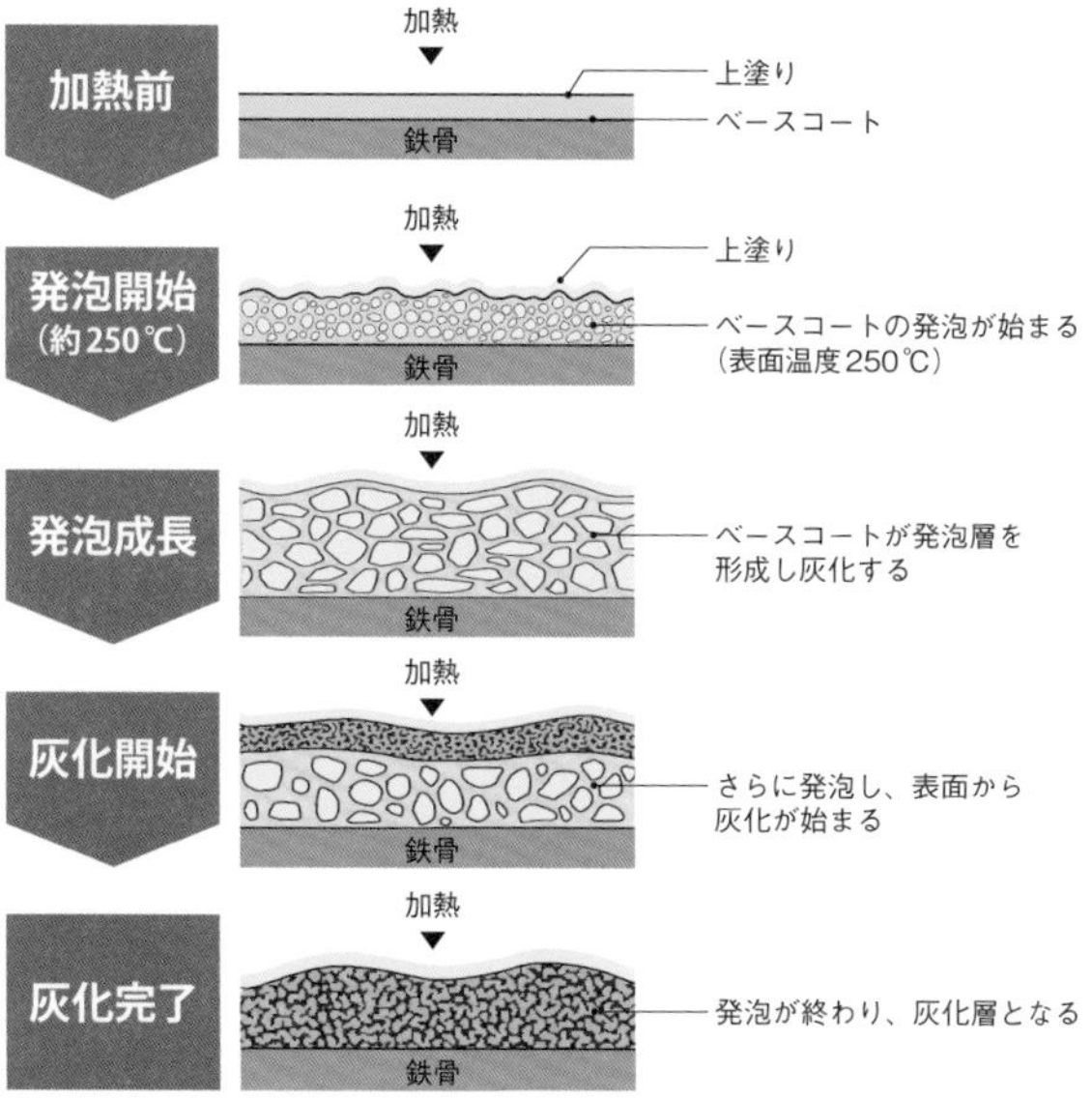

資料提供：日本ペイント

機能性塗料の機能分類と種類

機能	種類
光学的	発光・蛍光塗料
	夜光塗料
	再帰反射塗料
	熱線吸収塗料
	紫外線遮断塗料
	光電導塗料
	光弾性塗料
	レーザー光用塗料
	液晶表示塗料
電気・電子的	電気絶縁塗料
	半導体用塗料
	帯電防止塗料
	導電塗料
	電波吸収塗料
	電磁波シールド塗料
	電界緩和塗料
	2次電子放出塗料
	磁性塗料
	電子けがき塗料
環境保全・安全	結氷・着雪防止塗料
	結露防止塗料
	滑止め塗料
	超耐候性塗料（低汚染型、自己洗浄型）
	防音・防振塗料
	放射線遮蔽塗料
	リーク検知塗料
	貼紙防止塗料
	防カビ塗料
熱的	発熱塗料
	耐熱塗料
	耐火・防火塗料
	示温塗料
生物抵抗	防カビ塗料
	抗菌塗料
	殺虫・防虫塗料

column ③

屋根

晴れた日に雨漏り

屋根といえば、雨漏りが一番の心配ごとだ。ところが、竣工してまもない住宅で、真冬の晴れた日に天井から雨漏りのような滴が落ちてきた。これぞ「晴天の霹靂」ならぬ、「晴天の雨漏り」。

天井裏をのぞくと、野地板に水滴がびっしり。ヒーターで湿度の上がった空気が、晴天の放射冷却で冷やされた屋根の野地板と出合い、結露していたのだ。

金属板で葺かれた片流れ屋根が、北向きに流れていたことが一因と考えられた。さらに、屋根裏に収納を設けていたため、ここに居室の湿った空気が大量に流れ込み、屋根裏換気が間に合わなくなっていたのだ。そこで、換気量を増やす工夫をして対処した。

かつて日本の住宅は、縁側や土間といった、外か内かが曖昧な「中間領域」をもっていた。現代の住宅でも、屋根裏や床下などが「見えない中間領域」として、居住環境に影響しているといえそうだ。

（横山敦士）

第4章

内装・内部造作工事

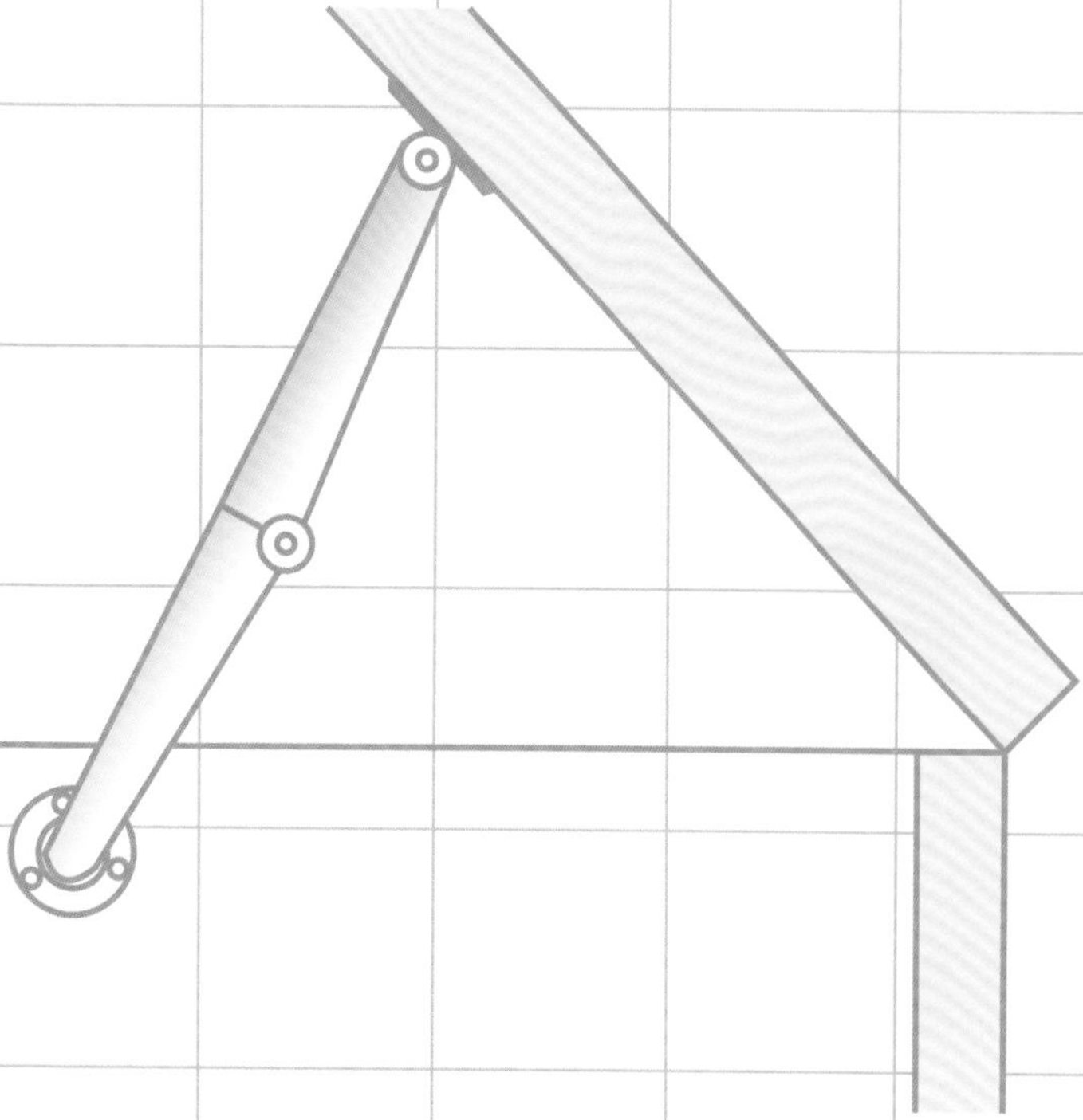

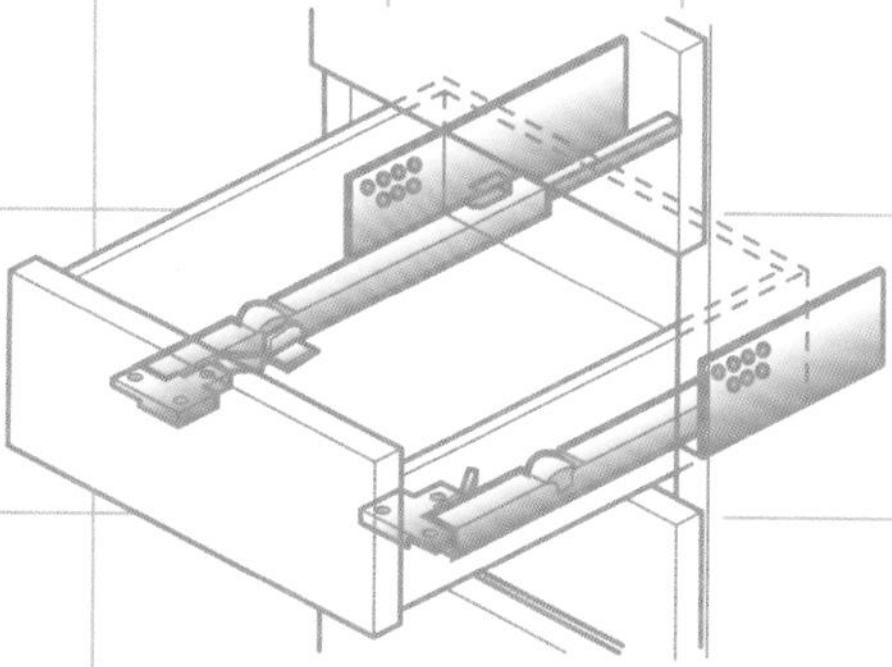

木質系材料

Point 単層フローリングはムク材。複合フローリングでは表面の化粧材と基材の材料が異なる

木質系の床材を総称して「フローリング」とよぶ。温かみがあり肌触りがよく、断熱性や調湿性にも優れている。表面が平滑で掃除が容易なため、カビやダニが発生しにくく衛生的という側面もある。

単層フローリングと複合フローリングの2種類に大別でき、それぞれに長所と短所がある。用途は根太張り用と直張り用に区分される。

単層フローリング

ムク材を板状に製材したフローリングで、木の素材感がそのまま表れる床材である。材種や塗装方法を選べば香りを楽しむこともできる。反面、伸縮による継ぎ目の隙、反りや割れなど、自然素材である木の特性がそのまま短所として現れることがある。また、木目や色などのばらつきがあるものとして扱う必要もある。

種類は、フローリングボード、フローリングブロック、モザイクパーケットの3種に分類できるが、現在最も広く流通しているのはフローリングボードである。ボードは形状によって、さらに3つに区別される。

複合フローリング

JASでは、単層フローリング以外のものとされている。一般には、基材である合板などに表層材が張られた、構成層が2以上のものを指す。表面材が厚いほどグレードが高い。単層フローリングに比べて品質のばらつきが少なく、材のサイズも大きいので施工性に優れるという利点がある。また、床暖房仕様、防音仕様、耐水仕様などの機能性商品が豊富である。

フローリングの施工方法

隠し釘打ちで根太に直接張る根太張りと、合板などの下地に接着剤と釘の併用で固定する直張りがある。

種類と用途

種類		用途		定義
		根太張り用	直張り用	
単層フローリング	フローリング・ボード	○	○	ブナ、ナラ、カバなどの広葉樹、アピトンなどの南洋材、針葉樹の1枚の挽き板（縦継ぎしたものを含む）
単層フローリング	フローリング・ブロック	—	○	挽き板を2枚以上並べて正方形または長方形に接合したもの
単層フローリング	モザイク・パーケット	—	○	挽き板の小片（ピース：長辺225㎜以下）を2枚以上並べ、紙などを用いて組み合わせたもの
複合フローリング	複合1種フローリング	○	○	合板のみを基材としたもの。表面に天然木の挽き板または単板を化粧張りした「天然木化粧」あるいは天然木以外の加工を施した「特殊加工化粧」のものがある
複合フローリング	複合2種フローリング	○	○	挽き板、集成材、単板積層材、またはランバーコアの合板を基材としたもの
複合フローリング	複合3種フローリング	○	○	上記複合1種と2種の基材の組み合わせ、またはそれ以外の木質材料（MDF、HDFなど）を組み合わせたもの

フローリングボードの種類

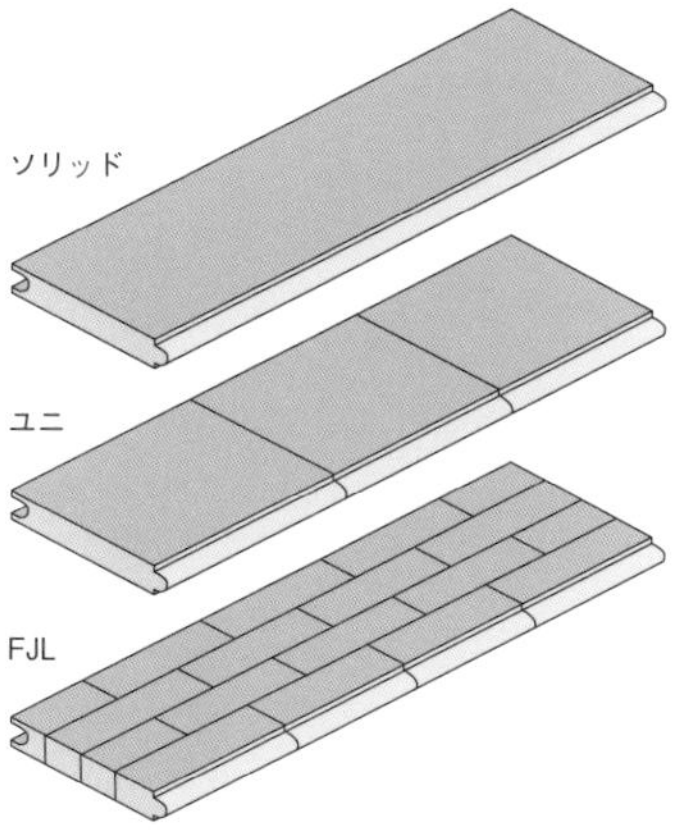

ソリッド：長さ、および幅方向に継ぎ目がまったくないもの。接着剤は使われていない
ユニ：長さ方向へ木材を継いだタイプ。「フィンガージョイント」という、指を交差させたような接合方法を用いたものが多い
FJL（フィンガージョイントラミネーテッド）：ユニを幅方向へ継いだもの

※ユニとFJLの2つに共通する特徴は、構成する木材が小さいことである。1つの木材ピースを小さくして接着接合することで、狂いにくく、欠点のない端材を有効活用できる

出典：『フローリングガイド』（日本フローリング工業会）

施工方法

根太張り

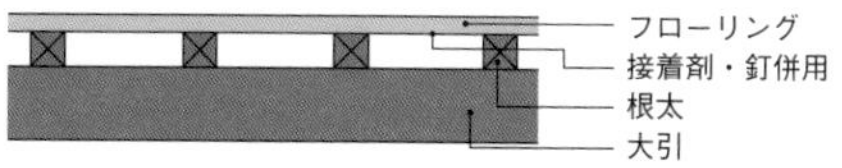

合板下地張り（根太あり）

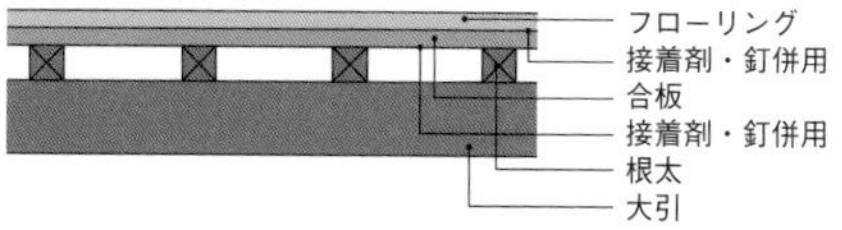

合板下地張り（根太なし）

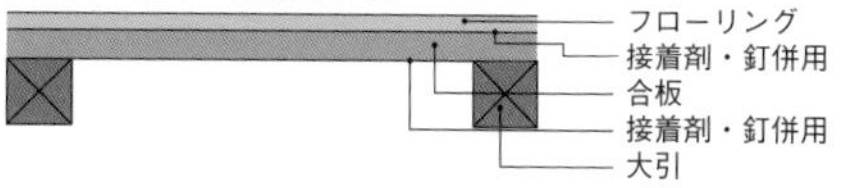

直張り

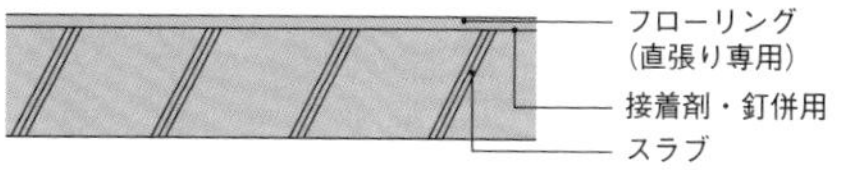

二重床（例）

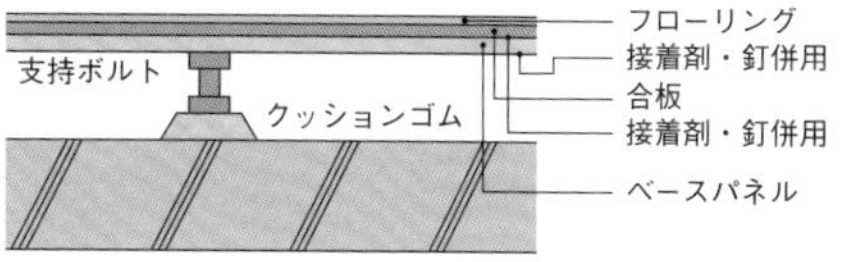

自然材料

Point 循環型資源も、他の建材や接着剤などと複合されれば複合建材となる

畳

芯材の畳床に、藺草《いぐさ》と糸で製織された畳表・畳へり（縁）・地などを縫い付けた、パネル状の床仕上材。畳の長さは一間、大きさは一帖とよばれ、その実寸法は地域によって異なるが、空間を規定する構成単位になっている。上足の生活に適した質感と、弾力性をもち合わせている。また、自然素材を用いて定期的に更新再生して使う表替えのシステムをもつ。

畳床に稲藁《わら》のみを用いるものを本畳、稲藁をまったく使わないものを建材畳といい、その2つの中間的なものをサンドイッチ稲藁畳という。建材畳、サンドイッチ稲藁畳の畳床には、タタミボードとよばれるインシュレーションボードやポリスチレンフォーム板が使われる。

畳へりがない正方形の畳を「琉球畳」とよぶ向きがあるが、本来の琉球畳表は七島藺草を原料とした厚く耐久性があるもので、火にも強い。

サイザル麻・ココヤシ

天然繊維であるサイザル麻やココヤシの実を織りあげた床材は、ざっくりとした質感をもち、調湿性や防音性に優れている。静電気が生じないことが大きな特徴で、両者の混織もある。

コルク

コルクチップを主原料とするタイル状床材である。コルクは軽量で弾力性や保温・断熱性に優れた素材で、タイル、シート状の他、フローリングに加工したものもある。

天然石

高級感があり、仕上げによって異なる表情が魅力の1つといえる。耐久性が高く衝撃にも強い。住宅で使用する際は、比熱の大きさを考慮する。

畳の寸法（仕上がりの大きさ）

畳表のJASの種類	JISの寸法	通称名		寸法上の呼称	幅（mm）	長さ（mm）	備考
1種表	95W－55	京間	本京間 本間間 五寸間	六三間	955	1910 （6尺3寸）	関西、中国、山陰、四国、九州地方で一般的。柱間寸法が6尺5寸であるところから5寸間ともいう
2種表	91W－55	中間	中京間	三六間	910 （3尺）	1820 （6尺）	中京地方および東北、北陸の一部、沖縄地域に多い。並京間ともいう
3種表	88W－55・60	いなか間	江戸間 関東間	五八間	880	1760 （5尺8寸）	昔は名古屋以東に多かったが、最近は全国的に多い。柱間寸法は6尺。東京間ともいう

参考：『新編　建築材料データブック』（オーム社）

畳床の種類と断面構成（JIS）

区分（記号）		畳の材料および構成	畳床の断面（上が表）
稲わら畳床（WR）JIS A 5901	6層形	稲藁を材料に用い構成したもの	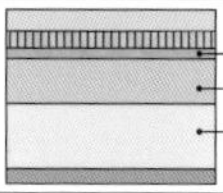
稲わら畳床（WR）JIS A 5901	4層形	稲藁を材料に用い構成したもの	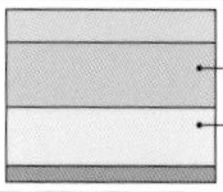
ポリスチレンフォームサンドイッチ稲わら畳床JIS A 5901（PS-C）		ポリスチレンフォーム板を芯材とし、上下を稲藁で構成したもの	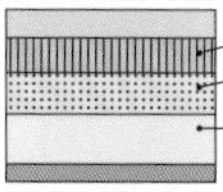
タタミボードサンドイッチ稲わら畳床JIS A 5901（TB-C）		タタミボードを芯材とし、上下を稲藁で構成したもの	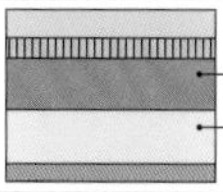
建材畳床JIS A 5914	Ⅰ型（KT-Ⅰ）	タタミボード（TB）を主な材料として構成したもの	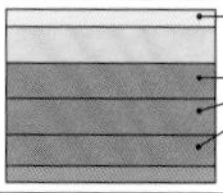
建材畳床JIS A 5914	Ⅱ型（KT-Ⅱ）	タタミボード（TB）とポリスチレンフォーム板（PS）を主な材料として、2層に構成したもの	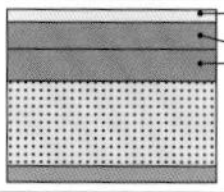
建材畳床JIS A 5914	Ⅲ型（KT-Ⅲ）	タタミボード（TB）とポリスチレンフォーム板（PS）を主な材料として、3層に構成したもの	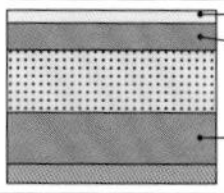
建材畳床JIS A 5914	K型（KT-K）	ポリスチレンフォーム板（PS）を主な材料として構成したもので、裏面に框補強材をもつもの	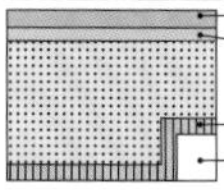
建材畳床JIS A 5914	N型（KT-N）	ポリスチレンフォーム板（PS）を主な材料として構成したもの	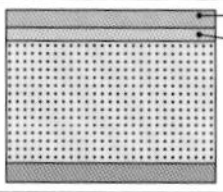

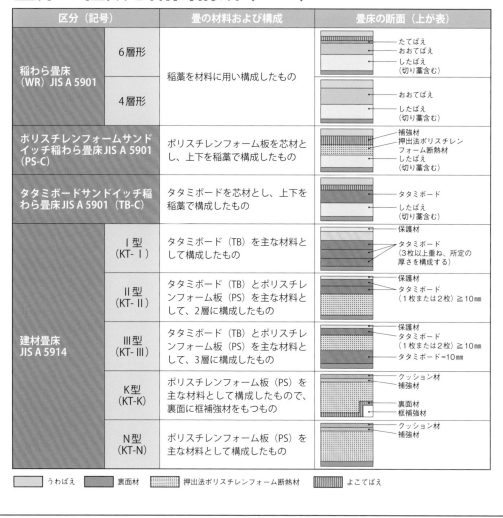

カーペット

Point カーペットは、繊維の種類とパイル糸の形状、長さ、密度によってグレードが決まる

カーペットは繊維製の床敷物である。素材のもつ性質は、触感が柔らかく、保温性が高く、防音性に優れている。素材のマイナス面を補うために、防炎、防汚、防虫など、さまざまな機能を付加された商品も販売されている。使用される繊維は、主に天然繊維のウールと化学繊維のナイロン、アクリル、ポリエステル、ポリプロピレンなどで、素材によって特徴が異なる。カーペットのテクスチュアを決定するのは、パイル糸の形状、長さや密度である。

カーペットの種類

カーペットはその製造方法から、基布とパイルが同時に織られた織りカーペットと、基布にパイル糸が挿入され塗布または接着によって固着したタフテッドカーペットに大別される。織りカーペットの織り方には、ウィルトン、アキスミンスターなどがあり、高密度で高級感があるが、高価である。

国内流通品の大半は、パイルカーペットであるタフテッドカーペットが占める。パイルの形状には、カットパイルとループパイルがある。

タフテッドカーペットにゴムなどがバッキング（裏打ち）され、あらかじめタイル状の大きさでつくられたものをタイルカーペットという。運搬、施工が容易なうえに部分交換ができる。パイル層だけでなく、バッキング層の素材も確認して使いたい。

施工方法

カーペットの施工方法には、グリッパー工法・折込み工法・全面接着工法がある。グリッパー工法は、斜めに針が突き出したグリッパーを床の周囲に釘で固定し、カーペットを均等に張ってグリッパーに引掛けて固定する。折込み工法は、床とカーペットを接着固定しないため、原状回復できる。

素材による特徴（代表的な糸種を平均的なパイル量で比較）

特性＼素材	ウール（紡績糸）	アクリル（紡績糸）	ナイロン（フィラメント糸）	ポリエステル（紡績糸）	ポリプロピレン（フィラメント糸）
足触りの良さ	◎	◎	○	○	△
へたりにくさ 弾力性	○	△	◎	△	△
汚れにくさ 汚れの取れやすさ	○	△	△（※）	○	○
保温性、断熱性	◎	○	△	△	△

評価の基準　◎：非常に良い　○：良い　△：普通

※撥水加工処理品は○

出典：『カーペットはすばらしい』（日本カーペット工業組合）

製造方法による分類

カーペット（絨毯）	パイルがある	織り	手織り	断通（だんつう）
			機械織り	ウィルトンカーペット
				フェイス・トゥ・フェイスカーペット
				アキスミンスターカーペット
		刺繍	手による	ハンドタフト（フックドラグ）
			機械による	タフテッドカーペット
		接着		ボンデッドカーペット
				電植カーペット
				コードカーペット
		編み		ニットカーペット
		圧着		ニードルパンチカーペット（ヘアー調、ベロア調）
	パイルがない	織り		平織り
		縫い付け		チューブマット
		圧着		ニードルパンチカーペット（フェルト調） 毛氈

出典：日本カーペット工業組合ウェブサイト（http://www.carpet.or.jp/index.html）

樹脂系床材

Point 色のバリエーションも多く、価格も手頃なため、費用対効果は大きい

樹脂系床材は、合成樹脂や天然樹脂を原料とした床仕上材である。成形品は正方形の床タイルと、巻物状の長尺シートに区分される。

樹脂系床材は総じて耐水性があり、メンテナンス性に優れるので、学校、病院、店舗、住宅の水廻りなどに幅広く使用されている。

ビニル系床材

ビニル系床タイルは、ビニル樹脂、可塑剤、および安定剤からなるバインダーの含有率が30％以上のホモジニアスビニル床タイルと、同30％未満のコンポジションビニル床タイルに分類される。近年、接着剤を使わず、剥がしたり再施工したりすることが容易に可能で、回収・リサイクルも容易な置敷き型ビニル床タイルの普及が進んでいる。また、Ｐタイルの名称で広く用いられているのは、半硬質コンポジションビニルタイルである。

長尺シートは、発泡層や基布の有無・種類によって分類されている。「ＣＦシート」ともよばれるクッションフロアは、発泡層の上に印刷層、透明ビニル層をもつ。精巧な印刷処理とエンボス加工などの組み合わせで、木や石などの素材の多彩なフェイクを実現している。

非ビニル系床材

天然樹脂を原料とした床材としては、リノリウムとゴムが挙げられる。ともに帯電防止性は高い。

塗り床材

素材にはエポキシ系樹脂、ウレタン系樹脂が多く使われ、前者は硬く、後者は弾性に富む。どちらも色彩バリエーションに豊み、継ぎ目がなく平滑に仕上がる。また、耐熱性、対薬品性、耐油性などの特殊機能をもつ製品もあり、工場や病院などに使われる。

ビニル系床タイルの種類と特徴

種類			バインダー含有率（%）	特徴
接着型	コンポジションビニル床タイル	半硬質	30 未満	安価で、施工性・寸法安定性・耐荷重性・タバコなどによる焼け焦げへの耐性・メンテナンスの容易さなどに優れる。ただし、耐摩耗性に劣るので、歩行量の多い床には厚さ 3.0㎜のものの使用が望ましい
		軟質	30 未満	半硬質に比べ意匠性（模様）が変化に富んでおり、歩行感がよい。その他の長所・短所については、半硬質とほぼ同様
	ホモジニアスビニル床タイル［※］		30 以上	意匠性に富み、高級感があり、耐摩耗性、耐薬品性、耐アルカリ性に優れている。欠点としては高価な点、タバコによる焼け焦げができやすい点がある
置敷き型	置敷き型ビニル床タイル		30 以上	使用時にずれが生じず、容易に剥離ができ、かつ再施工が可能な床タイル。ただし、嵌合式のタイルは含まない

※　ホモジニアスビニル床タイルには、ピュアビニル床タイル（充填材を含まないもの）、および積層ビニル床タイルを含む

ビニル系床シートの種類と層構成

分類		層構成例
発泡層のないタイプ	織布積層ビニル床シート	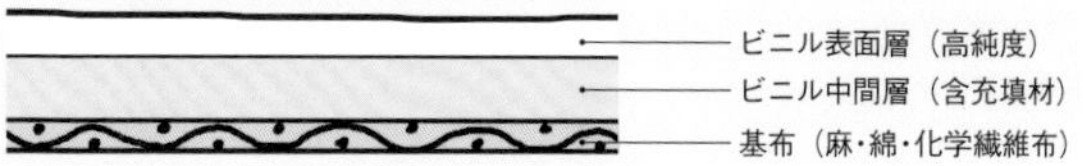
	不織布積層ビニル床シート	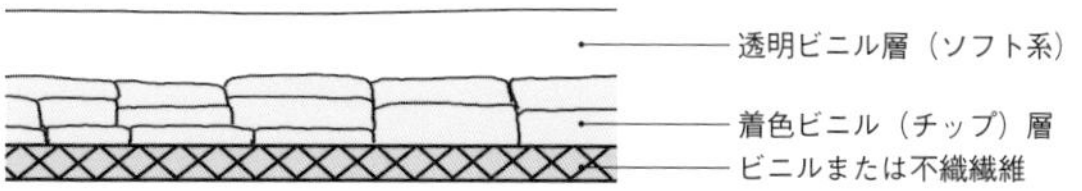
発泡層のあるタイプ	織布積層発泡ビニル床シート	
	不織布積層印刷発泡ビニル床シート	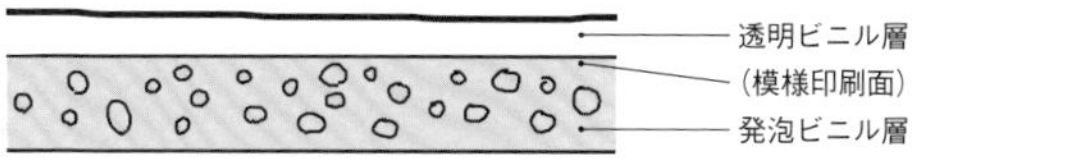

出典：『建築材料用教材』㈳日本建築学会

非ビニル系床シートの種類と特徴

種類	構成	特徴
ゴムタイル・シート	天然ゴム、または合成ゴムに充填材として、クレー、炭酸カルシウムなどを加え、成形した床タイル、シート	ゴム独特の弾力性があり、ビニル系床にない歩行感がある。耐摩耗性にも優れ、歩行量の多い個所に適している。反面、高価で耐油性に難がある
リノリウムタイル・シート	亜麻仁油とロジン混合物を酸化重合したリノリウム質に、松ヤニ、コルク粉、木粉、着色剤などを加え、成形した床タイル、シート	しっとりした質感に加え、抗菌性、帯電防止性、防塵性、耐久性などに優れる。ビニル系床に比べ施工性は劣る

参考：『建築材料用教材』（日本建築学会）

第4章

機能性材料

Point 材料によってはさまざまな機能を併せもつ。室内環境をさらに快適にする使い方を検討したい

遮音・吸音機能

ホームシアターやピアノ室など高い遮音性能を必要とする場所には、仕上材のみでなく下地、開口部まで含めた総合的な対策をとる。日常的快適性のための遮音・吸音機能であれば、ロックウール天井材や、塗壁のなかでも珪藻土・炭壁など多孔質で音を吸収しやすい内装仕上材が効果的である。

調湿機能

木材の他、漆喰や珪藻土、炭壁などの左官壁は代表的な調湿仕上材である。真壁工法の和室は、床仕上げの畳も含め調湿機能に優れたインテリアといえる。乾式工法用には、多孔質の鉱物やロックウールなどの原料をパネル状に加工した調湿建材がある。これらの建材については、調湿性能と品質管理体制について（一社）日本建材・住宅設備産業協会が基準を定め、調湿建材登録・表示制度を実施している。

汚染物質吸着・分解機能

珪藻土など表面積の大きな多孔質材料は、空気中の汚染物質を吸着することで、空気清浄機能や消臭機能を発揮する。さらに配合成分により汚染物質を分解するものや、光触媒技術で汚染物質を分解する仕上材もある。

ペットへの対応

最も多い要望は臭いと傷への対策である。壁や天井に消臭機能をもつ建材を使うことで、大幅に臭いを抑えることができる。傷対策としては、傷つきにくく、また傷がついても修繕しやすい建材を選ぶ。ひっかき傷に強い高耐久性壁紙を選択し、腰壁と腰上の部分を張り分けるなどすれば、メンテナンスも容易。また、抗菌作用のある建材を用いれば飼い主・ペット双方の健康に配慮することができる。

機能性材料の仕上材

板状（断熱・吸音・調湿）

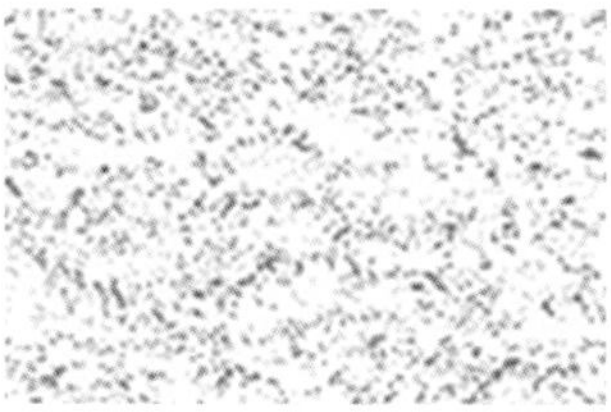

ロックウール天井材（ソーラトン）
写真：日東紡

タイル状（調湿）

エコカラット
写真：LIXIL

左官材（調湿）

珪藻土

消臭機能建材の種類と特徴

主要有効成分	メカニズム	対象となる臭い
ゼオライト系	多孔質な天然鉱物ゼオライト（アルミノケイ酸塩）により臭いを吸着する。酸化チタンとあわせて用いれば光触媒作用により有害物質や臭いを分解する	・トイレ臭・煙草臭 ・ペット臭
アパタイト被覆酸化タングステン＋二酸化チタン	多孔質なアパタイト（リン酸カルシウム系セラミック）により吸着した臭いを光触媒二酸化チタンにより分解する。タングステンを併用する事で太陽光だけでなく照明光の紫外線による効果を得られる	・トイレ臭・ペット臭
アナターゼ型二酸化チタン	二酸化チタンの光触媒効果で紫外線により臭いを分解する	・トイレ臭・煙草臭 ・ペット臭
アミノ酸吸着剤	有害物質ホルムアルデヒド・アセトアルデヒドがアミノ基と化学反応し固定される	・ホルムアルデヒド ・アセトアルデヒド
備長炭	多孔質であることによる物理的吸着とともに、高温で炭化するときに起こる化学反応により、炭の表面に生成される「官能基（OHイオン）」による化学的吸着による消臭効果	・トイレ臭・腐敗臭 ・ペット臭
珪藻土系	多孔質な珪藻土により臭いを吸着する。触媒を付加することで臭いを酸化分解する建材もある	・トイレ臭・煙草臭 ・ペット臭

珪藻土（電子顕微鏡写真）

珪藻土は、表面が微小な孔で覆われた多孔質な物質。この孔に臭い成分などが吸着される

調湿建材マーク

調湿建材

用語の定義および使用基準

1. 抗菌：製品表面の細菌の増殖を抑制すること
2. 除菌：ろ過や洗浄などの手段で、物体に含まれる微生物の数を減らし、清浄度を高めること
3. 滅菌：物体に付着するかまたは含まれているすべての微生物を完全に死滅または除去させ、無菌状態にすること
4. 消毒：物体または生体に付着するか、含まれている病原性微生物を死滅または除去させ、感染能力を失わせること
5. 殺菌：対象物に生存している微生物を死滅させること

※　3、4、5は薬事法に抵触するおそれがあるため建材の機能性についての記述には使用されない

出典：（日本建材・住宅設備産業協会）

木質系の壁・天井仕上材

Point 健康志向で人気のムク材は、木の特性を知ったうえで使うことが大切

壁・天井の内装仕上げに使用される木質系材料には、ムク板、集成材、合板（化粧合板）などがある。

ムク板

ムク板は、有害物質を含まず、天然木の自然な風合いを楽しめ、吸放湿性があるなどの利点がある。仕上用に製材したムク板を羽目板といい、ヒノキ・スギ・サワラ・ヒバといった針葉樹が多い。一方、広葉樹の平板では板目の面白さ、木目の変化を楽しむことができ、壁・天井の造作材の他、家具などにも使用される。

ムク板は室内環境の影響を受けて、割れや反り、曲がりなどを生じやすい。そのため、施工後に狂いが出ないよう、加工精度の高い材料を吟味することが大切である。

集成材

集成材は、断面寸法の小さい木材（板材）を接着剤で張り合わせたものである。乾燥によるひび割れや反りなどが生じにくく、強度のばらつきも小さいため、構造材に使われることが多いが、内装仕上げに使われるものもある。

化粧合板

合板は、木材を薄くはいだ単板（ラミナ）を張り合わせたもので、内装仕上げには、表面に仕上げの単板を張り付けた化粧合板を用いることが多い。

合板の表面に天然木の薄い単板（突き板）を張り付けたものは天然木化粧合板とよばれ、ムク材より安価で狂いが生じにくく、天然木の風合いも楽しめる。天然木以外の表面処理加工を行った合板は、特殊加工化粧合板とよばれる。合成樹脂系の材料を張り付けた合成樹脂化粧合板、塗装を施したカラー塗装合板、塩ビを張り付けた塩ビ化粧合板、合板の表面に木目などを印刷したプリント合板などがある。

羽目板の矧《は》ぎ合わせ

①突付け張り

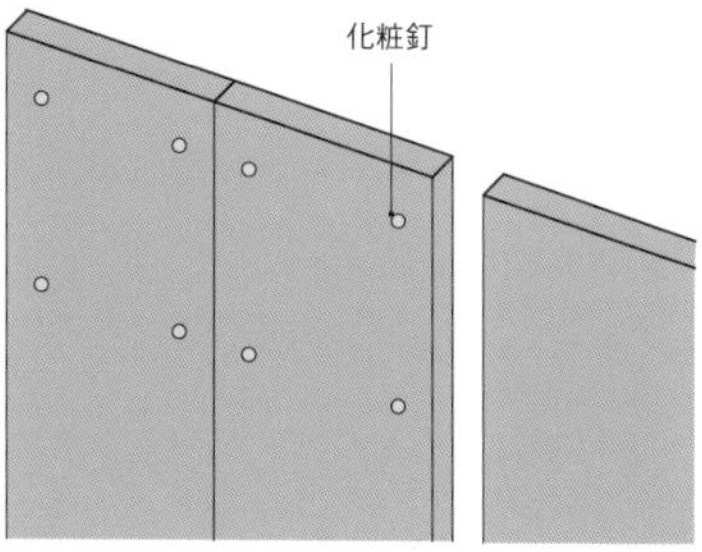

最も簡便な矧ぎ合せ方だが、板の乾燥・収縮によって突付け部分に隙が生じる場合もある。止付けは板正面から化粧釘打ち

②本実《ほんざね》張り

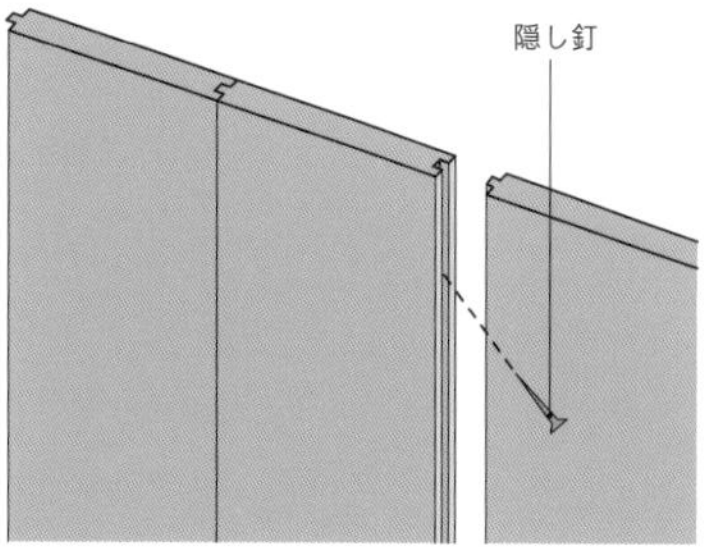

実の雌部分からの釘打ち（隠し釘）とすれば、板表面に釘頭は現れない。なお、継目部分には面を取ることが多い

③合决《あいじゃく》り張り

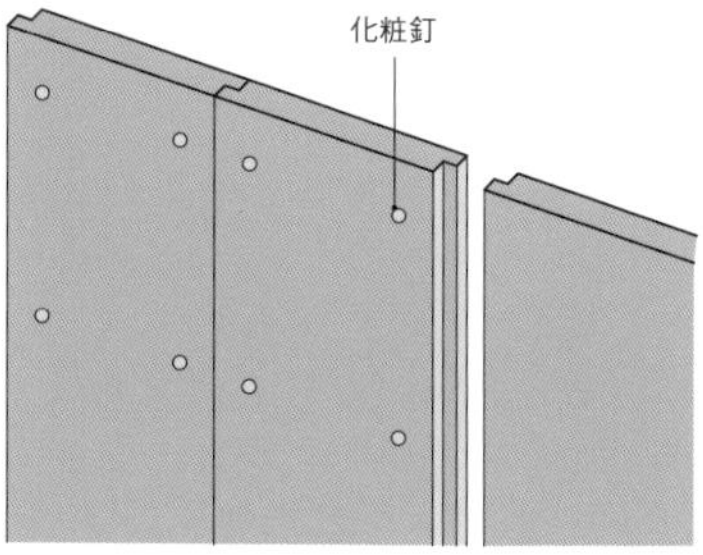

重ね部分のおかげで板が乾燥・収縮しても隙は生じない。また、重ね部分で目地を取って目透しとすることもある

④雇い実張り

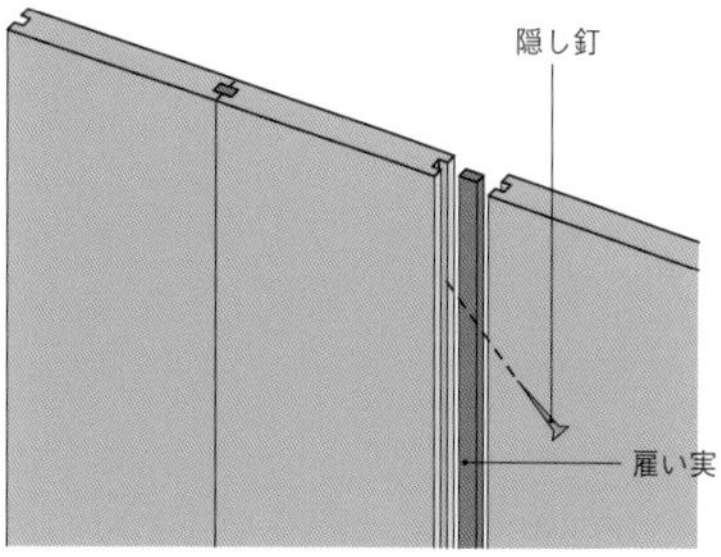

矧ぎ合わせの加工がない分、板幅が有効に使え、実部分からの隠し釘で留めることができる。雇い実の板厚は羽目板の1／3程度必要

集成材・合板のいろいろ

ホームセンターで入手可能な集成材だったが、最近ラワンの入手は難しくなっている

燻煙乾燥をした竹の幅矧ぎ集成材。竹集成材は独特の緻密な表情をもち、あばれも少ない。床暖房対応のフローリングに用いられることが多いが、内装仕上全般に使用可能

定番的に使われる合板の例。シナ、バーチ、針葉樹、ラワンなど種類も豊富

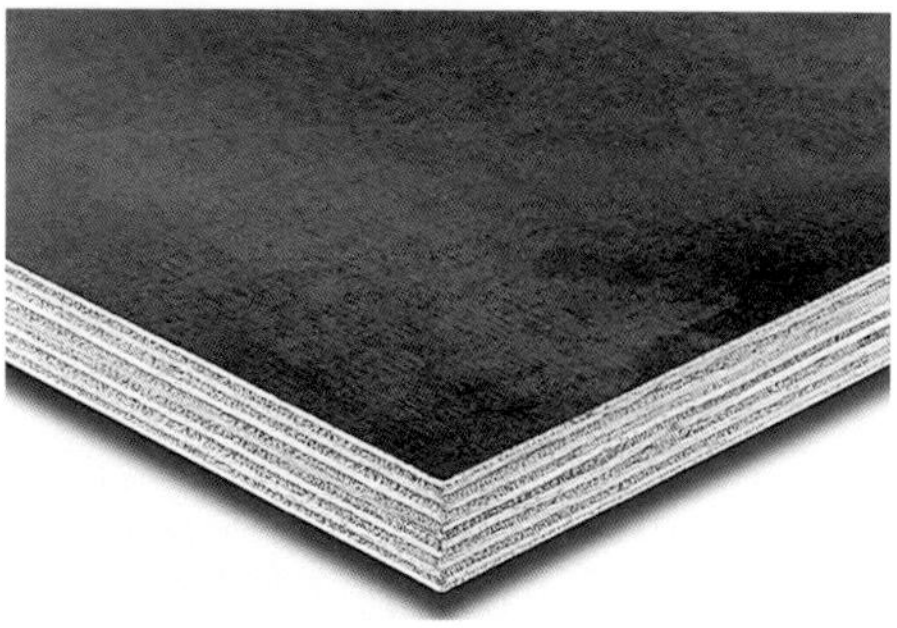

軽量なバルサのコア材の表面に、アルミ・木・アルミ＋塩ビシートなどを張り付けた複合板

壁・天井の仕上げ

Point クロスは材料やデザインが豊富。最近は、健康に配慮した機能を備える製品も登場

内装仕上げには、大きく乾式工法と湿式工法がある。乾式は、石膏ボードにクロスや板材を張って仕上る方法で、湿式は左官やモルタルを用いたタイル・石張りなどである。

クロス仕上げ

最近の住宅の壁・天井の内装仕上げでは、石膏ボード下地に塗装をするか壁紙を張ることが多い。壁紙は「クロス」ともよばれ、紙・布・ビニル・天然木・金属などさまざまな素材を紙に裏打ちしたものである。乾式工法のため、工期が短く施工性もよい。リフォームでは、下地の影響を受けにくい厚手のクロスを採用すると施工性がよい。

左官仕上げ

左官仕上げは継目が目立たず、混入する骨材により多様な表情を出せる。原材料には石膏プラスター、漆喰、土壁、砂壁、珪藻土などが使われる。

塗装仕上げ

塗装仕上げも継目が目立たず、豊富な色で意匠性を楽しめる建材である。使用場所に応じた塗料の使い分けが必要だが、最近は有機溶剤タイプより水性塗料が好まれる。また漆、カシュー、柿渋など天然塗料も人気がある。

タイル

最近のタイルは、調湿効果があるものや冷たさを感じさせないものなど機能面も充実し、使用場所に合わせて使い分けられる選択の幅が広がっている。

ガラス・石・金属

近年は光を効果的に演出するためにガラスやアクリルで透明感を出したり、人造大理石や金属などでモダンな印象にしたりしたインテリアが好まれている。

主な左官仕上材

種類	特徴
漆喰	硝石灰にひび割れを防ぐスサなどの繊維質を混ぜたもの。天然の材料を原料としており、調湿性に優れ、結露しにくい。高温多湿の日本の気候に合っているため、古くから使用されてきた
土壁・砂壁	色土や色砂にスサなどを混ぜた伝統的な材料。漆喰同様調湿性に優れ、結露しにくい。その土地の土や砂の色により表情が変わる。京都周辺の土を使用している「京壁」、栗色の九条土を混ぜた「聚楽壁」、ベンガラを用いた「紅壁」などさまざまなものがある
珪藻土	太古の植物プランクトンが堆積した土を使用したもの。魚などを焼く七輪の素材としても有名。調湿性、耐火性、断熱性、さらには脱臭効果もあり、環境面からも見直されている材料

非塩ビ系クロスの例

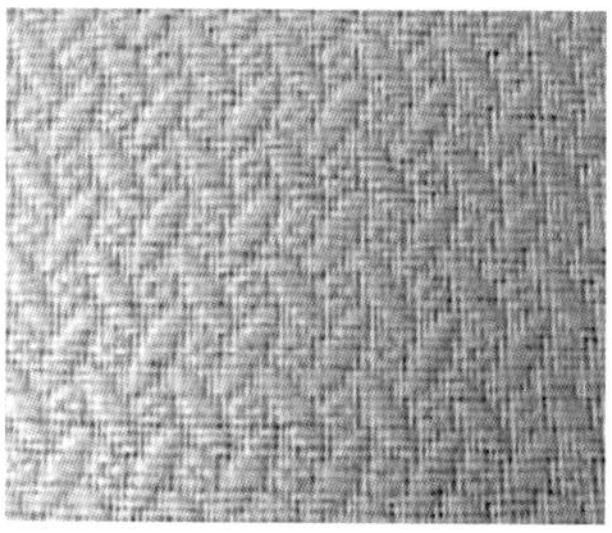

木材パルプからつくられたレーヨン原糸を織り込んだ織物壁紙

和紙製品は調湿、調光、吸音などに優れる

月桃紙。月桃という植物の茎とパルプを混ぜてつくられた紙クロス

クロス仕上げの下地と施工

クロス仕上げの下地処理

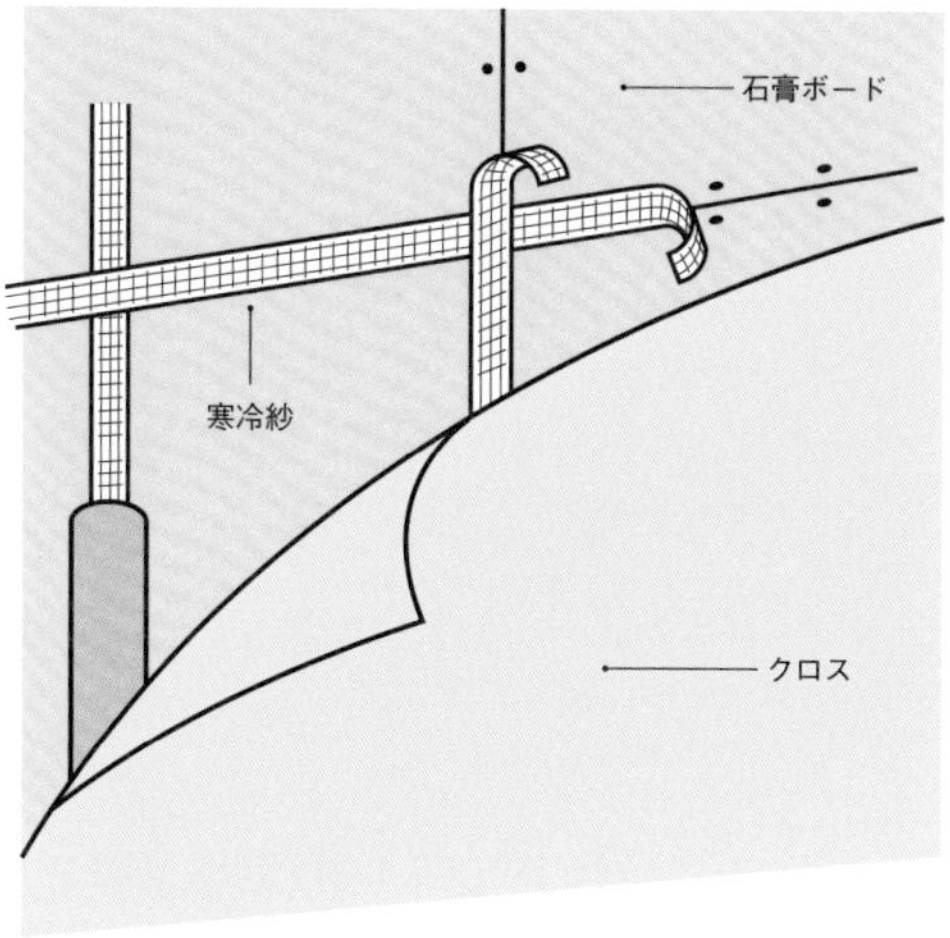

クロス仕上げでは、内装のボード下地のジョイント部分や釘・ビスの頭にパテ処理をする。また、ボードの継ぎ目には補強のため、寒冷紗またはファイバーメッシュを伏せ込む

クロスの張り方

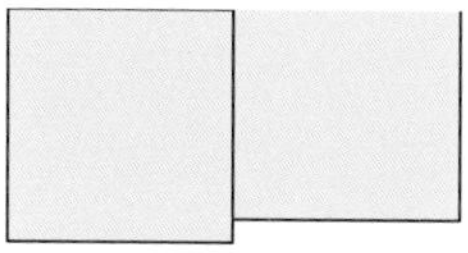

①突付け張り
通常のクロス類で一般的に用いられる張り方。一番手間がかからないが、柄物には不向き

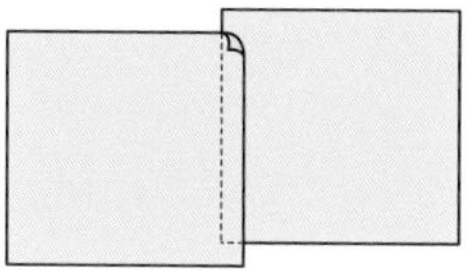

②重ね張り
和紙など、薄手のものに使われる張り方。しわを出さず、重ね幅をきれいにそろえるのがポイント

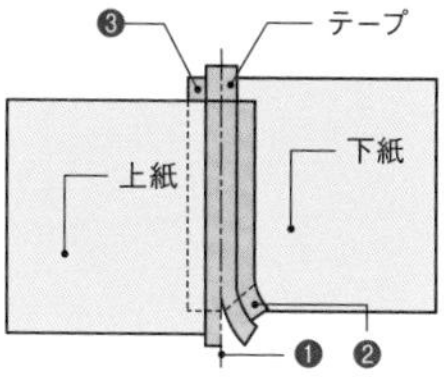

③重ね断ち張り
❶柄合わせした上紙と下紙の間にテープを張ってカット、❷上紙のカット部分を剥す、❸上紙を少しめくり、下紙のカット部分も剥してローラーで押さえる

壁仕上げの下地

Point 下地の精度は仕上げに大きな影響を与えるため、入念な施工が望まれる

壁仕上げの下地の構成

壁下地は、柱と間柱に下地受けの胴縁または縦胴縁を設け、下地ボード類を張る大壁工法が最も一般的である。また、真壁工法は柱間に水平に入れた貫に下地材を張る貫工法とするか、間柱に胴縁を設け下地材を張る工法である。KD材や集成材の採用により構造材の収縮が少なくなったことで、柱・間柱に下地材を直接張る場合もある。

下地の施工精度は仕上がりに大きく影響するため、注意深く施工することが大切である。下地ボードの継ぎ目には寒冷紗を張り、パテ処理を施す。

下地ボード

下地ボードとしては、合板・パーティクルボード・MDFといった木質系ボードや、石膏ボードなど防火性能に優れた無機質系ボードが使われる。

石膏ボードは、焼石膏を主原料とした芯材の両面に原紙を張り板状に成形したもので、プラスターボードともよばれる。防火性能に優れ不燃材料に認定されている他、遮音性能もあり内装下地として壁や天井で最も多用されている材料である。

化粧ボード仕上げやクロス仕上げなど、水を使わない工法を乾式工法というのに対し、左官工事など水を使う材料を扱う工事を湿式工法とよぶが、耐水性のある石膏ラスボードは左官下地など湿式工法の下地として用いられる。また、タイル下地の部位や洗面室など湿気が発生しやすい部屋の下地には耐水石膏ボードを用いる。

下地ボードには吸放湿機能のある製品もあり、透湿性をもつ仕上材と組み合わせれば、相乗効果を発揮する。また耐力部材として認定されたボードは、施工基準に従い施工すれば、耐力壁を構成する材料として使用することができる。

下地材料

石膏ボード
主原料の石膏を芯として、両面と長さ方向の側面を石膏ボード用の原紙で覆ったもの

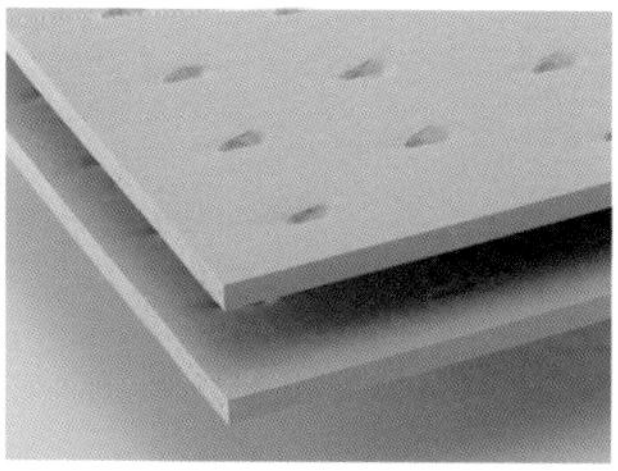

石膏ラスボード
石膏ボードに凹加工し、左官材の食い付きをよくしたもの

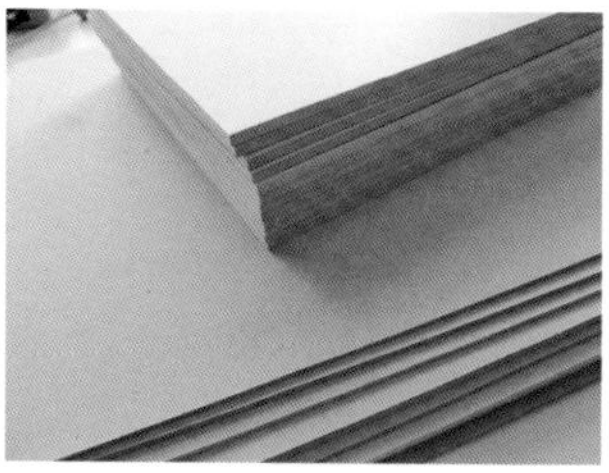

MDFボード
木材繊維を成形熱圧したもの。家具下地など

左官・塗装仕上げの下地処理

ラスボード下地（左官）

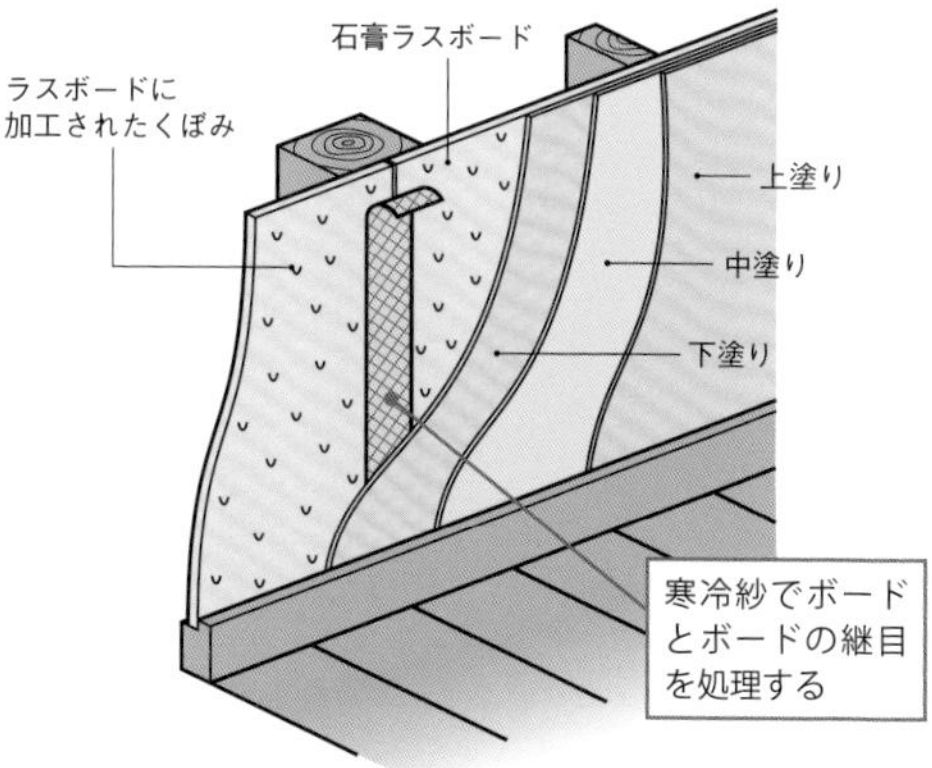
石膏ラスボード
ラスボードに
加工されたくぼみ
上塗り
中塗り
下塗り
寒冷紗でボードとボードの継目を処理する

ラスボードとは型押し加工でボードの表面にくぼみを付けた石膏ボードのこと。石膏プラスター塗りの壁下地として用いられる。主に和室での使用が多い

土壁（左官）

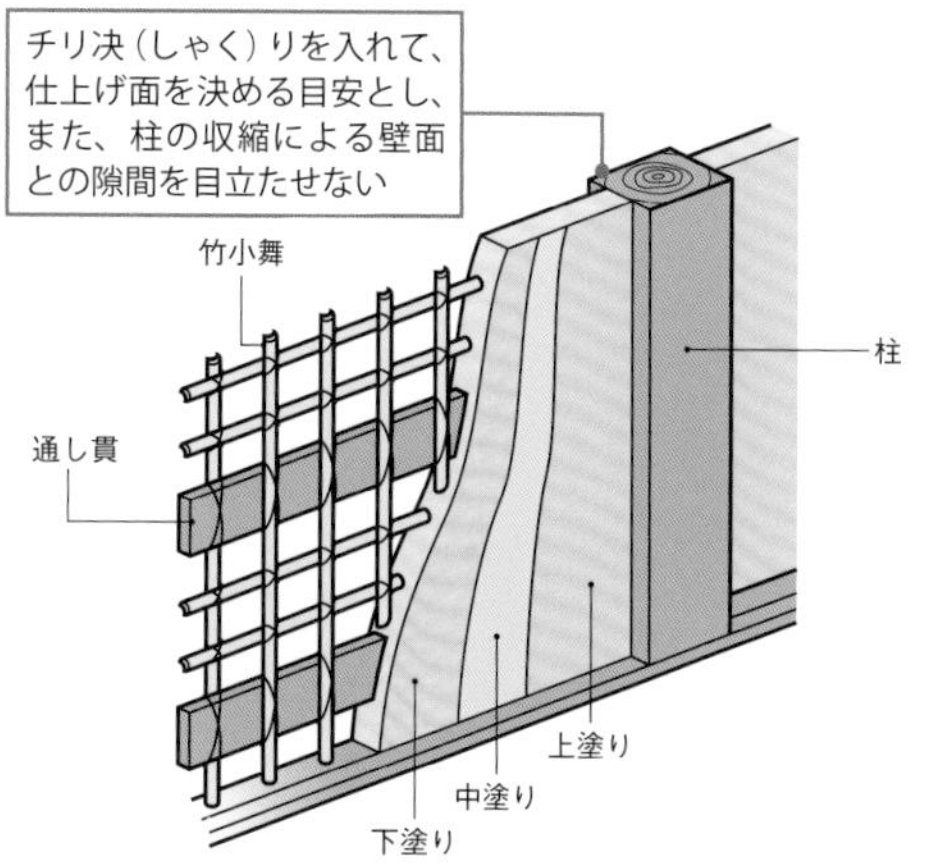
チリ決（しゃく）りを入れて、仕上げ面を決める目安とし、また、柱の収縮による壁面との隙間を目立たせない
竹小舞
通し貫
柱
上塗り
中塗り
下塗り

目透し張り（塗装）

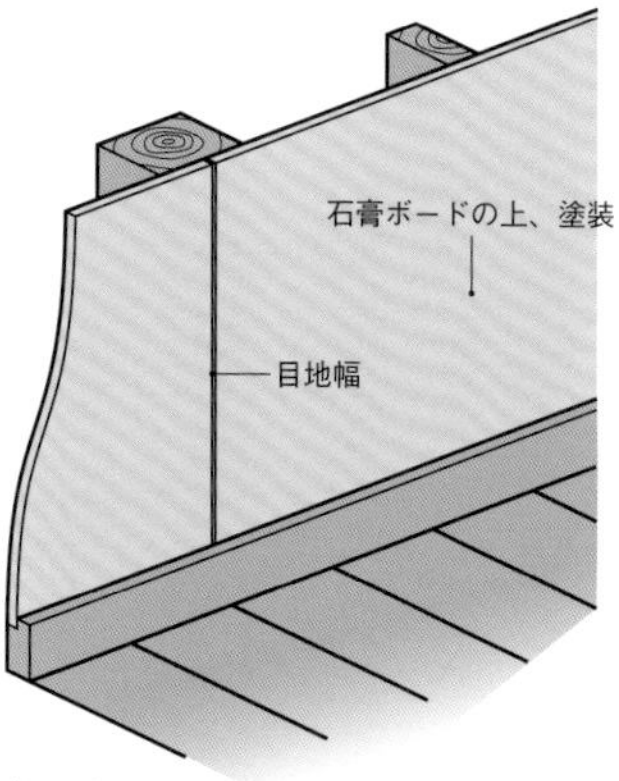
石膏ボードの上、塗装
目地幅

塗装や左官仕上げで最もクレームが発生するのがひび（クラック）だ。ひび割れは下地ボードとボードのジョイント（継目）に発生しやすい。この下地づくりでは下地ボードの継目にあらかじめ目地をつくることで、塗装仕上げのヒビ割れが出ないようにする

石膏ボード下地（塗装、左官）

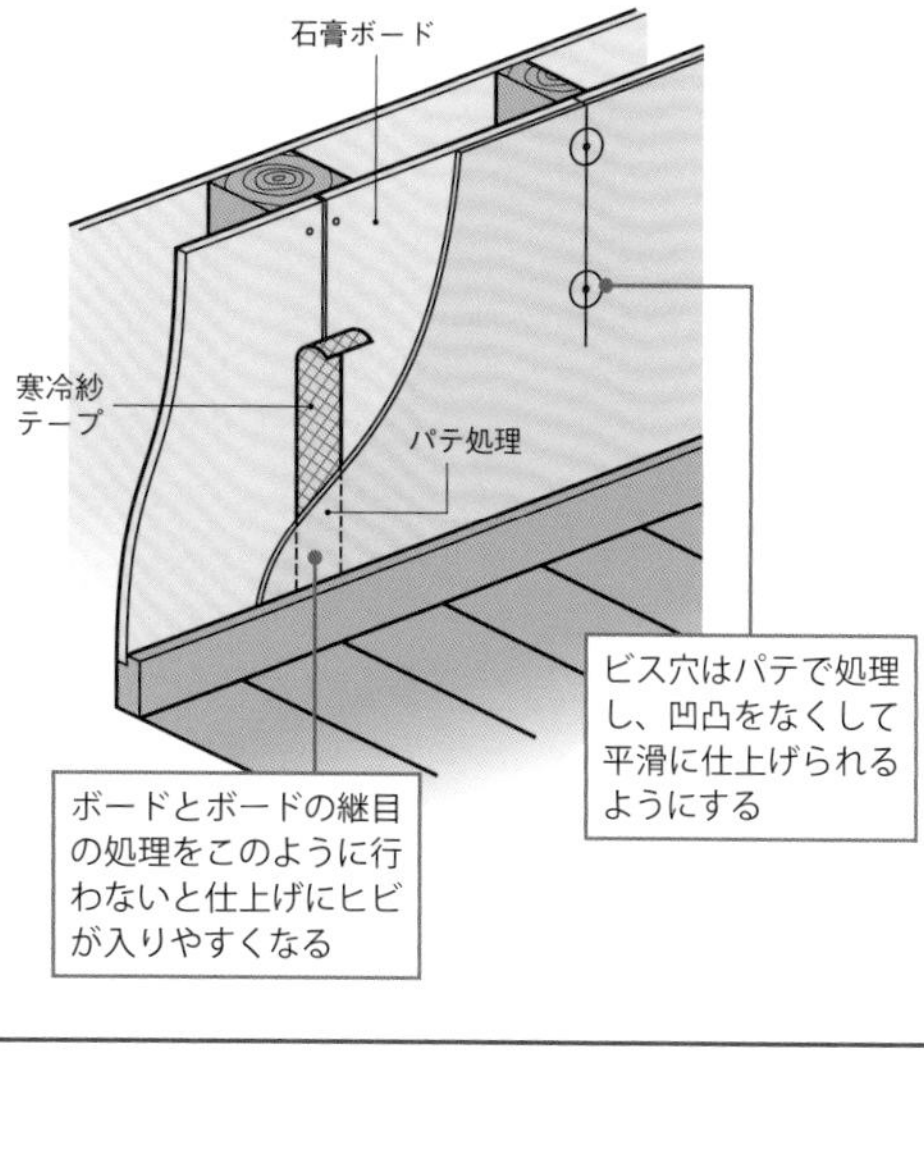
石膏ボード
寒冷紗
テープ
パテ処理
ビス穴はパテで処理し、凹凸をなくして平滑に仕上げられるようにする
ボードとボードの継目の処理をこのように行わないと仕上げにヒビが入りやすくなる

天井の構成と形状

Point 天井は意匠を表現する役割とともに、防音や断熱など機能面での役割も担う

天井の構成

天井裏は小屋組・床組と室内との間で音や温熱の緩衝帯となり、また、電気配線や設備配管の設置スペースにもなるなどの機能をもつ部分である。

天井下地は、まず梁や根太に天井を吊り下げる吊木を設け、野縁受け・野縁を取り付け、天井材や天井下地を施工する。上部の振動を伝えないようにするため、梁や胴差に渡した吊木受けに吊木を設ける場合もある。吊木には高さの調整が可能なもの、防振機能を備えたものもある。

天井の形状

最も一般的なのは、天井面の水平な平天井である。その他、屋根勾配に沿った傾斜をもつ流れ天井、山形の屋形天井、船底のような船底天井などがある。数寄屋建築では、平天井に化粧仕上げの屋根裏を露した流れ天井を組み合わせた掛込み天井なども用いられる。また、社寺建築や書院では、格縁を曲げ物にして段差のある天井とする折上げ天井が用いられる。

天井の造作方法

最も簡易で一般的なのは、石膏ボードや合板などの下地ボード類を、野縁に留め付けた打上げ天井である。ボードの表面は、塗装や壁紙で仕上げる。

和室では、天井板の継ぎ目に隙間をあけて張る目透し天井、竿縁に天井板を乗せた竿縁天井、格子状に組んだ格縁の間（格間）に鏡板を張った格天井などがある。

また、野縁を使わず2階の床根太で天井を支える根太天井、天井材を使わず2階の床組をそのまま1階の天井として露す踏み天井などの造作方法もある。踏み天井では床板と天井板を兼ねた厚板を使用し、簡潔で力強い表現となる。

天井の形状

平天井

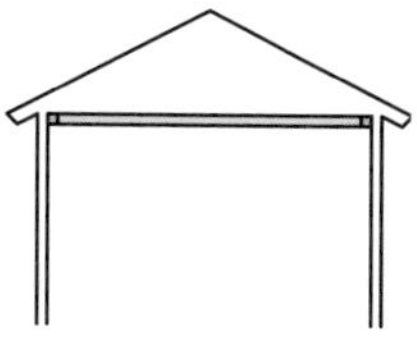
平天井

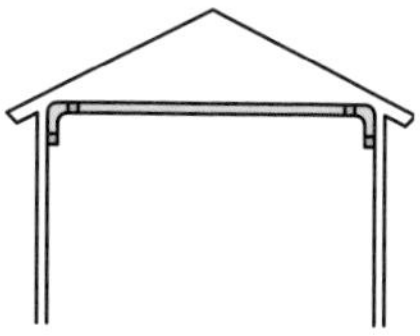
折上げ天井

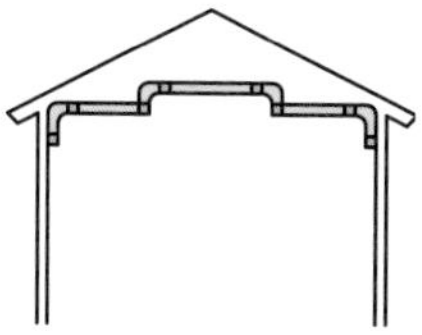
二重折上げ天井

勾配天井

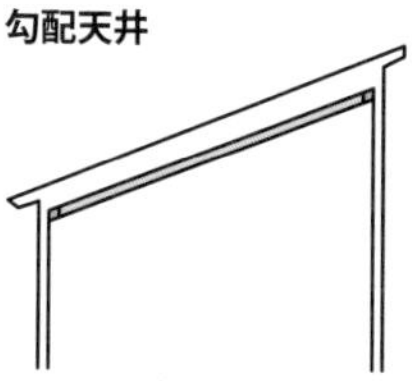
流れ天井

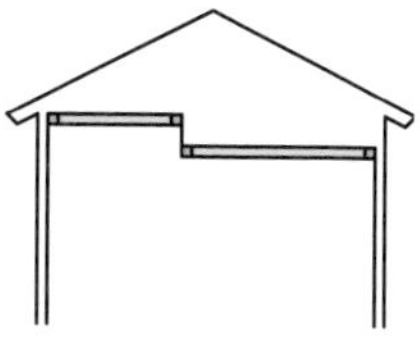
落ち天井

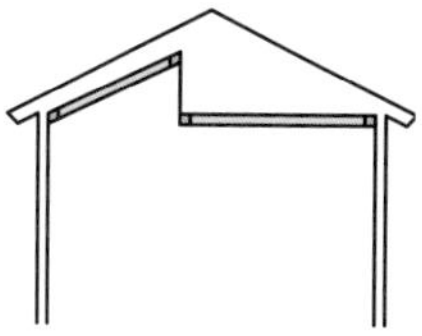
掛込み天井

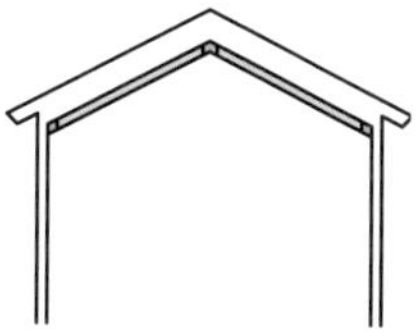
屋形天井

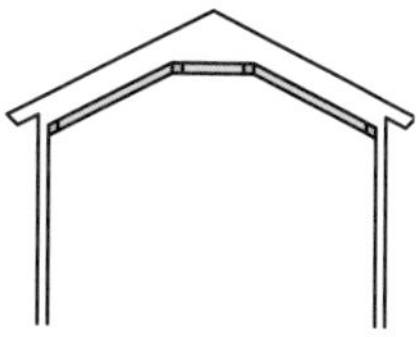
舟底天井

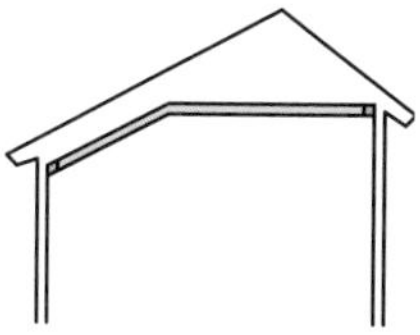
折れ天井

その他

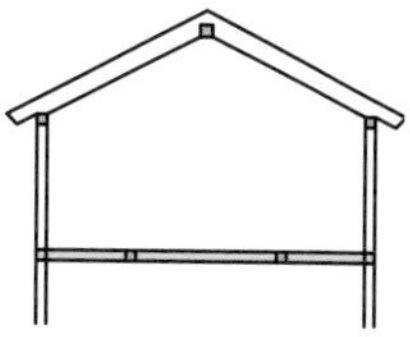
根太天井

天井の造作方法の種類

格天井

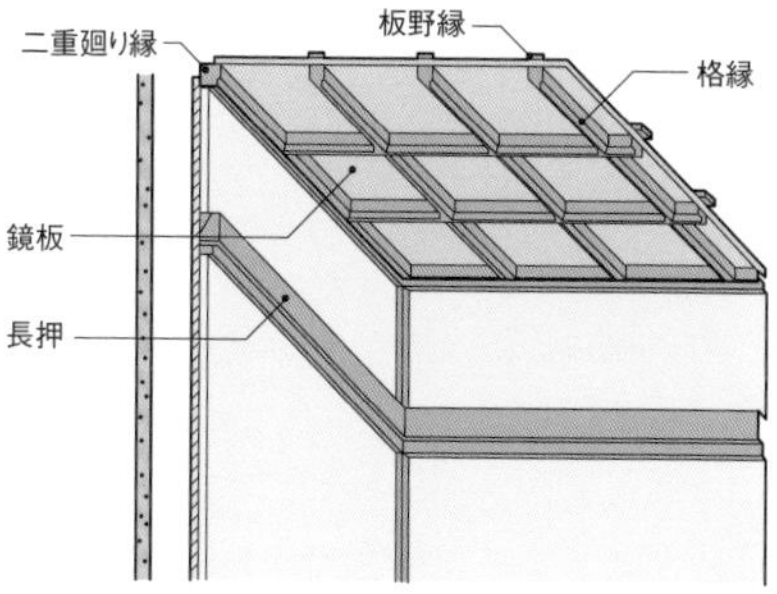

竿縁天井

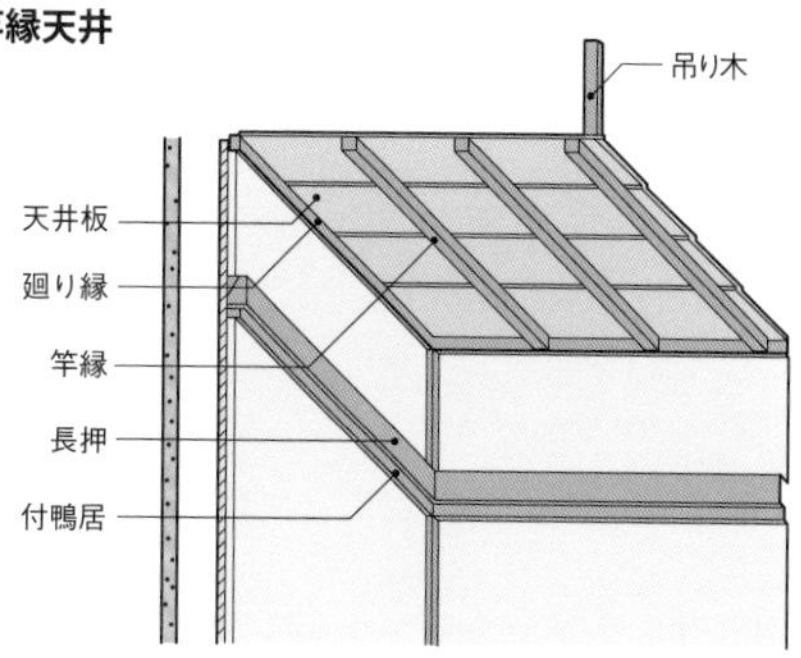

目透かし天井

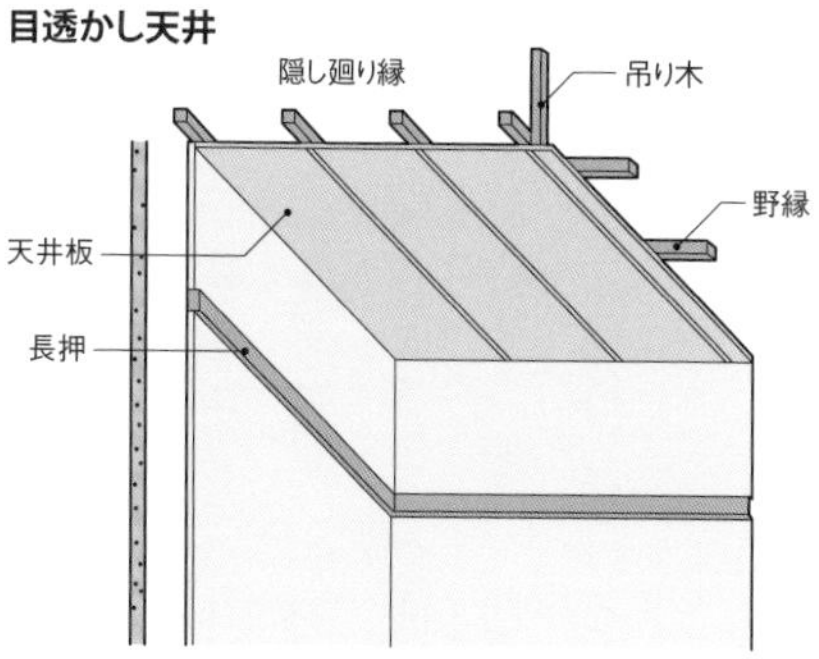

打上げ天井

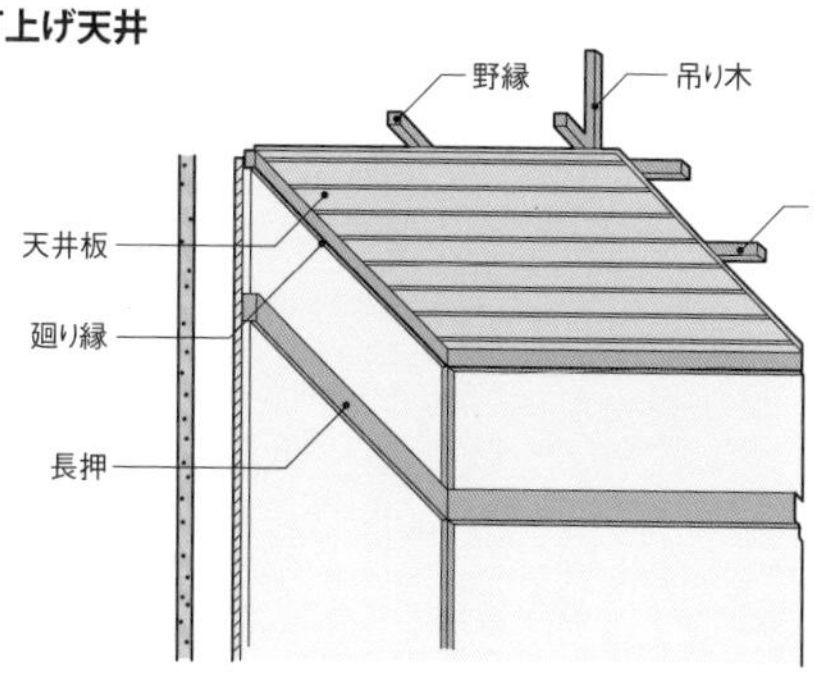

出典：『木造建築用語辞典』井上書院

接着用材料

Point 健康や環境への影響には十分な配慮をしたい。ホルムアルデヒド放散以外の要素も確認が必要

接着剤は建築工事には欠かせない材料として、乾式工法とともに多用されるようになってきた。一方で、接着剤から放散される揮発性有機化合物は、シックハウス症候群の要因の1つとされるなど、接着剤に使用される化学物質が人体に与える影響が問題視されている。ホルムアルデヒドは建築基準法の制限により、現在では放散量が極めて少ないF☆☆☆☆のものが主流となっている。しかし接着剤の溶剤や可塑剤、防腐剤などには、ホルムアルデヒド以外にも厚生労働省が室内濃度指針値を公表している化学物質が含まれている場合がある。これらのなかには、環境ホルモンや発ガン性の疑いのある物質もあり、状況によっては化学物質等安全データシート（MSDS）を確認することが必要である。

接着剤の分類

接着剤は硬化反応によって分類される。溶液が乾燥することで硬化する溶剤揮散型、水分・熱・光や硬化剤などと化学反応して硬化する化学反応型、加熱され溶融して塗布され冷却により固化・接着する熱溶融型、切手のように水分や溶剤を与えることで活性化する再湿型などである。他に、粘着テープのように粘性を保持し続けるものもある。

現場で使用する接着剤

内装工事では、壁紙、フローリングをはじめとし、内装パネル、タイルといった内装仕上材や造作材の固定に接着剤が用いられる。壁紙など広い範囲で使われる「酢酸ビニル系エマルション型」には、可塑剤の成分に配慮したり、無可塑剤としたものもある。また、粘着シートを用いて接着する方法（乾式工法）は、溶剤が揮発するおそれがなく、乾くまで待つ必要がないなどの利点がある。

内装用接着剤の用途別選択例

用途	被着材	接着剤	備考
内装下地工事（コンクリート面、モルタル面など） 床仕上げ工事（コンクリート面、モルタル面、木材面など）	木レンガ、胴縁、野縁、根太、吊木受けなどの取付け	酢酸ビニル樹脂溶液、エポキシ樹脂（高粘度物）、クロロプレンゴム	荷重の大きいときにはボルトなどを併用。コンクリート、モルタルなどの表面の強度、含水率に注意
	アスファルトタイル、ビニルアスベストタイル	アスファルト系、酢酸ビニル樹脂	――
	軟質ビニルタイル	クロロプレンゴム、NBR-フェノール	――
	ピュアビニルタイル、ゴムタイル	クロロプレンゴム、NBR-フェノール	――
	リノリウム、裏布付きビニル長尺物、裏布付きゴム長尺物	酢酸ビニル樹脂エマルション、合成ゴムラテックス	――
	木質材料（モザイクパーケット、ハードボードなど）	酢酸ビニル樹脂エマルション、酢酸ビニル樹脂溶液（充填剤入り）、クロロプレンゴム	――
壁仕上げ工事（コンクリート面、モルタル面、木材面など）	紙張り、布張り	酢酸ビニル樹脂エマルションと澱粉	――
	化粧合板、繊維板、無機質ボードなどの張付け	クロロプレンゴム、酢酸ビニル樹脂エマルション、酢酸ビニル樹脂溶液（充填剤入り）	耐水性を特に必要とする場合はエポキシ樹脂（充填剤入り）を使用することもある
	塩化ビニル幅木、タイルの張付け	NBR-フェノール、クロロプレンゴム	――
	テラゾ、石材、セラミックタイル	ポリマーセメントモルタル、エポキシ樹脂	セメント混和用ポリマーディスパージョンはSBRラテックス、エチレン酢酸ビニルエマルション、ポリアクリル酸エステルエマルションなどが用いられる
天井仕上げ工事（木材面、石綿セメント板面など）	吸音テックス、インシュレーションボード、軽量無機質板	酢酸ビニル樹脂エマルション、酢酸ビニル樹脂溶液（充填剤入り）	――
	木材板、無機質板	酢酸ビニル樹脂エマルション、酢酸ビニル樹脂溶液（充填剤入り）、クロロプレンゴム	釘などを併用。接着剤は反り、変形防止に役立つ
	紙張り、布張り	酢酸ビニル樹脂エマルションと澱粉	――
ノンスリップ（モルタル面）	金属製ノンスリップ、セラミックタイル製ノンスリップ	エポキシ樹脂、酢酸ビニル樹脂溶液（充填剤入り）、クロロプレンゴム	――
	プラスチック製ノンスリップ	クロロプレンゴム、NBR-フェノール、ポリウレタン樹脂	――
器具の取付け	アンカーボルト、金具など	エポキシ樹脂、酢酸ビニル樹脂溶液（充填剤入り）	――
断熱材料の取付け	フォーム（発泡体）、グラスウール、ロックウール	エポキシ樹脂、NBR-フェノール（耐熱用）、クロロプレンゴム（耐熱用）、酢酸ビニル樹脂溶液（充填剤入り）	結露によるトラブルが多い。耐水性に注意

内部建具の種類・部位

Point 内部建具は、部屋の使い勝手や動線、家具の配置などを考慮し、全体との調和で決定する

戸と窓、開き戸と引き戸

内部建具は、出入口の戸と窓に大別される。さらに戸は、開閉方式で開き戸と引戸に分かれる。開き戸には片開き戸、両開き戸、親子ドア、折戸、引戸には片引戸、両引戸、引違い戸などがあり、使用目的や機能に応じて選ぶ。

内部木製建具の種類

①框戸

ムク材で組んだ枠の間に鏡板やガラスをはめた、重厚感のあるドア。ガラスをはめ込んだものは、「ガラス入り框戸」ともよばれる。

②フラッシュ戸

下地の骨組の両面に合板を張り合わせて一体化した、シンプルな印象のドア。軽量かつ安価なため、洋室の内装ドアの主流となっている。一般的に、表面は平らに仕上げるが、鏡板・ガラス額・ガラリ額などを入れた、一見框戸のようなものもある。

③舞良戸《まいらど》

舞良子という細い桟を、一定間隔で平行に取り付けた板戸。舞良戸の方向により、横舞良戸・縦舞良戸がある。

④ガラリ戸

羽根形状の板を一定間隔で斜めに取り付けた戸。脱衣室やクロゼットなど、換気の必要な個所の扉に適している。

⑤襖

木材でつくった格子状の枠に、下張りの和紙、仕上げの襖紙を張り、枠を取り付けた戸。枠には、漆やカシューを塗った塗縁と、素地そのままを生かした素地枠がある。標準的な和襖以外にも、多様な形状がある。

⑥障子

縦框と横框の中に組子を入れ、障子紙を張って仕上げた戸。框・組子部分にはスギ・ベイスギ・スプルースなどが用いられる。横組障子や荒組障子を標準形に、多くの種類がある。

框戸の各部名称と主な種類

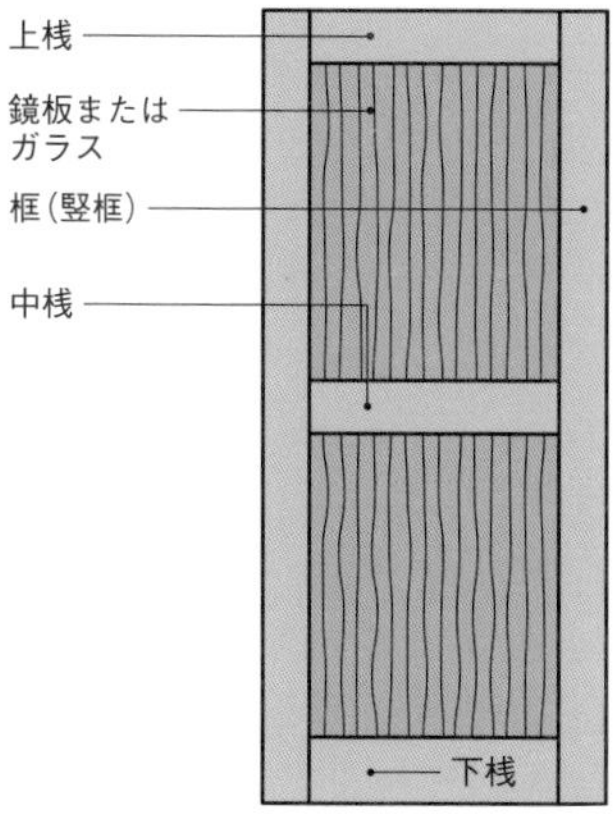

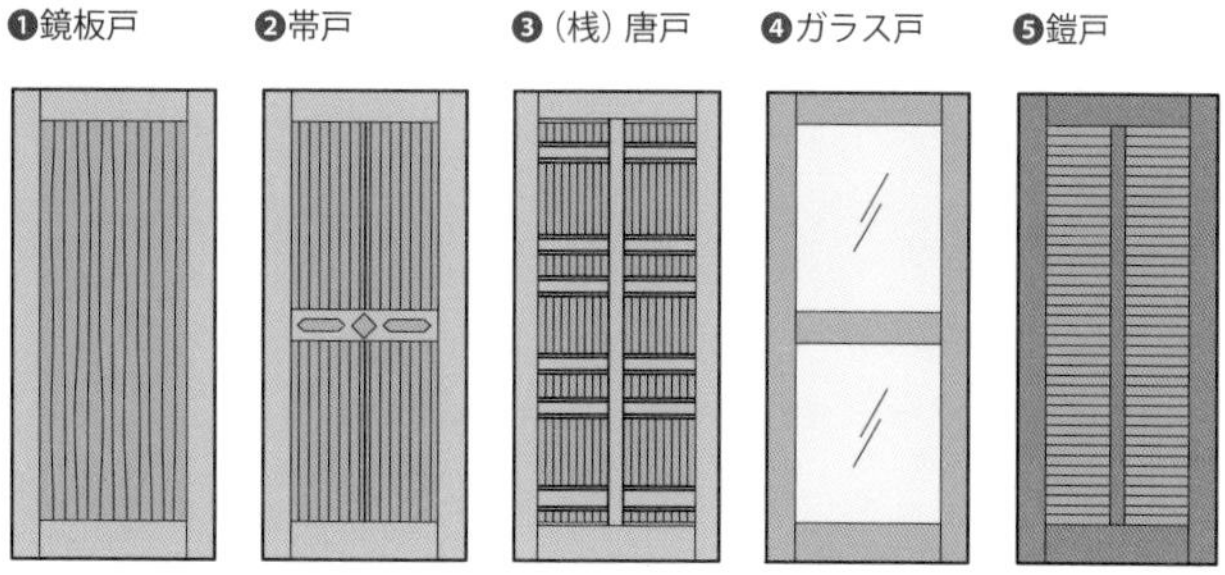

❶一枚板が本来である
❷間仕切建具に使われることが多い
❸社寺建築でよく使われる
❹空間に応じて透明ガラス、型板ガラスなどを使い分ける
❺洋風の空間に向いている

フラッシュ戸の構成・各部名称と主な種類

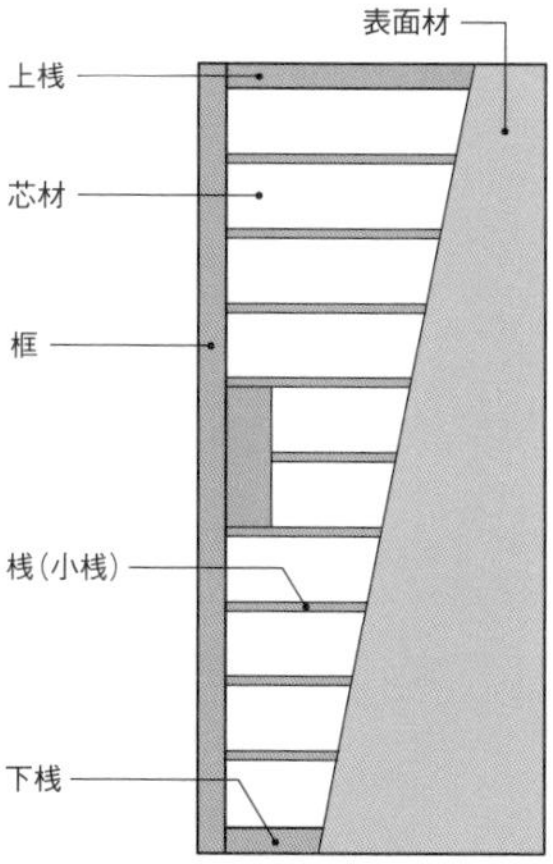

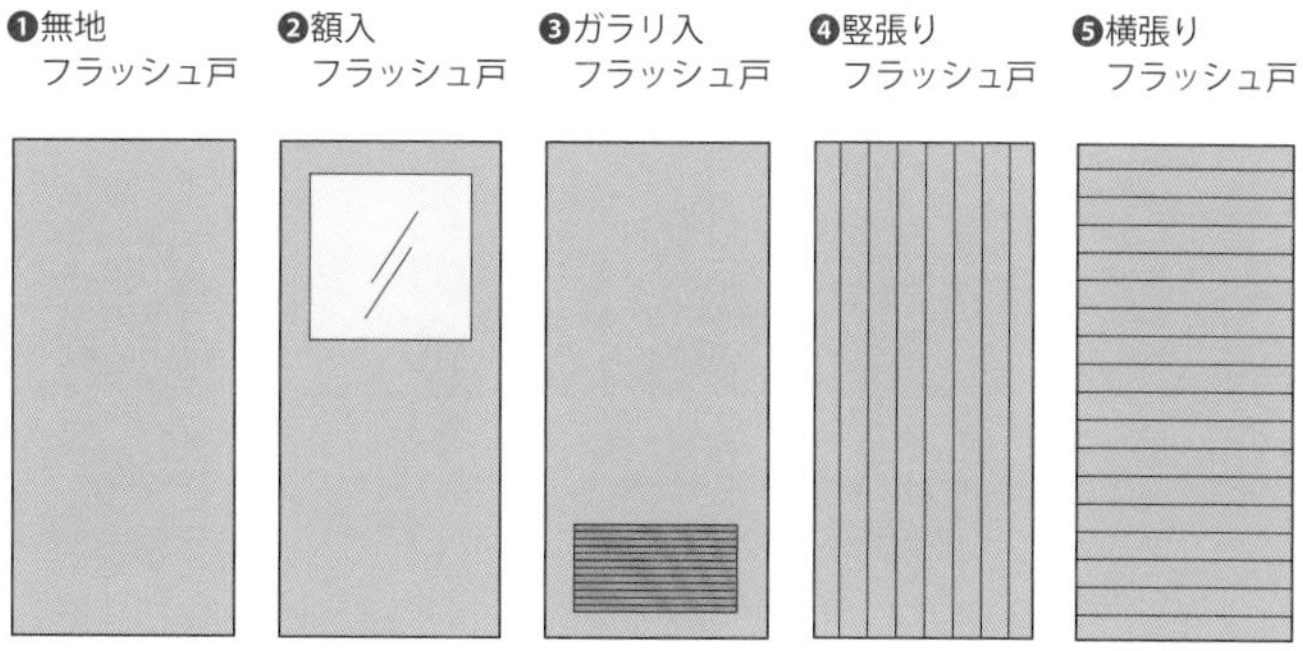

❷額の大きさやかたちがデザインのポイント
❸全戸一体で24時間換気を行う場合、吸気のためにガラリかアンダーカットを設ける
❹・❺どちらかといえば、縦張りは和風、横張りは洋風の印象

舞良戸の各部名称

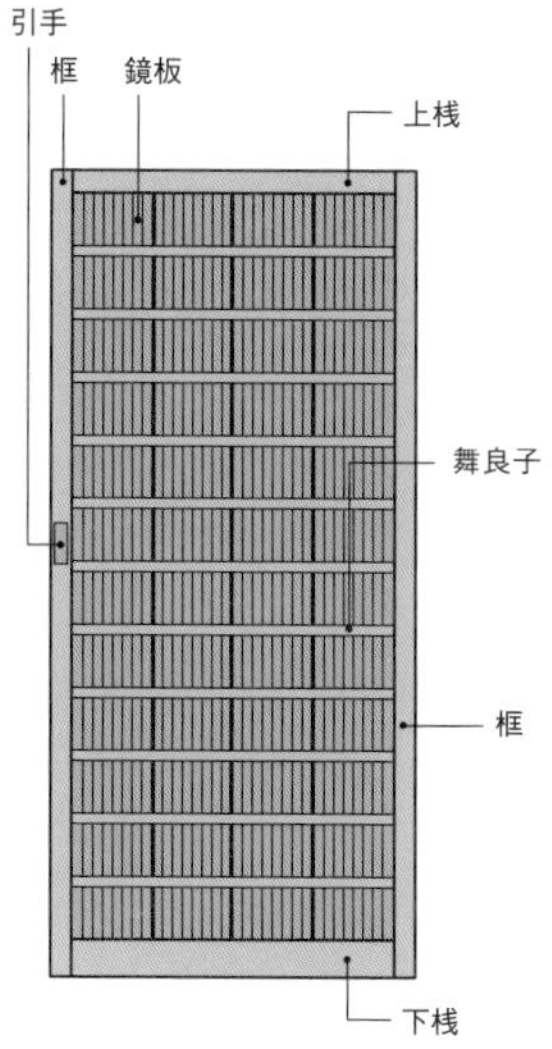

本襖の構成と各部名称

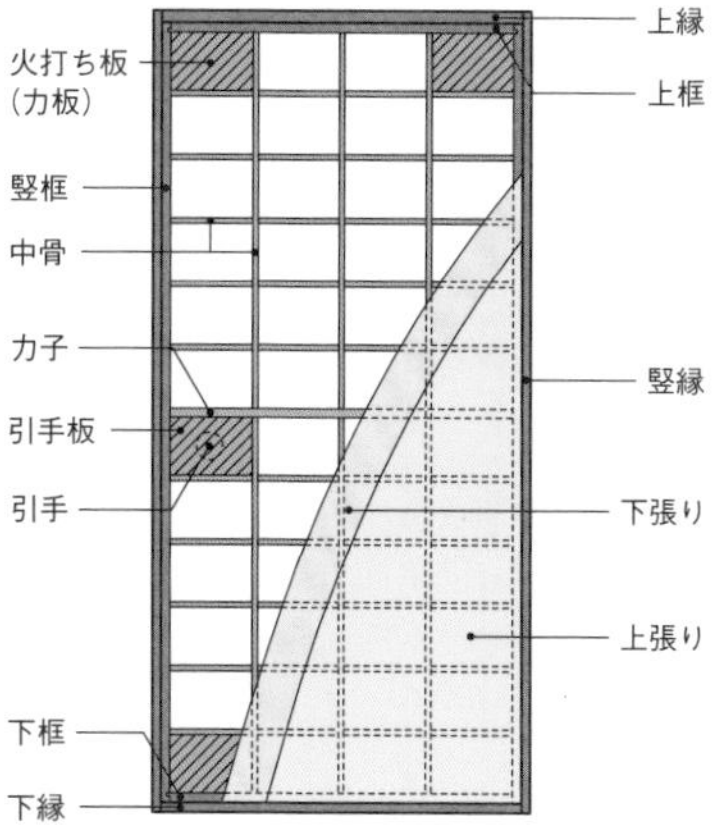

紙張り障子の各部名称

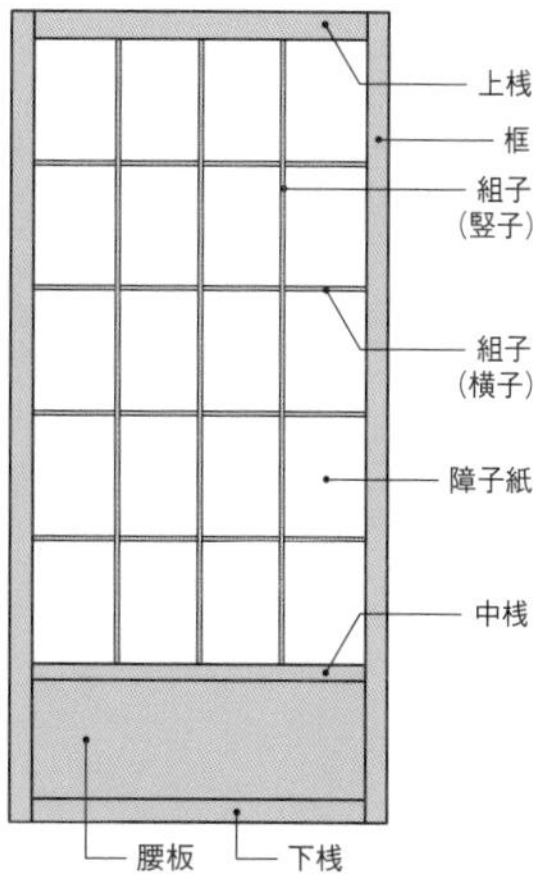

内部建具の材料・金物

Point 最近の内部建具には、木材ばかりでなくポリカーボネートなどの樹脂も使われる

内部建具の材料

内部建具には木製、金属（アルミ、スチール）製の他、最近では樹脂（ポリカーボネートなど）製のものなどがある。また、木製建具でも、ムク材を用いて框戸とする、合板を用いてフラッシュ戸とするなど、さまざまなバリエーションがある。ガラスを組み込んだ戸や窓などもあり、内部建具に用いられる材料は多様である。

建具の金物

建具金物は、開閉時に手をかける手掛け金具と、開閉機構のために戸に付ける金具類に大別される。

①手掛け金具

開き建具には把手《とって》、引き建具には引手が付く。材料には、ステンレス、黄銅（真ちゅう）、アルミなどの金属に加え、樹脂、銘木、ゴム、セラミック、天然石なども用いられる。

把手には、主なものとしてノブ、レバーハンドル、サムラッチ、プッシュプルレバーなどがある。かつては、内部建具の代表的な把手はノブであったが、最近ではレバーハンドルが標準的な把手となっている。この他、非常口などに使用されるパニックハンドルや、ケースに納まっているケースハンドルなど、用途に応じたさまざまな把手がある。

一方の引手は、建具表面を彫り込んで表面から出が少なくなるように、はめ込んで固定する。回転引手は主に引き建具の木口面に付けられ、回して引き出して使用する。

②開閉機構の金具

開閉機構のための金具には、開き建具に用いるドアクローザー、丁番（蝶番）、ヒンジ、引き建具に用いる戸車、吊り車などがある。また、開閉機構をサポートする金物として、戸当たり、ステーなどもある。

開き戸用金物の主な種類

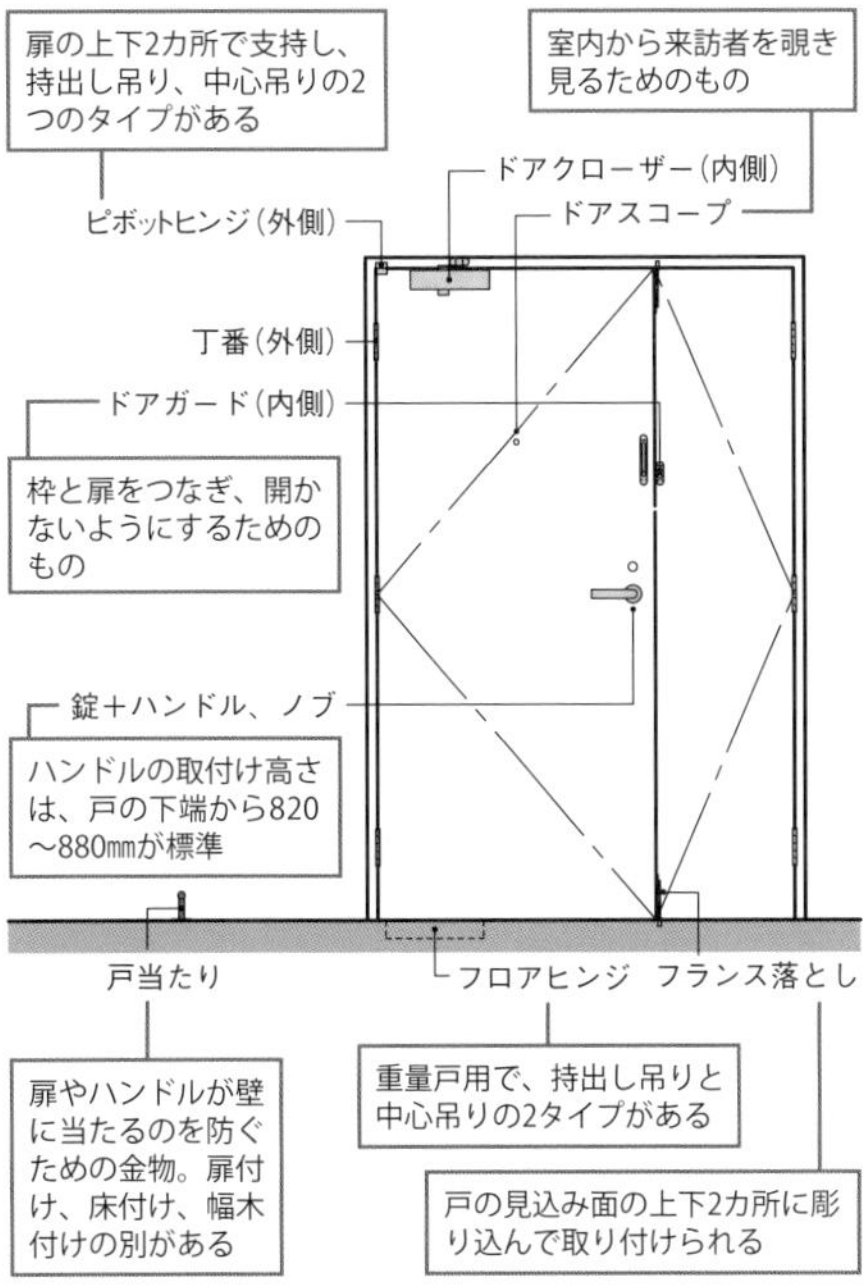

把手の主な種類

種類	ノブ	レバーハンドル
形状		
特徴	球形の握り玉。握力を要するため幼児や高齢者には不向き	上から下へ下げるだけで扱いやすく、開き戸の標準

種類	サムラッチ
形状	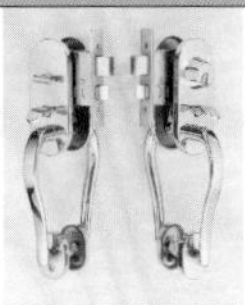
特徴	親指で軽く押せばラッチッボルトが開くレバーがついたもの

写真提供　写真上2点：スガツネ工業、写真左下：ベスト

開閉金物の主な種類

種類	ドアクローザー	丁番（蝶番）	ヒンジ
形状	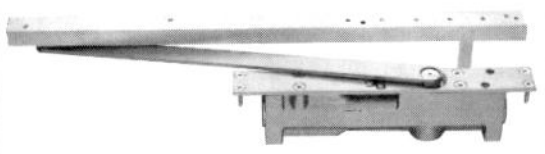	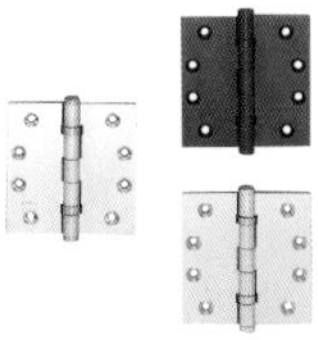	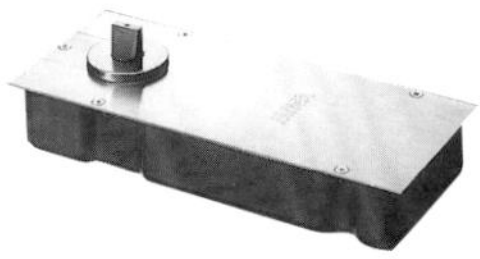
特徴	重量のある扉や玄関ドアの上部に取り付ける金物。スプリングの反発力で閉じ、オイルダンパーで速度を調節できる	枠と扉の部材に取り付け、開閉の軸となる吊り金物。平丁番、旗丁番、儀星丁番、フランス丁番などがある	丁番同様ドアの吊り金具だが、軸吊りのため丈夫で防犯性が高いため、外部ドアなどに用いられる。ピポットヒンジとフロアヒンジがある
種類	戸車・吊り車	戸当たり	ステー
形状			
特徴	引戸の底面に取り付け、戸を滑らせて開閉するための金具。上から吊るハンガードアは、上枠にレールを付けて吊り車を滑らせて開閉する	床や幅木に取り付け、ドア開閉時の建具の損傷を防ぐためのもの	扉の荷重を支えるための金物。扉の急激な開閉を緩和するための機構として、ブレーキ式、ソフトダウン式がある

写真提供　写真左上、右上：美和ロック、写真中上、中下：スガツネ工業、右下：ベスト

造作家具の材料・金物

Point 造作家具は、素材を室内建具と調和させるなど、総合的なインテリアイメージをつくり出せる

造作家具は、空間の寸法に合わせて制作でき、室内建具などと素材も調和させられる。キッチン・水廻りなどの設備やAV機器も組み込めるなど、置き家具にはないメリットがある。反面、生活スタイルの変化に対応しにくいため、慎重な計画が必要である。

造作家具は、家具工事で制作する場合と、箱は大工工事、扉は建具工事で制作する場合とがある。家具工事のほうが精度は高いが、コストもかかる。

家具の材料

造作家具に用いる材料には、木製家具ではムク材、ランバーコア、積層材、フラッシュ（合板）などがある。他にも金属（ステンレス、アルミ）、鏡、ガラス、樹脂など材料は多種多様で、イメージ、コストに応じて決定する。

家具の金物

家具の金物には、ハンドル類、吊り金物、ラッチ・キャッチ、スライド丁番などの丁番類、ステー、スライドレール、キャスターなどがある。

①丁番

平丁番、儀星丁番、外側から見えないスライド丁番・隠し丁番、上下に付けるピボット、ガラス丁番、扉を開けたときに扉と板が面一になるドロップ丁番・ミシン丁番、間仕切などに使用される屏風丁番などがある。

②ステー

引き上げ・引き落としに使用する、荷重を支えるための金物。

③ラッチとキャッチ

扉を閉めた位置で固定する金物。マグネットやローラーで固定する。

④スライドレール

引出しをスライドさせる金具。食器棚などの荷重のかかる引出しでも操作しやすく、自動でゆっくり閉まるサイレントレールなど、種類が豊富で機能も充実している。

木製の造作家具の材料

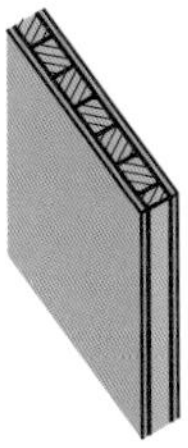

ランバーコア：
積層材の下地に合板を張ったもの

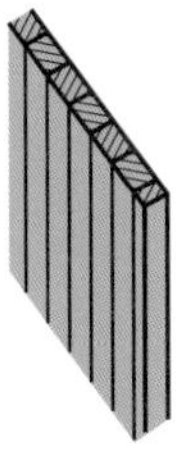

積層材：
細いムクの板材を張り合わせたもの

フラッシュ：
下地枠の両面に合板を張ったもの

主な丁番の種類

名称（種類）・外観		取付け位置・扉の動き	名称（種類）・外観		取付け位置・扉の動き
❶スライド丁番		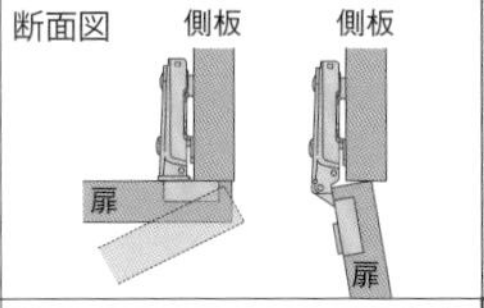	❷隠し丁番		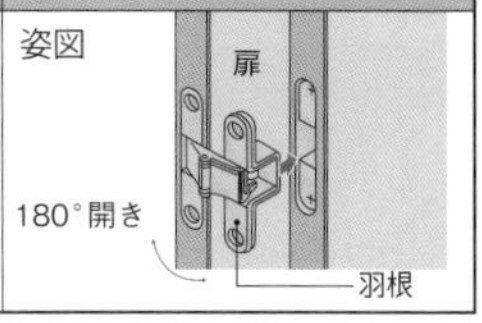
❸ドロップ丁番	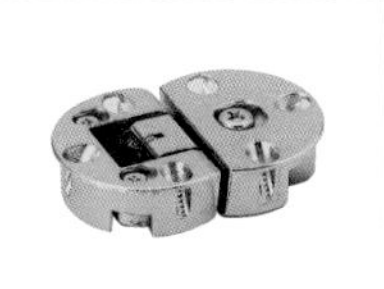	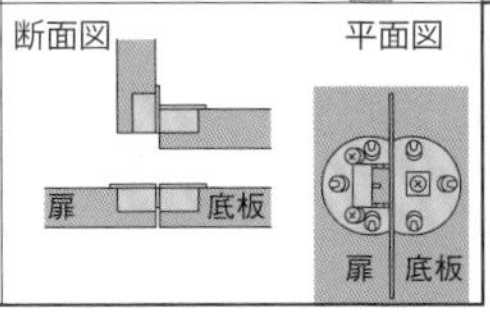	❶扉を開けるとき、扉が前にせり出しながら回転し、扉が閉じたときには、外から丁番が見えなくなる ❷アームが回転しながらスライドするため、扉を閉じたときは外から丁番が見えず、扉を180°開くこともできる ❸扉を開けたとき、扉の内側面と底板上面とが面一になる		

主なキャッチ・ステーの種類

名称・外観		取付け位置・扉の動き	名称（種類）・外観		取付け位置・扉の動き
❶マグネットキャッチ		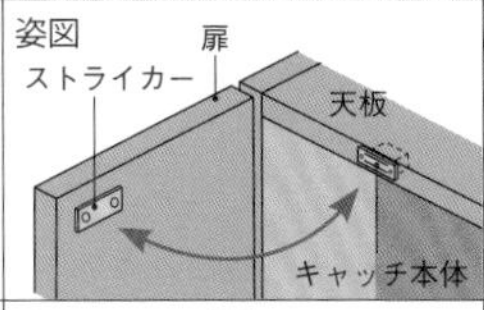	❷ローラーキャッチ	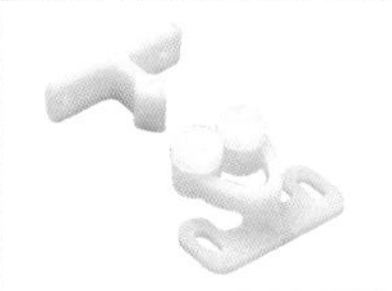	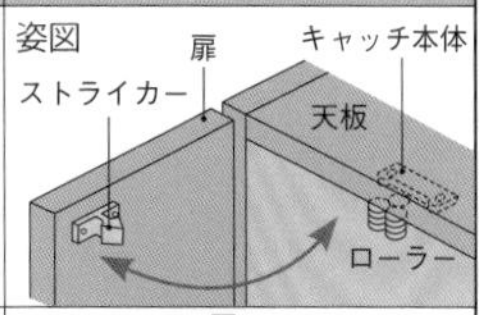
❸折曲げ式ステー	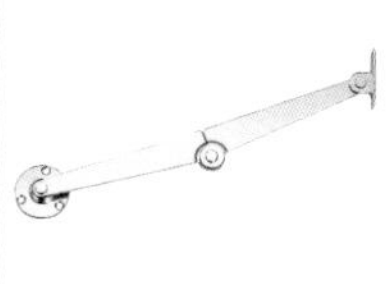	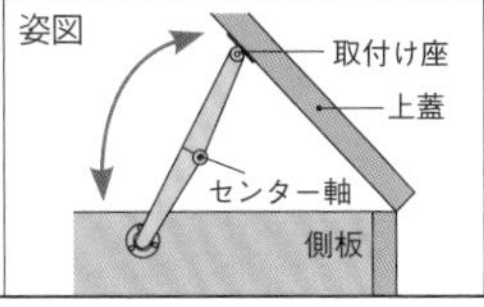	❹上開き用ステー	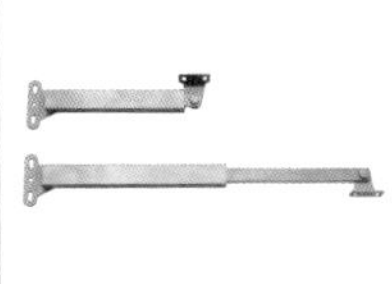	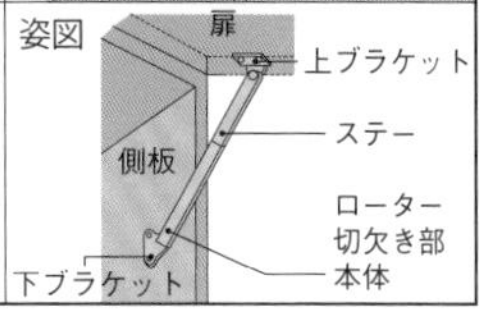

❶磁力で扉をキャッチし、扉を閉じた状態に保つ
❷ローラー部の弾性を利用して扉をキャッチする
❸屈曲したアームが伸び、所定の角度で扉を保持する
❹所定の角度で扉をロックし、再び持ち上げると解除される

主なスライドレールの種類

名称・外観		取付け位置・扉の動き	名称・外観		取付け位置・扉の動き
❶プラスチックレール	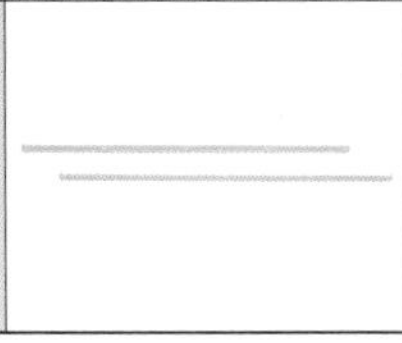	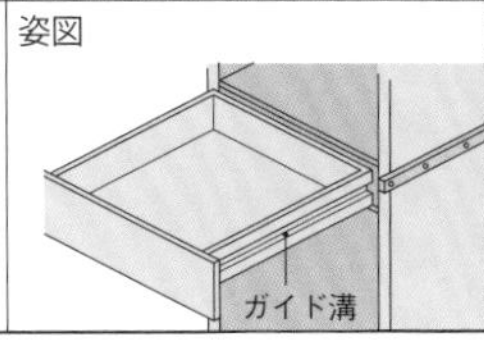	❷ローラータイプレール	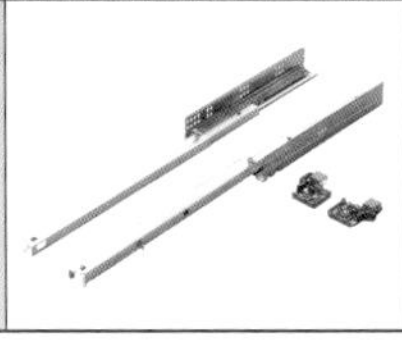	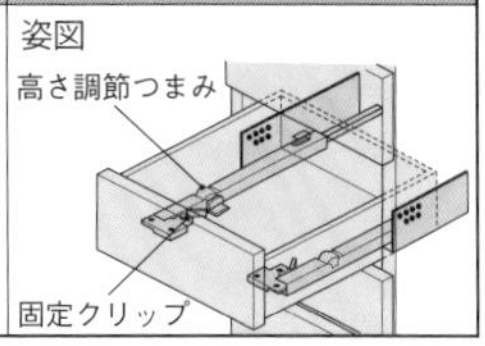

❶プラスチックの滑りを利用した固定式レール
❷ローラーの転がりによる伸縮式のスライドレール

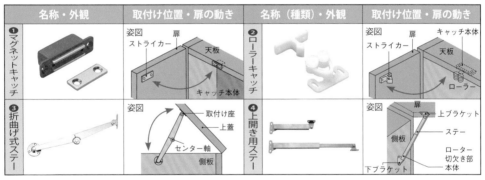

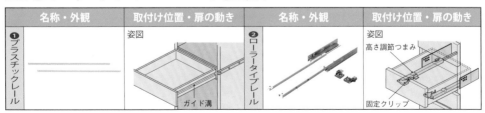

床の間

Point 和室の少なくなった現代の住宅では、簡略的な床の間で和風の設《しつら》えとする方法もある

床の間の構成

床の間は、日本の伝統的な座敷の設えの場所である。最も正式な床の間は書院造りの本床といわれ、床の間・床脇・書院で構成される。左に床の間・右に床脇の形式を本勝手、左右反対の形式を逆勝手という。また、数寄屋造りでは、形式・材料とも粋にくずした手法でつくられる。

①床の間

本床は、床柱・床板（床畳）・床框・落とし掛けで構成される。

床柱には、柾目の角柱を用いるのが正式だが、数寄屋の影響を受け、絞り丸太（縦皺の入ったスギの丸太）や磨き丸太（スギの皮を剥いて水で磨いた丸太）なども使われる。

床板（床畳）には、ムク板・天然木化粧合板・畳などが使われる。ムクの1枚板を使う場合、500㎜ピッチで吸い付き桟をはめ込んで反りを防ぐ。

床框とは、床より1段高い床板や床畳などを納めるため、横前面に入れる化粧材のことを指す。本漆黒が正式なものとされる。

落とし掛けとは、床の間上部にある小壁の下端に掛け渡す横木のことを指す。床框と平行に、長押より少し高い位置に配される。正面見付けに柾目、下端に杢目がくるように用いるが、数寄屋では竹や細い丸太で仕上げることもある。

②床脇

天袋、地袋、違い棚で構成される。地袋がなく地板のみ、または地袋と地板を両方付ける場合もある。

③書院

縁側に張り出して採光をとる出窓。読み書きをする机の役割を担っていたが、現在では意匠的な意味で取り付けられる。本式にならって縁側に450㎜張り出したものを付け書院、張り出さずに柱内に納めたものを平書院という。

床の間の構成

❶書院欄間　❷吊り束　❸床天井　❹落とし掛け　❺床壁　❻長押　❼無目　❽地板　❾床柱　❿床畳　⓫床框
⓬立足束　⓭書院障子　⓮床脇

床の間の種類

名称	特徴
本床	床の間・床脇・書院で構成される最も本式な床の間
蹴込み床	床板の木口隠しに床框を設けずに木口が見える床
踏込み床	床板を１段上げずに床面に段差がない床
織部床	床の間を設けずに壁に横板を取り付けて掛軸用釘を打ち、壁面を床の間に見立てた床
袋床	踏込み床に袖壁と下地窓を付けたもの。主に茶室に使用される
釣り床	床柱、床框、床板を設けずに、落とし掛けと小壁で構成した床
置き床	可動台を部屋の隅に置いて床の間に見立てたもの。釣り床、織部床と併用される
洞床	床の間内部の壁や天井を土壁で塗り回したもの

踏込み床の一種、原叟床の例

織部床の例

column ④

内部床

「木の床」考

床材の話に限らずだが、「木が好き」「木の風合いがいいね」という建築主の言葉は鵜呑みにしないことにしている。

筆者は建築主との設計打合せの際、床材については単層フローリングと複合フローリング、無塗装や含浸性塗装、樹脂塗装などのサンプルを見てもらい、それぞれの短所と長所を説明して、本当に本物の木の床が好きなのかを確認している。

複合フローリングならば、隙やあばれはまずない。樹脂塗装でコーティングされていれば、掃除もメンテナンスも楽で、表面に傷もつきにくい。ただし、それは木であって木とは別ものだ。表面の化粧板が剥がれると、異なる素材が顔を出す。樹脂コーティングされていれば、木目は見えても、吸放湿性や表面の軟らかな触感といった木の特性はない。

さて、あなたの好きな「木」はどんな木ですか？　あなたの好きな「木の風合い」ってなんですか？

（神田雅子）

第5章

設備・外構工事

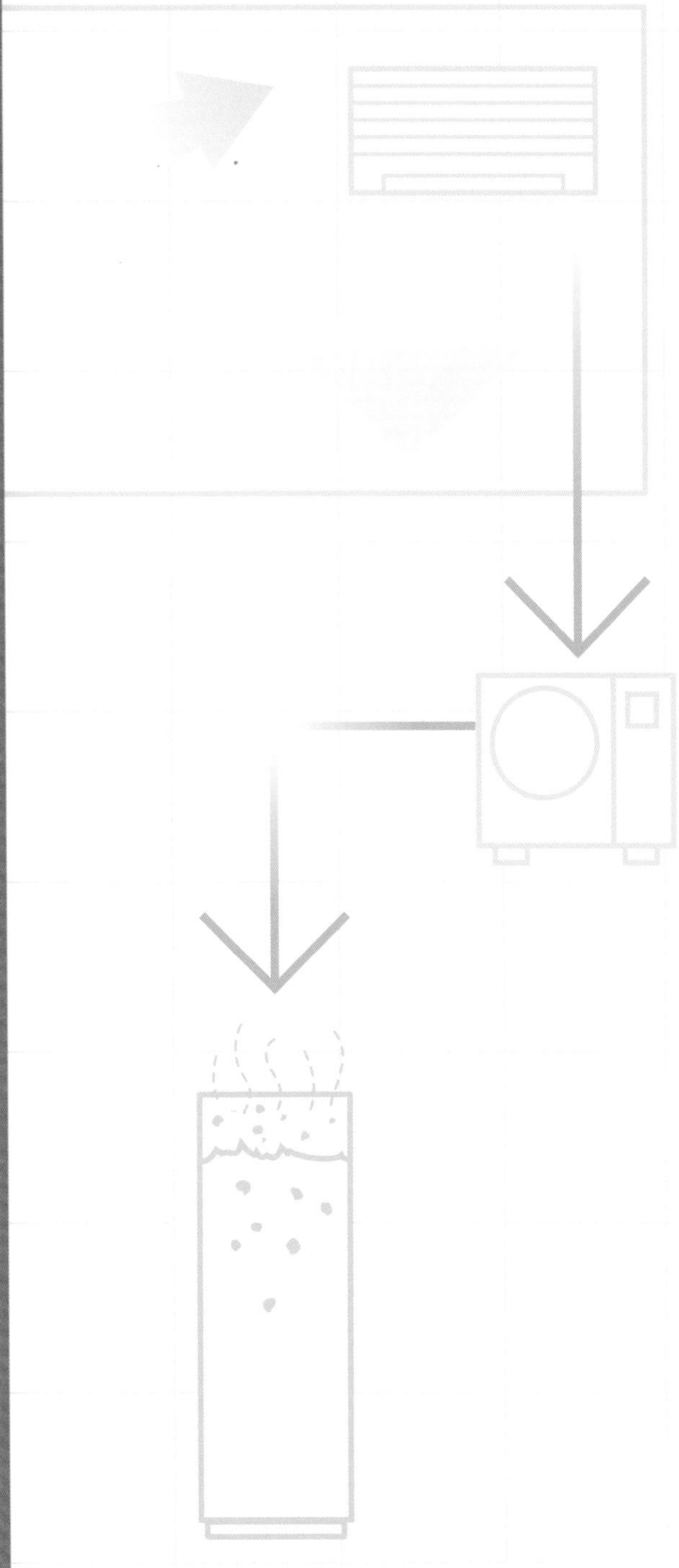

キッチン

Point キッチンは、食事を囲む家族や友人とのコミュニケーションの場として家の中心になりつつある

キッチンの種類

キッチンはレイアウトでI型、II型、L型、U型、アイランド型、対面型などに分類される。またその構成から、流し台、コンロ台、調理台などを組み合わせるセクショナルキッチンと、各部材があらかじめ組み合わされているシステムキッチンとに分かれる。

キッチンの主な設備

①シンクとワークトップ

シンク、ワークトップ（天板）の素材には、ステンレス、ホーロー、人造大理石、樹脂系などがあり、形状も多様。

②加熱調理機器

ガス式と電気式に大別される。ガス加熱機器は直火コンロを備え、2008年の法改正以降、安全センサーの設置が義務化された。一方、燃焼に伴う空気汚染がないのが電気加熱機器で、火を扱うことが心配な高齢者向けのキッチンでは安全性に優れるIHクッキングヒーターの人気が高い。

③換気扇

壁付きのプロペラファン、遠心力を利用するシロッコファン、排気能力の高いターボファン、加熱機器と一体化したレンジフードファン、IH専用タイプ、下引きタイプがある。

④その他のビルトイン機器

この他キッチンには、食器洗浄機、オーブンレンジ、浄水器、整水器、ディスポーザなどのさまざまな機器がビルトインされる。

キッチン各部の素材

床材には、防水性、耐熱性、耐久性などを考慮し、タイル、塩ビシート・塩ビタイルなどが使われる。また流し台の前壁は、従来からのタイルに加え、防火性・清浄性のよいキッチンパネルなどの化粧パネルの人気も高い。

キッチンのレイアウト

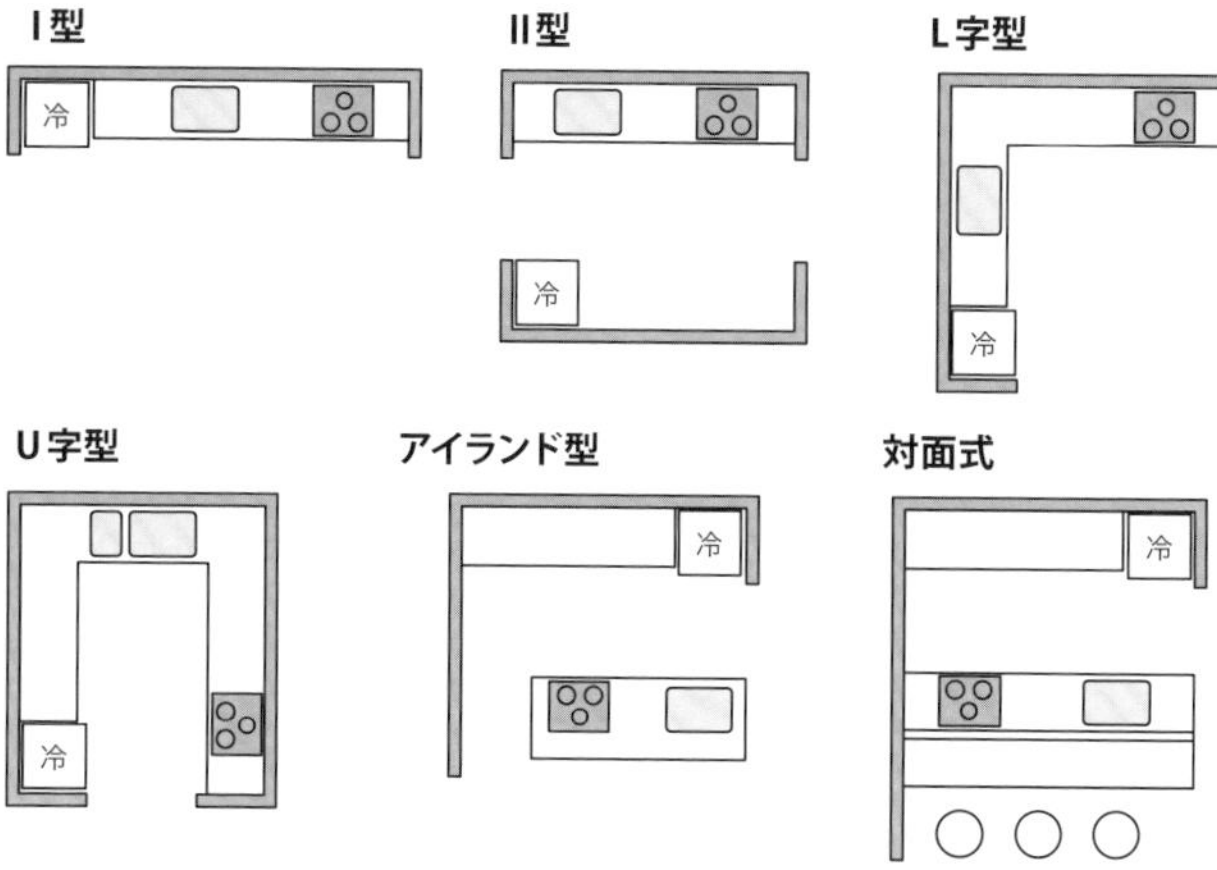

I 型… 横の動線が大きい。狭い空間向き
II 型 ……………2 人での作業がしやすい
L 字型 ……………… 動線が短くて済む
U 字型 ……………… 1 人での作業向き
アイランド型… 楽しむクッキング向き
対面式 … 調理人と食事する人とが対面

キッチンの高さは、最近は850㎜を主流に900㎜も登場し、奥行きも650～750㎜と深くなっている。また、炊事作業だけでなく、人が集う場としてのスタイルをもつようにもなっている

キッチンの設備

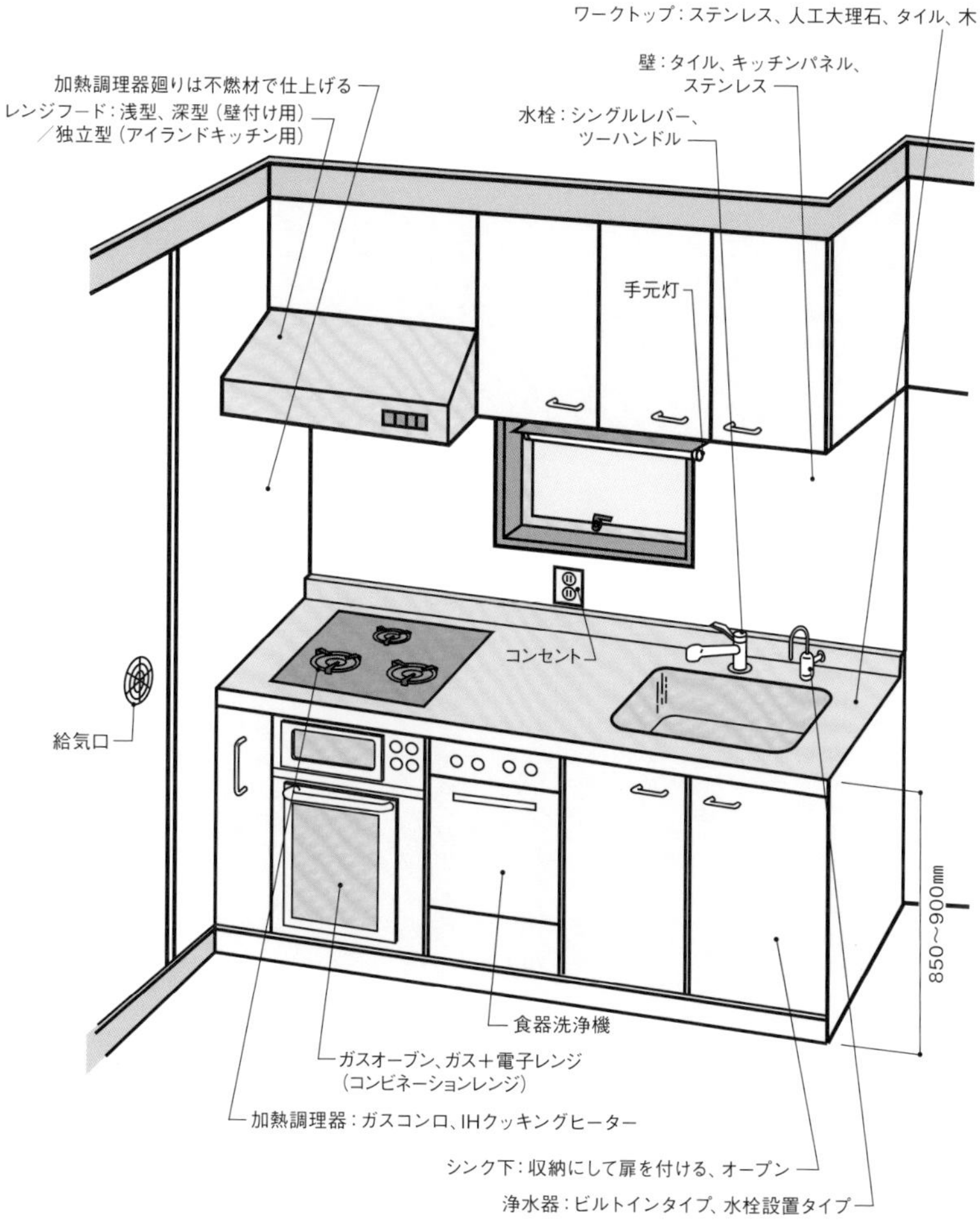

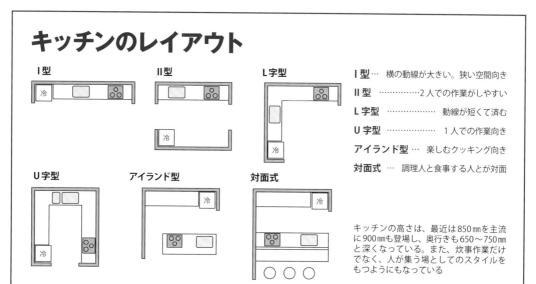

浴室

Point　最近の浴室には、ゆったりした時間を過ごし豊かなバスライフを実現する機能が求められている

在来浴室・ユニットバス

浴室は従来、床壁を防水処理したうえ表面材で仕上げ、浴槽を設置する在来工法が主流だった。しかし最近では、施工面やメンテナンス面からユニットバスの割合が高くなっている。ユニットバスには浴室を構成する要素（床・壁・天井・ドアなど）のすべてが工場生産されたユニットバスと、一部を工場で生産し残りは現場で施工するハーフユニットバスとがある。ユニットバスは品質が一定で防水性能が高く、工期も短縮できる。

浴室の仕上材・浴槽の種類

在来工法の床の仕上材としては、石・タイルが主流で、選定時にはデザイン面だけでなく、滑りにくさなどの使い勝手も考慮する。最近は、素足でも冷たさを感じない床材も出ている。

壁の仕上げも、従来のタイルや自然素材の石・木に加え、最近ではバスパネルなどの化粧パネルも多く使われている。

また浴槽には、和風タイプ、和洋折衷タイプ、洋風タイプがあり、その設置方法には、床置き方式や、床に埋め込む半埋め込み式などがある。

浴槽の素材には、天然素材から樹脂系までさまざまな材料が使われる。

浴室の設備

浴室乾燥機は、換気機能に加え、暖房機能・乾燥機能などが付加されたもので、冬期の暖房や梅雨時の洗濯乾燥などにも使われる。サウナにはドライサウナとウェットサウナがある。最近は、温水を霧状に噴射し、40℃前後の室温と100％近い湿度を保つミストサウナの人気も高い。

また、防水テレビやオーディオなどの設備が取り入れられ、豊かなバスライフの一助となっている。

ユニットバスの形式

標準浴槽付き

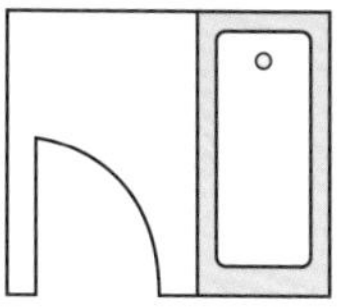

洗面付き

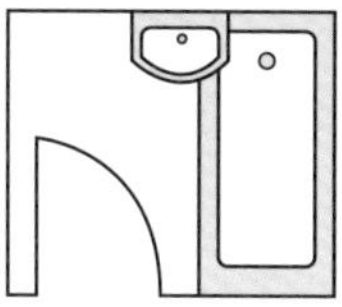

トイレ・洗面付き

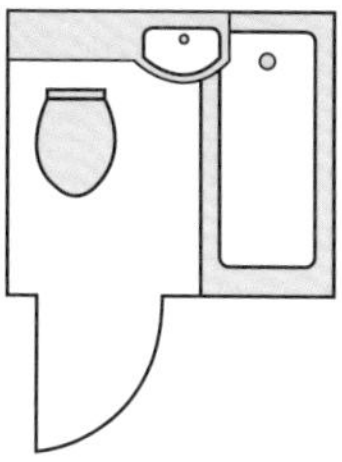

高級ユニット例

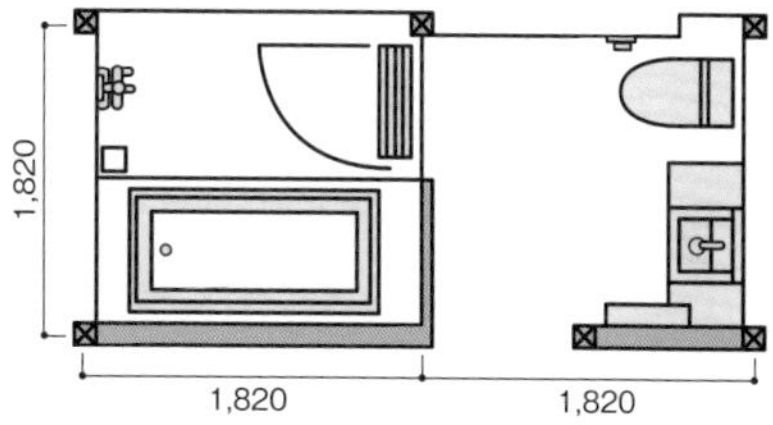

戸建1階用

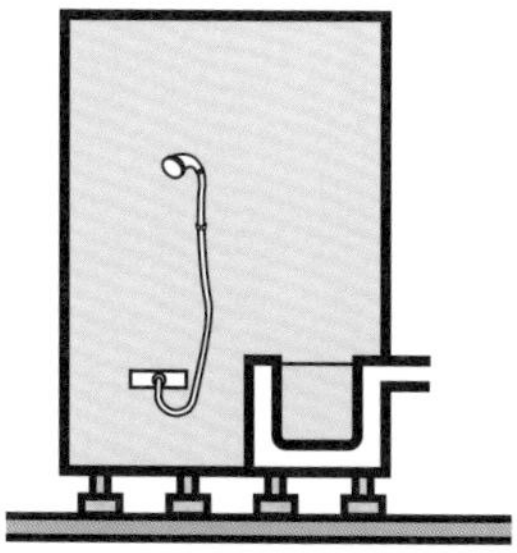

天井はマンション用のものより高くできる。バリエーションが多い

戸建階上用

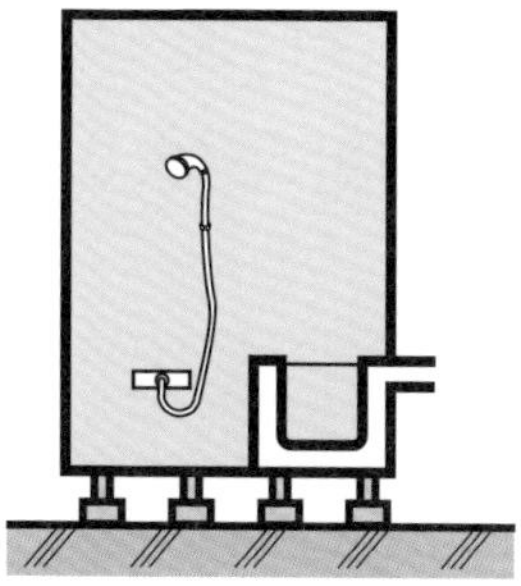

2階に設置するタイプ。下地の補強が必要

ハーフユニット

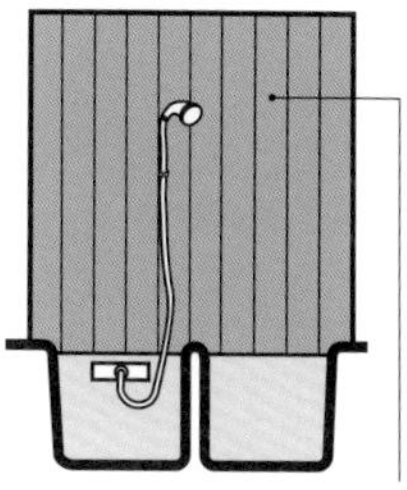

浴槽を含め下半分のみユニットとなっている。上部は在来工法と同様の仕上げを施すことができる

浴槽の種類とサイズ

和風タイプ

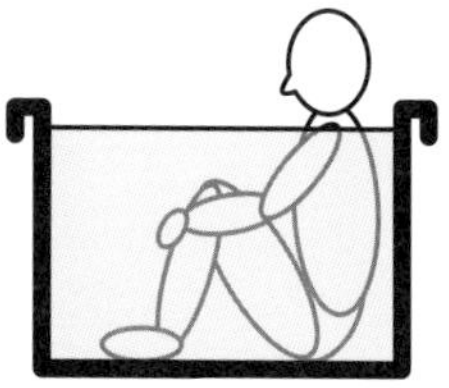

浴槽が深く、膝を折り曲げて入浴するタイプ

和洋折衷タイプ

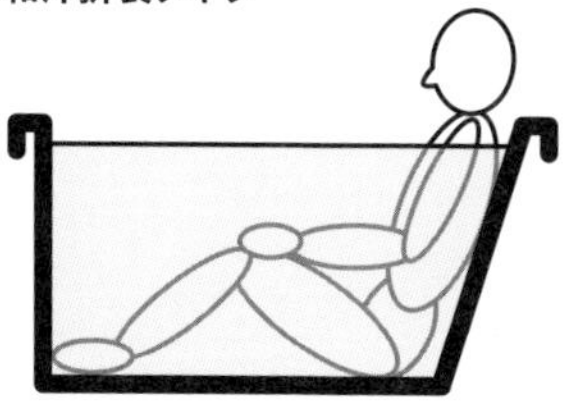

足を適度に伸ばせて、肩までつかることが可能なタイプ

洋風タイプ

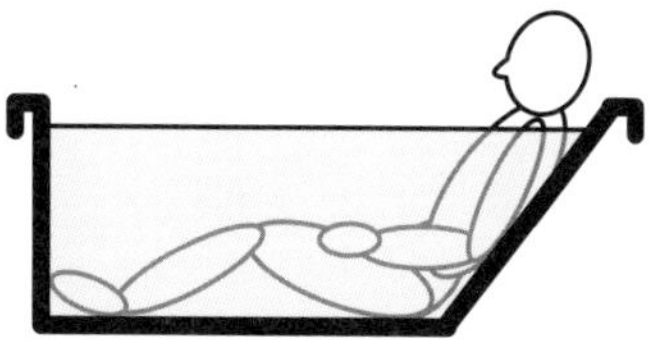

浴槽が浅く、体を伸ばすことができるタイプ

浴槽に使われる素材

素材	特徴
人工大理石	主原料はアクリル樹脂。高価だが色が美しく、透明感や光沢があり、人気が高い
FRP	ポリエステル樹脂をガラス繊維で強化したもの。傷がつきやすいが安価で軽量、施工性もよい
ステンレス	耐久性・耐熱性などの機能面は高いが、自由度が少ないため需要が少ない
鋳物ホーロー	色の自由度があり硬度に優れ、耐久性も高いが、重量があり施工が大変
木	ヒノキ、サワラなど木特有の質感があるが、耐久性・メンテナンス面などには注意が必要

トイレ設備・洗面設備

Point 便器や洗面は機能・材質とも進化している。節水型など環境に配慮した製品もチェック！

トイレ設備

①便器の洗浄方式

トイレの1回の洗浄水量は、1970年代は13ℓだった。しかし、最近の節水型便器では6ℓで済むようになっている。また、洗浄水を溜めておくタンクのないタンクレス便器は省スペースで狭いトイレを広く使え、清掃性も高いため、採用数が伸びている。ただし、タンクレス便器では別途手洗いが必要になる。

洋式便器の洗浄方式には洗い落とし式、サイホンゼット式、サイホンボルテックス式などがある。

②便座

最近は洗浄便座が主流で、その機能も、使用後に温風で乾燥するものや、便座部に電気ヒーターが組み込まれた暖房便座など多様である。さらに省電力型や、自動開閉、自動洗浄、音や香りが出る機能などをもつものもある。

洗面設備

①洗面設備の種類

単体型は、洗面器、カウンター、鏡、収納キャビネットなどをそれぞれ組み合わせたオリジナルの洗面台である。

ユニット型は、洗面ボウル、カウンター、鏡、収納キャビネット、照明器具が一体化したもので、「洗面化粧台」と一般にいわれるタイプだ。

システム型は、システムキッチンと同様に各部材があらかじめ組み合わされたタイプで、寸法・色・材質の選択幅が広い。

②洗面室

洗面室は、一般的に脱衣室と兼ねられることが多いので、タオルなどのリネンを収納するための収納棚も設置しておくとよい。最近は玄関にも洗面器を設置する「セカンド洗面」が好まれている。特にコロナ禍以降、帰宅直後の手洗いのために、需要が伸びている。

洋式便器の洗浄方式

洗い落とし式	サイホン式
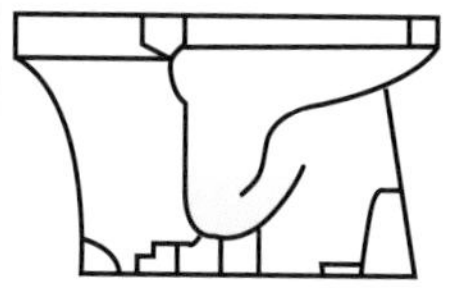	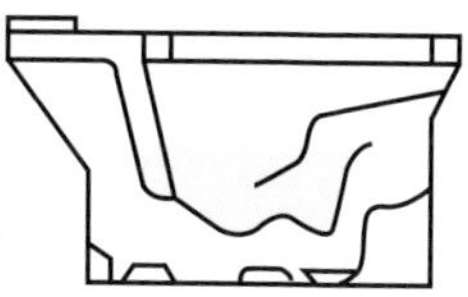
水の落差による流水作用で汚物を押し流す方式。水溜りが狭いため、水跳ねが起こりやすい	サイホン作用で汚物を吸い込むように排出する方式。水溜りが比較的狭く、乾燥面に汚物が付着する場合がある
サイホンゼット式	**サイホンボルテックス式**
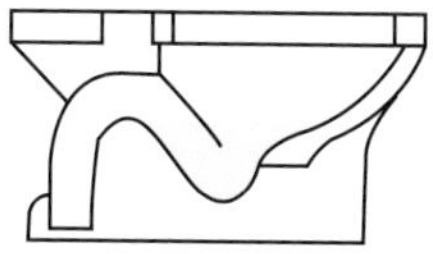	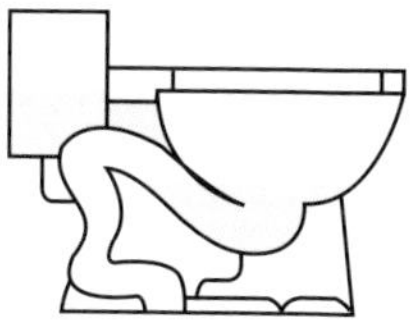
排水路に設けられたゼット孔から噴き出す水が強いサイホン作用を起こし、汚物を吸い込むように排出する。水溜り面が広く、臭気や汚物の付着があまりない	便器とタンクが一体になったワンピースタイプ。サイホン作用と渦巻き作用を併用した排出方式

タンクレストイレの例

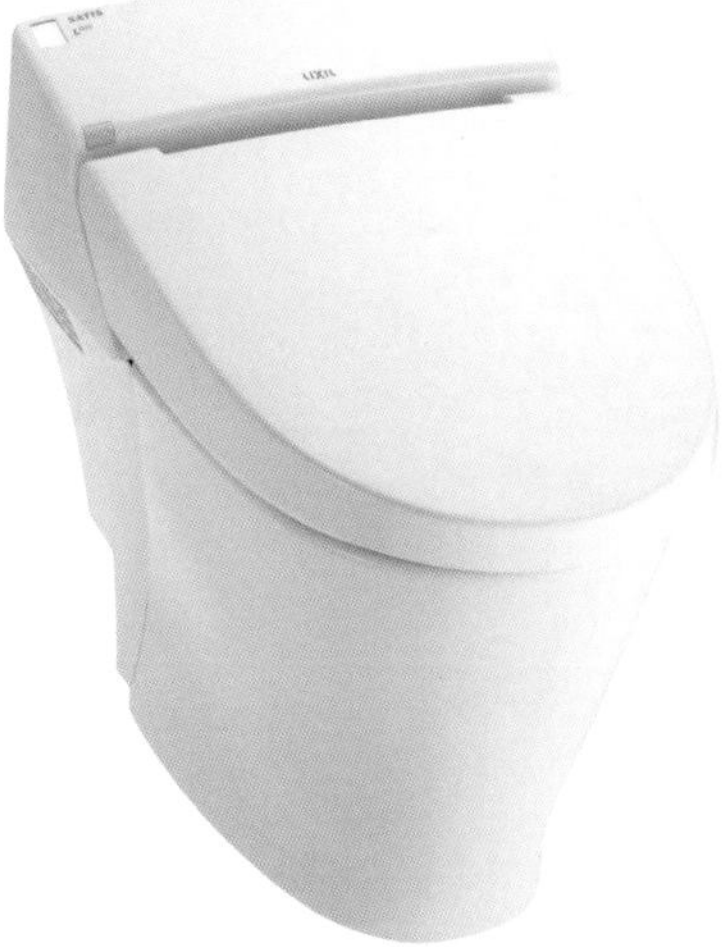

従来の便器のように背面に洗浄水を溜めておくタンクがない、「タンクレス便器」の例（「SATIS」INAX）。タンクがなくなることで省スペースを可能とし、狭いトイレを広く使えることに加え清掃性も高いため、採用数が伸びている。トイレ内で手洗いを行うには、別途手洗いの設置が必要になるが、便器から給排水をつなげられる便器直結タイプのコンパクトな手洗い器も用意されている　写真：LIXIL

洗面器の例

洗面器には、陶器、FRP、人造大理石、ステンレス、ホーロー製などがある。納め方にはアンダーカウンター式、フレーム式、オーバーカウンター式（写真）、置き型式がある　写真：LIXIL

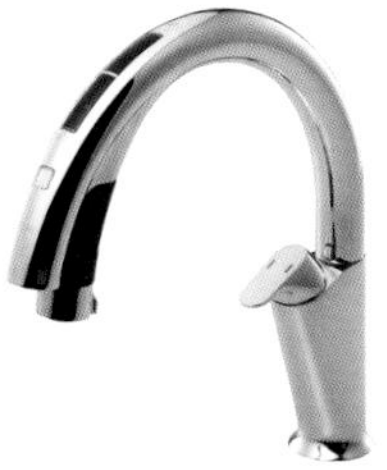

水栓には、洗髪用のシャンプー機能や自動水栓などさまざまな機能のものがある　写真：LIXIL

洗面化粧台の例

大型の洗面器を備えたシャンプードレッサーの例［※］写真：LIXIL

※洗面廻りは、歯ブラシや化粧品など細かい物が多いので、収納が充実しているものが好ましい

換気設備

Point 24時間換気設備の設置は、シックハウス対策として法的に義務付けられている

室内の空気はさまざまな生活行為で汚染される。一方で、住宅の気密化に伴い空気の流通が必要となり、換気による空気の浄化が重要となっている。シックハウス対策としての24時間換気も法的に義務付けられ、またコロナ禍以降快適な生活空間を確保するために換気設備は欠かせなくなっている。

換気の種類

機械動力により強制的に換気を行う機械換気と、風圧と空気の温度差による空気の流れを利用した自然換気がある。24時間換気は機械換気がメインで、自然換気は補助的に用いられている。

機械換気の方式

24時間換気システムには、各部屋に設置した換気扇で効率的に常時換気を行う個別換気方式と、天井裏や壁内に隠蔽した換気ユニットをダクトで家全体の換気を行うセントラル（集中）換気方式がある。

個別方式は設備機器の費用が安く施工も簡単である。一方、集中方式は費用が高くなるが、内観・外観ともすっきり納まり、ダクトの使用により外部から伝わる騒音も少ない。

ただし24時間機械換気は、盛夏や厳冬期に室内温度に影響を及ぼすこともある。対策としては後述する熱交換方式の換気扇の利用が効果的である。

送風機（換気扇）

代表的な送風機としては軸流ファンや遠心力ファンがある。この他、省エネルギー型の熱交換方式もある。これは、ファンで給排気を行うと同時に、室内の排気と外気の熱を交換するもので、換気による熱損失を防ぐことができる。

熱交換方式には、温度のみを交換する顕熱交換型と、温度と湿度を交換する全熱交換型がある。

機械換気の種類

第1種換気方式

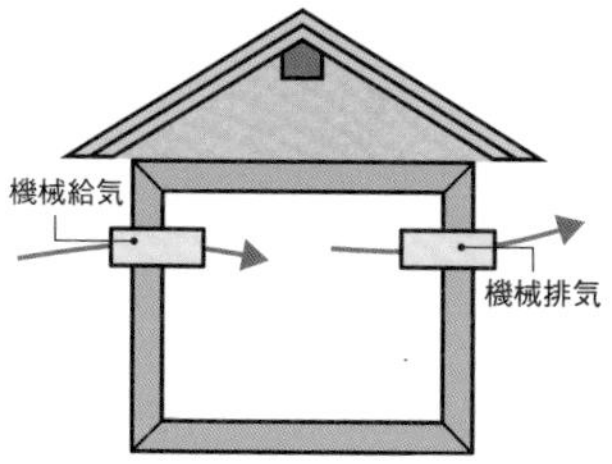

機械動力による強制給排気

第2種換気方式

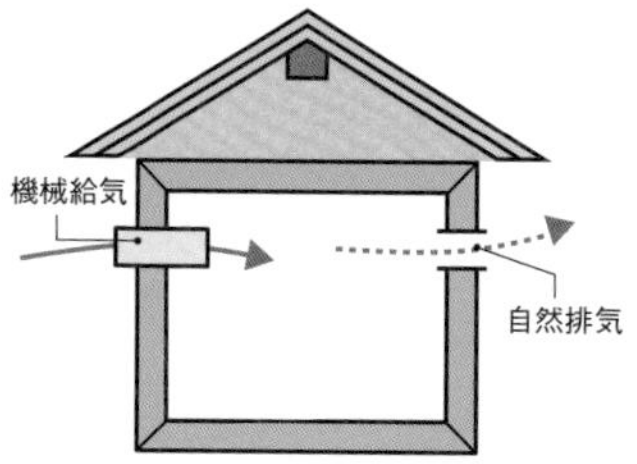

機械動力による給気と自然排気の組み合わせ。高い清浄度が求められる空間に採用

第3種換気方式

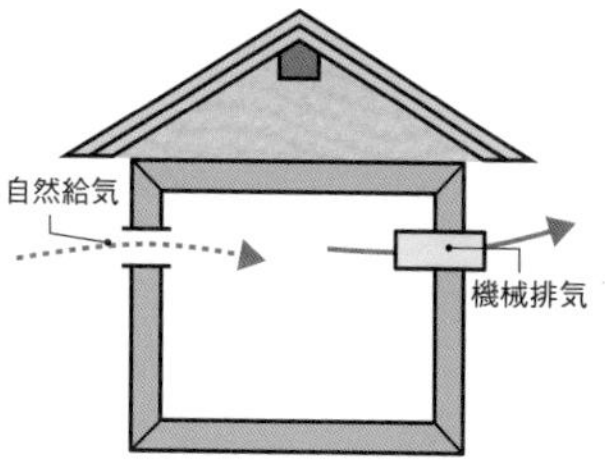

自然給気と機械動力による排気の組み合わせ。多くの戸建住宅が採用

自然（パッシブ）換気

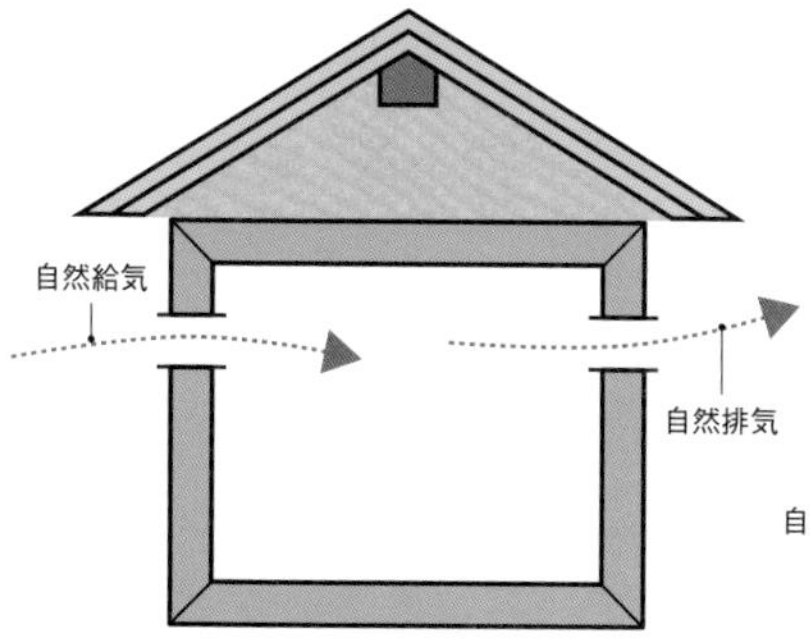

自然の気流による給排気

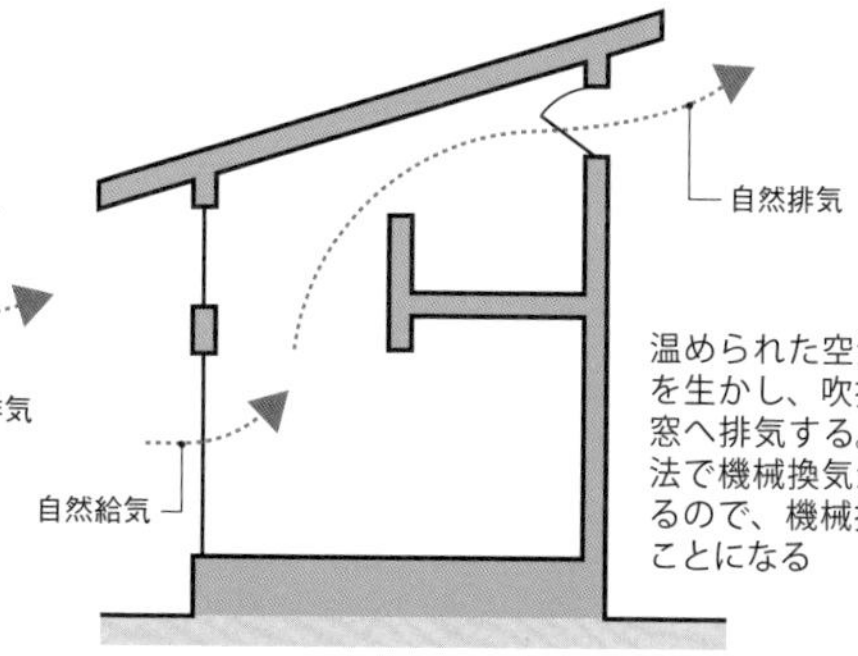

温められた空気が上昇する仕組みを生かし、吹抜けを通して上方の窓へ排気する。ただし、建築基準法で機械換気が義務付けられているので、機械換気を組み合わせることになる

ファンの種類

	種類	形状	羽根	特徴	用途
軸流ファン	プロペラファン	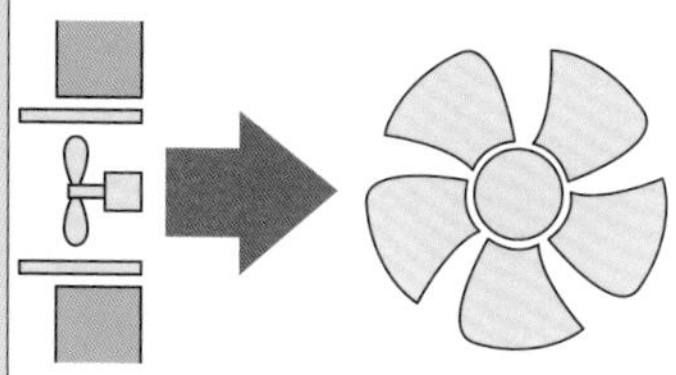		❶軸流送風機のなかで最も簡単なつくりで、小型のもの ❷風量は多いが、静圧は低く、0～30Pa程度なので、ダクトの抵抗を受けると風量は極度に減少する ❸圧力形でダクト接続が可能な「有圧換気扇」、ダクト間に挿入できるコンパクトな「斜流ファン」などがある	台所・便所などの壁付けファン 浅型レンジフード
遠心力ファン	ターボファン	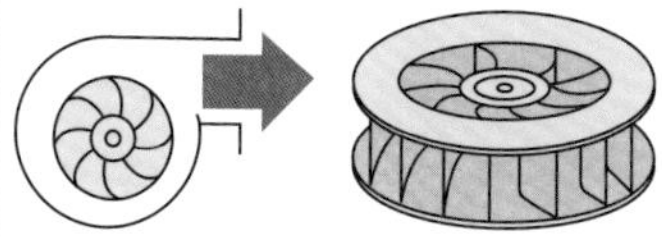		❶比較的広幅の後ろ向きの羽根が付いているもの ❷効率は他のファンに比べて最も高く、高速ダクト方式の送風機に適している	空調ダクト 高速ダクト
	シロッコファン	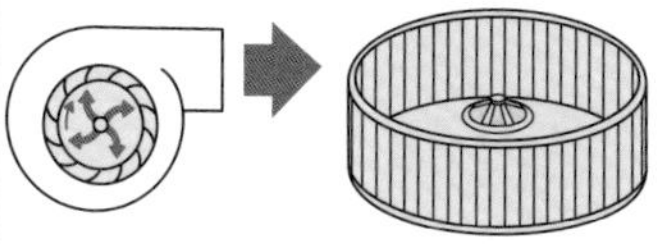		❶羽根車に、幅の狭い前向きの羽根が多数付いているもの。水車と同じ原理 ❷静圧が高く、あらゆる送風機に使われている	空調ダクト 浅型レンジフード

第5章

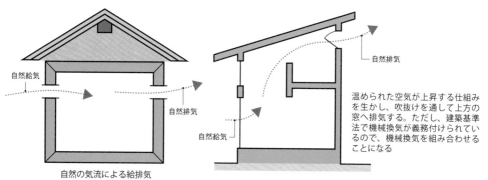

冷暖房設備

Point 室内環境はもちろん、地球環境にも配慮した冷暖房システムが求められている

最近の住宅は高気密高断熱で、冷暖房完備が一般的になってきている。そうしたなか、シックハウス対応やガス器具に対する法規制などもあり、従来の燃焼器具に代わり、室内環境をより快適に保ちながら、安全性が高く、かつ地球環境にも優しい設備が求められるようになっている。

冷暖房設備

①冷房設備

一般家庭の冷房設備の多くは、ヒートポンプ式エアコンである。室内機と室外機が分離した1対1のセパレート型と、室外機1台に複数台の室内機が付くマルチ型がある。

②暖房設備

住宅用の暖房の方式は、主に対流暖房、輻射暖房、温水暖房、温風暖房に分かれる。また暖房の熱源には、電気・ガス・灯油があり、暖房機器としては、放熱器、燃焼器具、床暖房などがある。

自然エネルギー利用

現在、建築物で自然エネルギーを有効利用する動きが高まっている。主なものには、太陽熱を利用するアクティブソーラーやパッシブソーラー、地中熱を利用するものなどがある。

アクティブソーラーは、屋根の太陽熱集熱器で集めたエネルギーを、タンク・ポンプなどの機械類で送る手法である。一方のパッシブソーラーは、機械類を使わず、暖かい空気は上昇し、冷たい空気は下降する性質を生かした建築物のつくりとし、室内の温熱を循環させる手法である。蓄熱技術に課題が残るが、メンテナンス性のよさや環境の低汚染性から、さまざまな手法が試みられている。

地中熱利用は、1年を通じて15℃前後と安定している地中熱を使い、夏は地中の冷たい空気を、冬は温かい空気を室内に取り入れるシステムである。

ヒートポンプの仕組み

ヒートポンプの原理

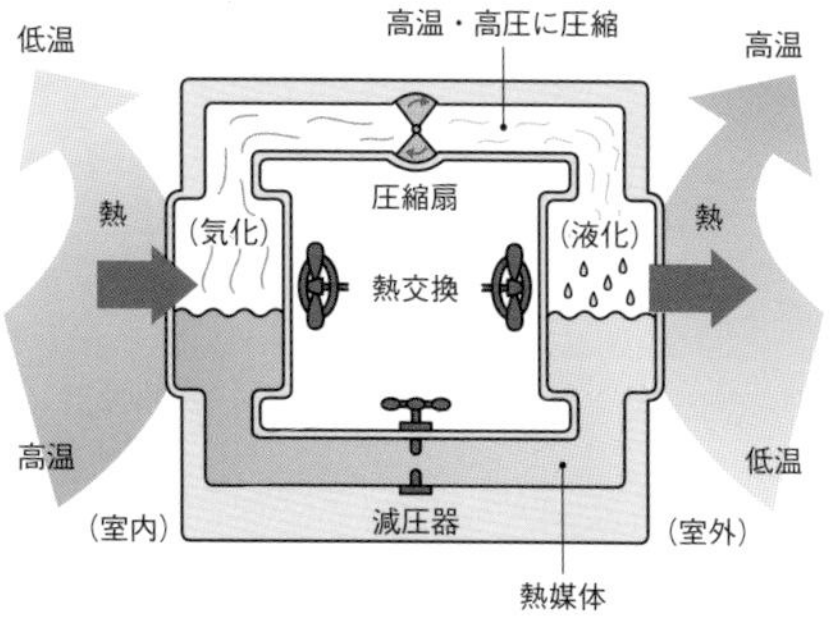

冷暖房と給湯の複合システム

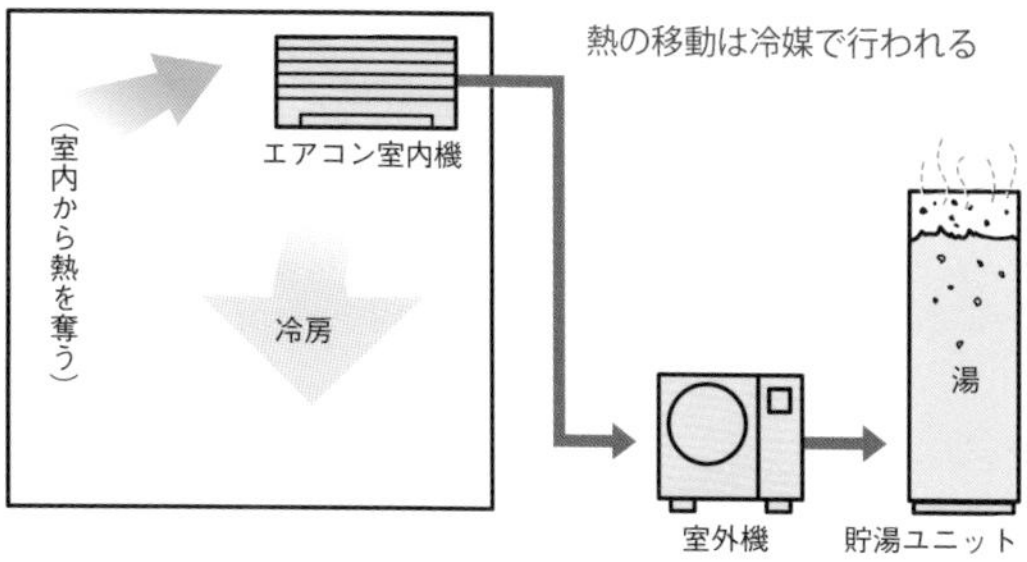

主な暖房器具

種類	特徴
放熱器	エアコン、ファンヒーター、ストーブなど、空気を温めて対流させる「対流式」と、パネルヒーターなどのように輻射熱で温める「輻射式」がある
燃焼器具	空気を取り入れながら、石油やガスなどを燃焼させて温める方式。ガスコンロ、石油ストーブなどの「開放型」、薪ストーブ、暖炉などの「半密閉型」、FF式ヒーターなどの「密閉型」がある。開放型燃焼器具は空気汚染物質である一酸化炭素や二酸化炭素を排出するので、使用方法に注意しなければならない。また、燃焼時に発生する水蒸気が結露の一因となることもある
床暖房	床に埋設したパイプに温水を循環させて温める「温水式」と、発熱体を埋設する「電気式」がある。立上がりに時間を要するため間欠暖房には不向きだが、燃焼を伴わないため安全である。一般的には、床面積の7～8割に敷設すれば補助暖房は不要とされるが、周囲の部屋の構造の状況（壁ではなく障子で間仕切られている場合など）により暖房負荷が異なるので、補助暖房の検討には注意が必要である

パッシブソーラーシステムの例

直接利用温風循環型

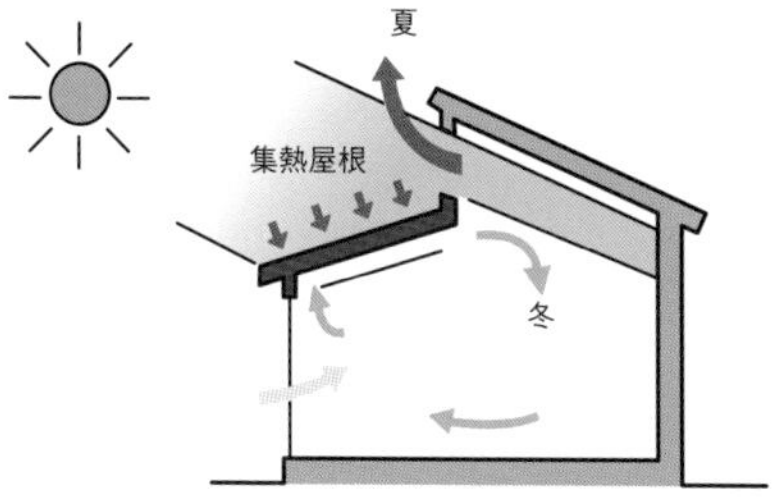

南側の屋根を黒色で塗って2重とし、集熱させる。2重屋根内部の空気が加熱され、室内を自然循環する。夏は、高い位置の窓より加熱された空気が捨てられる

直接利用蓄熱型

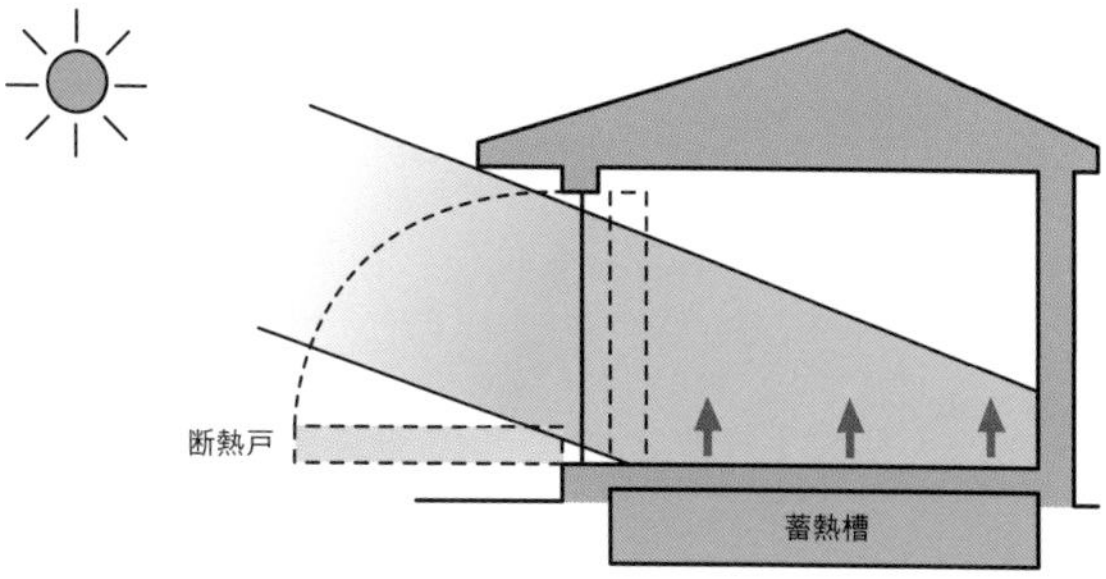

大きな南側の窓より日射を取り入れ、床に蓄熱させる。夜間は断熱戸を閉め、蓄熱槽より放熱させる

給湯設備

Point 貯湯式は、容量、給湯圧力、設置場所に留意。各熱源とも高効率型機器が選択肢の１つになる

給湯エネルギーは、家庭の全消費エネルギーに対し、１／３という大きな割合を占める。住宅の省エネルギー計画で、給湯設備計画の重要度は高い。

湯は入浴や洗い物だけでなく、暖房器具などの熱源として利用されることもあるので、機器の選択時には、必要な場所に適時適量を供給する能力があることと、省エネルギーの達成レベルが判断材料となる。

給湯器は、熱源によってガス、石油、電気の３種類と、自然エネルギーによるものに大別できる。また給湯方式から、水道水を瞬間に温めて利用する方式と、貯湯タンクに貯めてから利用する方式とに分けられる。

電気給湯器

電気給湯器には、主に割安な深夜電力を利用して温水をつくり貯湯タンクに蓄えておく電気温水器と、自然冷媒ヒートポンプ式電気給湯器（エコキュート）がある。後者はCO_2を冷媒とし、これに高圧力をかけることで大気中の熱を回収して湯を沸かすもので、従来の電気温水器に比べてよりエネルギー効率が高く、給湯能力が高いため、エコキュートを採用しオール電化住宅とする事例が増えている。

ガス給湯器

ガス給湯器は、瞬間式で給湯能力が高く、湯切れが発生しないのが特徴である。省エネ性を高めた潜熱回収型ガス給湯器（エコジョーズ）を利用すれば、よりエネルギー効率が高まる。

石油給湯器

石油給湯器は、ランニングコストの安さが魅力で、セントラルヒーティングやパネルヒーティングの熱源として利用されることも多い。石油給湯器にも、エコジョーズと同様に高効率化を達成したエコフィールがある。

自然冷媒ヒートポンプ式電気給湯器の仕組み

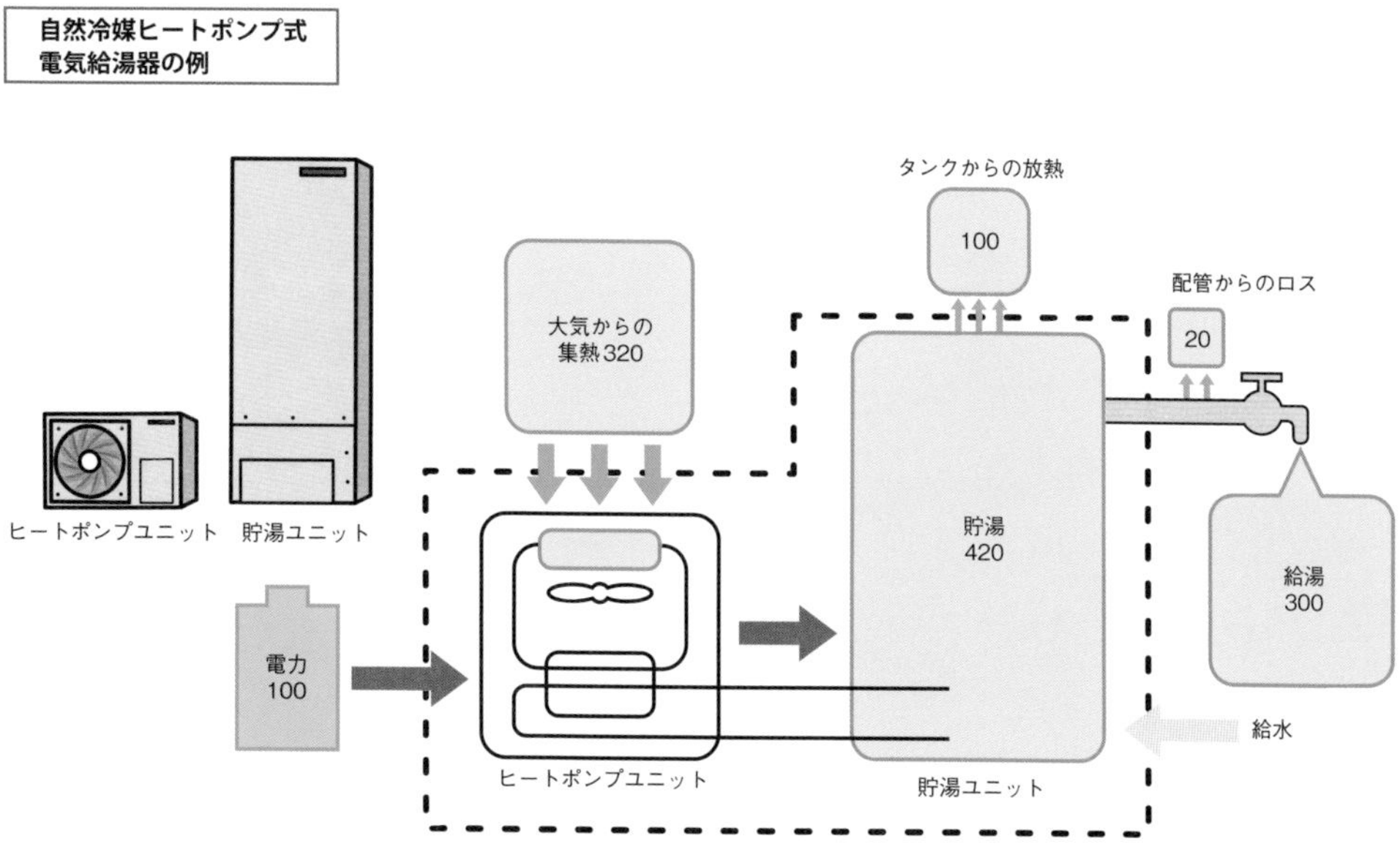

●湯の使用量が少なく残り湯が多いと、放熱のため効率は低下することがある
●ヒートポンプユニットや貯湯ユニットの設置場所を確保する必要がある

出典：『自立循環型住宅への設計ガイドライン』建築環境・省エネルギー機構（IBEC）

潜熱回収型ガス給湯器の仕組み

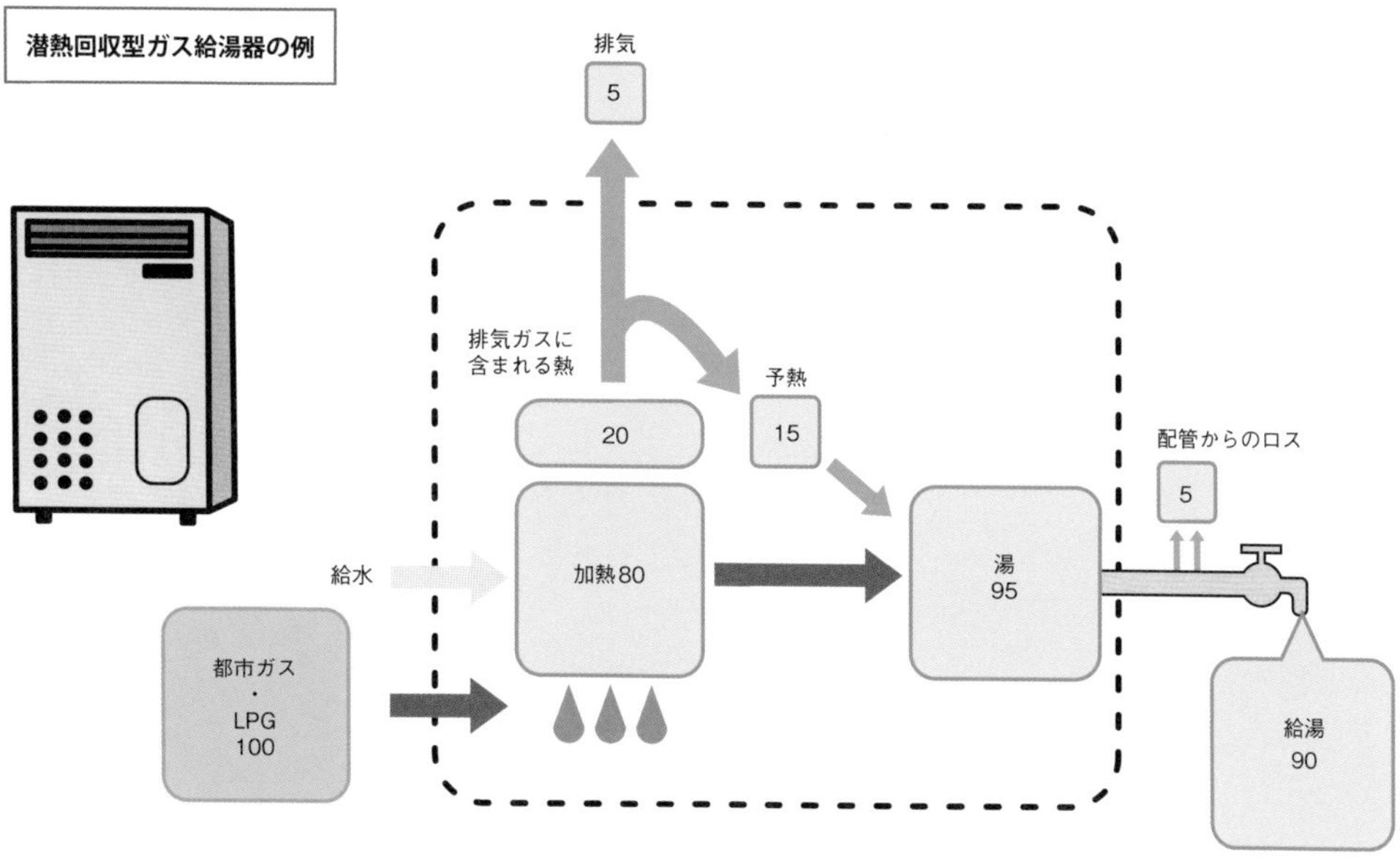

●従来は捨てていた排気ガス中の凝縮熱を、水道水の予熱に用いることで熱効率を上げる
●給湯器の外観、大きさ、設置条件は、従来のガス給湯器とほぼ同じである

出典：『自立循環型住宅への設計ガイドライン』建築環境・省エネルギー機構（IBEC）

自然エネルギーの活用

Point 自然エネルギーを活用し、既存の技術と組み合わせて負荷を減らす取組みが進められている

地球温暖化対策で必要とされているのが、温室効果ガスとなるCO_2排出量の削減である。そのため、化石燃料の燃焼を減らすとともに、代替エネルギーとなる太陽光や風力、地熱などの自然エネルギーを活用する技術の導入が進められている。いずれの方法も安定した供給を行うことが課題とされ、発電システムでは蓄電池技術の進展に期待が集まる。

太陽光発電システム

太陽光を電気エネルギーに変換して、利用する設備である。現状では商用電力との連携システムという位置付けだが、蓄電池の高性能化や電気自動車の普及が進めばより活用度があがる。導入に際しては、補助金制度や定額機器利用サービスなどを活用できる。

太陽熱給湯システム

太陽熱で温水をつくり給湯に利用する太陽熱温水器は、安価で効率よく太陽エネルギーを利用する方法である。また太陽熱給湯システムは、一般にガス給湯機や石油給湯機と組み合わせて計画するが、給湯エネルギーを最大で50％程度削減できるという試算値［※］もある有望な手段である。

その他の技術

風が吹けば、昼夜関係なく発電できるのが風力発電システムである。ただし、家庭用の小型風力発電機は発電量が小さいため、消費電力の一部に用いるか、バッテリーに接続し非常用電源とする、などの利用に留まっている。

また、地中熱利用ヒートポンプシステムは年間を通して15℃程度で安定している地中の温度を生かし、冷暖房を行うシステムである。50～100ｍの地中に地中熱交換機を埋設し、取り込んだ熱をヒートポンプで回収して冷暖房に用いる。

※　自立循環型住宅開発委員会による試算

設置位置と太陽光利用効率

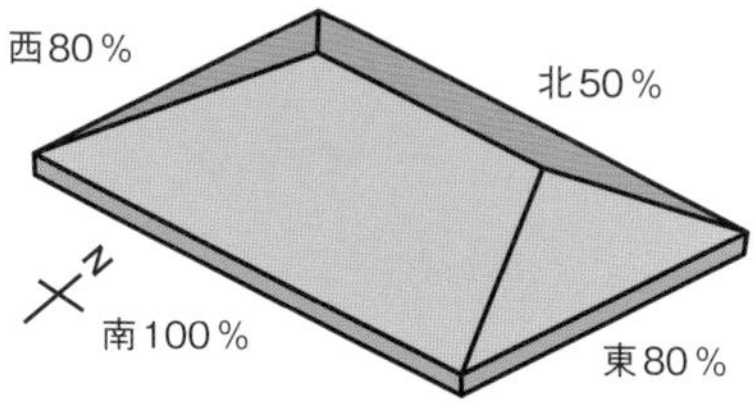

屋根勾配と太陽光利用効率

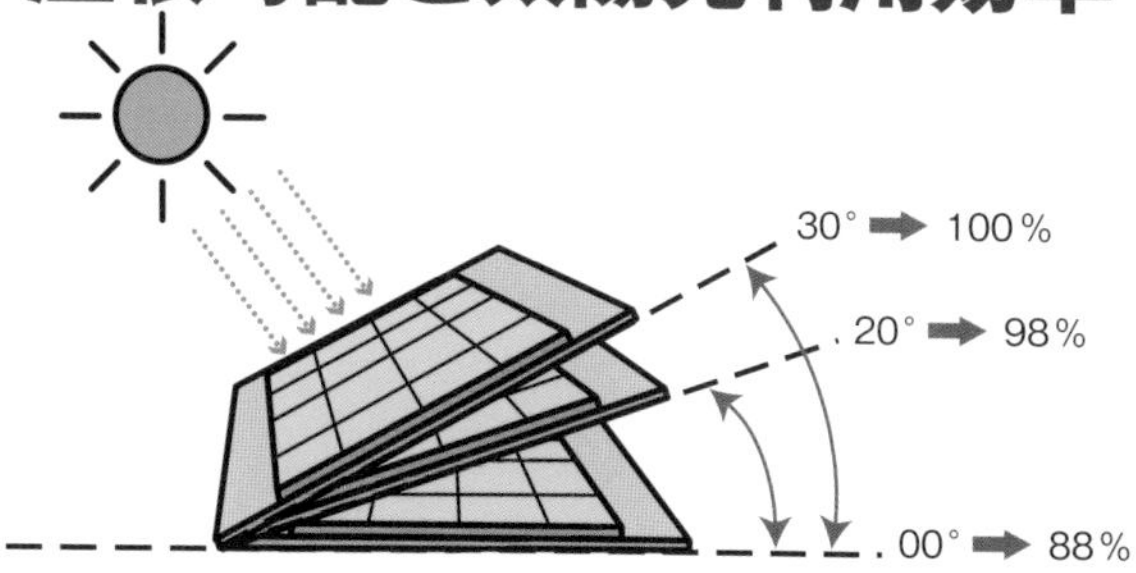

太陽光発電システム

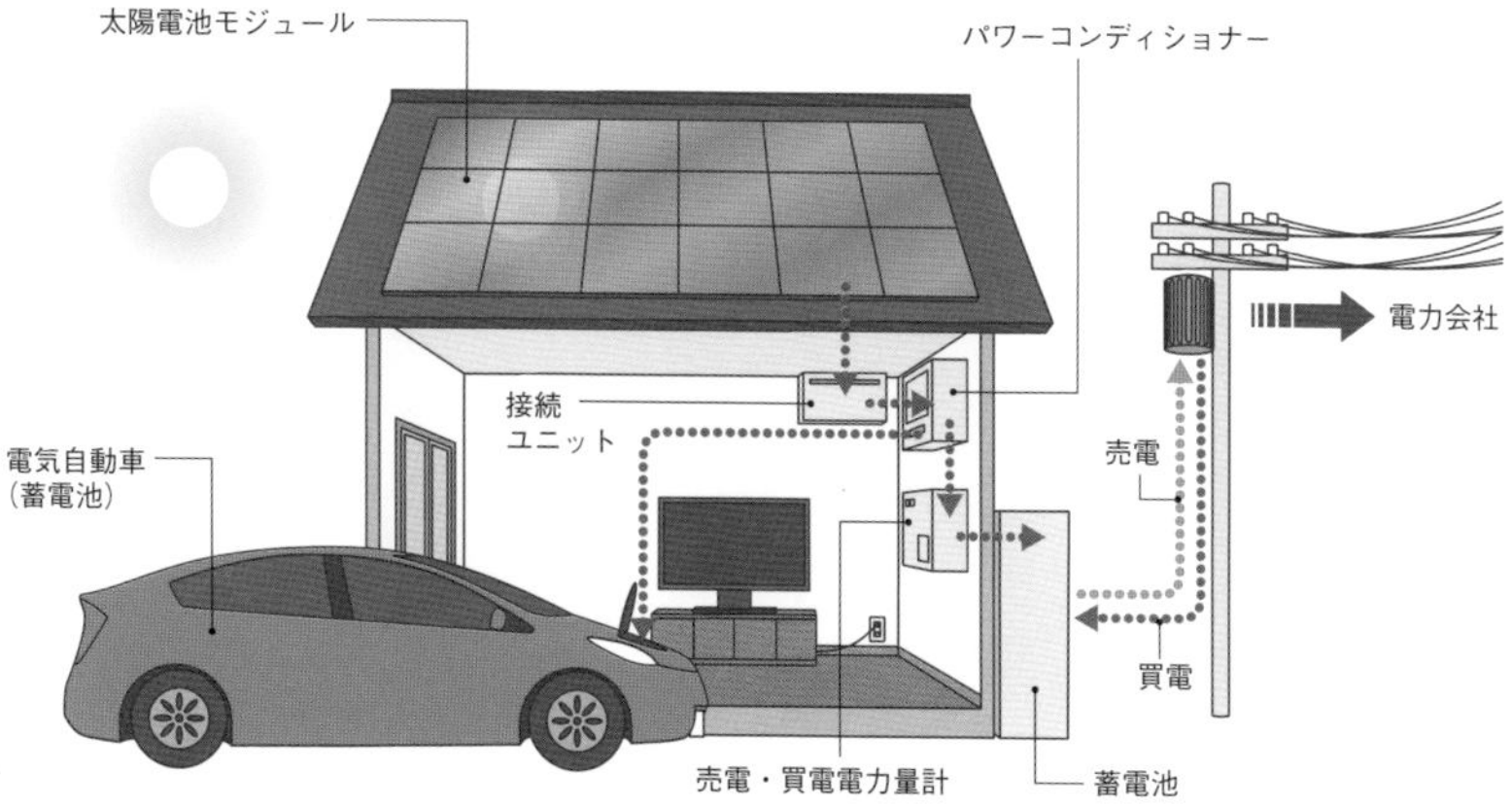

太陽熱給湯方式の特徴

<table>
<tr><th rowspan="3">方式
特徴</th><th>太陽熱温水器</th><th colspan="3">太陽熱給湯システム</th></tr>
<tr><th>自然循環式</th><th>自然循環式</th><th colspan="2">強制循環式</th></tr>
<tr><th>直接集熱</th><th>直接集熱</th><th>直接集熱</th><th>間接集熱</th></tr>
<tr><td>集熱パネル設置位置</td><td>屋根</td><td>屋根</td><td>屋根</td><td>屋根</td></tr>
<tr><td>貯湯タンク設置位置</td><td>屋根</td><td>屋根</td><td>地上</td><td>地上</td></tr>
<tr><td>湯の使用先（補助熱源）</td><td>浴槽
給湯器（ポンプによる加圧が必要）</td><td>給湯器（水圧を高めたい場合、ポンプを追加することもあり得る）</td><td>給湯器（ポンプによる加圧が必要）</td><td>給湯器（ポンプ不要）</td></tr>
<tr><td>凍結対策</td><td>凍結時は使用中止</td><td colspan="2">凍結時、ポンプを設けていない場合は使用中止。ポンプを設けている場合は、循環によりある程度凍結を防止できる（ただしバイパスさせる必要あり。マニュアル切替えとなる）</td><td>不凍液を用い、かつポンプによる循環を行うことにより凍結を防止している。ただしそのための動力エネルギー（電力）が必要になり、省エネルギー上は短所となる</td></tr>
<tr><td>省エネルギー効果</td><td>10％以上</td><td>30％以上</td><td>30％以上</td><td>30％以上</td></tr>
</table>

出典：『自立循環型住宅への設計ガイドライン』建築環境・省エネルギー機構（IBEC）

給排水配管の方式

Point 自治体のインフラの整備状況を確認して計画し、メンテナンスも考慮した方法を検討する

建物内に水を供給するのが給水設備、発生する廃水や雨水を敷地外に排出するのが排水設備である。

給水設備

上水道の引込み管から蛇口までの給水配管、湯を給湯機から器具まで引き込む給湯配管、止水栓、蛇口などを給水設備という。

給水方式は、戸建住宅では配水管から直接給水する直結給水方式が一般的である。中高層建物では、一端受水槽に水を貯め、ポンプで高置水槽に汲み上げて重力で配水する動給水方式や、給水管の水をポンプで増圧して配水する増圧直結給水方式とする。

配管方式は、本管から枝配管を分けていく分岐方式が一般的であったが、複数個所で同時使用すると水圧が落ちる、メンテナンスしにくいなどの問題があった。そこで、あらかじめ設けた樹脂製のさや管に給水管を通し、配管を分岐させずヘッダーから各機器まで直接配管するさや管ヘッダー方式が開発された。給水管には継手による接続がないため漏水が起きにくく、配管の点検や更新も容易にできる。

排水設備

排水は、トイレからの排水である汚水と、それ以外の生活排水・雑排水と、雨水とに分けられる。これら3つを合わせて排水する合流式か、雑排水と汚水を雨水と分けて排水する分流式かは、地方自治体に確認する。下水道が未整備の地域では、浄化槽を設置し、処理した水は側溝などを通じて河川に放流するか、敷地内で地下に浸透させる。

雨水の排水には、合流式の下水道に流す、雨水排水本管や雨水側溝に流す、浸透桝を設置し敷地内で処理する、などの方法がある。排水本管や河川への流入を減らすためにも、浸透桝を設置したい。

給水方式

直結給水方式

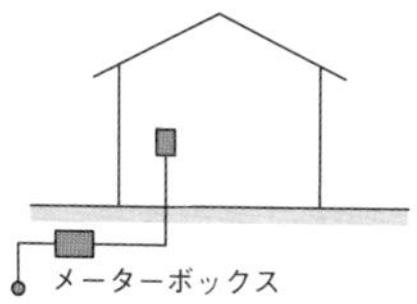

重力給水方式

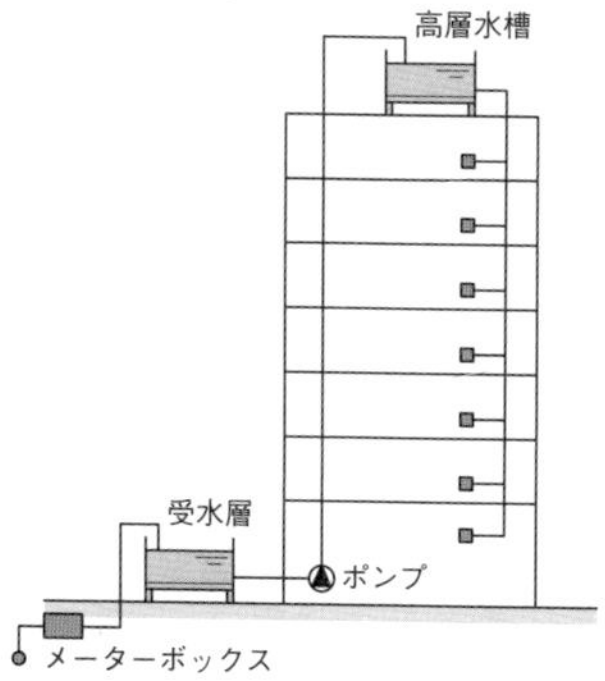

増圧直結給水方式

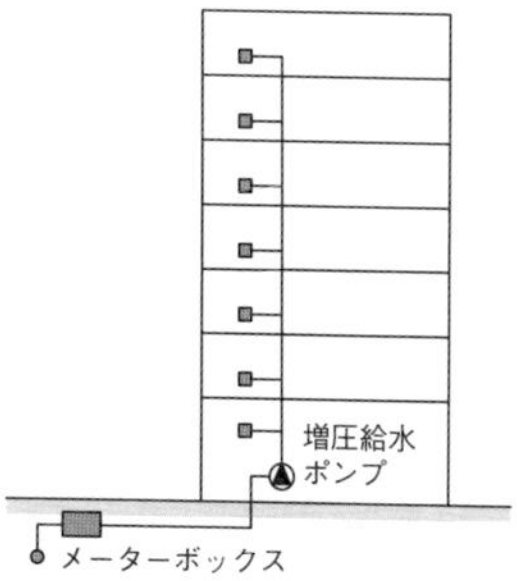

さや管ヘッダー方式

ヘッダー部から分岐し、それぞれの水栓まで配管するため、接続部がヘッダー部と水栓部のみで点検・管理が容易

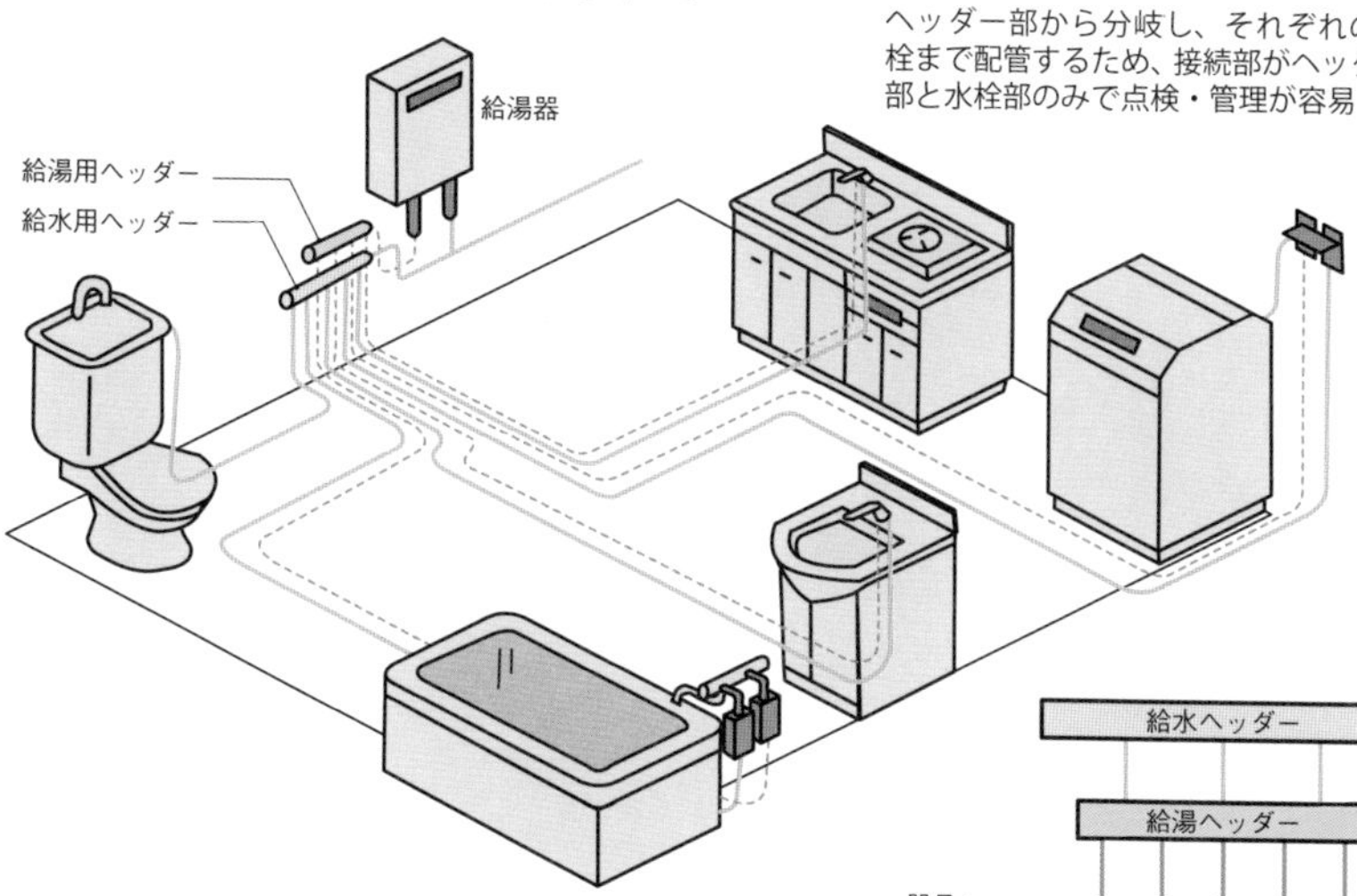

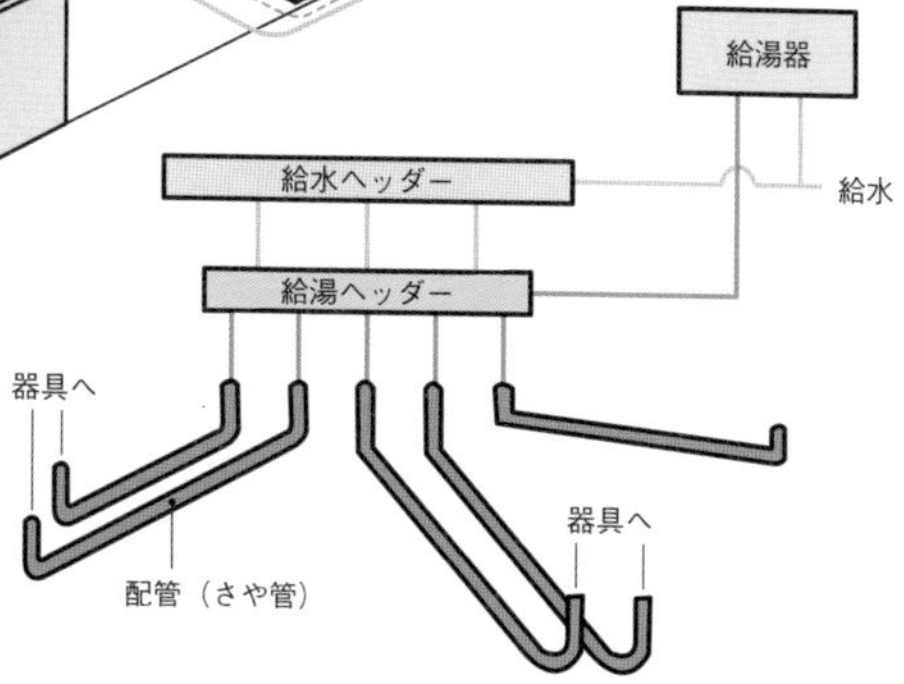

排水方式

合流式

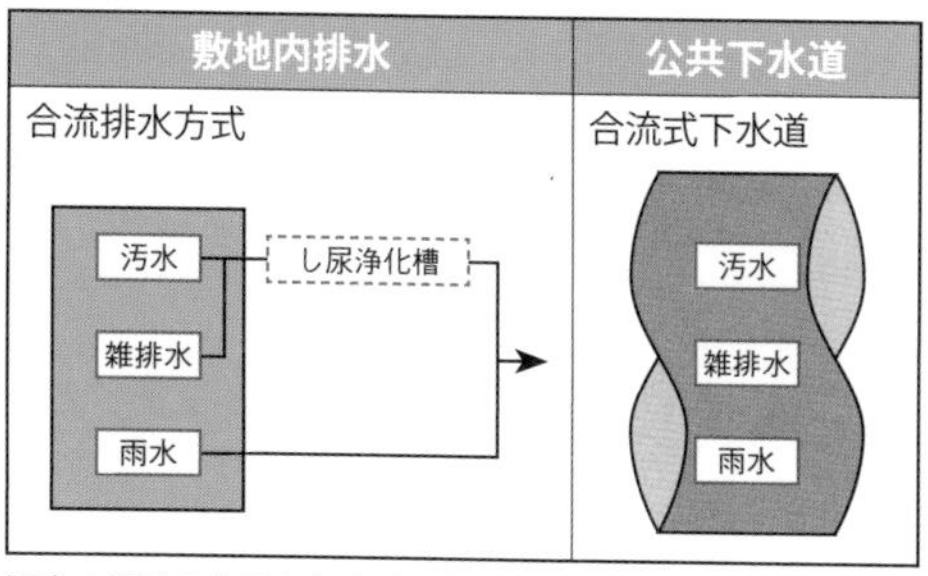

汚水＋雑排水と雨水をすべて合流式下水道に放流する

分流式

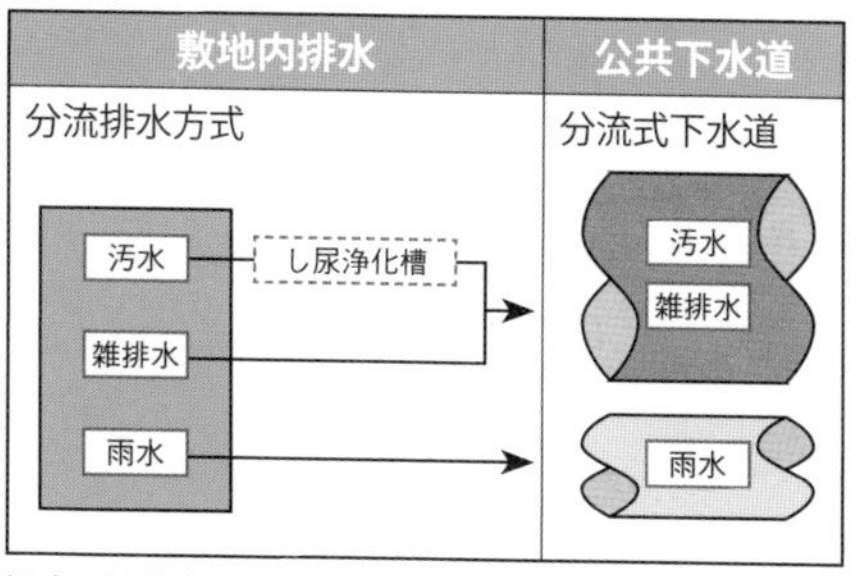

汚水＋雑排水と雨水を分けて分流式公共下水道に放流する

給排水配管の種類

Point　配管の選択は材質から判断し、耐久性、施工性、安全性、コストなどにも配慮する

給水設備・管

給水配管は、漏水や赤水などの支障が発生するおそれがなく、耐久性にも優れた材質のものを選ぶ。鋼管の内壁を樹脂でコーティングした硬質ポリ塩化ビニルライニング鋼管や、ステンレス鋼管、銅管、硬質ポリ塩化ビニル管などは、耐腐食性に優れた管である。

給湯管には被覆された銅管が用いられる。柔軟性があり、さや管ヘッダー工法で使用される架橋ポリエチレン管やポリブデン管も、耐熱性があるため給湯管として利用できる。

全自動洗濯機などで急に水栓が閉じられた際に、配管内の圧力が急上昇して発生するウォーターハンマー（水撃）は給水配管を傷めるので、水撃防止機器を設置して回避する。

排水設備・管

排水配管は、漏水や臭気の発生を抑え、各器具からの排水を効率よく排出するよう計画する。排水が自然に流れるようにするためには、管径にもよるが1／50程度の水勾配を確保する。下水からの臭気や虫の侵入を防ぐには、排水トラップを設ける。また、竪管内の気圧を整え、水流を安定させてトラップの封水を守るため、通気管を設置する。通気管を屋内に開放する場合は、最上部にドルゴ通気弁を設ける。

排水配管には、安価で軽い硬質ポリ塩化ビニル管が多用される。ＶＵ管と、より肉厚のＶＰ管の2種類があるが、防音のため屋内にはＶＰ管を用いる。また、耐火性能が必要な個所には、外側を繊維補強モルタルで被覆した耐火2層管（トミジ管）を用いる。

排水管を合流させる個所には桝を設置する。狭い場所や施工しにくい場所では、従来のモルタル製に代わり、塩ビ製で小型の小口径桝を利用することができる。

配管の種類と使用に適した部位

名称	記号	給水		給湯	給水・通気					消火
		住戸内	共用部		汚水	雑排水	雨水	通気	ドレン管	
硬質ポリ塩化ビニルライニング鋼管	VLP	○	○							
耐衝撃性硬質塩化ビニル管	HIVP	○	○							
硬質ポリ塩化ビニル管	VP	○	○		○	○	○	○	○	
耐熱性硬質塩化ビニルライニング鋼管	HTLP			○						
被覆鋼管、銅管	CU			○						
耐熱性硬質塩化ビニル管	HTVP			○		○				
樹脂管（架橋ポリエチレン管）	—	○		○						
樹脂管（ポリブデン管）	—	○		○						
ステンレス鋼管	SUS	○	○	○						
排水用硬質塩化ビニルライニング鋼管	DVLP				○	○	○	○	○	
耐火2層管（トミジ管）	TMP (VP)				○	○	○	○	○	
配管用炭素鋼鋼管	SGP白						○	○		○

第5章

ドルゴ通気弁

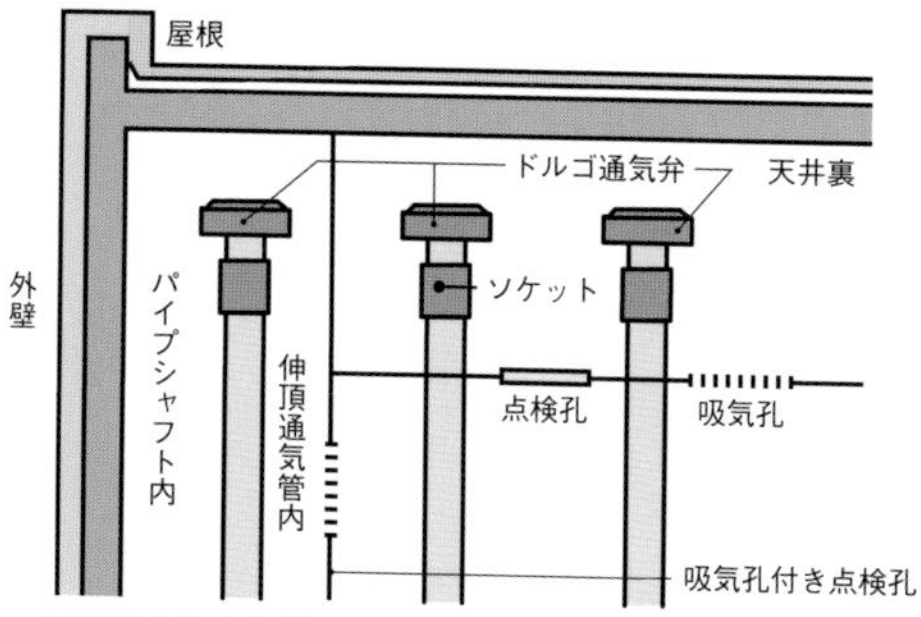

通常は大気に開放する通気管を屋内で処理する場合に使用する

トラップ各部の名称

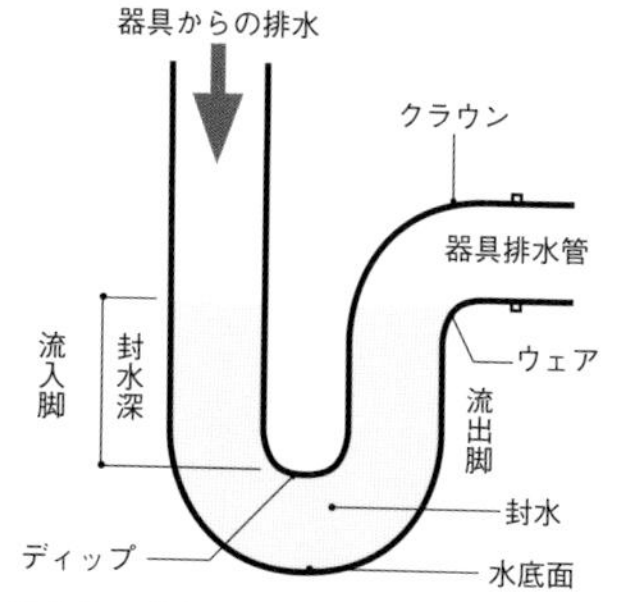

下水からの臭気・虫などの侵入を防ぐ

泥溜め桝

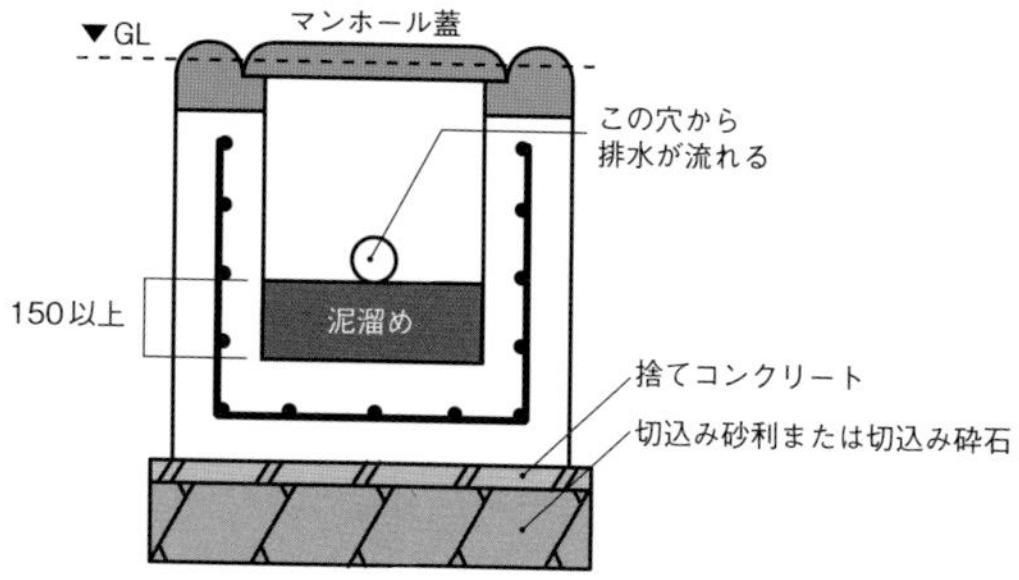

雨水排水管に泥などが流出しないように泥溜めを設けた桝

樹脂製排水桝

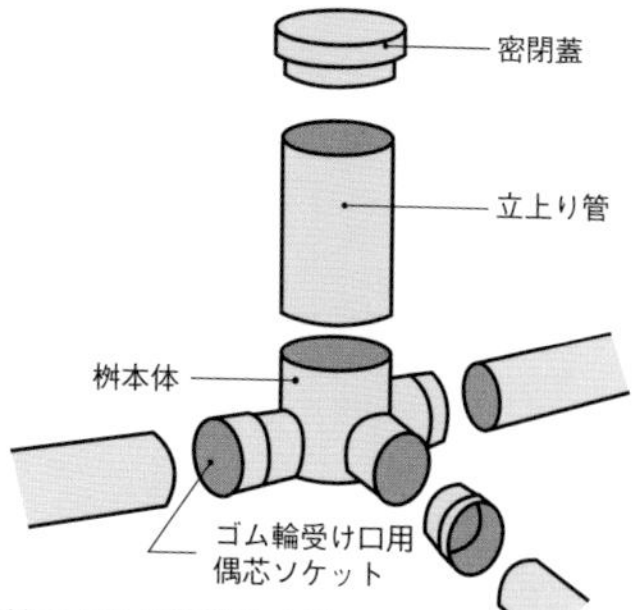

小型で水密性のよい樹脂製排水桝
モルタル製から切り替わりつつある

電気配線の種類

Point 多様な弱電設備への対応は、情報分電盤や情報コンセントで集中的な管理をする

電力の引込み

住宅用に供給される電気の大半は、2本の電圧線と1本の中性線による単相3線式という方式で引き込まれている。電圧線と中性線を利用した場合は100Vの、電圧線2本を利用した場合は200Vの電気製品が使える。

築年数の長い住宅では、2本の電線を引き込み100Vのみが使える単相2線式が多かった。そのため、IHクッキングヒーターなど200Vの家電製品を使うには、単相3線式への改修が必要となる。

この他引込み方法には、モーターや大型冷蔵庫など産業用・業務用大型機器に使う3相3線式があり、この場合は電灯電源と動力電源の2つの契約を電力会社と結ぶことになる。

また、各電力会社は夜間の電気料金を割安にした料金体系を設定している。深夜電力と夜間蓄熱式機器を組み合わせれば、給湯や暖房のランニングコスト削減も可能となる。

弱電設備

通信関連の設備など、弱い電圧の回路を使う設備を弱電設備とよぶ。

住宅で利用できる通信・情報サービスは、BS放送、CS放送、ケーブルテレビ、電話、インターネットなど多種多様になっており、インターホンやホームセキュリティの配線も含め、引込みを集中して管理できる情報分電盤を設置するなど、計画的な配線が必要である。各室でインターネットを使うには、木造住宅ならば配線が不要なWiFiなどの無線LANとする方法もあるが、壁体内に配線を納めて情報用コンセントで取り出す宅内LANを構築するより安定性に優れる。電話線や光ケーブル、光通信専用会社やケーブルテレビの利用など、利用できるインフラの種類も多くある。

宅内LAN

LANとはLocal Area Networkの頭文字で、複数のパソコンやプリンタなどの機器を接続するためのネットワークのこと。LANを住戸内で構築することを宅内LANとよぶ。かつては複数のパソコンの情報を家族間で共有するためのネットワークという認識が一般的だったが、光ファイバーを利用したFTTHやアナログ電話回線を利用したADSL、CATVといったブロードバンドの普及により、最近ではインターネットを利用してパソコンやテレビ、IP電話（インターネット回線を使った電話）などを手軽に楽しむ人が激増した。宅内LANを構築する方法はさまざまだが、基本的には引込み位置から、LANにつなぐ必要がある機器を設置する部屋まで、モデム［※1］とルーター［※2］、ハブ［※3］を通して、LANケーブルを配線していく

宅内LANの仕組み

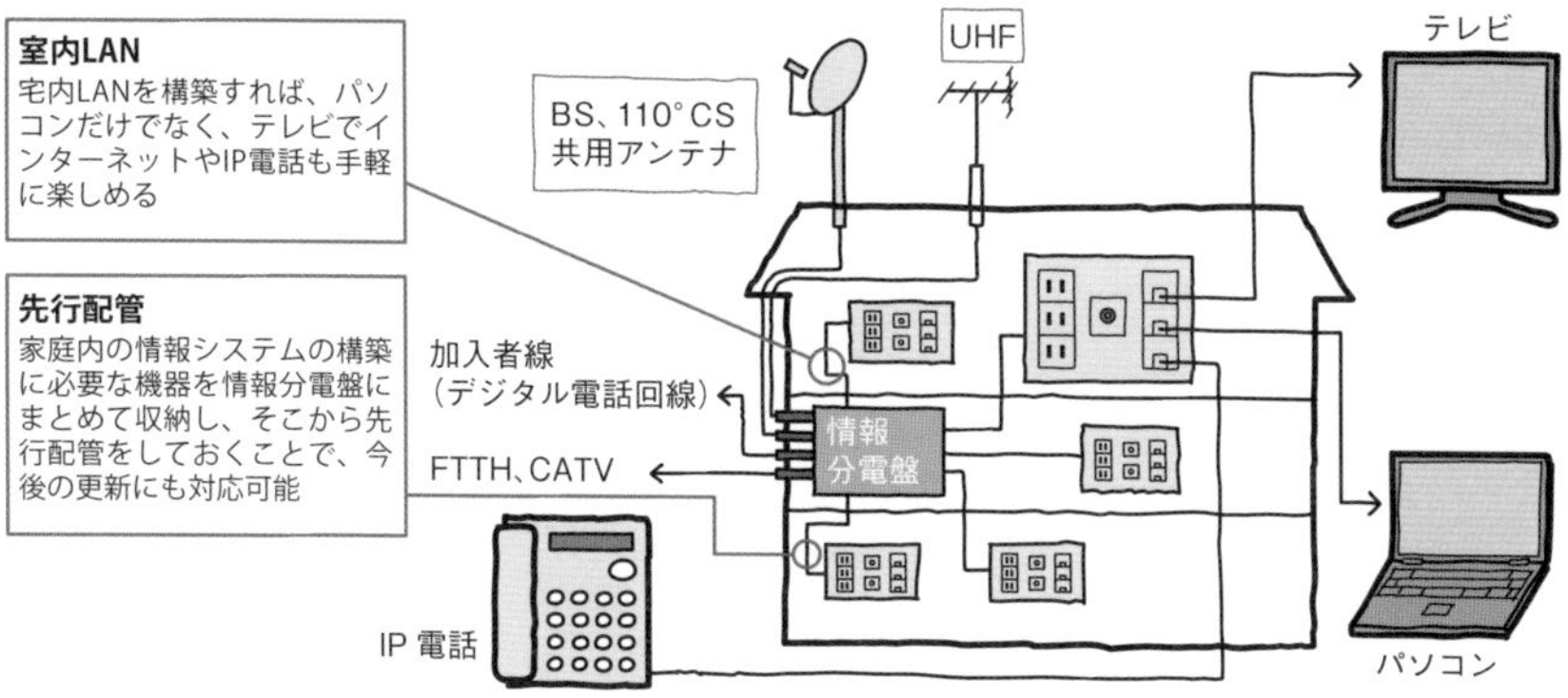

室内LAN
宅内LANを構築すれば、パソコンだけでなく、テレビでインターネットやIP電話も手軽に楽しめる
先行配管
家庭内の情報システムの構築に必要な機器を情報分電盤にまとめて収納し、そこから先行配管をしておくことで、今後の更新にも対応可能
BS、110°CS
共用アンテナ
UHF
テレビ
加入者線
（デジタル電話回線）
情報
分電盤
FTTH、CATV
IP 電話
パソコン

情報分電盤（弱電盤）の仕組み

弱電盤（情報分電盤）とは、LAN端子台やハブ、テレビを視聴するためのブースタなどを1つにまとめたユニットである。それぞれの機器を木板などに取り付ければ、情報分電盤は必要ないが、あらかじめユニットとして機器が構成されている情報分電盤（弱電盤）を使用すれば、個別に取り付けたときに比べ、複雑な配線や施工上のミスも少なく、見た目もすっきりと美しく納まる

情報分電盤（弱電盤）の中身の例

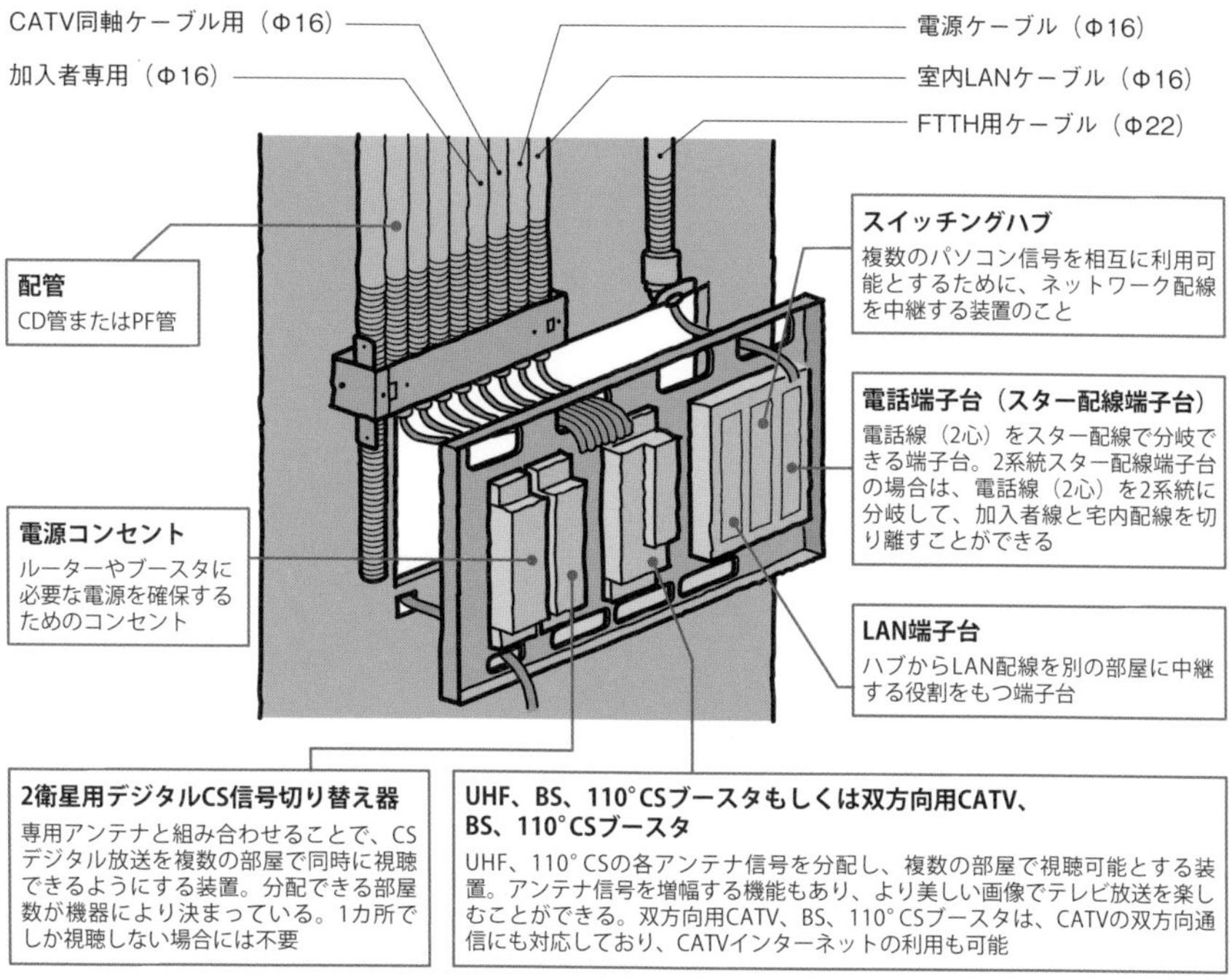

CATV同軸ケーブル用（Φ16）
加入者専用（Φ16）
電源ケーブル（Φ16）
室内LANケーブル（Φ16）
FTTH用ケーブル（Φ22）
配管
CD管またはPF管
スイッチングハブ
複数のパソコン信号を相互に利用可能とするために、ネットワーク配線を中継する装置のこと
電話端子台（スター配線端子台）
電話線（2心）をスター配線で分岐できる端子台。2系統スター配線端子台の場合は、電話線（2心）を2系統に分岐して、加入者線と宅内配線を切り離すことができる
電源コンセント
ルーターやブースタに必要な電源を確保するためのコンセント
LAN端子台
ハブからLAN配線を別の部屋に中継する役割をもつ端子台
2衛星用デジタルCS信号切り替え器
専用アンテナと組み合わせることで、CSデジタル放送を複数の部屋で同時に視聴できるようにする装置。分配できる部屋数が機器により決まっている。1カ所でしか視聴しない場合には不要
UHF、BS、110°CSブースタもしくは双方向用CATV、BS、110°CSブースタ
UHF、110°CSの各アンテナ信号を分配し、複数の部屋で視聴可能とする装置。アンテナ信号を増幅する機能もあり、より美しい画像でテレビ放送を楽しむことができる。双方向用CATV、BS、110°CSブースタは、CATVの双方向通信にも対応しており、CATVインターネットの利用も可能

※1　パソコンのデジタルデータを電話回線で通信できるように信号を変換する装置のこと。一般電話回線用のADSLモデムや、CATV回線用のCATVモデムなど、使用する回線によってさまざまな種類がある。光ファイバーで通信できるようにするためには、ONU（回線終端装置）を使用する
※2　ネットワーク上を行き来するデータを他のネットワークに中継する機器のこと
※3　機器どうしが相互に通信するための無線装置

電気配線の施工

Point 計画的な先行配線をすることで、将来の増設に対応でき、メンテナンス性も高まる

電力の引込み方法

電力会社から供給される電気は、電柱から引込み線を経由して建物に引込まれる。電力会社が負担する設備工事は引込み線の取付け点までで、そこから先の電気工事は建築工事で行うことになる。

引込み方法には、直接建物に引き込む方法と、敷地境界の付近に設置する引込み柱を中継して引き込む方法とがある。引込み柱から先の配線は地下に埋設されるため、建物廻りの美観に優れる。また、メーター検針なども敷地内に立ち入らずにスムーズに行うことができる。

屋内配線の種類

引き込まれた電気は、分電盤から各回路に分岐する。分電盤の容量や回路数には余裕ももたせておきたい。

屋内の配線にはＶＶＦケーブル［※1］や、ＶＶＲケーブル［※2］が利用される。太さによって許容電流値が異なるため、配線する長さによって径を変える。またＣＤ管やＦＥＰ管などのケーブルを保護する電線管を、ガイドとしてあらかじめ敷設しておくことが多い。将来的な配線の追加に対応するために、カラ配管をしておくこともある。

スイッチ類の取付け

スイッチの形状は、ユニバーサルデザインに配慮して操作しやすいものを選ぶ。タイマーやセンサーを利用したものも必要に応じて導入する。コンセントは使用する家電製品をベースに余裕をもって設置し、洗濯機や電子レンジ、冷蔵庫などの特定機器を利用するコンセントはアース付きとする。また、コンセントボックス廻りは、断熱材や気密が途切れないよう、隙間を気密テープでしっかりと塞いで施工する。

※1　600Ｖビニル絶縁ビニルシースケーブル平形
※2　600Ｖビニル絶縁ビニルシースケーブル丸形

電気配管・配線の種類と使用部位

	名称	記号	屋内露出隠蔽	コンクリート埋没	床下暗渠	地中埋設	屋外露出
電気配管材料	薄鋼電線管	CP	○	○			
	ねじなし電線管	E	○	○			
	厚鋼電線管	GP	○	○			○
	合成樹脂製可とう電線管	PF	○	○			
	CD 管	CD		○			
	硬質ビニル電線管	VE			○		
	耐衝撃性硬質塩化ビニル管	HIVE				○	○
	波形硬質ポリエチレン管	FEP			○	○	
	銅製ポリエチレン被覆ケーブル保護管	PE			○	○	○

	名称	記号	引込み	一般幹線	一般動力	電灯・コンセント	非常用照明	制御	放送	インターホン	TV共同受信	自火報防排煙	電話
電気配線材料	600V ビニル絶縁電線	IV		○	○	○	○	○	○				
	600V 耐熱ビニル絶縁電線	HIV					○		○				
	600V ビニル絶縁ビニルシースケーブル平形	VVF			○	○							
	600V 架橋ポリエチレンケーブル	CVT・CV	○	○	○	○							
	耐熱ケーブル	HP								○		○	
	制御用ビニル絶縁ビニルシースケーブル	CVV						○					
	市内対ポリエチレン／絶縁ビニルシースケーブル	CPEVS							○	○			○
	着色識別ポリエチレン絶縁ポリエチレンシースケーブル	CCP											○
	構内用ケーブル（通信用）	EBT											○
	TV 用同軸ケーブル	S-5C-FB									○		
	ポリエチレン絶縁警報ケーブル	AE								○		○	
	屋内用通信電線	TIVF							○				

引込み柱

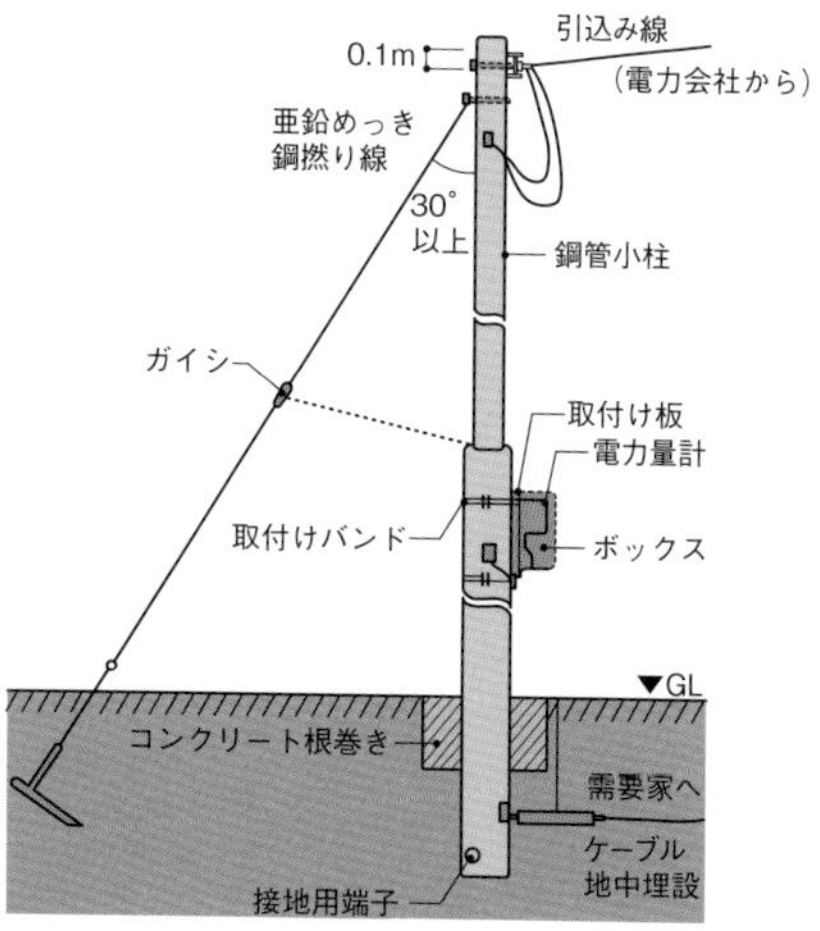

電線管の例

CD 管

FEP 管

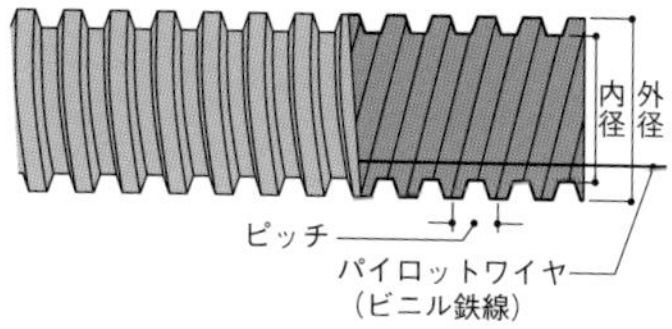

上記のような、ケーブルを保護する電線管をあらかじめ敷設しておけば、将来的な配線の追加にも対応しやすい

外構仕上材

Point 外構は、建物の完成度や街並の印象を大きく左右する。手を抜かずに仕上げたい

土留め・擁壁《ようへき》

高低差がある場合や境界線の目印として設置する。現場打ちコンクリートや、コンクリートを内部に流し込む型枠ブロック、化粧ブロックなどのコンクリートブロック、石積みやレンガ積みなどがある。

門扉・フェンス・塀

門扉・フェンス・塀は、オープン外構・クローズド外構、またはその中間、といった目的や、周辺環境、防犯・防音、プライバシーや通風などを考えて決める。金属製や木製のフェンス、コンクリートブロック、現場打ちコンクリート、生垣など、選択肢は豊富である。

舗装・カーポート

アスファルトやコンクリートの舗装は手入れが楽な反面味気なく照り返しがきつくなることもある。砂利敷きや植栽、屋外用タイル張り、インターロッキング張りや石張りなどの材料を用途や雰囲気に合わせて組み合わせたい。

設計時は、水勾配などの集水・排水方法を決め、通行頻度によっては重歩行用舗装を選ぶ。寒冷地では凍害による割れ・剥離も考慮する。屋根付きカーポートは、建築基準法上の建築面積や床面積に算入される点にも注意する。

ウッドデッキ・パーゴラ

ウッドデッキに、多く使われる高耐久の南洋材（イペ、アイアンウッドなど）は、木の灰汁が外壁などに付きやすい点に注意する。ヒバやヒノキ、ベイマツ、防腐加工材なども用いられるが、ベイマツではヤニに注意。木材は数年ごとのメンテナンスが必須だが、デッキ下に防湿土間コンクリートを打設するなどの工夫で、耐久性は向上する。近年は、木粉と樹脂を複合した再生木材もある。

さまざまな種類の外構仕上げを行った例

芝張り、砂利敷き、砕石敷き、土間コンクリートモルタル仕上げ、石張り、コンクリート平板、木製デッキ、木製カーポートなど、さまざまな材料を組み合わせている

アプローチは土間コンクリート墨入りモルタル仕上げ（中央）、玉砂利敷き（左）、ゴロタ石敷き（右）、玄関前は玄晶石張り（奥）としている

芝張り（左）、砕石砂利敷き（中）、木製デッキ（右）、玄関前は玄晶石張り（奥）としている。木製デッキ部分は防湿土間コンクリートの上に施工した

ウッドデッキの施工例

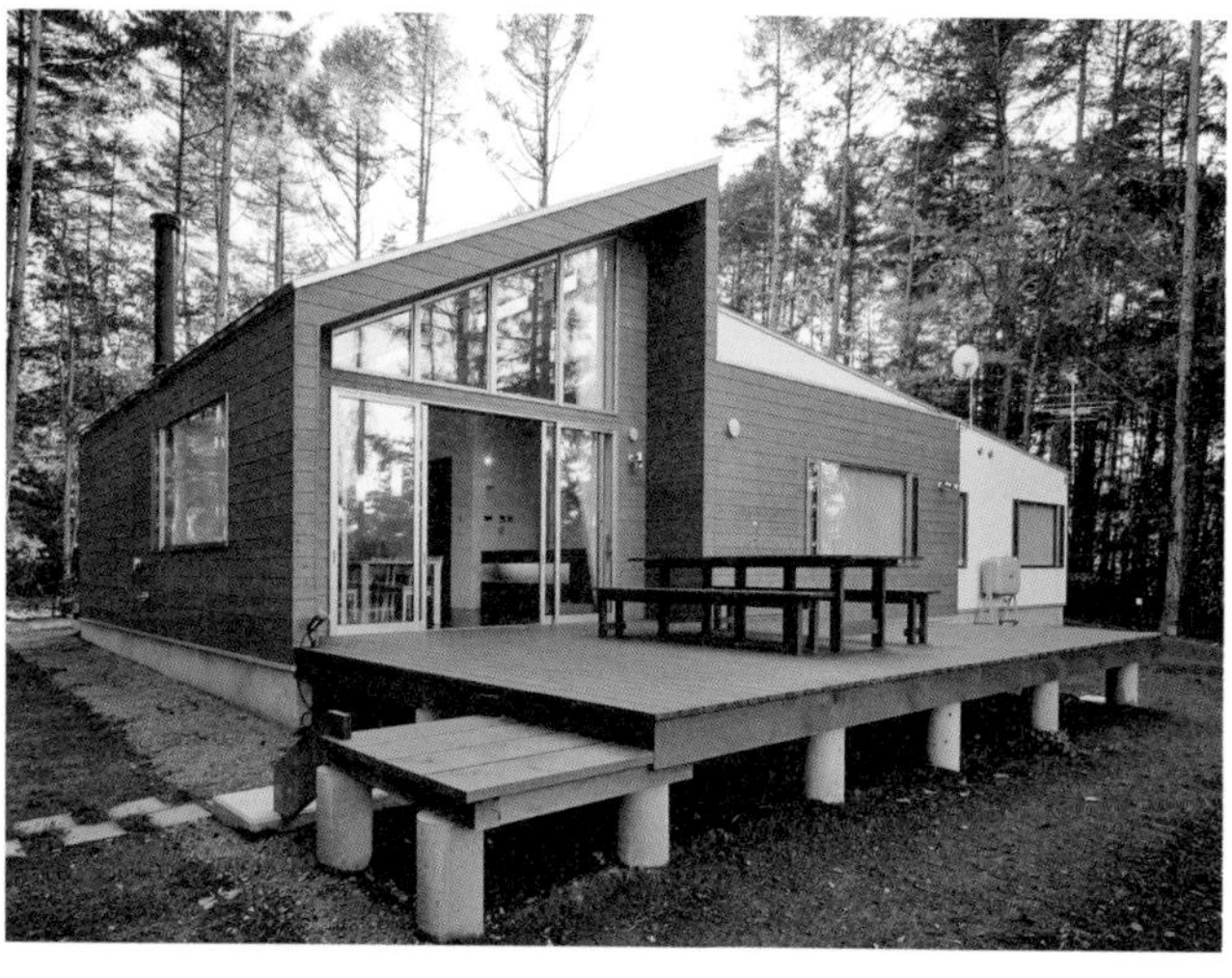

デッキは耐久性の高いコンクリートパイルで床レベルをかさ上げし、通風を十分にとって耐久性を高めている。デッキは、防腐剤を注入加工したスギ（床）、ベイマツ（大引）に、防腐保護着色塗料を塗布している。敷地内の別のデッキでは、デッキ床材にヒバを採用している

写真：中村高淑建築設計事務所「蓼科の山荘」（撮影：K-est works）

造園・緑化

Point 「家」と「庭」で「家庭」となるように、緑の効用は大きい。建物だけでなく庭も大切に

造園・緑化の計画

造園・緑化工事は、予算・場所・日当り・手入れの大変さなどの問題から省略されるケースも多い。

しかし、木は苗木であれば1000円台から買えるものもある。場所がなければ坪庭や玄関ポーチ脇のスペースを活用する、ベランダ菜園をつくる、鉢植えを置くなどしてもよい。また、屋上緑化や壁面緑化という方法もある。日当たりが悪くても、耐陰性の強い樹木や、生長が遅く肥料も不要で病気にも強いものなどもあるので、これらを活用して緑化に取り組みたい。

造園・緑化工事のポイント

まず、日当たりの悪い北側や、西日が強い場所、駐車場で排ガスが直接当たるなど、植える場所の条件や、植栽の目的に合わせた植物を選定する。また、3年後・5年後を想定して計画することも重要だ。大きく育つ木は建物から離して植えるなど、初めある程度のゆとりをもたせた密度にしておき、剪定にも配慮する。

ベランダの活用

ベランダの緑化は、プランターや鉢植えが一般的だ。乾燥に強いローズマリーやオリーブ、柑橘類などの植物がベランダに向く。小振りな野菜を植える例も多い。

屋上緑化のポイント

客土は、10㎝の厚さで1㎡当たり約140kgにもなるため、屋上緑化を行う際は屋上の耐荷重を確認しておく。このとき、軽量人工土壌を用いれば荷重は1／2程度にまで抑えられる。

また、根が防水層を突き破らないように、耐根シートを敷く、FRPやステンレス防水とするなど、漏水事故を防ぐ下地を選ぶことも重要である。

代表的な陽樹・陰樹・中庸樹

	中木・高木	低木・地被
陽樹	アカマツ、アラカシ、ウメ、オリーブ、カイズカイブキ、キンモクセイ、ケヤキ、サクラ類、シダレヤナギ、モチノキ	コデマリ、サツキツツジ、ドウダンツツジ、ノウゼンカズラ、ハギ類、バラ類、ローズマリー
陽樹〜中庸樹	イロハモミジ、カツラ、ゲッケイジュ、ソヨゴ、ツバキ類、ハナミズキ、ヤマボウシ	オオデマリ、カンツバキ、クチナシ、ハマナス、ユキヤナギ
中庸樹	イチジク、コバノトネリコ、ビワ	トサミズキ、ムラサキツツジ、ロウバイ
中庸樹〜陰樹	シラカシ、ドイツトウヒ、ヒメシャラ	アジサイ、ヒサカキ、ヤマブキ
極陰樹	イチイ、イヌツゲ、ヒイラギ	アオキ、ジンチョウゲ、ヤツデ

陽樹：日当たりのよい場所に生息し、日差しを好む樹木
陰樹：日当たりを嫌い、湿気のある暗い環境を好む樹木
中庸樹：陽樹と陰樹の中間的な性質をもち、適度の日当たりと日陰を好む樹種

手のかからない樹木の例

	高木・中木	低木・地被
❶生長が遅い樹種	アラカシ、イチイ、イヌツゲ、ウバメガシ、ソヨゴ、ハナミズキ、ヒメユズリハ、モチノキ、モッコク、ヤマボウシ	キチジョウソウ、サルココッカ、シャガ、シャリンバイ、センリョウ、ハイビャクシン、フッキソウ、ヤブコウジ、ヤブラン
❷肥料を必要としない樹種	アラカシ、イチイ、イヌツゲ、ウベメガシ、シラカシ、ソヨゴ、ヒメユズリハ、モチノキ、モッコク、ヤマボウシ	アオキ、アベリア、キンシバイ、クマザサ、セイヨウイワナンテン、センリョウ、ハイビャクシン、ハマヒサカキ、フッキソウ、マンリョウ
❸病害・虫害に強い樹種	アラカシ、イチイ、イヌツゲ、ウバメガシ、シラカシ、ソヨゴ、ヒメユズリハ、モチノキ、モッコク、ヤマボウシ	アオキ、アベリア、キンシバイ、セイヨウイワナンテン、センリョウ、ハイビャクシン、ハマヒサカキ、フッキソウ、マンリョウ、ローズマリー

植栽の配置の基本テクニック

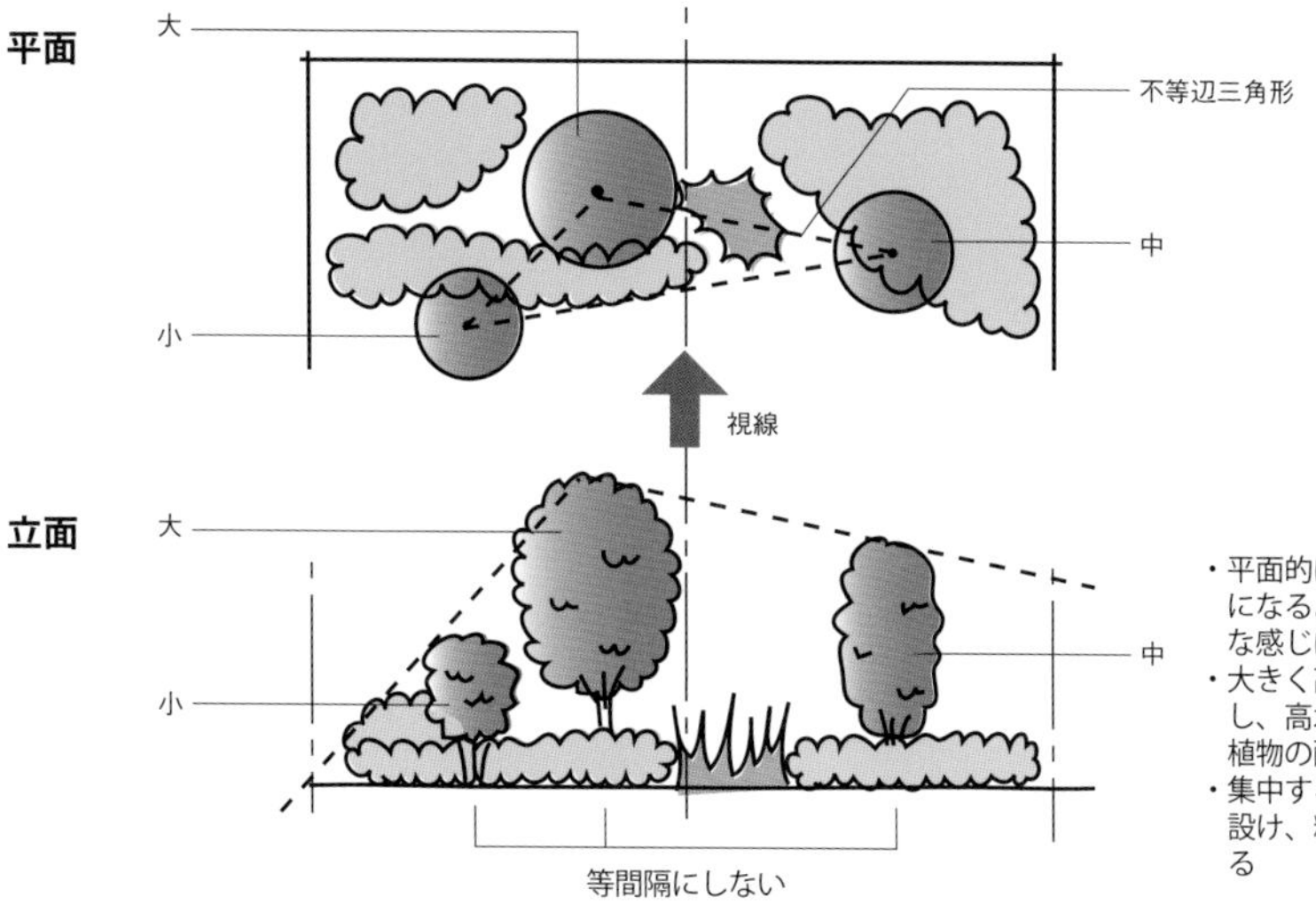

・平面的にも立体的にも不等辺三角形になるように樹木を配置すると自然な感じになる
・大きく高い木は意図的に中心から外し、高木・中木・低木・下草や地被植物の配置にメリハリをつける
・集中する個所と空間の空いた個所を設け、粗と密の対比のバランスをとる

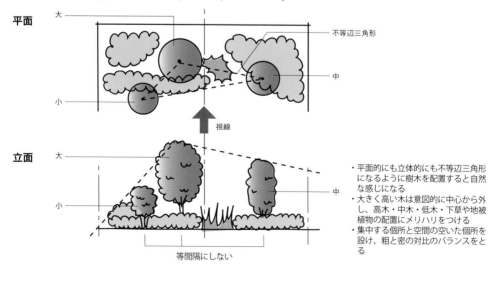

バリアフリー

Point 障がい者から健常者まで皆が使いやすい
ユニバーサルデザインが大切

２００６年に「高齢者、障害者等の移動等の円滑化の促進に関する法律」いわゆるバリアフリー新法が制定された。ハートビル法と交通バリアフリー法を一体化したもので、車椅子利用者、視覚障がい者、高齢者などが建物の内外で快適に移動できることを目的としている。

点字ブロック

１９６７年に日本で発案され、正式名称を視覚障がい者誘導用ブロックという。点状ブロックと線状ブロックがある。当初は規格が統一されていなかったが'01年にＪＩＳ規格が制定され、現在はこれが使われている。'12年には国際規格の基準にもなった。点字ブロックは、高齢者の歩行や車椅子・バギーの通行を困難にすることもある。ＪＩＳでは色や素材についての基準はないので、十分に配慮して採用することが重要である。

色のバリアフリー

色をうまく使い分ければ、情報を分かりやすく迅速に伝えることができるが、その見え方は万人にとって同じではない。たとえば、文章中の赤色の文字に気付けない、家電のＬＥＤランプの赤色と緑色を見分けられないなど、色の知覚が一般の人と異なる色弱の人にとっては色がバリアとなる。その点を理解し、すべての人に適確な情報を伝えられるよう色にもバリアフリーやユニバーサルデザインが求められる。

手摺など

個人住宅の場合、手摺の取付け位置などは、住まい手の障害の状況や将来的な身体能力の変化に配慮して個別に検討する必要がある。住まい手の主治医をはじめとする医療関係者、作業療法士（ＯＴ）、理学療法士（ＰＴ）と連携して適切な設計を心掛けたい。

点字ブロック

線状ブロック（誘導ブロック）
進行方向を示す

点状ブロック（警告ブロック）
危険箇所や誘導対象施設などの位置を示す

悪い使用例
舗装タイルのパターンのなかで点字ブロックが分かりにくくなっている

色の見え方の違い

一般色覚者（C型）

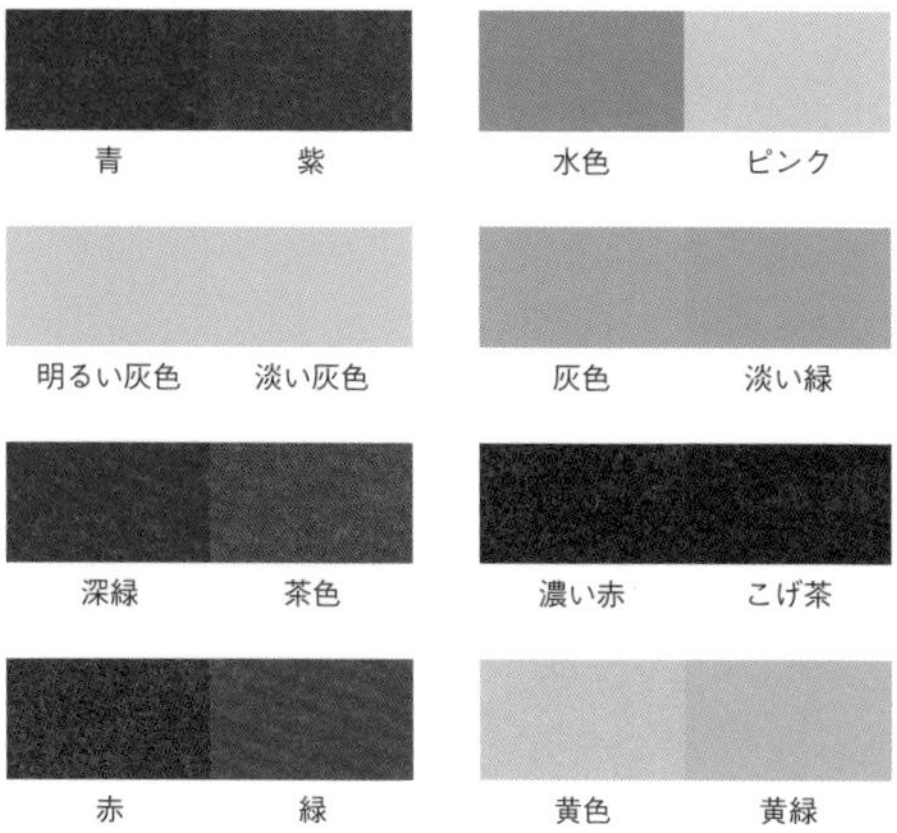

P型に比べて同系色の明暗の判別が苦手

色弱者（P型）

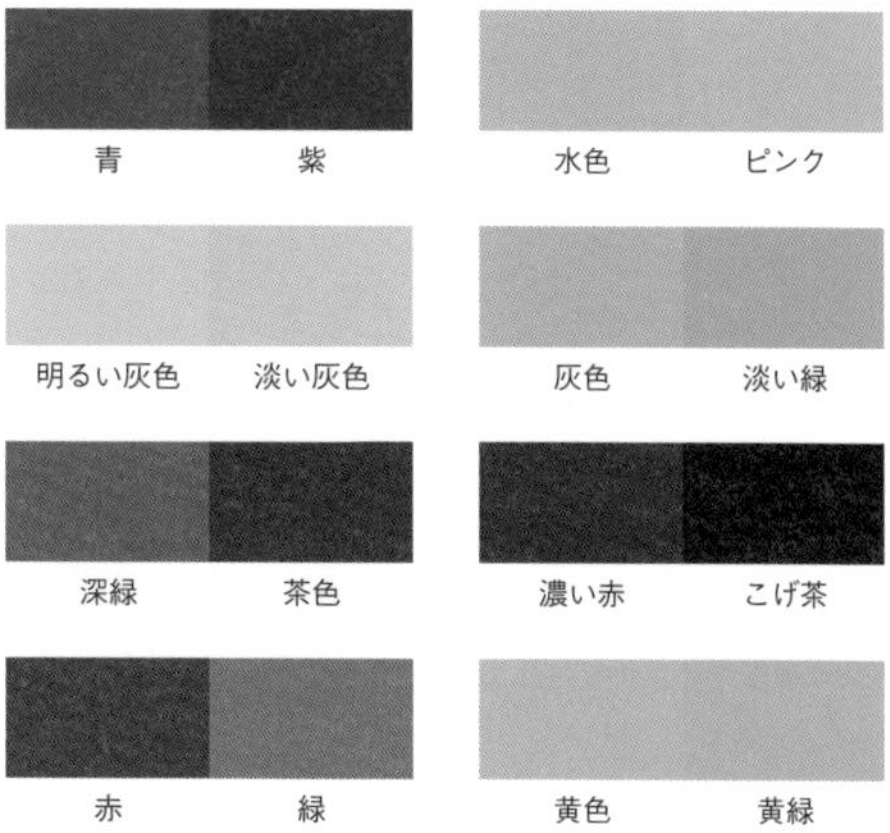

濃い黄色と黄緑色や、淡い水色とピンクを同じ色に感じる

手摺の取付け

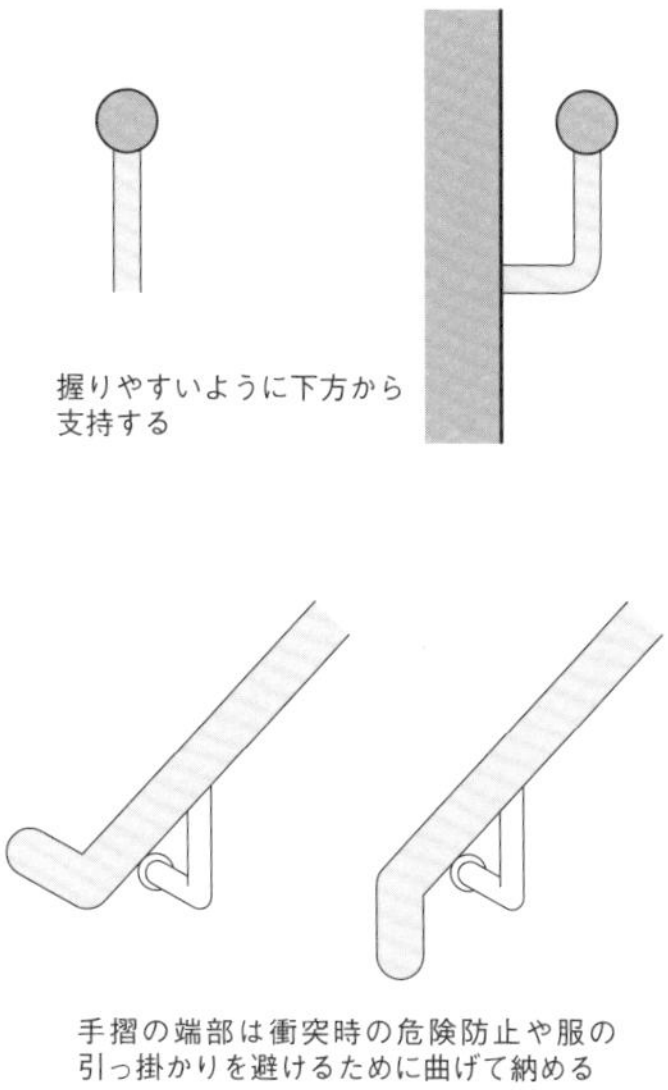

握りやすいように下方から
支持する
手摺の端部は衝突時の危険防止や服の
引っ掛かりを避けるために曲げて納める

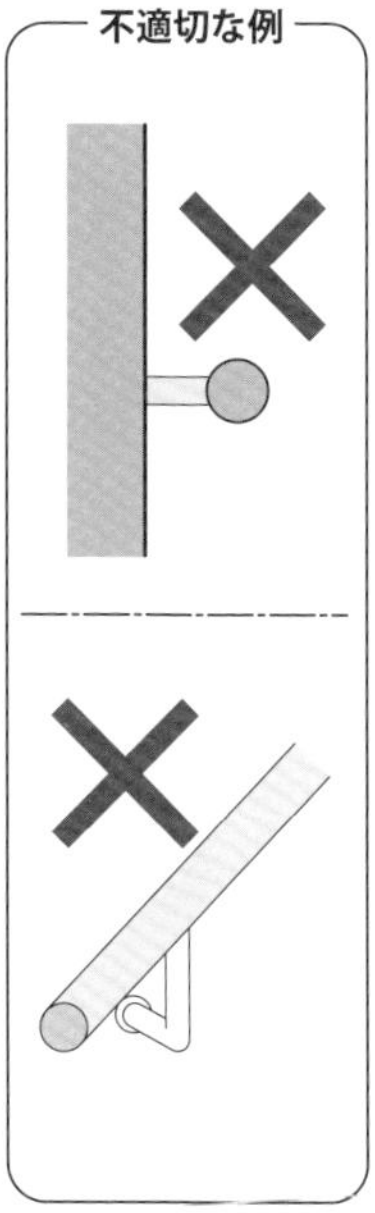

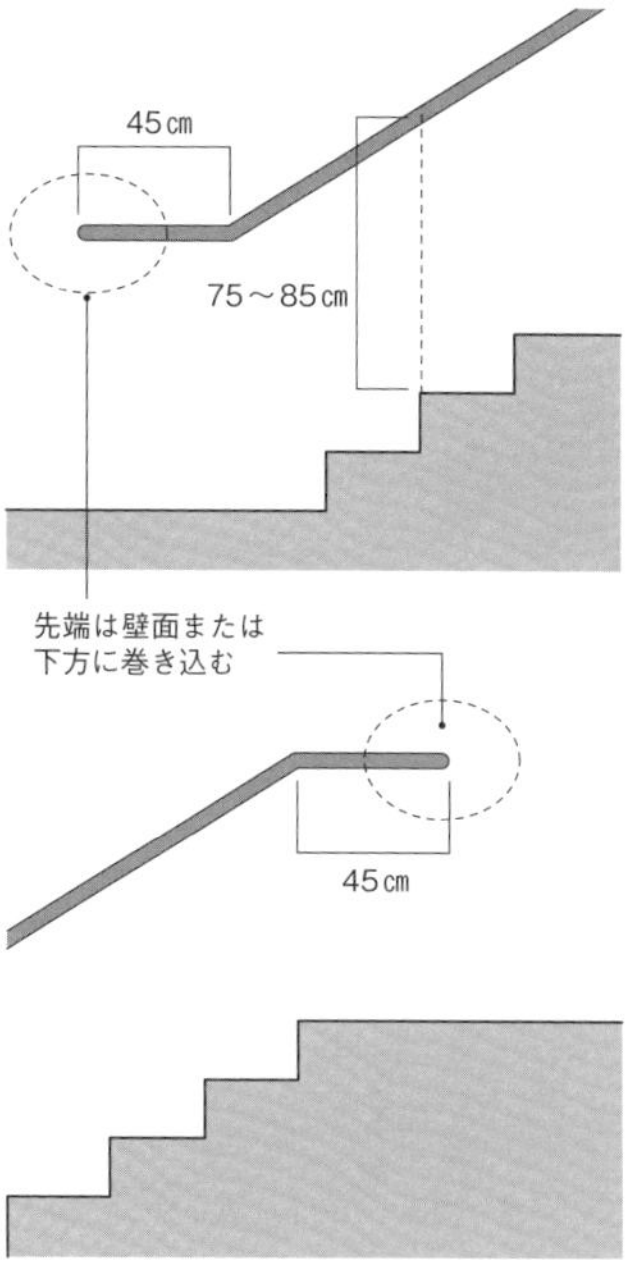

column 5

バリアフリー

多様なバリアを想定する

バリアフリーの概念は、段差の解消から始まったと言える。そのためか、つまずき防止や車椅子で円滑に移動できるようにすることは、真っ先に思い浮かぶ。しかしバリアはもっと多様である。ハンディキャップには加齢のような進行性のもの、大きな荷物を持ったときのような一過性のもの、身体的なもの、心理的なもの、自立を目指すもの、介助を必要とするものなど、程度や質を異にするさまざまな状態がある。設計者も施工者も、見過ごすことのないようにしたい。

基準値は不特定多数の人の利用を前提とした最大公約数のようなものである。どのような意図で基準値が設定されたのか、その根拠を知ることが大切だ。加えて個人住宅では、住む人の障害の状況に合わせて考えることはもちろん、将来の変化にも対応できるようにしたい。そのためには本人をとりまく家族や医療者、ケアマネージャーなどとの連携が必要であるが、この異業種間にもバリアが存在するのが現状であり、課題となっている。

（服部郁子）

索引

あ

か

さ

た

参考文献

『一級建築士受験 100 講』森安四郎、佐藤賢吉、土田裕康、志村一男（山海堂）
『インテリアデザイン教科書』インテリアデザイン教科書研究会編著（彰国社）
『インテリアコーディネーターハンドブック』（公社）インテリア産業協会（産業能率大学出版部）
『ウッドエンジニアリング入門』林知行（学芸出版社）
『カーテンウォールってなんだろう』大野隆司・深尾精一ほか（（一社）日本カーテンウォール工業会）
『カーペットはすばらしい』日本カーペット工業組合
『寒中コンクリート施工指針・同解説』（一社）日本建築学会
『建築学テキスト 建築施工』青山良穂・武田雄二（学芸出版社）
『建築学用語辞典』（一社）日本建築学会編（岩波書店）
『建築工事共通仕様書』国土交通省大臣官房庁営繕部監修（（一社）公共建築協会）
『建築工事標準仕様書』（公社）日本建築家協会監修（大阪府建築家協同組合）
『建築構法』内田祥哉監修（市ヶ谷出版社）
『建築材料』兼歳昌直（井上書院）
『建築材料教科書』建築材料教科書研究会（彰国社）
『建築材料用教材』（一社）日本建築学会（丸善）
『建築測量』佐野暢紀・米岡淳夫・小川幸四郎（理工図書）
『建築・土木のことがわかる辞典』ACE ネットワーク（西東社）
『公共建築工事標準仕様書（建築工事編）平成 19 年版』国土交通省大臣官房官庁営繕部監修（（一社）公共建築協会）
『コンサイス 木材百科』秋田県立大学木材高度加工研究所編（（公財）秋田県木材加工推進機構）
『資格ガイド 2 級建築士』斉藤茂暢監修（成美堂出版）
『自立循環型住宅への設計ガイドライン』国土交通省　国土技術政策総合研究所・（独）建築研究所監修
（（一財）建築環境・省エネルギー機構）
『新編 建築材料・施工』森田司郎・岡島達雄・荒川治徳（鹿島出版会）
『新編 建築材料データブック』唐橋俊夫・岡村宏・久保田時人（オーム社）
『図解 建築施工用語辞典』建築施工用語研究会（井上書院）
『図説 木造建築事典』木造建築研究フォラム編（学芸出版社）
『素材・建材ハンドブック』コンフォルト 2006 年 11 月増刊号（建築資料研究社）
『デザイニングウッド 木材進化系』趙海光・難波和彦・林知行・和田善行（INAX 出版）
『鉄骨工事技術指針・工事施工編』（一社）日本建築学会
『フローリングガイド』（一社）日本フローリング工業会
『木造建築工事標準仕様書』国土交通省大臣官房庁営繕部監修（（一社）公共建築協会）
『木造建築用語辞典』小林一元・宮越喜彦・宮坂公啓（井上書院）
『木造建築の防耐火性能～性能規定導入後の展開・設計事例と今後の課題～』安井昇・永盛洋樹
（特定非営利活動法人 木の建築フォラム）
『木材と木造住宅』Q & A108 ／（公財）日本住宅・木材技術センター編（丸善）
『木造住宅工事仕様書（解説付）平成 20 年改訂全国版』（独）住宅金融支援機構（（一財）住宅金融普及協会）
『木造住宅設計者のための構造再入門』大橋好光・齊藤年男（日経 BP 社）
『木造住宅用接合金物の使い方～ Z マーク表示金物と同等認定金物～』（公財）日本住宅・木材技術センター
『住宅省エネルギー技術講習施工テキスト』（一社）木を活かす建築推進協議会

WEB

一級建築施工管理士　実地試験対策室（http://www.ads3d.com/sekokan/kenchiku/）

area 045（https://www.area045.com/）
　電話の市外局番が「045」である、神奈川県・横浜地域に活動の拠点を置く建築家のグループ。多様で個性的な建築家が、よい家を求める人に情報発信する活動を行っている。

神田雅子
（アーキキャラバン建築設計事務所）
執筆：34～43、52～57、60～79、178～185、206頁

服部郁子
（アーキキャラバン建築設計事務所）
執筆：8～15、58・59、88～95、114・115、132～135、162～175、186・187、192～197、218～229、234～236頁

青木恵美子（A・A プランニング）
執筆：188～191、198～205、208～217頁

伊東 智（ULTRA STUDIO）
執筆：80～87、148～155頁

土田拓也（no.555 一級建築士事務所）
執筆：28～31、96～101、156～159頁

中村高淑（中村高淑建築設計事務所）
執筆：16～27、32、230～233頁

藤本幸充（鎌倉設計工房）
執筆：44～51、116頁

安田博道（環境デザイン・アトリエ）
執筆：102～113頁

横山敦士（ヨコヤマ デザイン事務所）
執筆：118～131、136～147、60・61、176頁

世界で一番やさしい　建築材料
第2版

2023年11月1日　初版第1刷発行

著　者	area 045『建築材料』編纂チーム
発行者	三輪浩之
発行所	株式会社エクスナレッジ 〒106-0032 東京都港区六本木7-2-26 https://www.xknowledge.co.jp/

本書に関する問合せ先
●編集部　TEL：03-3403-1381（平日10：00～18：00　土日祝は電話受付なし）
FAX：03-3403-1345
E-mail：info@xknowledge.co.jp
●販売部　TEL：03-3403-1321
FAX：03-3403-1829